新弥生時代のはじまり

第1巻

弥生時代の新年代

西本 豊弘 編

雄山閣

刊行にあたって

　本書は，国立歴史民俗博物館（歴博）で実施している年代測定研究の成果を公表することを目的としたものです。歴博では，1995年から，炭素14年代測定を加速器で行なう方法（AMS法）を研究してきました。その結果，このAMS法は歴史研究に十分応用できることがわかりました。とくに2001年度からは文部省科学研究費補助金を得て，縄文時代の年代を中心に研究を進めてきました。その研究成果の一つとして，弥生農耕の始まりが紀元前10世紀にさかのぼるのではないかという結果を得ました。

　歴博の研究チームでは，弥生農耕の始まりを水田稲作農耕の開始として定義していますが，その水田稲作が紀元前10世紀までさかのぼる可能性が強くなったのです。これは，日本文化の基盤のひとつである弥生文化が，紀元前3世紀ではなく紀元前10世紀にまでさかのぼるという問題です。歴史だけではなく日本文化全体に関わる大きな課題であると考えました。

　そこで歴博では，2004年度から新たな文部省科学研究費補助金を得て，学術創成研究「弥生農耕の起源と東アジア」の研究プロジェクトを始めることとなりました。この研究は，2008年度までの5年間行なわれるものであり，研究期間終了後に研究成果をまとめる予定です。しかし，弥生時代の年代の問題は考古学界のみならず一般の研究者の方々の関心が強いため，研究成果を出来るだけ早く公開すべきですし，また，AMS年代測定法の利点と弱点を理解していただきたいと考えました。そこで，1年ごとにその成果をこのシリーズ「新弥生時代のはじまり」で発表する予定です。

　本書は，まず現在までの研究成果から弥生時代の新しい年代観を示します。そして，これらの成果を導いたAMS法による炭素14年代測定法の概要を紹介します。年代測定の原理や，歴博で行なっている前処理の方法などです。このAMS法とともに行なわれている年輪年代法も紹介します。

　そして，この数年間に歴博が実施した炭素14年代測定の結果を公表いたします。今回公表する測定値は，縄文時代後期から古墳時代までのものとし，2001年度から2005年度までに測定したものです。炭素年代測定値と，実年代を推測するための較正年代を第3位まで示しました。

　本書は，炭素14による年代測定の原理を紹介し，これまでに得られた年代測定値を公表することを目的としたため，収録した論文や解説文はすでに公表したものが主体です。今後は，このシリーズの中で，縄文文化と弥生文化の関係や東アジア全体の中での弥生文化の意義などについて，新たな議論を展開して行きたいと思っています。

編者　西本豊弘

目　次

序──研究の方向性 ………………………………………………………… 西本豊弘… 5

弥生時代の開始年代──AMS-炭素14年代測定による高精度年代体系の構築
　………………………… 学術創成研究グループ　藤尾慎一郎・今村峯雄・西本豊弘… 7

炭素14年代法の原理 ………………………………………………………… 坂本　稔… 29

同位体化学としての炭素14年代法 ………………………………………… 坂本　稔… 35

AMS炭素年代測定法と暦年較正
　──測定値の信頼性の観点から ………………………………………… 今村峯雄… 40

土器付着炭化物を用いた年代測定
　──試料採取と前処理 …………………………………………………… 小林謙一… 48

弥生時代の年輪年代 ………………………………………………………… 光谷拓実… 58

弥生時代の年代問題 ………………………………………………………… 春成秀爾… 65

年代測定データとその成果 ………………………………………………… 西本豊弘編… 90
　九州地方における年代測定の成果 ……………………………………… 藤尾慎一郎… 90
　中国・四国地方における年代測定の成果 ……………………………… 小林青樹… 94
　近畿地方における年代測定の成果 …………………………… 小林謙一・春成秀爾… 96
　東日本における年代測定の成果 ………………………………………… 小林謙一… 97
　データ一覧表 ……………………………………………………………………… 101

序——研究の方向性——

西 本 豊 弘

　国立歴史民俗博物館の研究チームが，弥生時代の始まりは従来の説よりも約500年古く，紀元前10世紀ではないかと発表したのは2003年5月であった。その後，2004年度から文部科学省科学研究費の学術創成研究費を受けて研究を続けてきた。その間，縄文・弥生時代の研究者を中心に考古学界では年代論争が行なわれ，われわれの研究結果についての賛否両論が展開された。歴博の学術創成研究プロジェクトでは，各地の考古学関係者から年代測定用の資料の提供を受け，この2年間で1,600点の年代測定を行なった。そして，年代測定結果について各地で資料提供者との検討会を行なうとともに，歴博でも年度ごとに研究成果の報告会を実施してきた。その結果，西日本の弥生農耕の始まりについて，ある程度の成果を得ることができた。学術創成研究の実施から2年が経過した研究の途中であるが，われわれの研究方法の紹介と，これまでの研究成果を公表することとした。

1　これまでの研究経過

　歴史研究では，時間軸を正確に知ることが基本である。そこで，国立歴史民俗博物館では，年代測定に関する研究を進めてきた。歴博には考古学の専門家だけではなく自然科学の様々な分野の研究者が所属し，博物館外の研究者も参加して様々な分野の共同研究が行なわれている。時間軸の研究でも，自然科学的な方法で年代を測定する研究と，考古学的方法によるものの両方を合わせた共同研究が行なわれていた。たとえば放射性炭素を用いた年代測定は，地球物理学専門の今村峯雄教授を中心とした研究チームが1995年以来実施してきた。このチームには歴博の考古学者が共同研究者として参加したが，そこでは考古学の資料情報の提供や試料採取に協力するだけではなかった。年代測定結果と考古学事例との整合性の検討も行なわれた。たとえば縄文時代の資料についての年代測定結果は考古学的方法で行なわれている縄文土器の編年と矛盾しないことがわかった。むしろ，人間の恣意的認識で行なわれてきた日本の縄文土器型式による編年が自然科学的方法によって妥当であることが証明されることになった。さらに，土器型式ごとの存続期間にも差異があることも証明された。その研究の過程で，弥生時代の起源が紀元前5世紀ではなく10世紀に遡るという測定結果を得ることとなった。この測定結果については，考古学の側からも十分な検討が行なわれたことは言うまでもない。

2　AMS法の特徴

　しかし，この研究結果については，まだ問題点が多い。歴博が用いている放射性炭素14年代測定法は，AMS法と呼ばれる加速器を用いた方法である。従来の炭素14の測定法は炭素14が崩壊するときに生じるベータ線を測定する方法であったが，AMS法は，試料に含まれる炭素14の量をガンマ線によって測定する点で異なっている。そのため，AMS法は試料がごく少量でよいことと，測定時間が短いという利点がある。測定試料は，われわれのグループでは精製した段階で炭素量が1mg以上得られれば測定を行なっている。従来のベータ線法では多量の炭素を必要とするために，炭化物を包含層の数箇所から集めることもあり，測定制度が問題であった。試料が少なくてよいという利点は，樹木の年輪ごとの測定も可能とし，測定の精度だけではなく，樹輪年代測定の結果を用

いた新たな研究を可能とした。それは，年輪に示された短期間ごとの正確な炭素14濃度の測定であり，実年代の推定を可能とした較正曲線の作成となった。一方，AMS法では少量の試料で測定可能であることは，様々な汚染の影響が少しでもあると測定値に大きな影響を与えることになり，汚染除去が重要な課題となった。したがって，この方法では試料の前処理が重要な作業となっている。また，世界基準の較正曲線が日本列島でも同じかどうかや，炭素14濃度が古い時代の影響を受ける海洋リザーバー効果の問題など，様々な課題が明らかになってきた。

3　歴博の研究方法の独自性

そこで，われわれの研究では，主に試料として用いている土器付着炭化物の汚染の除去について，独自に試料の汚染除去のシステムを構築して汚染除去に努めている。また，日本独自の較正曲線の製作に着手した。さらに海洋リザーバー効果の研究にも2005年度から様々なアプローチを試みている。

われわれのプロジェクトの特徴のひとつは，独自のAMS装置を持たないことである。これは，AMS装置を維持するコストを避けるだけではなく，AMS装置をもつことによる使用義務の問題など様々な制約を避けるためである。また，様々な機関のAMS装置を用いることができるため，同一試料を複数のAMS装置で測定を行ない，測定結果の信頼性を確認することができる点で研究上の利点でもある。

4　これまでの研究成果

われわれの研究成果である弥生時代の起源については，現在のところ紀元前900年頃という当初の測定結果は変わらない。そして，日本列島に稲作農耕文化をもった人々が北部九州に渡来した後も，九州の在来人が使用していた縄文土器を煮炊きに使用していた期間が続いたことがわかってきた。渡来人と在来人は平和な関係で共存していたのであり，北部九州での縄文文化から弥生文化への移行や，水田稲作文化の中国・四国・近畿地方への伝播も，従来考えられていたよりも，ゆっくりと進行した可能性が高くなった。

このことは，日本文化の研究に新たな課題を提供すると同時に，異文化交流のひとつの事例として世界史の中で縄文から弥生への変化を位置づけて考える材料となるであろう。

この研究は，全国の年代測定研究者や考古学関係者だけではなく，多くの大学院院生の積極的な協力を得て進めている。さらに，多くの歴史愛好家に支えられている。歴史の研究に新しい展望を開く研究にしたいと願っている次第である。

弥生時代の開始年代
―― ＡＭＳ-炭素14年代測定による高精度年代体系の構築 ――

学術創成研究グループ
藤尾慎一郎・今村峯雄・西本豊弘

はじめに（註1）

　日本歴史のなかで重要な画期の一つが水田稲作である。水田稲作は弥生時代（註2）に始まったが，その開始年代について考古学者はこれまで，製作年代がわかっている中国製の鏡と土器型式との関係や，中国・韓国の歴史事象との関連をもとに，前5世紀から前3世紀ごろと考えてきた。

　国立歴史民俗博物館では，炭素年代測定によって開始年代を推定する研究を2002年から行なってきた。その結果，九州北部では前10世紀後半に水田稲作が始まったことが明らかになった。その研究方法と成果を紹介する。

　2003年5月の日本考古学協会第69回総会における，弥生時代はこれまで考えられてきた年代より500年早く始まっていたという発表〔春成ほか 2003〕は，今村を研究代表とする科学研究費「縄文時代・弥生時代の高精度年代体系の構築」によって得られたものであるが，それは学界のみならず社会的にも大きな反響となった。

　さらに2004年4月から，文部科学省学術創成研究「弥生農耕の起源と東アジア」の交付を受け，ＡＭＳ‐炭素14年代測定法を用いた，縄文・弥生時代の高精度編年の構築を目的として，主に土器に付着した炭化物を対象に年代測定を行なっている。

　本稿では，弥生時代の開始年代をなぜ大幅に見直す必要があるのか，その根拠をこれまでの研究データにもとづいて示すことにする。まず，本研究の方法論の基礎となるＡＭＳ‐炭素14年代測定について基本的な事柄を説明し，本研究が目指す研究の特色について述べた後，調査の内容，年代測定の結果とその意味，あらたにうまれつつある学問領域とその可能性について言及したい。

1　土器型式編年をもとにした実年代から較正年代による実年代へ

ＡＭＳ-炭素14年代測定法

　炭素14年代測定法とは，放射性炭素＝^{14}Ｃ（表1）がβ線を出しながら規則的に崩壊していく性質を利用して年代を測る方法である。炭素14は5730年で濃度が半減するので，対象とする試料の炭素14の濃度がわかれば，炭素14を取り込まなくなってから何年たっているのかわかるのである（図1）。

　炭素14年代測定法のなかでもＡＭＳ法（加速器質量分析法）とは，試料中の炭素14の数を直接測る方法である。したがって少ない量（炭素ベースで1mg）の試料でも，ごく短時間（十数分）で測定することができる。そのため，それまで一般的であったベータ法では測ることができなかった微量な試料でも短時間で測ることができるようになった。その代表的な試料が土器に付着した炭化物である。

土器付着炭化物

　土器に付着した炭化物には，外面に付着するススや吹きこぼれ，内面に付着する煮焦げなどがある。これらの炭化物は土器が使われていた時に付着したものなので，測定された年代はほぼ土器の使用年代を表わすとみることができる。日本考古学では，整備された土器の精緻な型式編年を武器に時期比定を行なっているので，土器の実年代がわかれば，集落やお墓，石器や金属器の年代を知

表1 自然界の炭素12，炭素13，炭素14の割合

^{12}C　0.9889
^{13}C　0.0111
^{14}C　0.0000000000012

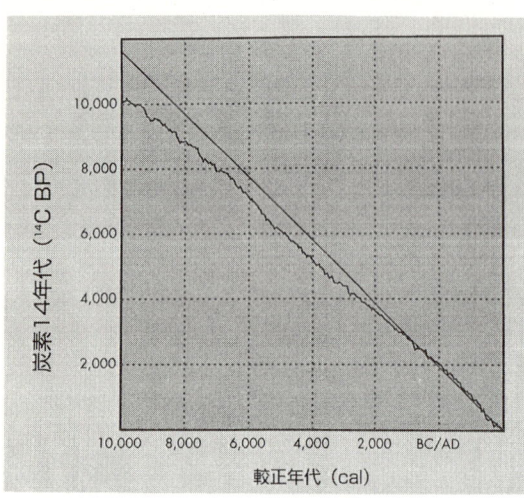

図1　炭素14年代と較正曲線

ることができるため，土器付着炭化物はきわめて良好な試料といえる。

炭素14年代

試料を測定して2620±40 BPという測定値が得られたとする。これは西暦1950年を起点にして，2620炭素年前にさかのぼったところを中心値に，前後40炭素年の間にはいる確率が68％という意味である。したがって1950年から2620年さかのぼった前670年を中心値とするわけではない。2620という数字が炭素14年代という物理的モデルによる年代だからである。そこでこれを私たちが通常用いている暦に換算する必要がある。それを較正作業という。

較正年代

較正には，世界的なデータベースであるINTCAL98を用いる（2004年末からはIntCal04）。これは年輪年代によって西暦が明らかな年輪の炭素14年代を測定してつくった炭素14濃度のデータベースで，紀元前1万1800年前まで測定されている。このデータベースと試料中に残っている炭素14濃度を比較し，西暦換算を行なうのである。研究グループでは，±80炭素年の範囲で照合を行ない，全体を95％の確率密度で表現することによって年代を較正している（図2）。

研究グループでは，一型式あたり複数の較正年代を算出したうえで，それらを統計処理して，型式ごとの較正年代を導き出している。冒頭にふれた弥生時代の開始年代が500年さかのぼるという成果は，こうした過程をへて導き出されたものである。それでは次節より，調査の内容について述べていく。

2　調査の経緯

弥生時代の始まりは，弥生早期説を採用する場合，前5～4世紀ごろに始まると考えられてきたが，この時期がいわゆる炭素14年代の2400年問題の時期にあたるため，測定によって精確な年代を絞り込むことは難しいと考えられていた〔今村 2001，春成 2003a〕。すなわち弥生時代が始まると考えられていた前5世紀ごろが較正曲線の前750年から前400年にいたる水平な部分にはいるので，炭素14年代が2450±40cal BCと出た場合，先の方法で較正曲線と照合しようとしても複数の点と交差してしまうため，較正年代を絞り込むことができないのである。

私たちは2001年10月から弥生時代の開始期に属する資料の収集を始めた。このとき最初に測定したのが佐賀県唐津市梅白遺跡〔藤尾ほか 2003a〕，福岡市橋本一丁田遺跡，同雀居遺跡〔藤尾ほか 2003b〕の試料である。

調査結果は次の通りであった。「夜臼Ⅱ式と板付Ⅰ式の甕に付着していた炭化物などの炭素14の濃度をＡＭＳ（加速器質量分析）法で測り，得られた炭素14年代を，年輪年代にもとづく国際標準のデータベース（INTCAL98）と照合したところ，11点の資料のうち10点が前900～750年の較正年代に集中する結果を得た」〔春成ほか 2003〕。これは夜臼Ⅱ式～板付Ⅰ式という連続する型式10例すべてが較正曲線の水平の部分に1点もかかっておらず，水平部分より左側，つまり古い方である前900～750年におさまっていることは，統計学的に2000例に1例の誤差（4σ）を意味するので，板

付I式の下限が水平部分にかかる可能性は限りなく低い。すなわち従来，前300年ごろに始まると考えられていた弥生前期が500年さかのぼるという結果が得られたのである。

一方，弥生時代でもっとも古い土器は夜臼II式に先行する夜臼I式，あるいは山の寺式である。この時点では夜臼I式や山の寺式の付着炭化物の測定は行なっていなかったので，先史時代の土器一型式が25～50年という学界の常識に従い，弥生時代の開始年代を前850年ごろから50～100年さかのぼり，少なくとも前9世紀，前10世紀の可能性も含めて考えたのである。

3 調査の内容

年代測定の試料の種類

研究グループが用いた試料には，土器付着炭化物（煮焦げ，吹きこぼれ，ススなど）を中心に次

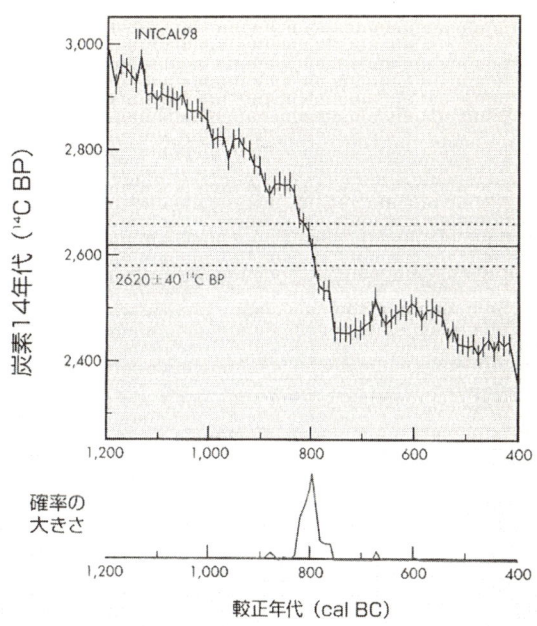

図2　炭素14年代と較正年代

のようなものがあるが，それぞれの試料にはこれから述べるような長短がある。

① 煮焦げ

調理した植物や動物が食物を摂取しなくなった（死んだ）年代を測ることになる。植物が食物として採取されると，光合成による大気中からの炭素14の補充ができなくなるため，その時点から炭素14濃度は減り始める。AMS法を使い試料中に残っている炭素14の数（濃度）を測定すれば，何年前に死んだかがわかる。死んでから調理までの時間が短ければ短いほど，炭素14年代は土器の使用年代に近づくことになるが，縄文・弥生時代の場合，付着炭化物の年代は土器の使用年代とほぼ同じとみなすことができる（註3）。

② 吹きこぼれ

基本的に煮こげと同じことがいえる。

③ スス

調理の際，燃料として用いた薪がススの供給源である。ススを測定すると薪をとった木材が伐採された年代を知ることができる。したがって古く伐採して建築材として使っていた柱を何年かして再利用して薪にした場合と，樹齢の大きな樹木の芯材付近から薪を作った場合には注意が必要である。いずれも当然ながら土器の使用年代よりも古い値が出ることがあるからである。

後者は少し複雑である。たとえば薪をつくる目的で樹齢500年の樹木を伐採して薪を作ったとしよう（そもそも薪を作るだけのためにそのような大木を伐採するような無駄なことはしないと思うが）。樹皮近くの部材から作った薪は，伐採された年代を知ることができる。芯材から作った薪のススは伐採年代より500年近く古い年代を示す。芯材部分も呼吸をして，根が水を吸収しているが，その際，大気中や土中から取り込まれた炭素14はセルロースの生成にかかわっていない。したがって芯材部分には新たに^{14}Cが供給されないので，芯材ができたときの炭素14濃度は樹皮付近の年輪に比べると500年分，減少した値が出ることになる。また芯材に小枝やワラを加えて燃料とした場合は，両者の比率にもよるが500年より，新しい年代が出ることになる。

このようにケース・スタディとしては500年古く出る可能性も考えられるため，武末純一のように500年遡上説の原因とみる者もいる〔武末 2004〕。しかし歴博では九州北部以外の土器と併行関係にある韓国南部や東北の土器からとった試料も測定して，いずれも同じ較正年代を示すことを確認している。それらの地域がすべて樹齢500年の芯材を用いて薪を作り，調理していた可能性は限り

なく低いと考えている。さらに従来の年代観より200年古くなった前期末においても，樹齢200年の芯材を用いた薪を作り調理していた可能性はさらに低いと考えられる。

　④ 炭化米

コメが収穫された年代を知ることができる。炭化した時ではない。ただし炭化米は小さいので，一粒か二粒見つかっただけでは，2000年もの間に土層中を移動している可能性がある。収穫された年代が出ることは間違いないが，炭化米が埋蔵されていた包含層の年代を示すかどうかは考古学的な検証が必要である。土器の中や貯蔵穴の底からかたまって出た場合を除けば試料としての確実性は低いと考えている。

　⑤ 杭

水田で大量に用いられる杭は年代を測る試料として有効である。樹齢も少ないうえ，樹皮を残したまま丸太杭として使う場合も多いので，伐採年代を知ることができる点も有利である。しかし注意する必要があるのは杭の伐採年代と使用年代との関係である。出土状況の厳密性が保障されない限り，杭の考古学的年代と炭素14年代はずれることになる。たとえば杭列に土器が伴った場合，それが杭列構築時の土器か，使用時の土器なのか廃棄時のものか，厳密に観察する必要がある〔藤尾ほか2003c〕。

　⑥ ウルシ

木製品などに塗布されるウルシも優れた試料である。ウルシは年に一度，夏場にウルシの木から採取した樹液が原料である。樹液は作り置きができず，採取した年の内に使用する必要があるので，採取した年代を木材以上に細かく1年ごとに特定することができるが，現在のAMS‐炭素14年代測定技術では±15年が限度なのでそこまで絞り込むことはできない。場合によっては樹齢や再利用の可能性，芯材か辺材かを考慮しなければならない材木より有利な試料である。

測定資料

2001年10月から2004年12月までに，韓国で出土した早期無文土器から後期無文土器に属する土器付着炭化物，木炭，炭化米など23点，九州で出土した縄文後期から古墳前期初頭までの土器付着炭化物，木炭，炭化米，ウルシなど168点について，AMS‐炭素14年代測定法により炭素14年代を測定し，あわせて較正年代を算出した。表2に遺跡ごとの資料一覧を，図3に遺跡の位置を図示しているので参照していただきたい。なお，測定試料の前処理は歴博の前処理施設で行なった。

以下，弥生時代の開始年代を中心に報告する。

4　調査の結果

開始年代に関する従来の考え方

弥生時代はいつ始まったのか。500年もさかのぼったのはなぜか，という疑問に答える前に従来の年代観が決まった経緯について触れる必要がある。

弥生時代の考古資料の中で年代のわかる資料は，中国でいつ作られたのかがわかっているものに限られ，その数はきわめて少ない。なかでも金印は，後漢の光武帝から奴国王に西暦57年に下賜されたことがわかっている唯一の資料である。しかし金印は弥生時代後期に属すると考えられているので，それ以前の早期，前期，中期の年代を知る直接的な資料とはなり得ない。

弥生時代の開始年代にもっとも近くて製作年代の明らかな資料は，前漢時代に作られた鏡，いわゆる青銅で作られた前漢鏡である。この鏡が中期後半の甕棺に副葬されることはかなり前から知られていた。前漢鏡は前108年の楽浪郡設置を契機に入るようになるため，中期後半は50年ほどたった前1世紀後半と考えられるようになった（註4）。

一方，古墳時代は4世紀（後300年頃）にはじまると考えられていたので，中期後半から古墳前期までの年代幅である約300年を前期の初めまで折り返すことによって，弥生時代は前3世紀代に

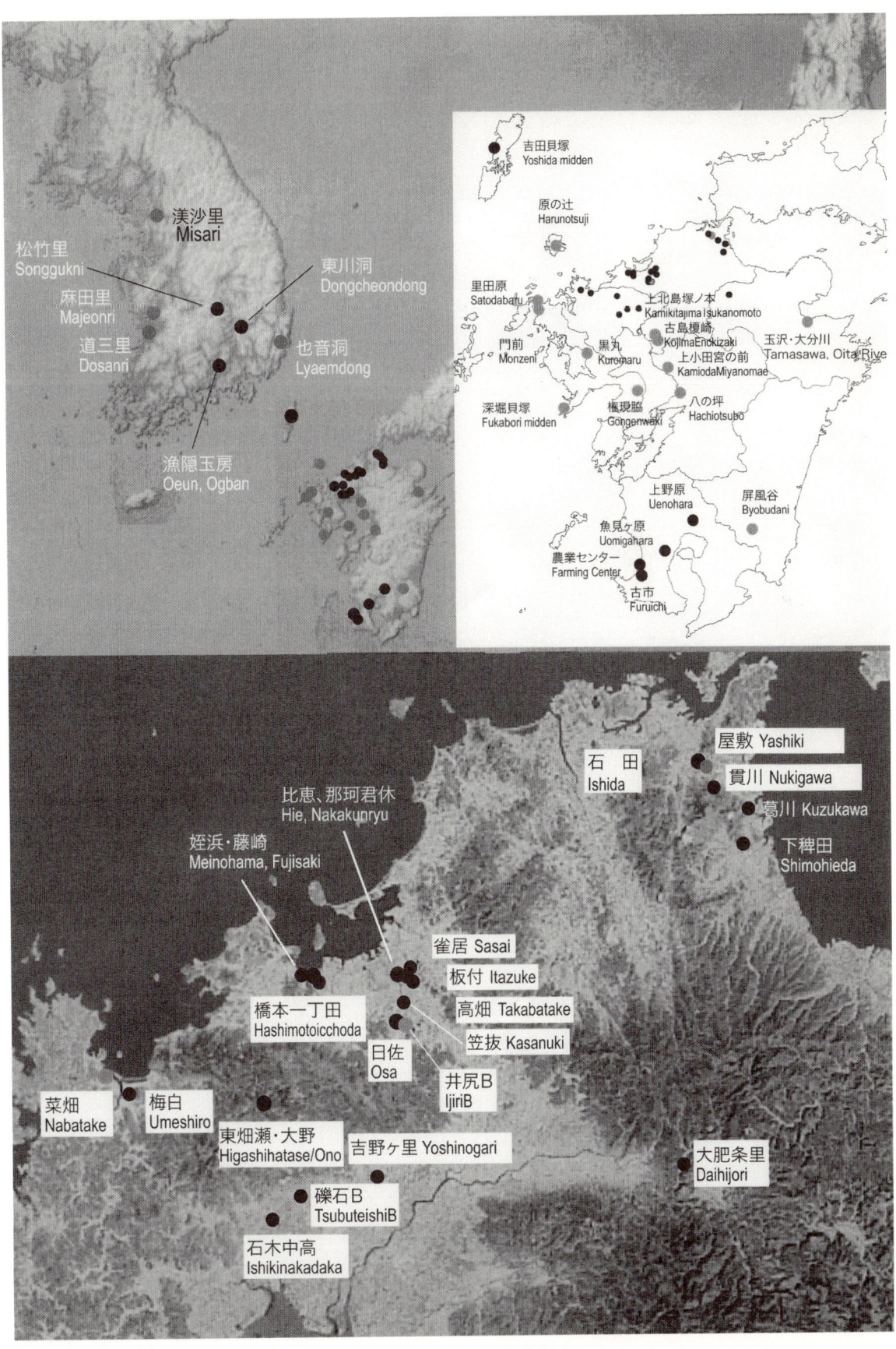

図3 試料採集遺跡の位置 (2005年3月現在)

表2　各遺跡の資料一覧（2005年3月現在）

	Site	Location	Period	the kind of sample
	※ Misari	Hanam-City, Gyeonggi	Tottaimon: initial Mumun, Chundo: Proto Three Kingdom	4:C.M.P
	※ Majeonri	Nonsan, Chungnam	Songgukri3: the end of middle Mumun	8:C.M.P., 6:stick/well frame
	※ Dosanri	Seocheon, Chungnam	Songgukri1: the first half of middle Mumun	1: C.M.P
	Songgukni	Kimryo, Gyeongbuk	Tottaimon: initial Mumun	2: Charcoal
	Lyaeumdong	Ursan, Gyeongbuk	Heunamri, Pre Songgukni: early to middle Mumun	1:carbonized wood
	Oeun Loc.1	Deaepyungri,Gyeongnam	Tottaimon:initial Mumun	1:C.R.,1: charcoal, 1: C.M.P
	Ogban Loc.3	Deaepyungri,Gyeongnam	Pre Songgukni: the first half of middle Mumun	1: C.M.P
	Dongcheondong	Daegu, Gyeongbuk	Pre Songgukni: the first half of middle Mumun	1: C.M.P
	Furuichi	Kawanabe. Kagoshima	Takahashi2: the second half of Early	1: C.M.P
	Farming Center	Kimpo, Kagoshima	Irisa: the end of late Jomon to final Jomon	1: C.M.P
	Uomigahara	Kagoshima City	Iriki: the first half of middle Yayoi	1: C.M.P
	Uenohara	Kokubu, Kagoshima	Kurokawa: Final Jomon	1: C.M.P
	※ Byobudani	Miyakonojo,Miyazaki	Matsuzoe: the end of final Jomon to initial Yayoi	1: C.M.P
	※ Hachinotsubo	Kumamoto City	Itazuke2a: early Yayoi, Suku1:middle Yayoi	2: C.M.P, 1:C.R., 1: nuts
	※ KamiodaMiyanomae	Tamana, Kumamoto	Amagi: final Jomon	6: C.M.P, 2: seeds
	※ Tamanaheiya-Jori	Tamana,Kumamoto	Nishibira: the second half of late Jomon	1: C.M.P
	※ Kamikitajimatsuka-nomoto	Chikugo, Fukuoka	Yusu2b: the beginning of early Yayoi	1: C.M.P
	※ Kojimaenokizaki	Chikugo, Fukuoka	Takamizuma: the beginning of late Yayoi	1: C.M.P
	※ Gongenwaki	Fukae, Nagasaki	Kurokawa, Harayama: final Jomon to early Yayoi	7: C.M.P
	※ Fukabori midden	Nagasaki City	Kamenoko1: the second half of early Yayoi	2: C.M.P
	※ Kuromaru	Omura,Nagasaki	Suku1, 2: middle Yayoi	2: C.M.P
	※ Monzen	Sasebo, Nagasaki	Initial and early Yayoi	4:Wood tool/wood, 1:Gourd
	※ Satodabaru	Tabira, Nagasaki	the end of Kurokawa: the end of final Jomon	2: C.M.P
	※ Harunotsuji	Iki, Nagasaki	from Itazuke2c to Furu1: early Yayoi to early Kofun	15: C.M.P
	Yoshida midden	Tsushima, Nagasaki	Nanpukuji: the beginning of late Jomon	1:carbonized wood
	※ Ishikinakadaka	Mikazuki, Saga	Kurokawa, Yamanotera: final Jomon to initial Yayoi	4: C.M.P
	TsubuteishiB	Yamato, Saga	Kamenoko1: the first half of early Yayoi	1: C.M.P
	Tade L. Yoshinogari	Mikazuki, Saga	Suku1: middle Yayoi	1: C.R.
	Higashihatase	Fuji, Saga	the end of Kurokawa: final Jomon	3: C.M.P
	Ono	Fuji, Saga	Mimanda: the second half of late Jomon	1: C.M.P
	※ Nabatake	Karatsu, Saga	Yamanotera to Itazuke1: initial and early Yayoi	19: C.M.P
	Umeshiro	Karatsu, Saga	Yusu2: initial Yayoi	2: C.M.P, 2: stick
	Meinohama3	Fukuoka City	Suku1: middle Yayoi	1: C.M.P
	Fujisaki32	Fukuoka City	Burial Jar for coffin: Suku type	1: C.M.P
	Hashimotoicchoda	Fukuoka City	Yusu2: the second half of Initial Yayoi	4: C.M.P
	Osa1	Fukuoka City	Kurokawa: final Jomon	1:C.M.P
	※ Ijiri Loc.B	Fukuoka City	Shimookuma: the middle of late Yayoi	1:C.M.P
	Kasanuki	Fukuoka City	Suku2: the end of middle Yayoi	2: Stick
	Takabatake18	Fukuoka City	Shimookuma: the middle of late Yayoi	1:C.M.P
	Sasai4, 12	Fukuoka City	Yusu2b to Suku1: early and middle Yayoi	8:C.M.P
	Itazuke34	Fukuoka City	Kurokawa, Yusu1: final Jomon and initial Yayoi	2:C.M.P
	※ Nakakunryu4	Fukuoka City	Yusu2b, Itazuke1: early Yayoi. Shonai, Furu1: end of Yayoi and beginning of Kofun	15: C.M.P.
	※ Hie6, 7, 9, 41	Fukuoka City	Suku1, 2. Takamizuma, Shimookuma: middle and late Yayoi	5: C.M.P.
	Ishida	Kitakyushu City	Maeike: the end of final Jomon	1: C.M.P.
	※ Nukigawa	Kitakyushu City	Nukigawa, Kurokawa: late and final Jomon	5: C.M.P.
	※ Yashiki	Kitakyushu City	Yusu2, Itazuke2b	2: C.M.P.
	Kuzukawa	Kanda, Fukuoka	Itazuke2a, 2b: early Yayoi	1: nuts
	Shimohieda	Yukuhashi, Fukuoka	Suku1: middle Yayoi	1: C.R.
	Ohijori	Hita, Oita	Suku1: middle Yayoi	2: Lacquer
	※ Tamasawajori	Oita City	KamisugoB to Itazuke2b: final Jomon to early Yayoi	9: C.M.P.、3: wood
	※ Oita River	Oita City	Nishibira to Mimanda: Late Jomon	2: C.M.P.

Example:
C.M.P: carbonized material adhering to pottery, C.R.: carbonized rice　　7

始まったのではないかと推測された。

　1960年代にはいると炭素14年代測定が弥生時代の考古資料にも適用されるようになり，前期初頭＝板付Ⅰ式が前300年という定点として設定される。前300年という年代は，当時，弥生時代が始まる契機と考えられていた国際情勢の変化の一つである，東胡の遼東への侵入という史実とも一致していたので，当時の研究者にとっては整合性のあるものとして受け入れられることになったのである。

　弥生時代の調査研究に炭素14年代測定法が試みられたのは，静岡県登呂遺跡が最初であるが，同じ頃，弥生時代が始まった頃の遺跡である，福岡市板付遺跡や佐賀県唐津市宇木汲田貝塚の出土資料が積極的に測定された。この成果が弥生時代の始まりを前300年と決定する大きな根拠となったのである。

　しかしその後，弥生研究者は，弥生後期に比定した登呂遺跡の試料の測定結果があまりにもバラつくことから，弥生時代の研究には炭素14年代は採用できないという認識をもつことになる。当時はベータ法の時代なので，1g以上の試料の量が求められた（もちろん土器付着炭化物の測定は不可能である）。そこで包含層出土の木炭や炭化米，水田で見つかった杭や矢板が試料として用いられた。これら木炭の小片や炭化米などの微少遺物の時期比定は，よほど出土状況がよくなければ難しい。また杭や矢板も資料のどの部分を測ったのかがわからないので伐採年代との関係を特定することができない。バラバラの測定値が出た理由には，微少遺物の考古学的な時期比定が誤っていた可能性や伐採年代との関係が考慮されるべきであったが，結果は測定された炭素年代の方が誤っていると理解されたのである。そして測定データの中から，考古学者の考える年代観とあう測定値が選択され，傍証として使われたことになったと推測される〔石川 2003〕（註5）。以後，前300年という年代は検討される機会も得ないまま，常識的な年代として固定されることになる。

　以後の弥生時代の実年代研究は，前期初頭前300年を前提として，前期や中期の各期の年代を確定する研究が進む。

　前漢鏡が納められるもっとも古い甕棺は中期後半に属する立岩式だが，これには前3世紀から前1世紀後半までに作られた鏡がはいっているので，立岩式の存続年代は，その下限が前1世紀後半より古くなることはない。もし立岩式の下限が前1世紀後半よりも古ければもっとも新しく作られた鏡を副葬することはできないからである。では立岩式の上限年代はどうか。これは考古学的に決めることができないから，上限を推定するための仮定を考えないといけない。

　一つは，立岩式の一つ前の甕棺である須玖式にも将来鏡が副葬されている例が見つかること，そして須玖式の上限は楽浪郡の設置以降であること，この2点である。この仮定を前提に，以下の考古学的検討結果を加えて甕棺諸型式の年代が確定される。もちろん前期の始まりは前300年で固定されているのでこれより古くすることはできない。

　立岩式以降の甕棺からは，作られた年代の間隔がおおよそ30年はなれた鏡が，甕棺の型式ごとに，しかも製作年代順に出土することから，甕棺一型式の存続幅は30年前後と推定された。この存続幅を立岩式以前にも適用すると，立岩式の上限は前60年，以下，須玖式前90年，汲田式前120年，城の越式前150年，金海式前180年，伯玄社式前210年，板付Ⅱa式前240年，板付Ⅰ式前270年という数字が導き出される。

　また民族例から，一般に土器は母から娘へと世代を追って製作技法が引き継がれることが知られており，土器一型式＝一世代＝約25年という存続幅も追い風となっている。

　1978年には福岡市板付遺跡で，縄文時代晩期後半の土器（突帯文土器）に伴う水田が発見された。この水田は取排水溝としての灌漑施設をもつ本格的なもので，面積も1枚が500㎡もある大型のものだった。また耕作に用いる木製農具や農耕生活に対応して器種分化した土器などは，まさに本格的水田稲作を営んでいる人びとの道具だったのである。

　板付水田が見つかる3年前に，佐原真は日本列島で本格的な水田稲作を中心とする生活が始まっ

た時代を弥生時代とする，という定義〔佐原 1975〕を提示していたので，板付水田の様相をふまえて縄文晩期後半の突帯文土器からを弥生時代と認め，先Ⅰ期として設定した〔佐原 1982〕。私たち研究グループもこの立場をとっている。

この定義変更を受け入れるとすれば，それまで前300年頃に始まるとされてきた弥生時代の上限も，突帯文土器段階までさかのぼることになる。そこで前期初頭（板付Ⅰ式土器）の前にある，夜臼Ⅰ式，夜臼Ⅱa式という二つの土器型式の存続年代を，先述した一型式＝一世代，すなわち25〜50年の2型式分の50〜100年さかのぼらせて，前5〜4世紀まであげることにした。

歴博の新しい年代観への反論として最大の根拠に使われた青銅器や鉄器の出現年代はすべて以上のような年代観にもとづいて設定されたものである。したがってAMS‐炭素14年代測定結果と矛盾を生じるのは不思議なことではない。AMS‐炭素14年代測定は，須玖式に前漢鏡が副葬されていることを想定しないし，土器型式がすべて同じ存続幅であるという前提ももたない。ましてや須玖式が楽浪郡の設置以降という前提を持たないからである。

一方，自然科学者の側にも，弥生時代の開始年代について再考の動きがあったことも忘れてはならない。

環境学や自然地理学といった他分野では較正年代を用いた議論を行なっているのに対して，考古学だけが炭素14年代を使っている現状を打開しようと，2000年8月に歴博で，日本第四紀学会2000年大会シンポジウム『21世紀の年代観－炭素年から暦年へ－』が行なわれた。今後は考古学も較正年代で議論しようという「佐倉宣言」が行なわれたのである〔日本先史時代の¹⁴C年代編集委員会 2000〕。

これに先立って歴博による縄文時代の年代研究があり，三内丸山遺跡出土の植物遺体を対象に行なわれた辻誠一郎や中村俊夫による先行研究〔辻・中村 2001〕がある。また本研究グループが行なった縄文土器に付着した炭化物を対象とした，縄文中期の詳細な実年代編年も，佐倉宣言を受けた調査の結果でもある。しかし製作年代がわかっている大陸側の試料をもちいた較正年代のチェックができない縄文時代を対象にした年代研究がいくら進もうと，弥生・古墳時代の研究者の関心を引くまでにはいたらなかったのである。

このような状況のなかで今村は，40年ぐらい前から測定され，報告されてきたベータ法による炭素14年代を較正年代に変換する作業に取り組み，縄文〜弥生移行期を較正年代で考えるという検討を行なっている〔今村 2001〕。

検討の結果，今村はもともと前5〜4世紀ごろと考古学者が考えてきた弥生時代の開始年代について，前750〜400年，いわゆる2400年問題の後半部分にくると予想している。ここまでは従来の考古学的な年代と矛盾しない。炭素14年代を補正する較正年代の精度が増していたことをふまえた研究であった。

しかし今回私たちが得た結果はこれをも500年以上もさかのぼることになったのである。原因は二つある。まず今村が再検討した炭素14年代値は板付遺跡，佐賀県唐津市宇木汲田貝塚，菜畑遺跡から出土した夜臼・板付Ⅰ式期に伴うとされた木炭や炭化米を試料に出されたものである。これらの土器は現在，夜臼Ⅱb式から板付Ⅰ式にかけての前期初頭に相当し，弥生早期説を採る私たち研究グループの弥生開始年代とは一致しないため，当然，新しい年代が出る。

すなわち早期後半から前期初頭の年代を対象に再検討した結果であった。さらに問題を複雑にしているのは，40年前に年代測定の試料となった炭化米や木炭の時期比定が難しかったからである。つまり包含層から出土する炭化米や木炭のような微少遺物と層序の厳密性が保証されない可能性が否定できないからである。今村が再検証した板付や宇木汲田の夜臼Ⅱb式や板付Ⅰ式の較正年代が2400年問題の広い年代範囲にかかっていることからもわかるように，40年前の試料は板付Ⅰ式以降に属する試料であった可能性を否定できない。これが第2の問題である。

一方，今村は別に縄文晩期後半の試料として山の寺式の再検討も行なっている。菜畑遺跡から出

土した山の寺式の較正年代をみると，D-II-1，10は前1420～1100（93％），10～11は前920～470年（90％）という値を出している。この数値は今回私たちが発表した年代を含み，さらにそれより古い部分に及んでいるものもある。

すなわち，今村の再検討段階から，すでに弥生早期の較正年代は前10世紀までさかのぼる可能性が示唆されていたにもかかわらず，前期初頭を弥生時代の始まりとする時代区分上の問題や，時期比定が難しい包含層中の微少遺物を測定するという試料の問題のため，500年遡上の可能性が表面化しなかった可能性がある。

弥生時代の開始年代

私たちが弥生時代の開始を，本格的水田稲作の開始と一致させて捉えていることはすでに述べた。すると，弥生開始年代を知るには本格的な水田稲作が始まったときに使われていた土器，すなわち突帯文単純段階の土器に付着した炭化物の炭素14年代を測ればよいことになる。そこで突帯文土器とその前後の土器である九州北部の，縄文晩期末＝黒川式土器24点，突帯文土器23点，板付I式土器8点を対象としてきた。なかでも代表的な土器の図面と暦年較正の確率分布図を図示して説明する。

① 黒川式

黒川式には，組織痕文をもち突帯文土器を伴わないもの（鹿児島県上野原遺跡1，福岡市南区日佐遺跡1）と，山の寺式や夜臼I式などのもっとも古い突帯文土器と共存する黒川式新（長崎県権現脇遺跡5，同里田原遺跡2，佐賀県東畑瀬遺跡3，同石木中高遺跡4，同菜畑遺跡3，福岡市板付遺跡1点）があり，あわせて20点を測定した。代表的なものを4点図示した（図4）。日佐遺跡は組織痕文をもつ鉢形土器である。石木中高は口唇部と屈曲部に大振りの刺突刻目を直接施文した鉢で，突帯文土器成立直前の有明海沿岸地域にみられる土器で，山の寺式土器と一緒に出土した。3は板付遺跡34次調査最下層から出土した砲弾型の粗製深鉢で夜臼I式と一緒に出てきた。4は屈曲形の粗製深鉢で菜畑遺跡9～12層から山の寺式土器と一緒に出土した。

黒川式はもともと浅鉢を基準に細かく編年されているので，今回測定したような粗製深鉢や粗製鉢の時期は決めにくい。そこで山の寺式や夜臼I式などの最古式の突帯文土器とともに出土すれば，黒川式新段階に位置づけられることが多い。

突帯文土器単純段階に伴う黒川式の炭素14年代は，2800～2670±40^{14}C BPで，較正年代にすると基本的に2400年問題にはいることはない。ただ島原半島のような畠作地域では，浅鉢とともに黒川的な粗製深鉢や粗製鉢が2400年問題の部分にかかってしまうものもあるので，遺跡の性格によってこの手の土器の存続期間は異なるようである（註6）。

② 山の寺・夜臼I式土器（図5）

弥生最古の土器は佐賀県菜畑遺跡9～12層1点（1：山の寺式），福岡市板付遺跡34次調査第9層出土土器1点（2：夜臼I式），権現脇遺跡1点（山の寺式）の3点だけである。菜畑から出土した1は底部破片である。底部の脚台化が少し退化し低くなっていることからみて，おそらく山の寺式でも新しい様相を示しているものと予想している。内面に付着した炭化物を採取した。板付遺跡34次最下層から出土した2は，口縁部だけに刻目突帯をもつ砲弾型一条甕の口縁部破片である。小ぶりの指刻みをもつが，山の寺式のように粗野ではなく洗練されているため，このことを新しい要素とみれば夜臼IIa式段階でもおかしくはないという意見もある。

山の寺・夜臼I式の突帯文土器にはもともと炭化物が付着している土器は少なく，付いている場合でもわずかであることが測定試料数の少なさの原因である。それに対して共伴する粗製深鉢や組織痕文土器には大量の炭化物が付着していることから判断すると，当時の煮炊きは粗製深鉢を使っていた頻度が高かった可能性が予想される。石木中高遺跡や東畑瀬遺跡など黒川式と山の寺式が一緒に出るほかの遺跡でも同じような状況なので，この時期の一般的傾向であった可能性を考えてお

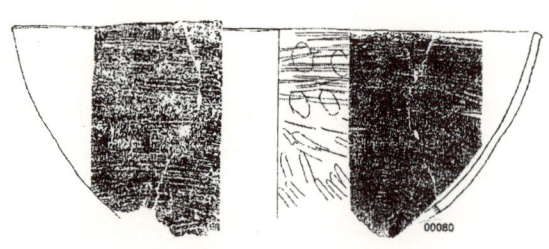

1 福岡市南区日佐遺跡　黒川式組織痕文土器
　FJ043　口縁部外面付着炭化物を測定

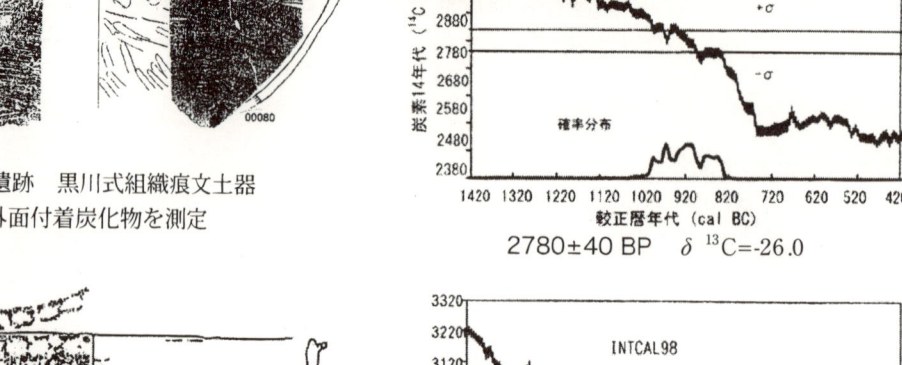

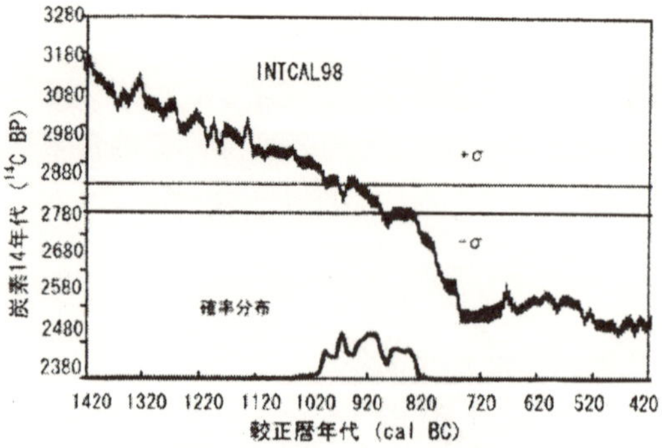

2780±40 BP　$\delta^{13}C=-26.0$

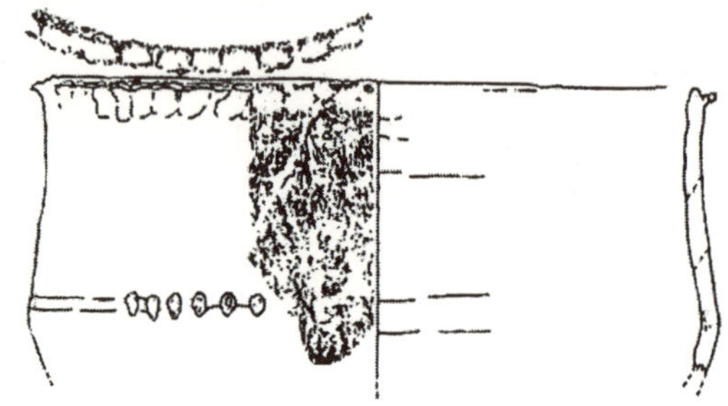

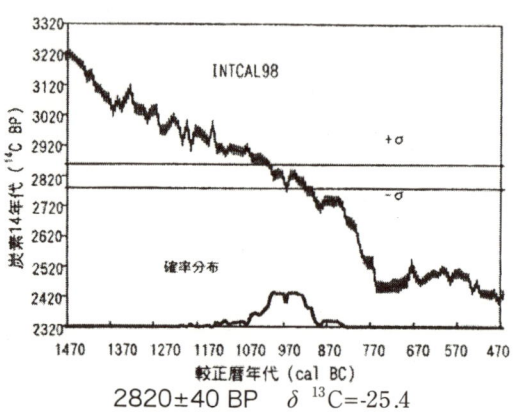

2 佐賀県三日月町石木中高遺跡　黒川式新刺突文土器
　FJ168　胴部外面付着炭化物を測定

2820±40 BP　$\delta^{13}C=-25.4$

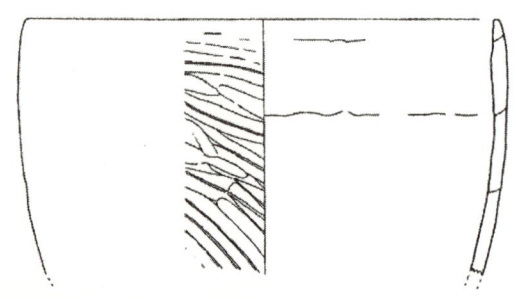

3 福岡市博多区板付遺跡34次　黒川式新粗製深鉢
　FJ050　胴部外面付着炭化物を測定

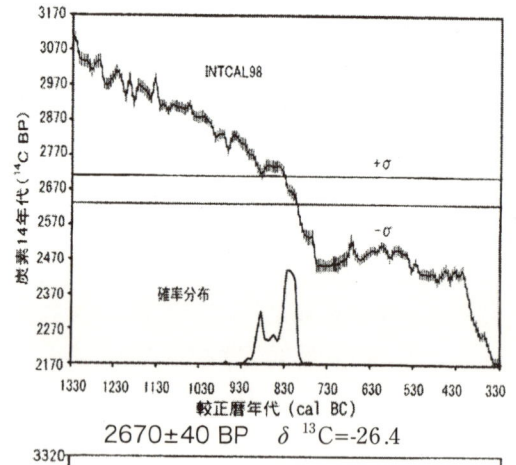

2670±40 BP　$\delta^{13}C=-26.4$

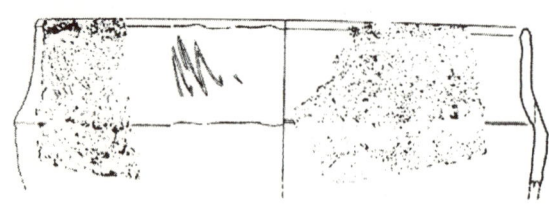

4 菜畑遺跡9-12層　黒川式新粗製深鉢
　FJ403　胴部外面付着炭化物を測定

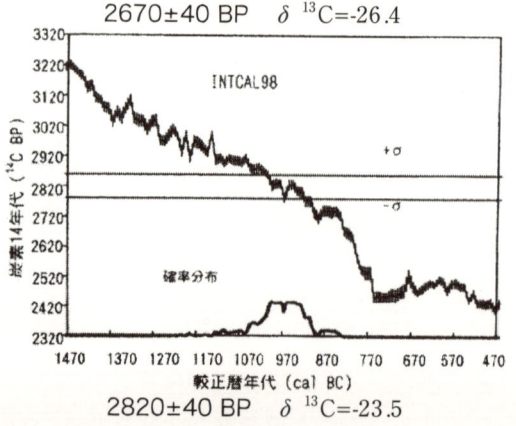

2820±40 BP　$\delta^{13}C=-23.5$

図4　縄文晩期における黒川式土器の実測図と各較正年代グラフ

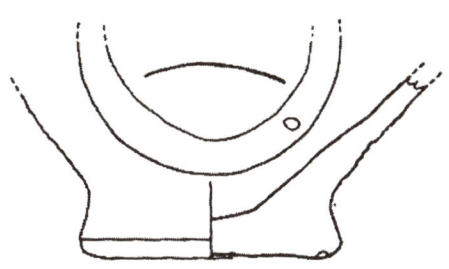

1 佐賀県唐津市菜畑遺跡　山の寺式甕
　FJ408　底部内面付着炭化物を測定

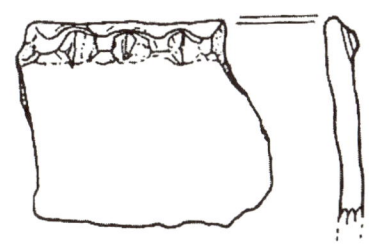

2 福岡市博多区板付遺跡34次　夜臼Ⅰ式甕
　FJ045　口縁部外面付着炭化物を測定

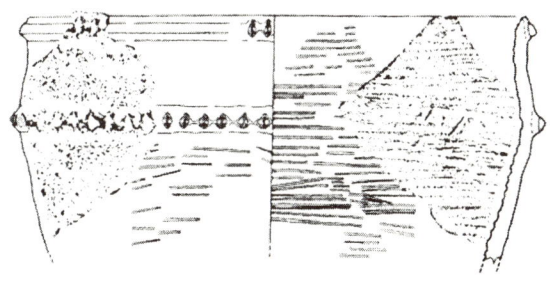

3 唐津市菜畑遺跡　山の寺式新
　FJ406　口縁部外面付着炭化物を測定

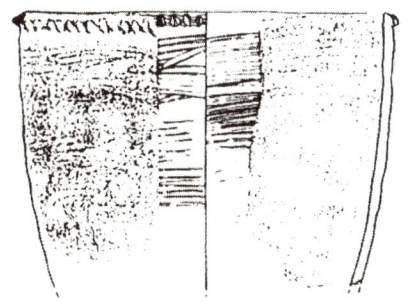

4 福岡市早良区橋本一丁田遺跡　夜臼Ⅱa式甕
　胴部外面付着炭化物を測定

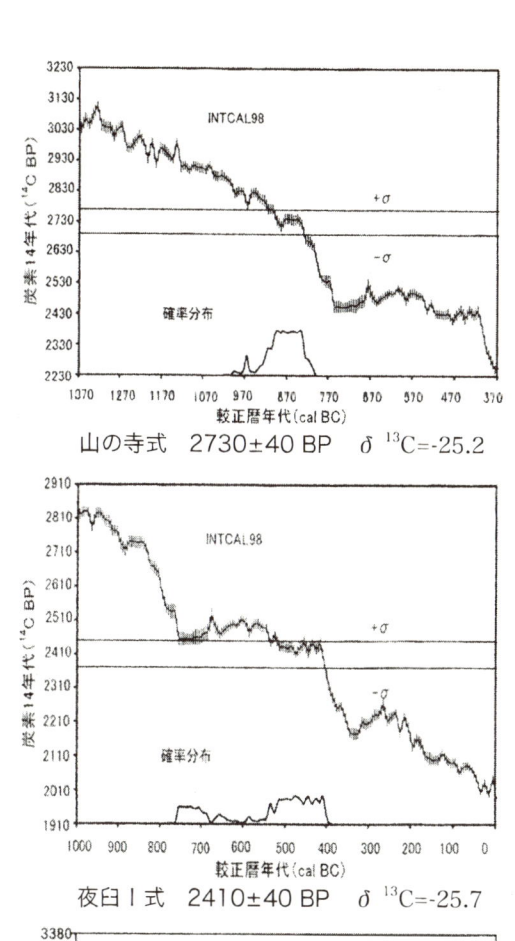

山の寺式　2730±40 BP　δ^{13}C=-25.2

夜臼Ⅰ式　2410±40 BP　δ^{13}C=-25.7

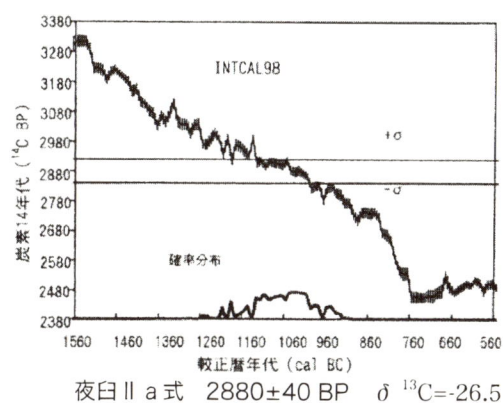

夜臼Ⅱa式　2880±40 BP　δ^{13}C=-26.5

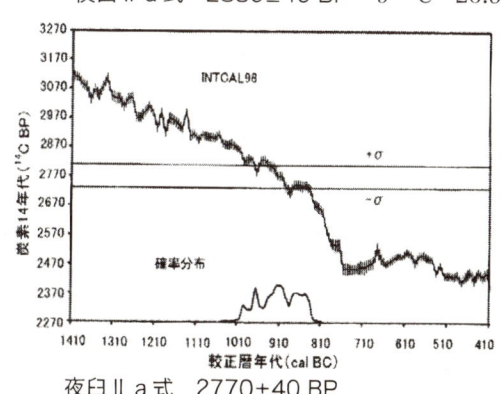

夜臼Ⅱa式　2770±40 BP

図5　弥生早期における山の寺式と夜臼Ⅰ式，Ⅱa式土器の実測図と各較正年代グラフ

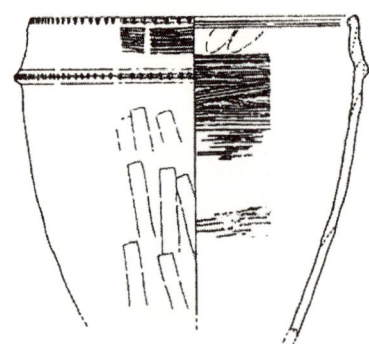

1 唐津市菜畑遺跡　夜臼Ⅱb式甕
　FJ423　胴部外面付着炭化物を測定

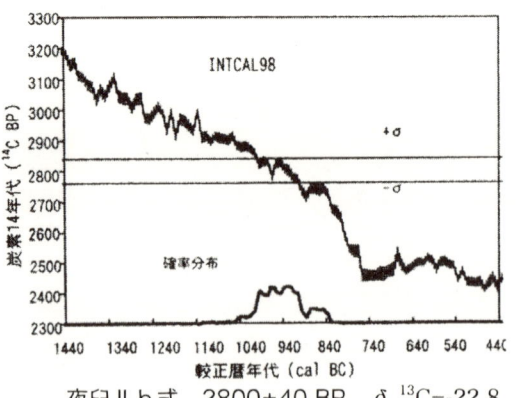

夜臼Ⅱb式　2800±40 BP　δ ^{13}C=-22.8

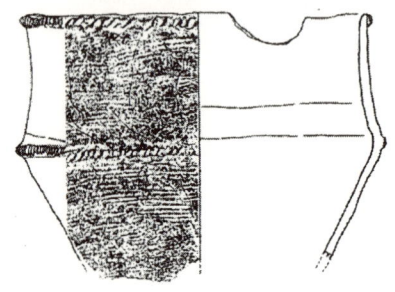

2 福岡市博多区雀居遺跡12次　夜臼Ⅱb式甕
　胴部外面付着炭化物を測定

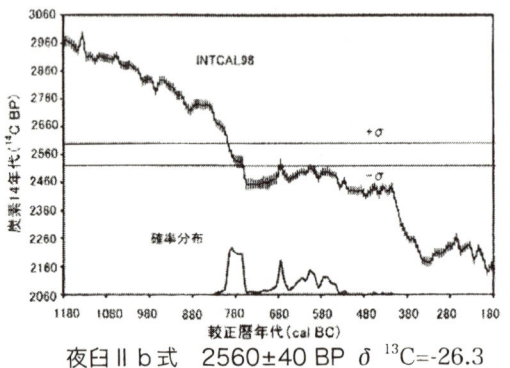

夜臼Ⅱb式　2560±40 BP　δ ^{13}C=-26.3

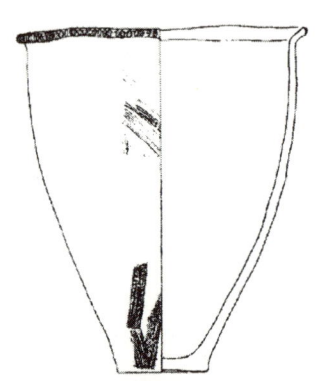

3 福岡市博多区雀居遺跡12次　板付Ⅰ式甕
　胴部外面付着炭化物を測定

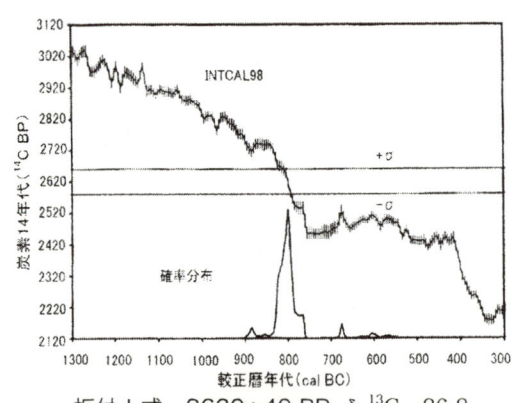

板付Ⅰ式　2620±40 BP　δ ^{13}C=-26.8

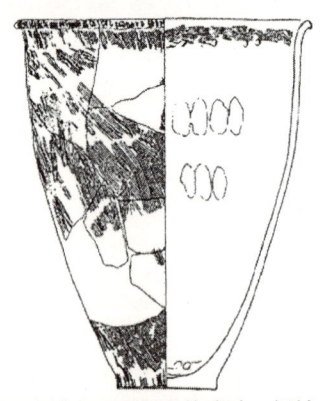

4 福岡市博多区那珂君休遺跡　板付Ⅰ式甕
　FJ035　胴部外面付着炭化物を測定

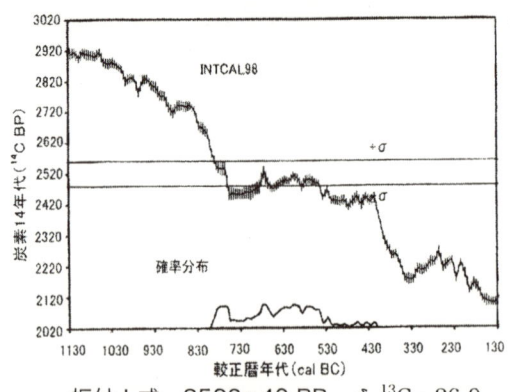

板付Ⅰ式　2520±40 BP　δ ^{13}C=-26.0

図6　弥生前期初頭における夜臼Ⅱb式と板付Ⅰ式実測図と各較正年代グラフ

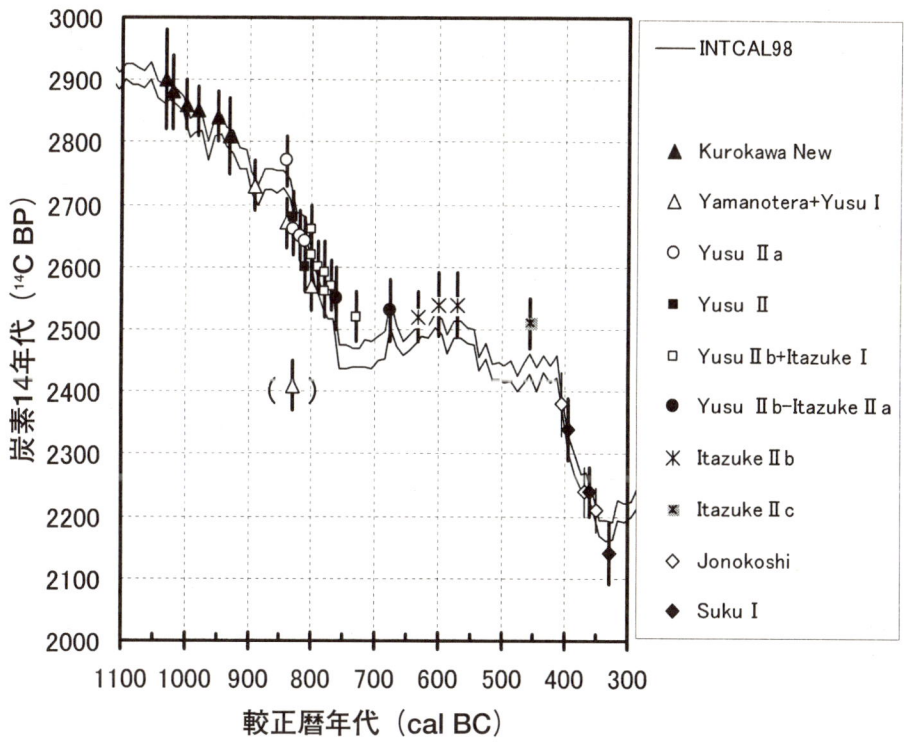

図7　縄文晩期から弥生中期前半までの土器の炭素14年代

きたい。
　③　夜臼Ⅱa式土器
　夜臼Ⅱa式は菜畑5点，佐賀県唐津市梅白遺跡3点，福岡市橋本一丁田遺跡4点の計12点を測定した（図5）。この時期に属する試料は突帯文土器と杭である。菜畑（図5－3）は，口縁部と屈曲部に刻目突帯をもつ二条甕で，橋本一丁田例（図5－4）は口縁部に一条の刻目突帯をもつ砲弾甕である。これらは先行する山の寺・夜臼Ⅰ式に比べると刻目の大きさが小ぶりな点，口縁部に貼り付けられた突帯の位置が上がっている点に新しい傾向をもつと考えている。梅白の2本の杭は，夜臼Ⅱ式に比定された水路に直行するようなかたちで打ちこまれていたもので，樹齢15年ほどのクリ材である。外皮より5年輪幅を試料とした。
　④　炭素14年代（図7）
　黒川式から須玖Ⅰ式までの炭素14年代を型式ごとにINTCAL98の較正曲線上に近似的に落したのが図7である。図には弥生中期前半までの土器型式の炭素14年代が落してある。このうち，黒川式から夜臼Ⅱa式までの弥生早期前半以前の土器は，2400年問題の領域にはかかっていないことがわかる。また山の寺式と夜臼Ⅱa式のような，隣接する土器型式が較正曲線上で重複するように見受けられるのも遺跡からの土器の出土状況をみる限り肯ける。
　それでは較正年代にするとどうなるのであろうか。
　⑤　較正年代
　組織痕文土器は突帯文土器と共存しない上野原と日佐が1400～1110calBC（93.8%）と古い値が出ているほかは，突帯文土器と共存する，いわゆる黒川新式18点が前1120～910年（90%以上）の間におさまっている。後者は測定数から考えて黒川式新段階の年代を指していると考えられるが，前者はまだ2点なので，その年代は黒川式古段階，および後期末まで含めて可能性を考えておく。なお小林謙一の最新のデータでは晩期の始まりを意味する大洞B1式の初現は1250calBCとされているので，九州の晩期の始まりの土器群をめぐって議論を呼びそうである。

弥生最古の土器の較正年代は，山の寺式の底部（図5-1）内面の煮焦げが前930～800年（91.2%），夜臼Ⅰ式（図5-2）は口縁部外面の付着炭化物が前550～390年（66.3%），長崎県権現脇遺跡出土の山の寺新式の較正年代は前820～540年（95.1%），板付34次調査出土の粗製深鉢（図4-3）の外面付着炭化物は前900～790年（95.4%）であった。夜臼Ⅰ式は前760～340年の間に2σで幅広く，これ以上絞り込めない。試料量が少なかったことが原因とも考えられる。依然として山の寺・夜臼Ⅰ式自体の測定数が少ないので開始年代について直接絞り込むことはできない。

そこで山の寺・夜臼Ⅰ式の上限となる黒川式新11点とともに統計処理を行なうことによって，弥生最古型式の出現年代を算出した（図8）。グラフをみるとわかるように，左側＝黒川式新のピーク（スミ色）と右側＝山の寺式のピーク（網目）が重複する境界部付近の930～915年あたりを山の寺式の出現年代とみることができる。

夜臼Ⅱa式の較正年代は橋本一丁田（図5-4）が一番古い990～820calBC（95.7%）を示しているが，この試料はミネラルを多く含んでおり若干古い年代となった可能性がある。その他の夜臼Ⅱa式は880-840～790-760calBC（95～83%）の年代を示している。菜畑（図5-3）の炭素14年代は2880±40年で山の寺式と同じくらい古い年代が出ているが，$δ^{13}C$が-26.5と低く，炭素と窒素の同位体の値からみても海洋リザーバー効果の影響とは考えにくい。梅白の杭は，前述したように前期の水田の下層に伴う自然流路SD187（夜臼Ⅱ式）に打ちこまれていた樹齢15～16年の杭である。外側から5年輪を切断し測定資料としたものであり，伐採年代は較正年代から少なくとも2.5年若い年代となるが，杭は海洋リザーバー効果とまったく無関係な資料なので，夜臼Ⅱa式の年代を知る上での確実な資料たり得る。

そこで夜臼Ⅱa式の較正年代を知るために，山の寺・夜臼Ⅰ式と夜臼Ⅱa式を統計処理したのが図9である。前900年から前860年付近が両者の境界になると予想できる。

以上のように弥生開始期の状況をまとめてみると，前10世紀後半まで黒川式新段階の粗製深鉢が継続して用いられ，山の寺式の甕と併用される。板付34次で夜臼Ⅰ式と伴った粗製深鉢の出土状況から，夜臼Ⅱ式でも状況は同じであろう。山の寺式は2点しか測っていないのでこの較正年代が山の寺式の存続期間のどの部分を指しているのか特定できない。しかし夜臼Ⅰ式の較正年代と山の寺式の一部が重複していることや，この山の寺式自体が型式学的に新しい様相をもつことなどから，山の寺式の新しい部分を示している可能性もある。その意味で，菜畑遺跡の成果を認める限り灌漑式水田の出現は前10世紀後半を下ることはないと考えられるが，山の寺式の古い段階はもう少し繰り上がる可能性も残しているといえよう。

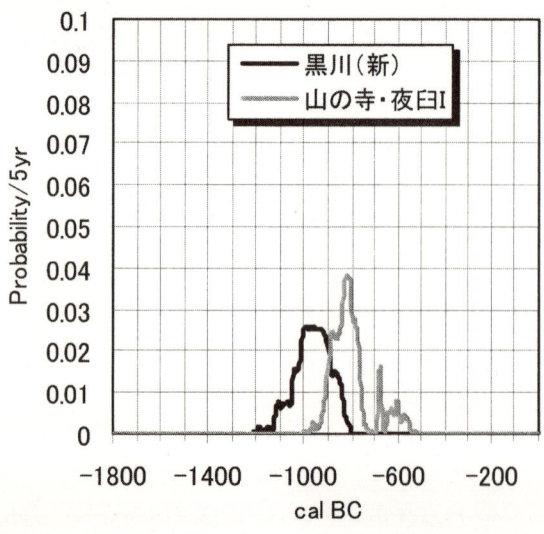

図8　山の寺・夜臼Ⅰ式土器の出現年代

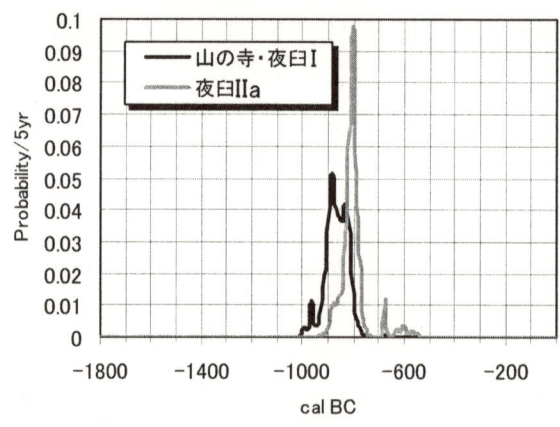

図9　夜臼Ⅱa式土器の出現年代

なお板付34次調査で出土した夜臼Ⅰ式の較正年代は500calBCごろに較正年代の確率の高い部分が出た。しかし型式学的に板付Ⅱ式までは下げることはできない土器だし，海洋リザーバー効果の影響でないことも$δ^{13}C$の値（-25.7）からも明らかである。誤差の範囲内なのか，もともと試料の量が足りなかったことが原因なのか不明だが，まだ1点しか測っていないので測定数を増やしたうえで再考したい（註7）。

弥生前期の開始年代

① 考古学的調査

この時期は夜臼・板付共伴期といわれていることからもわかるように，夜臼Ⅱb式と板付Ⅰ式が共伴する段階で前期初頭に比定される。菜畑遺跡

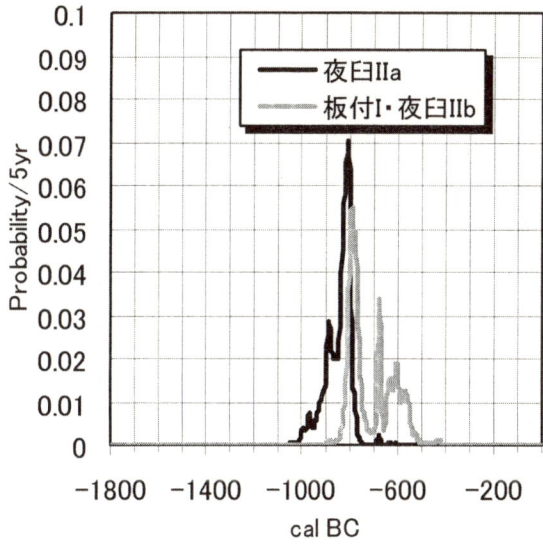

図10　板付Ⅰ式，夜臼Ⅱb式土器の出現年代

（夜臼Ⅱb式3点，板付Ⅰ式1点），梅白遺跡（夜臼Ⅱb式1点），雀居遺跡（夜臼Ⅱb式1点，板付Ⅰ式2点），福岡市博多区那珂君休遺跡（夜臼Ⅱb式1点，板付Ⅰ式1点）から出土した夜臼Ⅱb式6点と，板付Ⅰ式4点から較正年代を考えてみよう。

夜臼Ⅱb式は，菜畑例（図6-1）は口縁部に直接刻目，屈曲部に刻目突帯をもつ突帯文土器で，胴部外面の吹きこぼれを試料とした。雀居例（図6-2）は二条甕である。

板付Ⅰ式は，雀居（図6-3）は口縁部が発達した森貞次郎分類の板付Ⅰcタイプ〔森・岡崎1961〕，那珂君休例（図6-4）は，口縁端部や底部の形態から板付Ⅰ式のなかでも古い方に位置づけられる資料である。いずれも口縁部の全面に刻目を施文する点が特徴である。外面付着炭化物を試料とした。

② 炭素14年代

もう一度図7をみていただきたい。夜臼Ⅱb式と板付Ⅰ式が広い幅で重複することは，夜臼・板付Ⅰ式共伴現象という考古学的な事実とよくあっている。

③ 較正年代

図10に夜臼Ⅱb式，板付Ⅰ式のグラフを図示した。

夜臼・板付Ⅰ式共伴期の較正年代は，810～750cal BCの間におさまっている。共伴期11点のうち，菜畑（図6-1）は，$δ^{13}C$が-22.8で，海洋リザーバー効果の影響が出ていると考えられるので，極端に古い年代が出ているが，ほかの5点に海洋リザーバー効果の影響をみることはできない。菜畑をのぞく較正年代は，菜畑八反間2（810-580calBC：91.6%），梅白（990-790calBC：95.3%），雀居（810-530calBC：94.7%），那珂君休（790-510calBC：93.0%）となっている。

これらを総合的に判断するともっとも古い板付Ⅰ古式は統計的に前810年には成立していたと推定される。これによって九州北部玄界灘沿岸地域の弥生前期は遅くとも前9世紀末には始まっていた可能性があるといえよう。

韓国の早期無文土器時代

弥生時代の開始に大きな影響を与え，時期的に併行する京畿道，忠清南道，慶尚道から出土した早～中期無文土器の炭素14年代を測定した。京畿道渼沙里遺跡（付着炭化物1），慶尚南道漁隠遺跡1地区（木炭1，炭化米1，付着炭化物1），慶尚北道松竹里遺跡（木炭2），中期では慶尚南道玉房遺跡3地区の先松菊里式段階の試料（付着炭化物1），慶尚北道東川洞遺跡の先松菊里段階の試料（付着炭化物1），忠清南道麻田里遺跡の松菊里Ⅲ式（付着炭化物6）を測定した。また未公表試料だ

が韓国南部の遺跡から出土した前期の欣岩里式や中期後半の松菊里式土器（中期後半無文土器）に付着した炭化物についても較正年代が得られているので参考にして述べてみたい。

① 早期無文土器

突帯文土器は早期無文土器時代の土器として2000年に設定された〔安 2000〕。漁隠遺跡の101・104号住居から出土した木炭や炭化米と，節状突帯文土器の外面から採取した付着炭化物を測定した。典型的な突帯文土器からも採取したが量が少なく処理を保留している。安在晧によれば節状突帯文土器は口縁部に突帯を貼り付ける典型的な砲弾一条突帯文土器とは共伴せずに後出するという指摘があるので，突帯文土器の上限はこれより先行する可能性がある。炭化米と付着炭化物の較正年代は1260〜960calBC（90％以上）であった。これはトロント大学やソウル大學校が測った早期に属する104号住居出土のアワやイネの較正年代ともほぼ一致している〔李 2002〕（註8）。松竹里遺跡の木炭は1300〜1000calBCで漁隠と松竹里の木炭の年代とも一致している。以上，5点の測定から韓国南部の突帯文土器は前13〜10世紀の幅をもつと考えておく。

京畿道，漢江の中流域にある渼沙里遺跡5次011号住居で，櫛目文土器と共伴した突帯文土器の底部内面の付着炭化物の較正年代は，前17〜16世紀であった。慶尚南道の突帯文土器が前13世紀を上限としていることからみると，かなり古い年代が出ているし，これまで韓国国内で報告されている測定値からみても200年ほど古い。今後，測定数を増やして絞り込んでいきたい。

② 前期無文土器

後続する孔列文土器は未公表試料1点と，孔列文土器の最終末に位置づけられる先松菊里式の玉房例から，較正年代を知ることができる。玉房の年代は980〜820calBC（92.4％）で，黒川式新段階の後半部分と古い部分が一致しており，武末純一による土器の併行関係とも調和的である。

先松菊里式に属する東川洞の較正年代は1260〜990calBC（95.5％）で，玉房例よりも古い値が出ている。松菊里式はまだ1〜2点しか測っていないが，韓国側の炭素14年代も考慮すると前10世紀前後となると考えられる。

③ 中期無文土器

忠清道・麻田里遺跡，道三里遺跡から出土した松菊里Ⅰ式と松菊里Ⅲ式，および松菊里Ⅲ式に属する木材や井戸枠の炭素14年代測定を行なった。

麻田里遺跡から出土した松菊里Ⅲ式8点はすべて外面付着炭化物を試料としたもので，較正年代は800〜500calBCのなかにはいってしまい，大部分がいわゆる2400年問題に含まれている。ただ上限は九州北部の板付Ⅰ式にかかっているので，全体的に板付Ⅰ式〜板付Ⅱb式と併行すると考えられる。李弘鍾によれば松菊里Ⅲ式は九州北部で出土するいわゆる松菊里式（註8）のことを指すといわれているが，武末の併行関係とはわずかに新しい方向にずれている。一方，忠清南道の松菊里式の最古型式である松菊里Ⅰ式（底部内面の付着炭化物）の較正年代は，松菊里Ⅲ式と同じ測定値となっている。

木製品は松菊里Ⅲ式の較正年代と整合性のあるグループとこれより古い年代を示す二つに分かれた。古い年代を示したのは棒状の木製品，井戸枠は土器の年代に近い値がでていることを考えると，井戸は松菊里Ⅲ式の段階に伐採された木材を用いて作られ，棒状の木製品はこの段階に先行して本遺跡に帰属したものと考えられる。

松菊里Ⅲ式の較正年代の大半が2400年問題にかかることが当初より予想されたため，井戸枠を使ったウィグル・マッチングを試みたが，年輪が少ないことや虫食いなどが原因と思われる年代値の乱れがあり，年代を絞ることができなかった。

④ 突帯文土器の韓国祖型説について

李弘鍾〔李 1988〕や安在晧〔安 2000〕は1980年代から韓国の突帯文土器を西日本の突帯文土器の祖型とみる説を主張してきた。最新の安の考えでは韓国南部でもっとも後出する本村里3号住居跡出土の突帯文土器と，菜畑遺跡出土の山の寺式の炭素14年代がほぼ同じであることから，日本の突

帯文土器の祖型を韓国に求めている〔安 2004〕。この説にしたがうならば、韓国の突帯文土器のなかでも新しい段階のものが九州北部に伝わったことになる。本村里の炭素14年代が不明なので確実なことはいえないが、少なくとも炭素14年代ではなく、較正年代同士を比較した上で議論する必要があろう。

さらに較正年代をみる限り、韓国の突帯文土器より後出する九州北部と比べるのではなく、むしろほぼ併行している瀬戸内や近畿の突帯文土器との関係をみる必要がある。北九州市石田遺跡で出土した滋賀里Ⅳ式に併行すると考えられる湾曲型一条甕は、口唇部直接刻目をもつ古いタイプで、1310～890calBC（93.7%）という較正年代は、韓国南部の突帯文土器の古いところも含めて併行している。また突帯文土器が出現する直前に位置づけられている中国地方の谷尻式の較正年代（香川県居石(おいし)遺跡）も1400～1030calBCを示していることから、瀬戸内の突帯文土器は九州北部の突帯文土器より古い傾向を示すと同時に、韓国南部の突帯文土器と重複する部分がある。したがって中国地方の突帯文土器と韓国南部の突帯文土器との関係は、ほぼ同時か日本の方が古くなってしまう。また渼沙里のように韓国北部の突帯文土器はさらにさかのぼる傾向もあり、問題は複雑である。今後は近畿や瀬戸内でもっとも古い突帯文土器の炭素14年代を測定するとともに、韓国北・中部地域でも測定数を増やす必要がある。

さらに両地域の突帯文土器に伴う文化全体をみるとそれぞれの文化背景が大きく異なることも重要である。韓国南部の突帯文土器は畑作農耕文化だし、渼沙里の突帯文土器も畑作が想定されている。孔列文土器に突帯文土器がわずかにともなう蔚山市玉峴(オクキョン)遺跡で灌漑式水田が出現している可能性はあるものの、基本的には畑稲作の土器は突帯文土器なので、韓国から水田稲作文化とともに突帯文土器がもたらされたという李や安の説に同意することは難しい。石器の組み合わせなども含めて総合的に検討する必要があろう。

型式学的にも両地域の違いは存在する。韓国南部の突帯文土器には砲弾型の器形しかないのに対し、瀬戸内・近畿ではもともと湾曲型の突帯文土器として出発し、のちに九州北部の影響を受けて砲弾型が現われることである。さらに刻目の施文法や器面調製など、細かい点で相違点が多いのもまた事実である。ただその違いは後期無文土器と日本出土の粘土帯土器との違いほどでしかないこともまた事実である〔藤尾 2001〕。韓国と日本の突帯文土器との関係については、さらに測定数を増やして検討していきたい。

C_4植物（図11）

注目すべきは$\delta^{13}C$の値である。渼沙里遺跡出土の突帯文土器の底部内面から採った付着炭化物の$\delta^{13}C$値は、-12.5パーミルでかなり高いこと。炭素や窒素の同位体の値からみて海洋性起源のものではないことから、炭化物がヒエ・アワなどのC_4植物起源である可能性が高いと考えた。櫛目文土器時代から無文土器時代への転換期における畑作農耕の実態を考える上で興味深い事実である。研究グループでは前期無文土器時代の孔列文土器の内面に付着していた炭化物からもC_4植物の存在を確認している。本格的水田稲作が始まる前段階に、コメやマメなどと同じく雑穀類の栽培が行なわれていたことを、土器付着炭化物からも確認できたことの意味は大きいといえよう。九州や近畿の弥生土器の内面に付着した炭化物のなかにもC_4植物の可能性のあるデータをいくつか得ているので、今後測定数が増えれば、稲作以外は実態がわからなかった弥生農耕の実体解明に大きく寄与することは疑いない。今後の測定数の増加に努めたい。

まとめ－弥生開始期の較正年代－

現在までに得られている炭素14年代の測定結果をまとめると、各型式の較正年代は次のとおりである。縄文晩期末の黒川式新段階は1000calBC～930calBC頃に、弥生早期の山の寺式、夜臼Ⅱa式はそれぞれ930calBC、890calBCを上限として始まった。弥生前期初頭の板付Ⅰ式は810calBC～

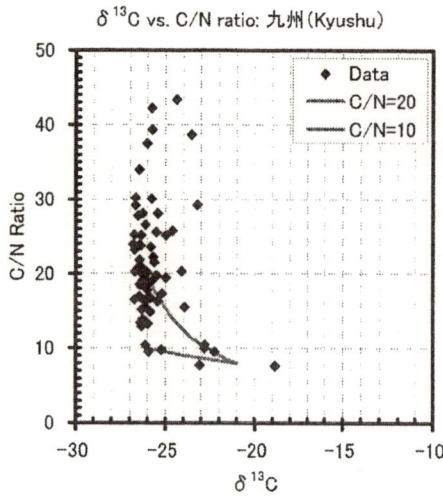
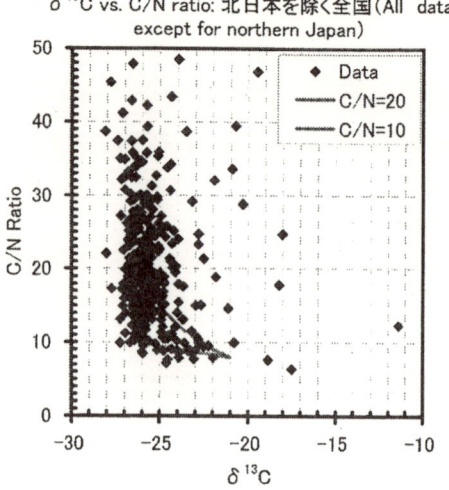
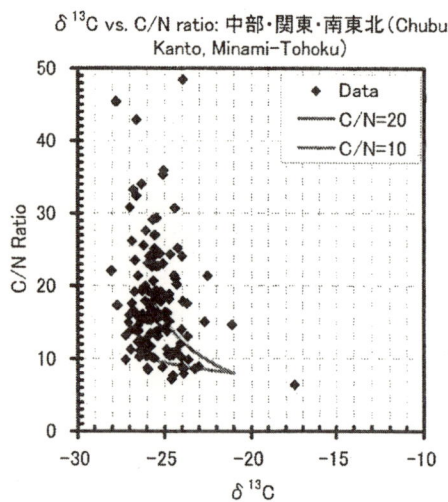
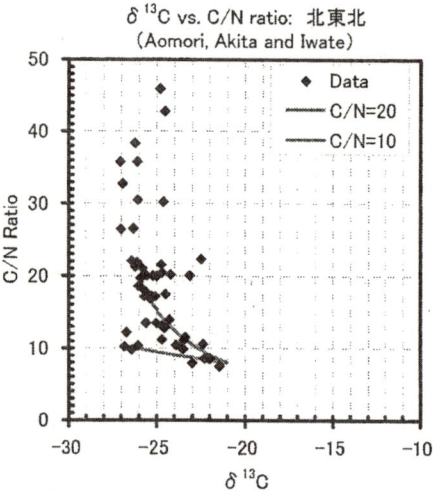
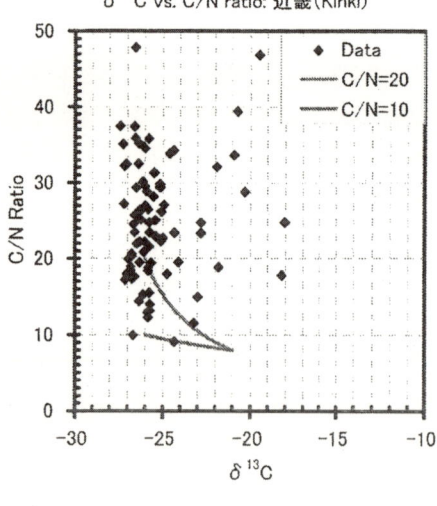

図11 日本列島各地のδ¹³C値とC/N比の分布

750calBCに収まる。今後の測定によって若干の変更はあり得るが，菜畑遺跡で本格的な水田稲作が日本列島で始まったのは，おおむね前10世紀後半ということになる。考古学的にみると山の寺・夜臼Ⅰ式段階は韓国南部の先松菊里段階に併行する。私たちは先松菊里式をまだ1点しか測れていないものの，ソウル大學校の測定値などをみると整合性のある年代と考えられる。

図12は較正年代をもとに作った土器型式毎の東アジアの年表である。まず，従来の年代観をもっとも右側に配した。弥生時代はもともと前5世紀ごろに始まったと考えられ，鉄器の出現はほぼ同時，普及するのは前期末の前200年ごろと考えられていた。

最左列には，すでに歴史時代に入っていた中国の西周以降の暦年代を記した。商以前に

ついては中国で行なわれている夏，商，西周王朝のAMS‐炭素14年代研究によって明らかになった較正年代を記し，時期は暦年代と区別するために破線で表現している。

中央の3列が韓国南部，九州の較正年代である。まず土器付着炭化物の測定数が多い九州北部の土器型式名を順に並べ，較正年代をもとに西暦との関係をとった。次に武末純一が作成した九州北部と韓国南部との土器型式の併行関係，および韓国東三洞貝塚の炭素14年代をもとに韓国の南部の年代を配した。櫛目文土器時代中・後・晩期の破線はそれである。土器型式名の頭についている※印は，測定を行なった型式である。

5　海洋リザーバー効果の影響

歴博の測定値が従来の年代観より500年も古くでているのは海洋リザーバー効果の影響とみる批判が，2003年12月の『考古学研究』199号誌上で西田茂によって行なわれた〔西田 2003〕。2004年7月には田中良之も同様の指摘を行なった〔田中ほか 2004〕。歴博の研究成果に対するそれまでの批判が，従来の年代観と考古学的に矛盾するという点から議論されていたのに対して，海洋リザーバー効果の影響を疑う動きは，測定試料の内容，すなわち土器付着炭化物を測定試料とする私たち独自の方法に直接疑問を投げかける大きな問題なので，この問題に対する私たちの考え方と，海洋リザーバー効果の影響をどのように認定しているのか説明しておこう。

研究グループは三つの手続きをへて海洋リザーバー効果の可能性のある試料を認定することにしている。まず第1に，土器型式ごとに海洋リザーバー効果とは無関係で，時期の特定が確実な試料をできるだけ挟み込むことにしている。炭化米，木炭，ウルシ，樹齢が15年くらいの木で作られた水田の水路に伴う杭など，海洋リザーバー効果とは無関係な試料を測れば，その海洋リザーバー効果の影響を心配しなくてよい土器型式の較正年代を得ることができる。その上でこれらの測定値より誤差の範囲を超えて古くでるものについて，炭素12と13の比である$\delta^{13}C$値をはかる。−24パーミルより重ければ，海洋リザーバー効果の影響を疑う必要が出てくる。プランクトンなど北半球の海洋生物の$\delta^{13}C$値は−20〜22パーミル，陸上生物は−24〜30パーミル，アワ・ヒエなどのC_4植物は−11〜−15パーミルであることが知られているので，これらの値を目安としている。実際にはこれらが混ぜ合わせて調理されると，中間的な値を示すことになる。

最後に$\delta^{13}C$値が−24.0パーミルより重いものについて，海洋性起源のものであるかどうか調べるために，炭素／窒素比や窒素同位体（$\delta^{15}N$）の測定を行なう。その結果，海洋性に起因すると判断したものについてのみ，海洋リザーバー効果の影響とみなしている。つまり型式ごとに，海洋リザーバー効果と無関係な試料の較正年代よりあきらかに古い測定値があれば，その試料の$\delta^{13}C$，$\delta^{15}N$の値，炭素／窒素比を調べて，海洋リザーバー効果の影響の有無を総合的に判断するのである。

これまでに測定した弥生後期も含む九州北部地域の137点ほどの試料のなかで，明らかに海洋リザーバー効果の影響を受けたと考えられる試料として，北九州市貫川，菜畑，雀居，壱岐市原の辻など7点を上げることができ，その割合は全体の約5％であることを今村が解析している。これは，秋田・岩手以北の北日本を除く縄文・弥生土器，350点余りの土器炭化物を分析して得られた海洋リザーバー効果の出現率とほぼ同じ割合である。

測定する遺跡の性格によって，海洋性の魚介類を摂取する割合は異なるため，調理した結果として遺る土器付着炭化物から得られた較正年代もさまざまなケースが想定される。決してすべての試料に対して海洋リザーバー効果の影響が出るほど単純なものではない。型式1点ごとの試料で判断するのではなく，大局的な見地から海洋リザーバー効果の影響について考察すれば，土器付着炭化物を対象とする炭素14年代測定はますます有効性が高まると考えている。

まとめ

2003年5月の発表時には，炭素14年代測定法に対する無理解と，40年来の一方的な不信感からく

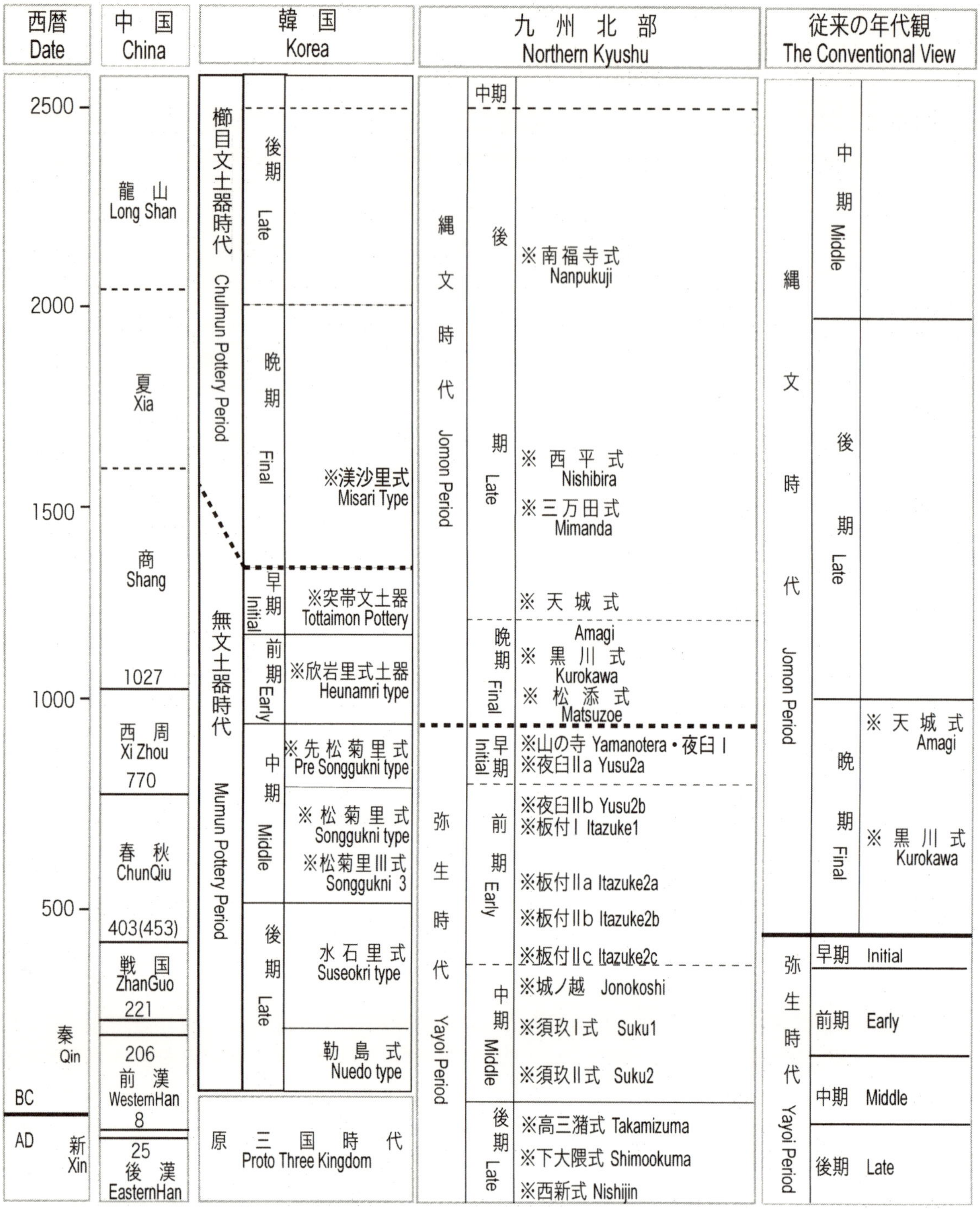

西暦 Date	中国 China	韓国 Korea			九州北部 Northern Kyushu			従来の年代観 The Conventional View	
2500	龍山 Long Shan	櫛目文土器時代 Chulmun Pottery Period	後期 Late		縄文時代 Jomon Period	中期		縄文時代 Jomon Period	中期 Middle
2000	夏 Xia		晩期 Final			後期 Late	※南福寺式 Nanpukuji		後期 Late
1500				※渼沙里式 Misari Type			※西平式 Nishibira ※三万田式 Mimanda		
	商 Shang	無文土器時代 Mumun Pottery Period	早期 Initial	※突帯文土器 Tottaimon Pottery		晩期 Final	※天城式 Amagi ※黒川式 Kurokawa ※松添式 Matsuzoe		
1000	1027 西周 Xi Zhou 770		前期 Early	※欣岩里式土器 Heunamri type					
			中期 Middle	※先松菊里式 Pre Songgukni type	弥生時代 Yayoi Period	早期 Initial	※山の寺 Yamanotera・夜臼I ※夜臼IIa Yusu2a		晩期 Final
	春秋 ChunQiu			※松菊里式 Songgukni type ※松菊里III式 Songgukni 3		前期 Early	※夜臼IIb Yusu2b ※板付I Itazuke1 ※板付IIa Itazuke2a ※板付IIb Itazuke2b ※板付IIc Itazuke2c		※天城式 Amagi ※黒川式 Kurokawa
500	403(453) 戦国 ZhanGuo 221		後期 Late	水石里式 Suseokri type				弥生時代 Yayoi Period	早期 Initial
	秦 Qin 206 前漢 WesternHan 8			勒島式 Nuedo type		中期 Middle	※城ノ越 Jonokoshi ※須玖I式 Suku1 ※須玖II式 Suku2		前期 Early 中期 Middle
BC AD	新 Xin 25 後漢 EasternHan	原三国時代 Proto Three Kingdom				後期 Late	※高三潴式 Takamizuma ※下大隈式 Shimookuma ※西新式 Nishijin		後期 Late

※は年代を計測した土器型式: ※ shows pottery type which we measured

図12 炭素14年代の較正年代に基づく弥生時代の実年代

る，的はずれな否定論も数多くみられたが，2004年になると，何を測っているのかという，本質的な問題に議論が移ってきたといえよう。最後に述べた海洋リザーバー効果の影響を疑うものが代表である。研究グループでは3つの方法で影響のある試料を取り除いているが，それでも科学的根拠を示さず疑う研究者が多い。

　もし海洋リザーバー効果が影響しているのなら，早・前期で500年，前期末で200年と型式ごとに

規則正しく古くなることはないし，考古学的に年代が確実な須玖Ⅱ式以降にも海洋リザーバー効果の影響が現われるはずだが，そのような事例は得られていない。

今回のAMS‐炭素14年代測定法にもとづいた弥生時代の開始年代の見直しの動きは，これまでのような考古学者だけの内輪の論理で議論するのはまったく通用しない。海洋リザーバー効果の影響をうたがうならば，それをデータで提示して科学的に証明し，補正率の根拠を明示する必要があるし，可能性があるのなら，それを統計的に耐えうる量で議論する必要がある。

21世紀を迎え，考古学も学際的な研究に本格的に取り組まなければならないところに来たといえるのではないだろうか。年輪年代はいうに及ばず，同位体を用いる食性研究など，今後ますます学際度を深めていくことになるだろう。これらの周辺諸科学と同じ土俵の上に立って議論できる環境を整えていくことが求められているのである。

本稿は，藤尾，今村，西本が執筆し，春成秀爾・坂本稔・小林謙一との共同研究の成果をふまえて脱稿したもので，その内容は研究グループの統一見解である。また歴博のラボにおいて前処理を含むさまざまな分析・解析作業を行なった尾嵜大真・新免歳靖氏の地道な研究・調査なしには，成し遂げられなかったものであることを附記しておく。

- （註1） 本稿は，2005年5月に発表した「弥生時代の開始年代－AMS‐炭素14年代測定による高精度年代体系の構築－」（『総研大文化科学研究』創刊号，71-96）を再録したものである。研究史の部分に加筆したほかは，修正は誤植など，最小限にとどめている。
- （註2） 日本列島で初めて灌漑施設を供えた水田で稲作が始まった時代。
- （註3） なお，海洋性の魚介類を調理したものが試料である場合が考えられ，データの解釈には注意が必要である。魚介類は海水中のプランクトンを捕食することによって炭素を取り入れる。一般に海水中の炭素14濃度は大気中に比べると低いことが知られているが（食物連鎖の底辺にあるプランクトンはこの海水中の生物なのである），大気と接している厚さが70mほどの海洋表層水は大気と炭素（二酸化炭素）のやりとりをしており，炭素14濃度の差はそれほどではない。しかし表層水と中層水・深層水は容易に混ざらないので，大気と接していない中層水と深層水は古い炭素を有し炭素14濃度がさらに低い。また深層水は2000年以上の長時間をかけて大洋底を移動し，高緯度地帯において上昇して表層水と混ざることが知られているため，高緯度地帯の表層水中の炭素14濃度は低く，オホーツク海では1000年も古く出るというデータがある。日本海においてはこのようなデータがないため未知数だが，海産食料に多く依存していると思われる人びとが営んだ遺跡から出土した土器の付着炭化物は，海産食料を調理する際にできた煮焦げや吹きこぼれである可能性があるので，試料としては避けたほうがよいという意見もある。ちなみに歴博では海岸に接して立地する遺跡から出土した試料は原則として測定の対象としてこなかった。2003年7月までに研究グループが提示した調査内容のなかにはこの点に関して言及していなかったために西田茂氏の批判をうけることとなった〔西田 2003〕。しかし後述するように歴博が2003年5月に示した11点のデータには三つの理由から海洋リザーバー効果の影響はみられないことを反論した〔藤尾・今村 2004〕。これについては後述する。
- （註4） 当初は前漢で作られた鏡が日本列島に到達するのに100年ほどかかると考えられたため，須玖式の年代は紀元前後と考えられていたが，その後，到達する時間が短く見積もられるようになり，前1世紀前半を上限とすると考えられるようになった。
- （註5） このように1960年代の考古学と^{14}C年代との不幸な歴史が今日の状況をうむベースとなっている。
- （註6） 島原半島では甕は山の寺→原山式と変化していくが，甕とセットとなる鉢や浅鉢は，晩期系の土器がそのまま残ることを意味している。浅鉢を基準とした広域編年が不適当であることはこのことからも明らかである。
- （註7） その後再測定し，2620±40 ^{14}C BP（840cal BC-760cal BC：87.4%）という結果が出ている。

（註8）武末純一は，夜臼Ⅱa～板付Ⅱa式とほぼ併行すると考えている。

参考文献

安　在晧 2000「韓国農耕社会の成立」『韓国考古学報』43，41-66
安　在晧 2004「韓国農耕社会の成立」『国立歴史民俗博物館研究報告』119，97-116
石川日出志 2003「弥生時代暦年代論とAMS法年代」『考古学ジャーナル』510，21-24
今村峯雄 2001「縄文～弥生時代移行期の年代を考える－問題と展望－」『第四紀研究』40－6，509-516
李　相吉 2002「韓国の水稲と畠作」『東アジアと日本の考古学』生業，3-32，同成社
李　弘鍾 1988「日本初期水田農耕期の刻目突帯文土器」『史叢』33
佐原　真 1975「農業の開始と階級社会の形成」『岩波講座日本歴史』1，114-182，岩波書店
佐原　真 1982『弥生土器』ニュー・サイエンス社
武末純一 2004「弥生時代前半期の暦年代－九州北部と朝鮮半島南部の併行関係から考える－」『福岡大学考古学論集』131-156
田中良之・溝口孝司・岩永省三 2004「弥生人骨を用いたAMS年代測定（予察）」『九州考古学界・嶺南考古学会合同学会発表要旨』245-251
辻誠一郎・中村俊夫 2001「縄文時代の高精度編年：三内丸山遺跡の年代測定」『第四紀研究』40－6，471-484
西田　茂 2003「年代測定への疑問」『考古学研究』50－3，18-20
日本先史時代の^{14}C年代編集委員会編著 2000『日本先史時代の^{14}C年代』日本第四紀学会
春成秀爾 2003a「弥生時代の開始年代」『歴博』120，6-10
春成秀爾 2003b「弥生早・前期の鉄器問題」『考古学研究』50－3，11-17
春成秀爾・藤尾慎一郎・今村峯雄・坂本　稔 2003「弥生時代の開始年代－^{14}C年代の測定結果について－」『日本考古学協会第69回総会研究発表要旨』65-68
藤尾慎一郎 2001「朝鮮半島の「突帯文土器」」『韓国考古学論叢』89-124，すずさわ書店
藤尾慎一郎・今村峯雄 2004「炭素14年代とリザーバー効果」『考古学研究』50－4，5-8
藤尾慎一郎・今村峯雄・坂本　稔 2003a「佐賀県唐津市梅白遺跡出土資料の年代学的調査」『梅白遺跡』西九州自動車道建設に係る文化財調査報告書(2)，360-366，佐賀県文化財調査報告書154
藤尾慎一郎・今村峯雄・坂本　稔 2003b「福岡市雀居遺跡出土土器に付着したススの年代学的調査」『雀居遺跡9』（別冊），福岡市埋蔵文化財調査報告書748，27-32
藤尾慎一郎・今村峯雄・坂本　稔 2003c「福岡市笠抜遺跡出土杭の年代学的調査」『笠抜遺跡1・2次調査』福岡市埋蔵文化財調査報告書752，1-6
森貞次郎・岡崎　敬 1961「福岡県板付遺跡」『日本農耕文化の生成』37-77，東京堂出版

炭素14年代法の原理

坂本　稔

1　炭素14とは

　炭素は，植物や動物，およびそれらを原材料としたものに例外なく含まれる物質である。自然界には，その炭素に12，13，14という三種類の「同位体」が存在することが知られている。

　物質を構成する原子は，陽子と中性子からなる原子核を，電子が取り巻く構造をしている。原子の性質は電子によって左右され，陽子は電子と電気的に中和されるよう同数が存在する。同位体とは，電気的に中性な中性子の数だけが異なる原子のことをさす。電子の数が等しいので，同位体同士の化学的な性質は同じである。

　炭素の原子核には，陽子が6個含まれている。炭素12，13，14の原子核には，それぞれ6個，7個，8個の中性子が含まれている。自然界に存在する炭素の同位体は，炭素13が炭素12のおよそ百分の1，炭素14が炭素12のおよそ1兆分の1である。

2　壊れる「炭素14」

　炭素としての性質は，炭素14も他の炭素と変わらない。ところが炭素14には，放射線（ベータ線）を出しながら，窒素という別の物質に少しずつ変わっていく特徴がある。

　原子が放射線を出して別の原子に変わる現象を「放射壊変」という。放射壊変により同位体が元あった量の半分になるまでの時間（半減期）はそれぞれに固有で，温度や圧力など周辺の環境によらず一定である。

　炭素14の半減期は5,730±40年である。これは，5,730年後には炭素14濃度（炭素12に対する炭素14の量）がほぼ半分になり，11,460年後にはその半分の4分の1になることを意味する。この性質を利用して年代を測定するのが，炭素14年代法である。

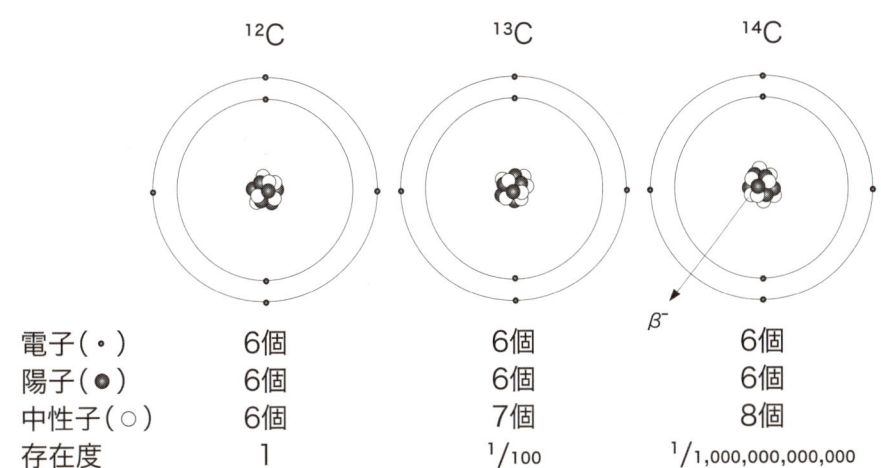

図1　炭素12，13，14の原子構造

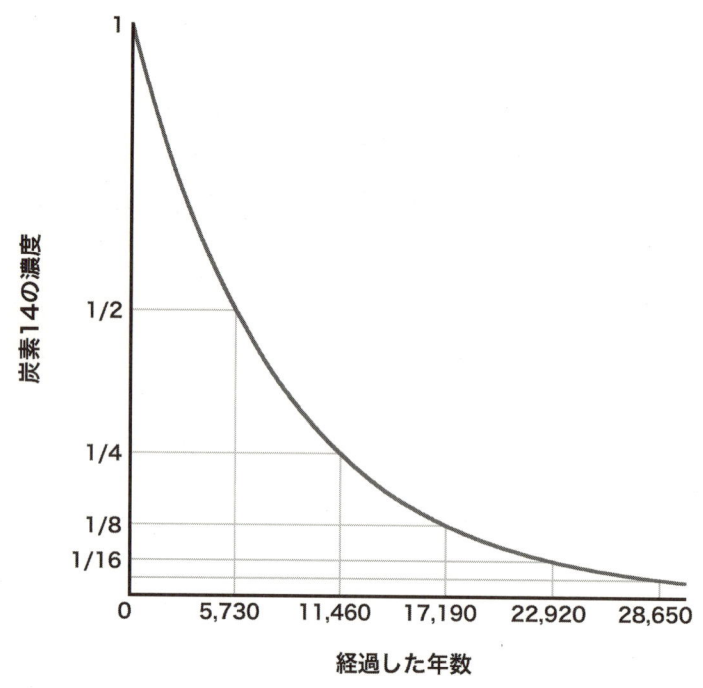

図2　時間と共に壊変する炭素14

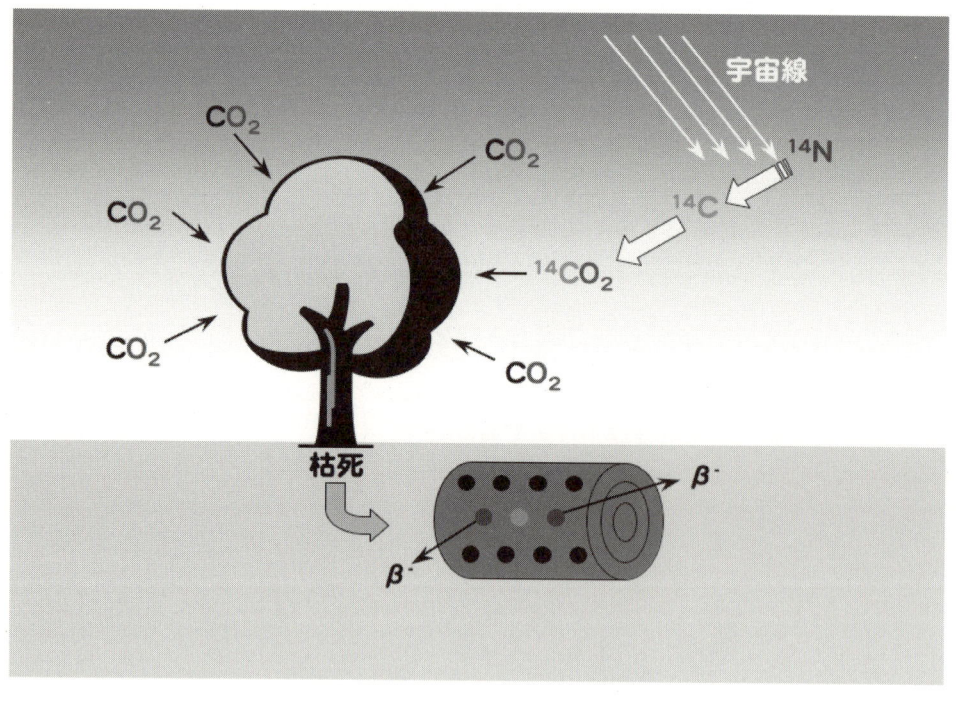

図3　自然界における炭素14の動き

3　作られる「炭素14」

　一方で，炭素14は地球の大気圏上層において，宇宙から降り注ぐ放射線（宇宙線）の作用で，常に一定量が作られている。炭素14は二酸化炭素として，他の炭素の同位体と同様大気中に拡散する。
　植物は光合成により，大気中の二酸化炭素を取り込む。動物は，植物や他の動物を食べて炭素を取り込む。生物は外から炭素を次々に取り込んでいるので，炭素14濃度は，それらが生きている限り大気の濃度に等しい。

ところが生物が死ぬと，外から炭素が取り込まれなくなる。一方で炭素14は放射壊変により壊れ続け，濃度が減少していく。失われた炭素14の量は，生物が死んでから経過した時間に対応する。つまり炭素14年代法が示す年代は，生物が外から炭素を取り込まなくなった年代である。

大気中の二酸化炭素は海水にも吸収される。海洋中の炭素の循環は大気中の拡散に比べはるかに遅いため，炭素14が壊変して失われている。その炭素を取り込んだ海洋生物の炭素14濃度は，同じ年代の大気より

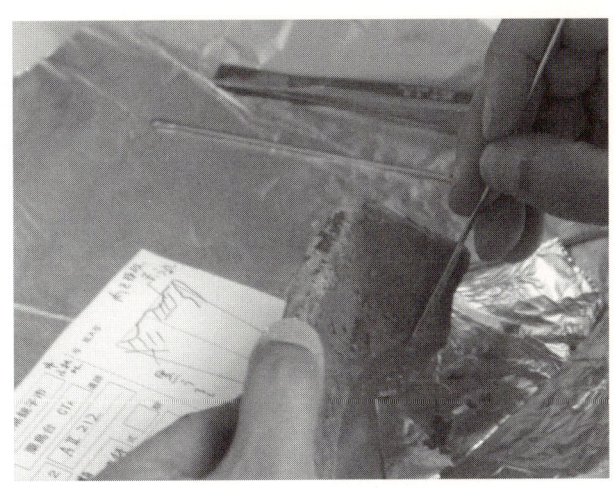

図4　土器に付着した炭化物を集める

も低い。そのため海洋生物は，同じ時に死んだ陸上生物よりも見かけ上古い年代を与えることがある。この影響を「海洋リザーバー効果」といい，海洋生物の年代測定の際に留意しなければならない。

4　どんなものが測れるのか

基本的に，炭素が含まれているものであれば測定の対象となる。逆にいえば，炭素の含まれていない石器，青銅器などは測定の対象にならない。

従来からのβ線計数法による測定では，数グラムの炭素に相当する試料が必要である。例えば40%程度の炭素が含まれている紙や木材の場合は，10グラム近い量が必要になる。一方，加速器質量分析計（AMS）は1ミリグラム以下の炭素に含まれる炭素14を測定することができる。紙や木材であれば，数ミリグラム程度で年代を測定できる計算になる。

AMSを用いることで，土器にわずかに付着した炭化物，漆製品の塗膜，文書からはがれ落ちた小さな紙片など，β線計数法では難しかった試料の年代が測定できるようになった。

5　どんな年代が測れるのか

AMSでは，5万年をさかのぼる試料の年代測定も可能である。これほど古い試料の炭素14は，元の濃度の数百分の1にまで低下している。放出されるβ線もそれに伴って弱くなるので，β線計数法では自然界の放射線に隠されて測定することができない。

炭素14年代法が示す年代は，生物が外から炭素を取り込まなくなった年代であることに注意が必要である。例えば，木製品の測定結果が示すのは，その部分の年輪が形成された年代である。材料となる木材が伐採された年代，木製品に加工された年代，その木製品が使用された年代，廃棄された年代などは明らかにならない。他方，土器に付着した炭化物については，食物が収穫された年代と土器が使用された年代とが一致するので，測定結果は土器の使用年代とみなされる。

遺物に伴い，同じ地層から出土した種子などの年代は，多くの場合遺物の年代と一致しない。これは，小さな試料は地層の間を容易に移動するためである。測定結果を「遺物の年代」とするには，その遺物と密接に関連した試料を選定する必要がある。同様に，埋没している間に外から別の炭素が試料に入り込んだ場合も，測定結果が乱される。炭素14年代法の実施に際しては，この「別の炭素」を取り除く作業が欠かせない。

信頼される炭素14年代法の実施は自然科学の役割であるが，年代測定にふさわしい試料を選び，その結果を歴史上・考古学上の年代に読み替えて解釈するのは，歴史学や考古学の役割である。

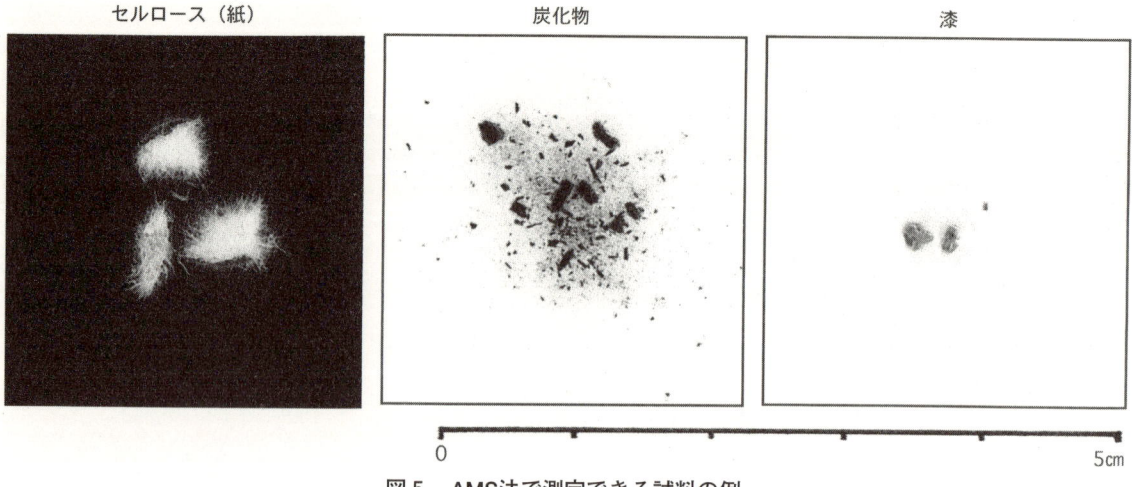

セルロース（紙）　　　　　炭化物　　　　　　漆

図5　AMS法で測定できる試料の例

図6　AAA処理で試料を洗う

6　炭素14年代法のための試料調製

試料を洗う

土中に埋没していた試料には，周囲から様々な物質が混入している。土中から取り上げられた後でも，梱包材の繊維や保存処理に伴う樹脂などが付着する恐れがある。

試料は，顕微鏡などで観察しながら付着した汚染物質を取り除き，あるいは超音波洗浄機を用いてよく洗う。次いで有機溶媒（アセトン）を用いて樹脂などを溶かし出す。再び純水で十分に洗い，完全に乾燥させてアセトンを除く。

続いて，試料に染み込んだ汚染物質を取り除くために酸・アルカリ・酸（AAA: Acid-Alkali-Acid）処理を行なう。これは，年代測定試料を化学的に洗浄するために広く用いられている方法である。

［酸］まず，塩酸水溶液中で試料を加温し，溶液を交換しながらこれを数回繰り返す。この操作で，土中にあった炭酸塩などに由来する炭素が除かれる。

［アルカリ］次に，溶液を水酸化ナトリウム水溶液アルカリに変えて試料を加温する。試料には土中に存在するフミン酸などの有機酸が染み込んでいるが，この操作でアルカリ溶液に溶け出す。炭化物の一部はアルカリ溶液に溶け出すことがあり，溶液を交換しながら注意深く加温を繰り返す。

［酸］続いて，試料に残留する水酸化ナトリウム，およびアルカリ溶液が吸収した大気中の二酸化炭素を除くために，再び塩酸水溶液を用い，溶液を交換しながら試料を加温する。

最後に，処理の済んだ試料を純水で十分に洗浄し，残留する塩酸を除いて乾燥させる。

炭素を取り出す

試料に含まれる炭素を取り出すためには，完全に燃焼させて炭素を二酸化炭素に変え，それを精製する。AMS法では，取り出した炭素をグラファイト（黒鉛）粉末にして炭素14を測定する。一方β線計数法では二酸化炭素やアセチレン，ベンゼンなどにして，それらから放出されるβ線を検出する。ここでは，AMS法を前提とした調製法を紹介する。

［燃焼］洗浄の済んだ試料数ミリから十数ミリグラムを，酸化銅とともに耐熱ガラス管に入れる。これを真空にして封じ切り，電気炉で加熱して試料を完全に燃焼させる。試料を燃焼すると，二酸

化炭素以外に水や窒素などが生成する。二酸化炭素だけを取り出すためには，真空装置を用いて精製を行なう。

［精製］燃焼の済んだガラス管を真空装置につなぎ，管内の気体を液体窒素温度のトラップに捕集する。この時窒素は捕集されずに除かれる。次にトラップの温度を−100℃付近に調節して，二酸化炭素（気体）と水（固体）を分離する。精製された二酸化炭素は保管のためにガラス管に封じ，あるいは水素と反応させてグラファイト粉末に変える。グラファイトはAMSで測定できるよう，アルミ製のホルダに充塡される。

年代測定試料に加え，炭素14を含まないブランク試料と，炭素14濃度がわかっている標準試料についても同様の調製を行なう。これらを一度に測定して，調製と測定が適切に行なわれていることを確認しながら，試料の炭素14濃度を求める。

7　炭素14年代と実際の年代

炭素14年代

炭素14年代法の測定結果は，炭素14濃度に基づいた「炭素14年代」（単位 ^{14}C BP）として報告されることが多い。この値は，（1）過去の大

図7　二酸化炭素をきれいにする真空装置

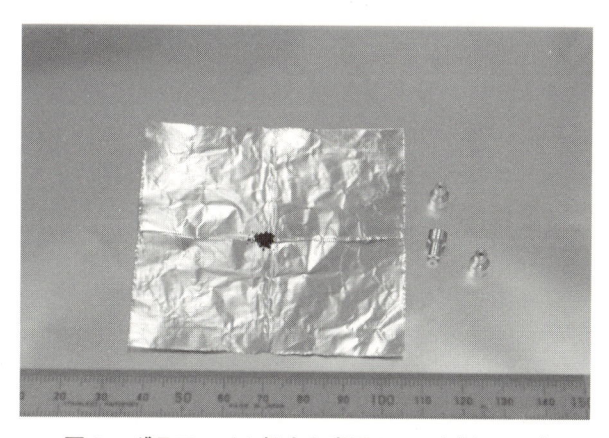

図8　グラファイト粉末と専用のアルミ製ホルダ

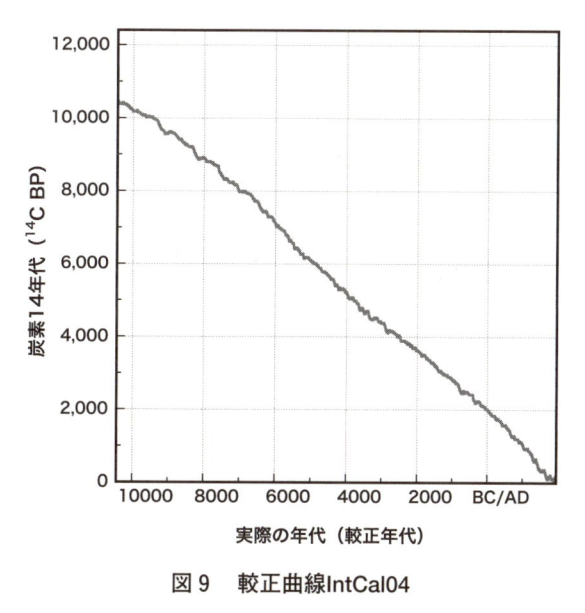

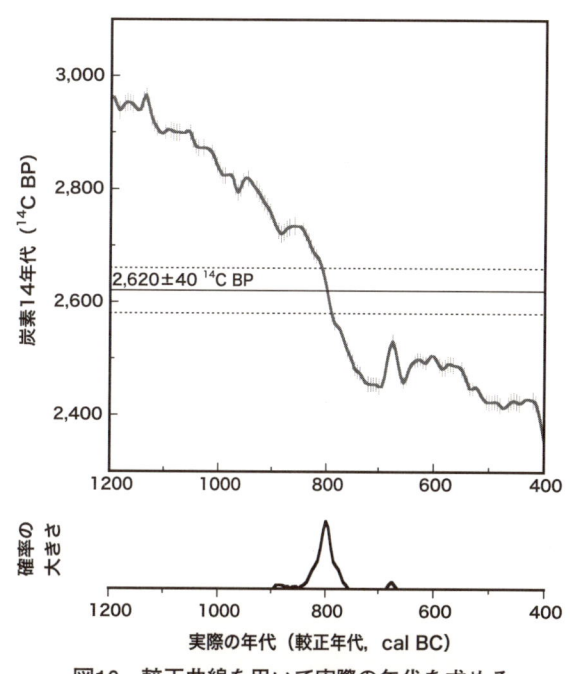

図9　較正曲線IntCal04

図10　較正曲線を用いて実際の年代を求める

気の炭素14濃度が一定だったという前提で，（2）西暦1950年の大気の測定結果と比べ，その炭素14濃度が試料の値になるまでの時間を，（3）炭素14の半減期を5,568年として計算した年数に相当する。

ところが，過去の大気の炭素14濃度は厳密には一定ではない（1）。また，5,568年という半減期は炭素14年代法の実用化当初に考えられていた値であり，実際には5,730±40年であることがその後の研究でわかっている（2）。したがって，単純に西暦1950年から炭素14年代を引いても，暦上にある実際の年代にはならない（3）。

IntCal04

炭素14年代から実際の年代（較正年代）を求めるためには，年代のわからない試料の測定結果を年代のわかっている試料の値と照合すればよい。

樹木の成長に伴って1年に1層ずつ刻まれる年輪には，生育した年々の大気中の二酸化炭素が固定されている。年輪の生育年代を年輪年代法で決定し，各々の炭素14年代を測定する。両者の関係をあらわしたグラフ（較正曲線）を用いると，試料の炭素14年代から実際の年代を導くことができる。

国際学会が中心となって作成された較正曲線の2004年版（IntCal04）には，過去12,400年分の樹木年輪などの測定結果が掲載されていて，高い精度の較正年代が求められるようになった。

実際の年代の算出

較正曲線を用いて実際の年代を求める際，測定結果とグラフとの交点を読むだけでは不十分である。

炭素14年代には，測定に伴う誤差が付けられている。較正曲線にも誤差が付いているので，測定結果とグラフ上の各点との重なり具合を統計学的に計算すると，確率密度分布という形で実際の年代が求められる。その形は過去の大気の炭素14濃度の変動を反映して複雑なものになるが，より高いピークに該当する年代を示す確率がより高い。報告の際には，較正年代が2σ（およそ95％）の確率で収まるように計算結果を絞り込んでいる。

較正曲線が作られる以前の測定結果や，過去12,400年を超えるような試料など，炭素14年代で報告されている値を，暦上にある実際の年代と混同してはならない。短く見積もられた炭素14の半減期と過去の大気の炭素14濃度の変動に影響され，試料が本来示すべき年代よりも新しくなってしまうことが多い。

より精密な年代論を展開するためには，試料の適切な選択，処理，測定を行なうのはもちろん，炭素14年代から適切な方法で導かれた較正年代を用い，その誤差を踏まえた上で議論することが必要である。

同位体化学としての炭素14年代法

坂本 稔

　炭素14年代法は，試料に残る炭素14の濃度からその年代を推定する年代測定法である。ここでいう「炭素14の濃度」とは，炭素14と，「同位体」としての関係にある炭素12や炭素13との量比のことを指している。すなわち，炭素14年代法を理解するためには，その「同位体化学」としての一面から捉えることが必要である。本稿では，炭素14年代法のユーザー側からの疑問点として挙げられることの多い「炭素14年代」と「海洋リザーバー効果」について，主に同位体化学の立場から解説を試みる。

1　炭素14年代

　自然界には12，13，14という三種類の炭素の同位体が存在する。

　物質を構成する原子は，陽子と中性子からなる原子核を電子が取り巻く構造をしている。原子の性質は電子によって左右され，陽子は電子と電気的に中和されるよう同数が存在する。同位体とは，電気的に中性な中性子の数だけが異なる原子のことをさす。炭素12，13，14の原子核にはそれぞれ6個，7個，8個の中性子が含まれている。自然界には，炭素13が炭素12のおよそ百分の1，炭素14が炭素12のおよそ1兆分の1の割合で存在する。

　炭素としての化学的な性質は，炭素14も他の炭素と変わらない。ところが炭素14には，放射線（ベータ線）を出しながら少しずつ窒素に変わっていくという特徴がある（放射壊変）。同位体が元あった量の半分になるまでの時間（半減期）はそれぞれに固有で，温度や圧力など周辺の環境によらず一定である。この性質を利用して年代を測定するのが，炭素14年代法である。

　炭素14年代法が指し示すべき年代は，試料がその生命活動を断つなどして外界との炭素交換を行なわなくなった時を起点とし，放射壊変によって失われた炭素14の量に相当する経過時間である。ところが，現実に測定できるのは試料に残っている炭素14である。「起点」における炭素14の濃度と半減期が正確にわかっていなければ，残された量だけで年代を導くことはできない。

　そこで，測定された炭素14の濃度をもとに，次のような前提をもとに定義された「炭素14年代」（単位：$^{14}C\ BP$）が導入されている。

　　前提1　試料の炭素の同位体比を，森林樹木の平均的な組成とみなす。
　　前提2　「起点」となる過去の大気の炭素14の濃度は，一定で変わらなかったものとする。
　　前提3　炭素14の半減期を5,568年として算出した経過年数を，西暦1950年からさかのぼる。

　その後の研究で，炭素14の半減期は5,730±40年という値がより確からしいとされたが，過去に蓄積されたデータとの整合性を保つ意味もあり，炭素14年代の算出には従前の値が用いられている（前提3）。残る2つの前提について以下に詳解を加える。

2　同位体分別の補正（前提1）

　放射壊変で失われていく炭素14は，一方で，地球の大気圏上層に降り注ぐ放射線（宇宙線）の作用で常に新しく作られている。炭素14は二酸化炭素として大気中を速やかに拡散するが，まず光合成によって植物に取り込まれ，その後は摂食により動物体内に取り込まれていく。生命活動の時間

は炭素14の半減期に比べ無視できるほど短いので，炭素14はほとんど失われずに大気から生体へと移動する。

ところが化学的な性質の等しい同位体には，その質量の差に伴う物理的な性質の違いが現われる。これを質量依存の同位体分別と呼び，その効果は文字通り質量の差に依存する。たとえば炭素12に比べ，炭素13は中性子1個，炭素14は中性子2個の質量差があるので，炭素12に対する炭素14の分別は炭素13に比べて2倍の効果がある。

炭素14年代法のよりどころとなる炭素14の濃度，すなわち同位体比は，その壊変ではなく分別によって変動している可能性がある。そこで，炭素の同位体比を大気中の二酸化炭素を最初に取り込む植物の値に戻して，分別を補正する必要がある〔M. Stuiver and H. A. Polach 1977〕。

炭素13の同位体比（$^{13}C/^{12}C$比）は，ベレムナイト化石（PDB）を標準試料とした偏差を千分率で表わす。

$$\delta^{13}C_S = \left(\frac{\left(^{13}C/^{12}C\right)_S}{\left(^{13}C/^{12}C\right)_{PDB}} - 1\right) \times 1000 \quad (‰)$$

森林樹木の平均的な$\delta^{13}C$値は$-25‰$である。測定試料の$\delta^{13}C$値がこの値から分別したものとすれば，$^{14}C/^{12}C$比（A_S）の補正値（A_{SN}）は，

$$A_{SN} = A_S \frac{\left(1 + (-25)/1000\right)^2}{\left(1 + \delta^{13}C_S/1000\right)^2}$$

炭素14年代法では，NIST（米・国立標準技術研究所）が調製したシュウ酸を標準試料とする。その$^{14}C/^{12}C$比の補正値（A_{ON}）を用いて，炭素14年代（t）を計算する。

$$t = -\frac{5568}{\ln 2}\ln\left(\frac{A_{SN}}{A_{ON}}\right) \quad (^{14}C\ BP)$$

測定機関からの報告書には，同位体分別の補正を行なわない値を併記する例がある。ただし，この値は厳密な意味での定義から外れる。後述する較正曲線IntCal04に採用されているデータは分別を補正してあり，これに基づいた実際の年代の算出にも分別を補正した値を用いるべきである。

なお補正に用いる$\delta^{13}C$値は，炭素14の測定用に調製された試料の値を採るべきであろう。同位体分別は生体間の移動時だけではなく，測定試料の調製時にも起こりうる。化学反応や燃焼などが完全に進めば分別は起こらない。しかしながら，たとえば加速器質量分析計（AMS）の測定試料であるグラファイトは調製時に100％の収率を得ることが難しく，分別が起きている可能性がある。またAMSには，グラファイトのイオン化，加速器による荷電変換，イオンビームの輸送など，測定の際にも分別を起こす要因を伴っている。そのため，AMS法では等しい条件で炭素12，炭素13，炭素14を同時に測定して分別を補正する。その際に得られる$\delta^{13}C$値は，調製や測定に伴う分別を経験しているので本来の同位体比とはいえない。逆にいえば，安定同位体質量分析計などで別途測定した試料本来の$\delta^{13}C$値を，AMS法での分別の補正に用いるのは適当ではないと思われる。

3　起点における炭素14の濃度（前提2）

過去の大気中の炭素14の濃度が一定でなかったことは，炭素14年代法が実用化された早い段階ですでに指摘されていた〔K. Kigoshi and H. Hasegawa 1966〕。炭素14の生成に関わる宇宙線の強度は太陽活動や地磁気に影響されて変動し，それが大気中の炭素14の濃度に無視できない変動をもたらしている（図1）。したがって，一定という前提で定義された「炭素14年代」は暦上に記載できる

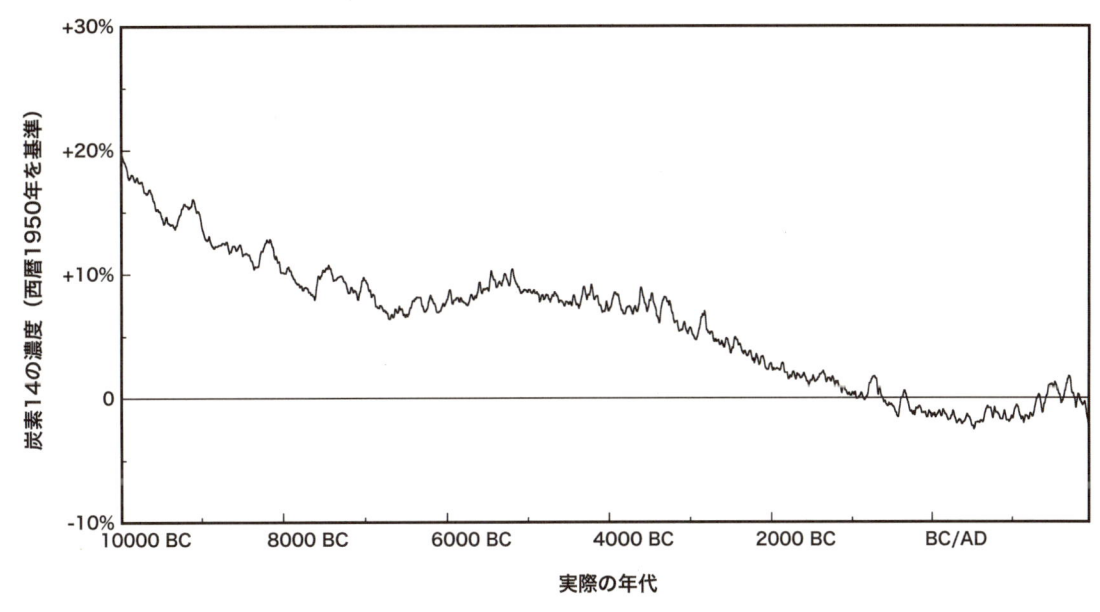

図1　過去の大気の炭素14の濃度変化。西暦1950年からの変化量を百分率で示す

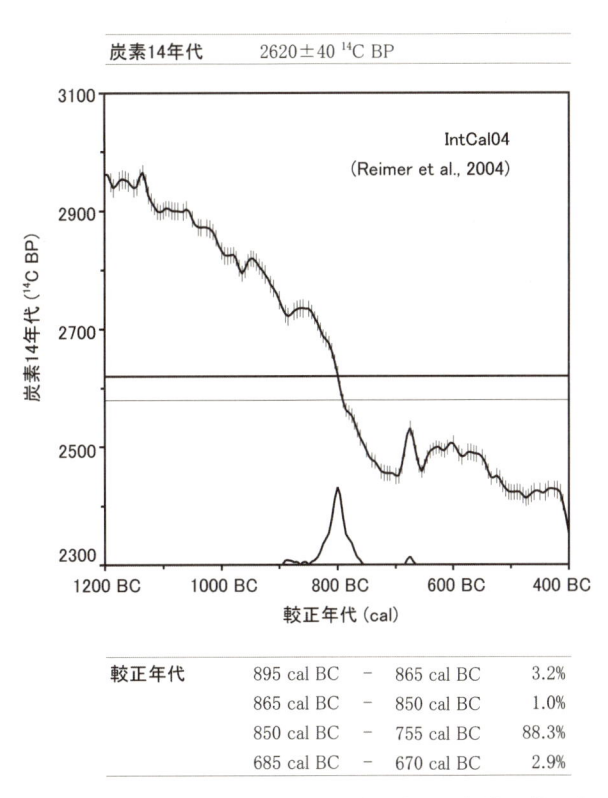

図2　IntCal04を用いて炭素14年代を実際の年代に較正する

較正年代			
895 cal BC	–	865 cal BC	3.2%
865 cal BC	–	850 cal BC	1.0%
850 cal BC	–	755 cal BC	88.3%
685 cal BC	–	670 cal BC	2.9%

「実際の年代」ではなく，装置による「炭素14の濃度の測定結果」とみなすべき値である。

そこで，年輪年代法で生育年代が決められた樹木年輪を用い，その炭素14年代を集成した較正曲線「IntCal04」が整備された〔P. J. Reimer et al. 2004〕。試料の実際の年代は，その炭素14年代を較正曲線と照合して求められる（図2）。二酸化炭素は大気圏内を速やかに拡散するので，大気中の炭素14の濃度は地域によらずほぼ均一である。したがって，陸上生物に由来する試料の年代測定にはIntCal04の適用を妥当とするのが，学会などにおけるこれまでの国際的な理解である。

ところが，海洋生物に由来する試料については事情が異なる。海洋生物は同時期に生育した陸上

生物と比べて炭素14の濃度が低く，見かけ上「古い年代」を示すことがある。これは海洋生物が大気中の二酸化炭素ではなく，海洋中に存在する炭素を取り込んで生育するためである。

4 海洋リザーバー効果

地球上の炭素は二酸化炭素として大気中に存在するだけではなく，生体やその腐植物，そして海水中にも分布している。なかでも海洋は最も大きな炭素のリザーバー（貯留槽）として振舞っている（図3）。炭素はそれぞれのリザーバーに留まっているのではなく，拡散や生命活動に伴う移動を繰り返しているが，大気中の平均滞留時間が7年程度なのに対し，深層水中では800年にも及ぶ。これは深層水がゆっくりと循環しているためで，その時間は炭素14の半減期に対しても無視できる長さではない。したがって，海洋中の炭素14はその間に壊変して大気よりも低い濃度を与えることになる。

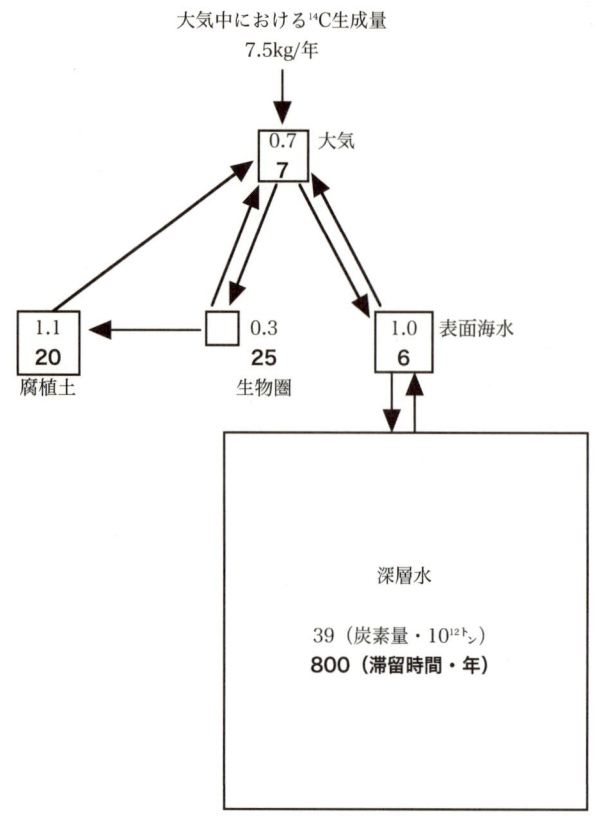

図3 各リザーバーにおける炭素量と平均滞留時間

西暦1850年に生育した陸上の植物に対し，同時期の海洋生物は平均して400年古い炭素14年代を示すことが報告されており（グローバルリザーバー効果）〔M. Stuiver et al. 1998〕，IntCal04とともに海洋生物のための較正曲線「Marine04」も公表された〔K. A. Hughen et al. 2004〕。ただし，海洋リザーバー効果はすべての水域で均一ではない。海水の循環に伴い，深層水が湧き上がる水域はより古く，逆に沈み込む水域は大気の影響を受けてやや新しくなる。それぞれの表層水付近で生育する貝類などの炭素14年代測定から，各水域における効果（ローカルリザーバー効果）の検討が進められている。海洋リザーバー効果として現われる年代のずれは，グローバルとローカルの両効果を合算したものになる。

海洋生物と陸上生物を摂食した生体，あるいは両者を取り混ぜた調理にともなう土器付着炭化物などには，両方に由来する炭素が任意の割合で混合していると予想される。土器付着炭化物については，海洋リザーバー効果により見かけ上の古い年代を示しているのではないかという指摘をたびたび受けるところである。試料への海洋リザーバー効果の影響を識別するには，$\delta^{13}C$値が一つの手がかりになる。

海洋生物の$\delta^{13}C$値は，陸上生物よりも一般に高いことが知られている。海洋に由来する炭素が混合していれば，試料の$\delta^{13}C$値は陸上植物の平均的な値（-25‰）よりも正方向に傾く。

図4は，国立歴史民俗博物館で測定した土器付着炭化物について，$\delta^{13}C$値と炭素・窒素の濃度比（C/N比）との関係を示したものである〔坂本ほか 2004〕。炭素14年代法による測定結果は，土器型式などの考古学的な所見と慎重に照合している。また，多くの場合で同一遺跡から出土した他の試料の年代と一致することから，測定結果の妥当性を評価することができる。ところが適切な試料選択や前処理を行なってもなお，予想より100年単位で古い年代が得られることがある。図中ではそのような試料を黒丸で示した。

多くの土器付着炭化物は，-25‰よりも低い$\delta^{13}C$値を示している。一方$\delta^{13}C$値の高い試料に注目すると，C/N比の低い試料の多くが特異な値を示している。C/N比はタンパク質など，窒素を含

む試料が混合することで低下する。すなわち，これらの試料には海洋リザーバー効果を反映した海洋動物に由来する炭素が含まれていると考えられる。対照的に，$\delta^{13}C$値が高くてもC/N比の高い試料には特異な年代を示すものが含まれていない。このグループには，例外的な光合成を行ない，その$\delta^{13}C$値が森林植物（C3植物）よりも高いアワやヒエなど（C4植物）が混合している可能性がある。セルロースを主成分とする植物は窒素に乏しく，混合してもC/N比は低下しない。海洋リザーバー効果の影響がないこととも整合的である。

陸上生物と海洋生物の$\delta^{13}C$値が決められれば，両者の混合比を推定して海洋リザーバー効果の影響を推定することも可能ではある。実際，較正曲線を用いた年代の算出プログラムの中には，海洋リザーバー効果を考慮したものもある。ただし，ローカルリザーバー効果を含めそこには多くの仮定が必要であり，精確な年代を導くのは難しいと思われる。

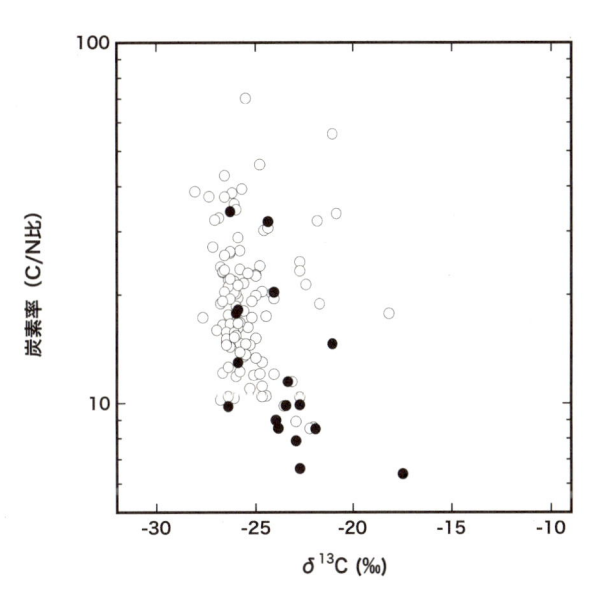

図4　土器付着炭化物の$\delta^{13}C$値とC/N比の関係

炭素14年代法の精確度を向上させるためにはむしろ，複数の試料について，考古学と同位体化学をはじめとする自然科学とが立体的な考察を加えることこそが必要であると思われる。図4に示された年代の特異性は考古学の見地から提起され，それを同位体化学の立場から解析したものであることを最後に強調しておきたい。

　本稿は『季刊考古学』第88号（2004）に掲載されたものであるが，その後IntCal04が公表されたため，該当箇所に若干の修正を施した。

文　献

（1）K. A. Hughen et al. 2004 Marine04 Marine Radiocarbon Age Calibration, 0-26 kyr BP. *Radiocarbon* 46：1059-1086
（2）K. Kigoshi and H. Hasegawa 1966 Secular Variation of Atmospheric Radiocarbon Concentration and Its Dependence on Geomagnetism. *J. Geophys. Res.*, 71：1065-1071
（3）P. J. Reimer et al. 2004 IntCal04 Terrestrial Radiocarbon Age Calibration, 0-26 Cal Kyr BP. *Radiocarbon* 46：1029-1058
（4）M. Stuiver and H. A. Polach 1977 Reporting of ^{14}C data. *Radiocarbon* 19：355-363
（5）M. Stuiver et al. 1998 High-precision Radiocarbon Age Calibration for Terrestrial and Marine Samples. *Radiocarbon* 40：1127-1151
（6）坂本　稔ほか 2004「炭素14年代法に用いる土器付着炭化物の同定の試み」日本文化財科学会第21回大会にて発表

AMS炭素年代測定法と暦年較正
―― 測定値の信頼性の観点から ――

今 村 峯 雄

はじめに

炭素14年代測定法（註1）はAMS法による新たな技術的な革新と，国際標準データベースによる暦年較正法の高層化という二つの技術的なブレークスルーを経て，とくに1990年代後半から，高精度での炭素年代測定が可能になってきた。ここでは，年代の信頼性について読者の理解を得る観点から，AMS法による炭素14測定法と暦年較正の現状について概説したい。

1　年代測定と年代の確かさ

考古学における年代研究は，考古学事象の精確な年代の把握が目標であるから，考古学の文脈を含めた総合的な視点で結果を評価する必要がある。炭素14年代測定法による年代決定では，得られる年代の確かさをつぎの4点に分けて議論することが可能であろう。

第1に，考古学の視点からの資料選択の問題である。具体的には，資料が与える年代と，目的とする考古学の事象との関係の明確さを議論しなければならない。典型的には，同一文化層における共伴関係における年代把握の問題であり，例えば，住居址における，柱材，共伴土器間の関係把握などである。この場合，木材資料（表面層）の年代は伐採年を示すので，住居の建築年代に近い蓋然性が高い。しかし共伴土器の型式との関連で考えると，住居の継続期間を仮定する必要が出てくるため，年代にはその継続期間の不確定性を考慮しなければならない。これは，年代が年輪年代の場合でも同様である。柱材ではなくて，土器に付着した煮焦げや煤を年代試料とする場合，得られる年代は使用年代に非常に近く，土器の製作年代とその使用年代の差が不確定要素であるものの，その差を絞り込める利点がある。

さらに目的が土器型式の継続年代を求めることにあれば，各測定値は無作為抽出した統計データとして扱わねばならない。多数の遺跡（住居など），土器の年代を調査し，それらを統計的に分析・解釈することが求められる（図1）。

第2に，自然科学的視点から見た資料選択とその品質に関わる問題である。測定資料でいくつかの選択肢がある場合，1に述べた観点からの選択とともに，測定試料としての品質が重要である。試料炭素が閉鎖系にあることが炭素年代測定の一般的条件となるので，有機物資料が生物代謝を止めて以来，どの程度，異な

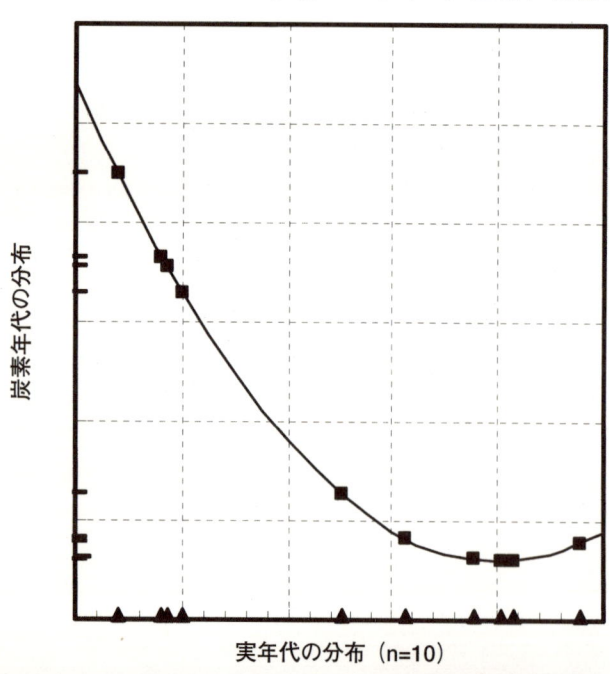

図1　ランダムサンプリングによる年代の分布の現われ方
（曲線は暦年較正曲線を模式的に示したもの）

る時期の汚染を受けずにきたか,あるいは,前処理によってそうした汚染をどれだけ完全に除くことができたかという点である。これには試料処理によって起りうる汚染の問題も含まれる。

　第3には,炭素14濃度測定の精確さの問題であるが,後にAMS法における測定精度の問題として取り上げる。

　第4には,得られた測定値から年代を決定する際の年代解釈の問題である。測定で得られるデータは,本質的に炭素14濃度である。過去の大気の炭素14濃度は,わずかながら変動を繰り返してきたことが知られている(図2)。この変動のデータは,年輪年代などで値付けした古木年輪資料の測定に基づいて国際的な学会組織の中でデータベース化されており,このデータベースを用いて較正(キャリブレーション)する。測定値(炭素14濃度)は,慣習としていったん炭素14年代(註1)として計算したデータで示すが,実年代を求める際には,「暦年較正曲線」を用いて「実年代」に較正する。この暦年較正のプロセスは,やや複雑な解釈上の問題を有しており,これについても節を改めて取り上げることとする。

2　AMS法と資料選択

　AMS法(Accelerator Mass Spectrometry:加速器質量分析法(註2))は,原子レベルで10^6レベル,同位体比で10^{-10}〜10^{-16}レベルの超微量元素の濃度を,加速器を質量分析計として用いて測定する技術である。AMS法が炭素14年代測定法に与えた最初のインパクトは,ミリグラムサイズの炭化米,麦など,1粒単位の考古遺物の年代測定が可能になり,地層などの年代情報に頼らず,直接対象とする資料の年代を測定できるようになったことである。

　β線計数法(放射線計数法)で必要な試料量は,炭素換算で数グラム,もとの資料(木材)で数十グラム単位である。すなわち,使える資料は木材や炭化材あるいは貝などの大型遺物に限られていた。AMS法では,穀物の1個体,漆,煮炊きの際の焦げやスス,紙,壁画の描写に用いられた炭などに加え,鉄のような冶金の際に大気中の炭素を溶かし込む遺物も,年代測定の対象となる。

　近年のAMS測定精度の向上によって,資料の中でも最も適したものを選択するという視点が生まれたことがとくに重要な点であると筆者は考える。過去には,β線法用の資料として,遺跡面か

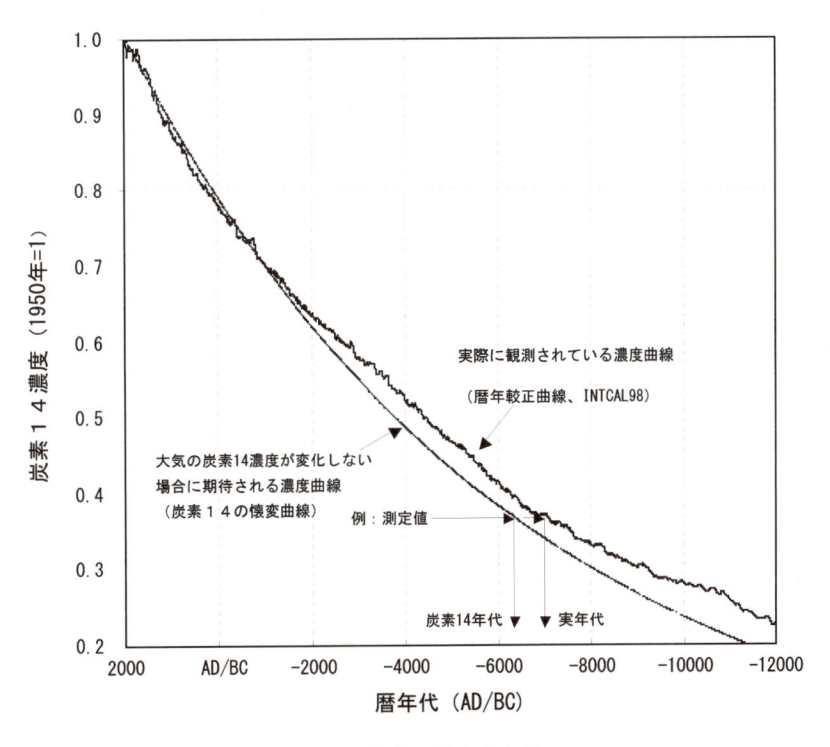

図2　炭素14濃度と年代

ら多数の炭化物片を集めて資料として用いたという話を聞くが，現在は，確かな所見に基づいた遺物を，さまざまな候補から選択することが可能である。さらに，1遺跡の多様な遺物についての詳細な年代が得られることで，遺跡の変遷についての詳細で信頼性の高い年代解析が可能になる。

3　AMS法による炭素14測定とその信頼性について

AMS測定では，試料はグラファイト炭素の形でホルダーに径1-1.5mmほどのペレット状にプレスした形のものを用いるのが一般的な方法である。AMS法では炭素14（^{14}C）を炭素14/12同位体比（$^{14}C/^{12}C$）または炭素14/13同位体比（$^{14}C/^{13}C$）として測定する。炭素14は重イオン検出器によるパルス計数，一方，炭素12または炭素13は電流で測定するため，標準試料を用いた相対測定によって行なう。具体的には，円盤状のホルダーに，多数のグラファイト試料（通常40-60）を標準試料とともに装填し，全く同じ測定条件で順次自動測定する。標準試料は未知試料の間には適当な間隔で挟んで測定し，この標準試料の規定値を用いてデータを規格化する。標準試料は，国際的な機関で標準化されたものを用い，1950年における炭素14濃度と炭素13/12同位体比が与えられている。

1mgの試料で，通常，毎秒100カウントほどが計数される。年代測定で統計誤差を30年ほどで測定するには統計上10万カウントが必要である。測定を何回かに分けて，個別試料の測定値の再現性を点検するとともに，同時に測定した標準試料（複数）の測定値間の整合性もチェックする。すなわち，測定値のバラツキが統計による揺らぎ以外の要因を含まないかをチェックする。また，試料と標準試料の間で試料の出来具合に大きな差があると測定値にも系統的な差が生ずる恐れがあり，精度はよいが，真度（trueness＝正確度）は悪いということも起こりうる。

このように，AMS法は，加速器システムや試料調整法の改良が進み，炭素年代換算の精度で±30-40 ^{14}C yrあるいはそれ以下での定常測定が商業ベースでも行なわれるようになった（註3）。また試料の測定効率面でも進歩が著しく，年間2000以上測定できるような比較的小型の高性能装置が日本を含む世界の多くの施設で相次いで導入されている。多数の試料を短期間で測定できるメリットは研究の機動力を高めるだけでなく，データの再点検を可能にし，データの信頼性を高めるのにも役立っている。

なお，上に述べたようにAMS測定機関ではオーソライズされた機関で調製・供給した共通の標準（IAEAなど）を用いて測定の点検を行なっている。測定の品質管理が適切に行なわれていれば，測定機関の間での測定データの齟齬は起らないはずである。多数の測定機関が参加して，共通の試料を，前処理を含めて測定し，結果を比較することで測定機関の間のデータの信頼性を比較する取り組みが行なわれている（E. M. Scott et al. 2003）。一部の民間測定期間では，濃度の異なる複数の標準試料の結果とともに，空試験の結果を示して，品質保証書を発行している。

4　大気中の炭素14濃度の変動要因

地表には，様々な形で炭素が存在し，大気中の二酸化炭素（CO_2）はその1形態である。光合成による大気－生物圏間の物質代謝，大気－海洋間における吸収・放出などの過程を通じて二酸化炭素は大気，生物圏，海洋圏の間を移動・循環する。この循環炭素のうち，2％ほどが大気に，95％が海洋中にある。

一方，大気に含まれる$^{14}CO_2$は，他の炭素（$^{12}CO_2$, $^{13}CO_2$）と同様な動きを行なうが，異なる点が2つある。一つは，宇宙線によって絶えず新しくつくられ，おもに成層圏を通じて大気に加わること，もう一つは，放射性同位体であるので，時間とともに濃度が減少するということである（地表全体で見ると炭素14の総量は，生成と崩壊がバランスしてほぼ一定の割合を保っている）。

大気の炭素14の時間変化の1原因は，宇宙線強度の変化である。それは太陽系磁場（太陽活動と連動），地球磁場の変化によって誘起される。磁場が強いと荷電粒子である宇宙線はその内部に入りにくい。その結果，たとえば太陽活動が不活発になり太陽系空間の磁場が弱くなると宇宙線が増

加し炭素14の生成量が増加する。前述したように，大気は炭素14年生成量の約2％，150年分を貯えているので，短期の生成量の変化は平均され大気の炭素14濃度の変化には現われにくい。

太陽活動による年変化を実際に観測するのは難しく，たとえば，一年ごとの年輪中の炭素14濃度の観測から，±8年の変化を，計算に見込んでおけばよいということが指摘されている。しかし，長期的にその効果が累積されると，その効果がはっきりと現われる。過去1万年の炭素14の濃度変化は，大きくは，緩やかな地球磁場の変化による（Kigoshi, K. and Hasegawa, H. 1966）ものであり，さらに数十年から数百年の中短期的な太陽活動の効果が重なったものと解釈されている。太陽活動の影響は，それが不活発な時期に炭素14濃度が上昇する形で現われる。紀元前850年ころからはじまる急激な炭素14濃度の増加も，太陽活動の長期（100～200年）の不活発期によるためと解釈されている。

変動の第2要因は，気候変動などによる大気・海洋間の炭素循環の変動である。地表の炭素14の流れをみると，循環の上流にある大気はその濃度が高く，下流，とくに海洋深層流は低い。大気に比べ最大20％ほど（年代で1500年ほど）少なくなっている。海洋の表層は，常に大気と接していて数～数十年の時間スケールで二酸化炭素の交換を行なっており，深海からの海洋深層流の影響もあって海洋表層全体でみると約5％（約400年）少ない。この流れのパターンが変化すると大気中の炭素14濃度にも変化が現われると考えられ，とくに最終氷期から完新世にかけてはその影響が大きかったと推測されている。

5 暦年較正曲線

以上述べた大気の炭素14濃度の経年変化のため，炭素14年代（モデル年代）と実際の年代との間には若干のズレが生ずる。古木年輪などの炭素14濃度を測定し，年代と炭素14年代との関係を調べる研究はすでに1960年代に始まっている。またこれらの研究を発展させ国際的な暦年較正データベースとして整備する取り組みは，1986年に結実し，1993年，1998年，2004年と改良が進められてきた。現在は2004年版である「IntCal04」が用いられている。IntCal04は過去26,000年までの暦年較正値を与え，12,400年までは，古木の年輪試料を基礎にしている。データは，10年単位の平均で評価され，5年毎の較正値が与えられている。

なお，暦年較正のための基礎データベースは，北アメリカや南ドイツなど，欧米の中緯度からの

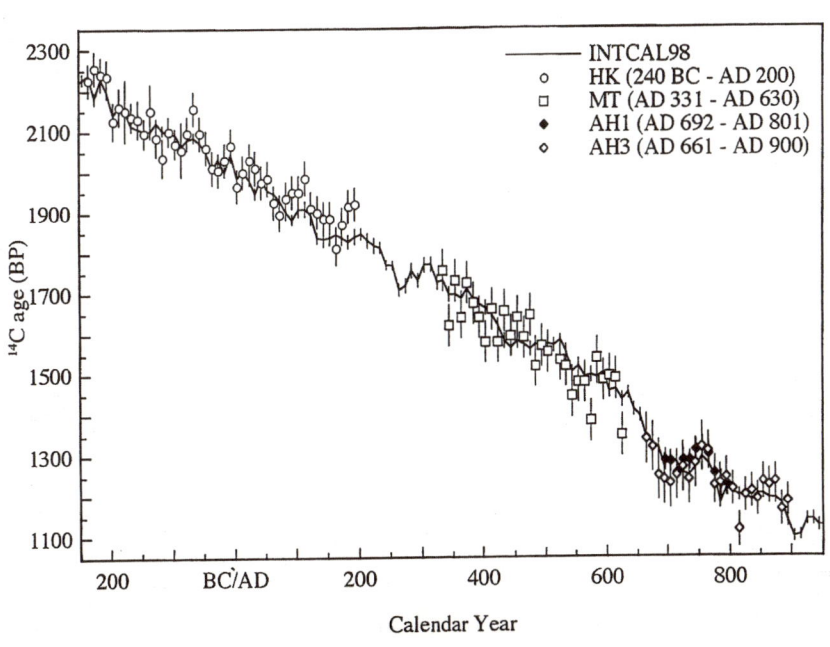

図3　日本の木材の炭素14年代と暦年較正曲線との比較（Sakamoto et.al. 2003による）

木材試料に関するデータに基づいている。前節で述べたように，地球上の炭素14濃度は，ほぼ均一であると考えられるので，北米，ヨーロッパのデータをもとにまとめた「暦年較正データベース」が国際標準として用いられるのであるが，年代測定の高精度化が進むにつれ，地域的な差についての研究にも注目されるようになっている。

6 暦年較正曲線と地域効果

大気の対流圏における混合は早く（2,3か月），地域間の大気中の炭素14濃度の違いは，localな場合を除き，年平均レベルでは非常に小さい。

比較的影響が出やすい地域効果として，海洋の影響が想定される。例えば，南半球は，海洋面積の比率が北半球に比べ非常に大きいのであるが，最近の報告では約40 ^{14}Cyr古くでる傾向があるという。これは，対流圏の攪拌も半球間では遅く，2，3年を要するためである。

海洋国である日本でもそのような傾向は出ないのであろうか。日本は欧米にくらべやや低緯度に位置するものの大気循環からみて中緯度域に属し，南半球の海洋面積に比べ大幅に少ないのでその影響は40 ^{14}Cyrよりもかなり小さいと推測される。Sakamotoら〔2003〕の測定では，その効果は前3世紀から後10世紀の平均で0.2％以下であることが確かめられている（図3）。炭素14濃度の地域差については，実測値から，北米，ヨーロッパの中緯度地域間で0.1％以下（Stuiverら 1998），日本と北米・ヨーロッパ間で0.2％以下であると結論されている。

一方，数十年単位の短期的かつローカルな地域変動については，十分検証されておらず今後の課題である。たとえば，Sakamotoらの結果では，日本においては80‐200ADにおいて平均30 ^{14}Cyr程度古い年代へシフトしている可能性がある。

7 暦年較正の方法とその考え方について

前述したように考古学では炭素14濃度（^{14}C/^{12}C）の測定値はいったん炭素14年代として報告される（註4）。測定における誤差（ゆらぎ）はおもに計数における統計誤差に由来するがこれは正規分布で近似される。測定値には測定に伴う誤差を1標準偏差（1σ）で与えるしきたりになっている。これは表記上のことであり，誤差評価を1σ（信頼限界68.2％）で行なっているのではないことは言うまでもない。

さて，暦年較正曲線を使って，測定値から暦年較正年代を求める場合の問題について考えてみよう（図4）。

第一は暦年較正曲線が，凸凹のある複雑な曲線となっているため一つの測定値に対して複数の解が生ずるケースがあること，第二に，測定値にも暦年較正曲線にも誤差がついているため，視覚的に年代を明確に推定するのは容易でないことである。たとえば図4においては，暦年較正曲線と測定値の交点に近い年代が実年代とみてよいが，測定値，暦年較正曲線の誤差を考えると多少測定値から離れた年代も候補となることは容易に推察できる。

この両者の問題に対するアプローチとしてベイズ統計を用いて定量的に解析するのが最近の標準的方法である。その考え方について説明する。いま，測定資料について測定値以外には何らの年代的情報もないとすると，すべての年代は等しい確率で候補となる。一方，測定値からは，較正曲線上の値に近い年代は確率が高く，隔ったものは低い。これを具体的に数値的に計算する（註5）。これらの計算値は，それぞれの年代に対する相対的な確率であるので全体の確率を1に規格化して評価し，通常，確率が95％で実現する範囲を示して較正年代とする。

与えられる年代の推定範囲は，単純に測定値の2標準偏差の範囲で評価した場合とは大きく異なる場合があることに注意する必要がある。これを理解するには較正曲線で炭素年代に注目して考えると理解しやすい。すなわち較正曲線が平らな部分では炭素年代の出現率が高くピークを持つ分布となる（図1参照）。すなわち測定するまでもなく，その年代に当たる確率が（相対的に）大きいと

福岡県雀居遺跡：土器付着スス
2590 ±40　BP

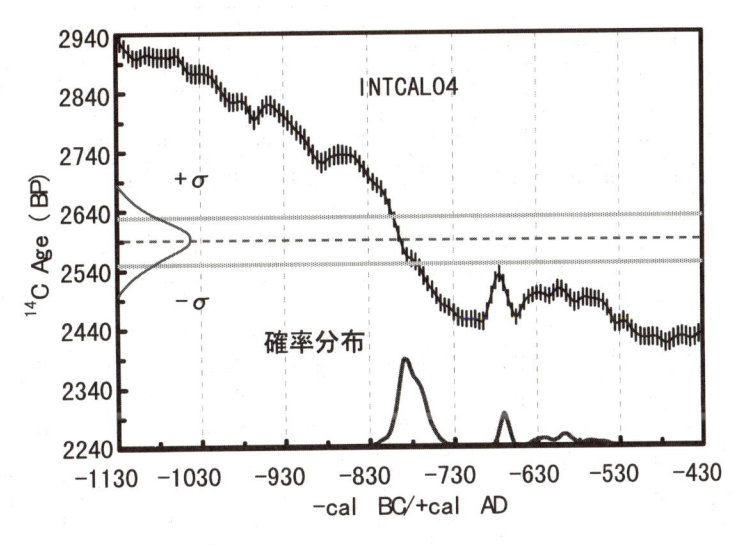

解析結果

t_{median} =		780 cal BC		
88.8% range				
825	cal BC ～	750	cal BC	(71.2%)
685	cal BC ～	665	cal BC	(9.4%)
635	cal BC ～	620	cal BC	(3.3%)
615	cal BC ～	590	cal BC	(4.9%)
–		–		
–		–		

図4　暦年較正の方法とその具体例

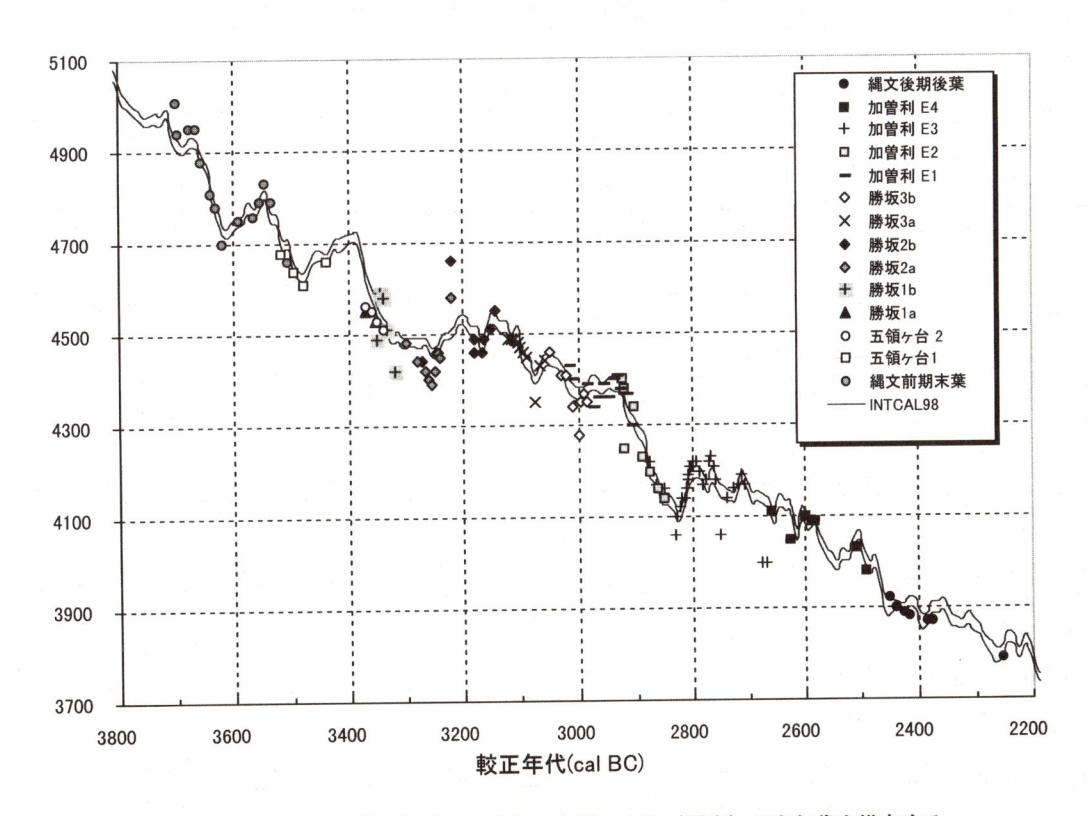

図5　土器型式編年と較正曲線との対比から縄文中期（関東）の実年代を推定する

いうことである。炭素14測定値とその誤差で示される正規分布とは独立であるので，全体では両者の確率の積として評価することになる。結果的には同じ結論が得られる。

8　年代値の推定誤差について

さて，年代測定値につけられる誤差は，測定のマニュアルに従って機械的に与えられる統計誤差であるが，データの再現性を評価して経験的に一定の安全評価を行ない，誤差をさらに付加することも多い。「経験的」部分というのは測定時の装置の安定性や，同一資料データの再現性などである。この部分の評価は測定機関によって異なり，全く考慮されていないこともありうる。当然，その違いは年代値に反映される。

また，資料に関しては，汚染除去が不完全なケースもあり得る。年代としては古くなりすぎることもあれば，新しすぎる年代を与えることもある。煮炊きによって生ずる焦げの場合，海洋性の食物が1割程度混入すると30〜40 ^{14}Cyrほど古くなるが，そうした可能性を完全に除外することは容易ではない。このように，天然のものを対象とする場合には常に，測定誤差以外の要因によって年代値の偏りを産む可能性があることは常に想定する必要があるだろう。推測不能の要因の評価は，多くのデータの相互チェックとその積み重ねから経験的に評価せざるを得ない。

9　ウィグルマッチ法―より精確な年代測定へむけて

前述したように暦年較正曲線には凸凹があり単一の測定値から高精度の年代を決定することは一般に難しい。一方，その凸凹の特性を利用し木材の年輪に沿って多数の年輪を炭素14測定し，得られたパターンと較正曲線パターンとを比較照合することによって高い年代精度が得られる。この方法はウィグルマッチ法（wiggle matching）と呼ばれ，±10年あるいはそれ以下で年代を推定することが可能である。最近は高精度のAMS炭素年代法を用いて，効率よく多数の年輪資料を同時測定することが可能なので，このウィグルマッチ法の効用は高まっている。歴博では，古民家の柱材や遺跡から発掘された柱根，木製品にこの方法を用いて高精度の年代データを得ている。

土器型式と実年代の関係を読み解くことは，考古学編年を実年代による年代体系として確立する上で重要である。土器付着炭化物や住居址からの土器に供伴する炭化物などを土器の古い順に並べるとその炭素14濃度（あるいは炭素年代）は暦年較正曲線に沿って変化するはずである。実際に関東地方・縄文時代中期の土器付着炭化物や木炭のデータが土器型式編年の順序で暦年較正曲線上に配置できることが明らかにされている。このように，出土における新旧の序列や，相対編年の情報を活用することによって，土器型式に対する実年代を考古学的に矛盾なく推定することが可能である。この方法は一種のウィグルマッチ法であるが，歴博では，土器型式の年代推定域の幅を狭める方法として弥生時代の年代研究にも活用している。

おわりに

以上みたように，年代測定は資料の収集から始まって，個々の資料の精査，試料の前処理やデータの品質管理，年代データの誤差評価，炭素年代値の暦年較正，そして研究目的に沿った年代の解釈の問題というふうに多くの要素が絡んでいる。

歴博では，測定の信頼性を確保する観点から，年輪年代を行なった資料との整合性や，土器付着炭化物ばかりでなく，木材・漆・種実・木炭など他の多様な資料のデータとの整合性をチェックしながら研究を行なっている。また，こうした努力とともに，ウィグルマッチ法による高精度年代測定への取り組み，また日本の木材を対象にした暦年較正データベースの整備などの基礎研究を推進することを当面の主要な目標としている。

本稿は2004年8月刊行の『季刊考古学』第88号（特集・弥生時代の始まり）に発表したものを一部訂正し再録したものである。

(註1) 炭素14年代（T）は，大気の炭素14濃度が変化しないという仮定の下で計算されるモデル年代である。西暦1950年の^{14}C濃度（C_0）を基準に試料の残存^{14}C濃度（C_t）から，$T = -1/\tau \ln(C_t/C_0)$，$\tau = ^{14}$Cの平均寿命（半減期/0.693）で計算される。なお，炭素14の半減期として5568年（実際には5730±40年）とし，同位体効果を補正した炭素14濃度を用いて計算する。単位を「BP」「^{14}C BP」などで表わし，誤差を1標準偏差で示す。「放射性炭素年代」「^{14}C年代」「炭素年代」という用語も用いられる。

(註2) 原子を高いエネルギーに加速することによって，通常の質量分析法で，分離が難しいさまざまなイオンの妨害による影響を除くことが出来るので，極めて感度の高い質量分析が実現される。通常，測定ではさまざまな原因によるノイズが存在する。ベータ線測定ではこのバックグラウンドの評価が測定精度に大きく影響するが，AMSによる^{14}C測定では試料自体の汚染を除けばバックグラウンドはほぼゼロであることが，非常に感度の高い測定を可能にする。AMS測定に要する必要量はβ線法の千分の1以下である。

(註3) ここに述べる測定の精確さは，測定機器が安定に機能した場合に保証される精度・真度である。測定機関は，機器の安定性をモニターして判断しているが，最終的には標準資料の再現性を評価して判断している。

(註4) このほかAD1950年の大気二酸化炭素に対する炭素濃度比の百分率として表わすことがある。単位：pMC（percent modern carbon）。

(註5) たとえば，測定値がA±a BP，暦年tに対する^{14}C値がB±β BPであるとき，両者が同じである確率は平均値＝|A-B|，標準偏差＝$\sqrt{(a^2+\beta^2)}$の正規分布の原点からA-Bの距離での値（図4参照）で評価される。もちろんA=Bのとき確率は最大となる。

参考文献

1) P. J. Reimer et al. 2004 Radiocarbon 46, 1029-1058
2) M. Stuiver et al. 1998 Radiocarbon 40, 1041-1083
3) C. Tuniz et al.（編）1998 Accelerator Mass Spectrometry, CRC Press, pp.358
4) 今村峯雄 1992「加速器質量分析」日本化学会編　第4版実験化学講座14『核・放射線』丸善，396-415頁
5) 木越邦彦『年代を測る』中公新書，1978
6) E. M. Scott et al. 2003 Radiocarbon 45, 135-408
7) 小林謙一 2005『縄文社会研究の新視点－炭素14年代測定の利用－』
8) Kigoshi, K. and Hasegawa, H. 1966 J. Geophys. Res.71,1065-1071
9) Sakamoto, M., Imamura, M., van der Plicht, J., T. Mitsutani, and M. Sahara 2003 Radiocarbon 45, 81-89
10) 今村峯雄 2000「考古学における^{14}C年代測定―高精度化と信頼性に関する諸問題」『考古学と化学をむすぶ』東京大学出版会，55-82
11) 今村峯雄・小林謙一・坂本　稔・西本豊弘 2003「AMS^{14}C年代測定と土器編年との対比による高精度編年の研究」『考古学と自然科学』第45号，1-17

土器付着炭化物を用いた年代測定
―― 試料採取と前処理 ――

小 林 謙 一

　国立歴史民俗博物館を中心とした年代測定研究グループでは，2001年度より，2005年度の半ばである9月の時点までにおいて，日本全国および中国・韓国・ロシアを含めて697遺跡から6,195点（ここでは同一土器の内外面採取や再採取などを別々にカウントする）の年代測定用試料を収集した。その内訳を，種類別に示すと，図1に示すように，煤やお焦げなどの土器付着物が80％，焼失住居などから得られる炭化材が9％，炭化したドングリや炭化米などの種実が4％，低湿地遺跡などから得られた杭や加工材などの木材が4％，漆器や土器付着の漆塗膜などの漆が2％，骨・貝・紙・布などのその他の試料が1％で，圧倒的に土器付着物が占めている。ただし，測定結果を得ている約2,800点（2005年度末までの見込み数を含む）でみると，測定された炭素年代結果のうち，土器付着物は半数以上の約1,600点を占めるものの，採集された土器付着物に対してみると，年代値が得られた率は，1/3程度ということになる。炭化材，種実，漆試料が，採取された試料のほとんどが測定されているのに対し（骨，鉄などその他の試料については技術的な理由もあって，ほとんどの試料について，現時点では処理していない），土器付着物が必ずしも年代測定用試料として，成功率が高いといえないことを示している。

　AMS^{14}C年代測定では，1mg以下（場合によっては0.5mg程度）の炭素試料でも計測は可能である。さらに一度に数十サンプルの処理が可能で，計測時間も短いため，多量の試料の計測が可能である。同位体比を，磁場を用いて分離することによって^{14}Cの量を直接測るため，旧来のβ線計数法を計るよりも，感度がよい。微量の試料で測定できることは，土器付着物や漆試料の微小な剥片など，考古学的資料に直接結びつけ得る年代測定を可能とした。このような利点を多く持ったAMS法の技術的進展，さらに名古屋大学・東京大学などの日本国内のAMS施設における運用面での向上により，非常に精度の高い年代測定が可能となった。

　一方，わずかな量で測定できるために，また測定の感度が高いがために，わずかな汚染でも大きな影響を受けることになる。また，土器付着物の性格，試料中の炭素の由来や，共伴関係の認定など考古学的なコンテクストにおける検討が，必要とされる。多量の土器付着物を試料として，^{14}C年代測定を行なうのは，世界的にみても充分な経験の蓄積があるとは言えず，炭化材など植物遺体に対する測定・処理にくらべれば，検討すべき点が多い。

　測定機関による差異は，信頼できる機関であれば，誤差範囲内の差異でしかないことは，我々の測定でもいくつかの例で複数機関での測定例があるし，名古屋大学中村俊夫氏によって，組織的に確かめられている（註1）。

　本稿では，前処理の方法を紹介するとともに，我々が国立歴史民俗博物館年代測定実験室で行なっている試料採取と，前処理の経験から，いくつかの問題点を議論する。筆者が2001年度から2003年度において，前処理に係わった試料約1,100点，測定結果を得た573点のうち，筆者の判断であるが，予想される年代と200年以上の差異が認められた異常値は，表1に示すように，1割程度存在する。このうちの半分程度については，再測定や資料調査の結果，その原因についてほぼ解明し得る。本稿では，具体的な事例を示しつつ，試料選択と前処理の重要性の2つが，AMS^{14}C年代測定においては，最も重要な検討要因であることを指摘したい。

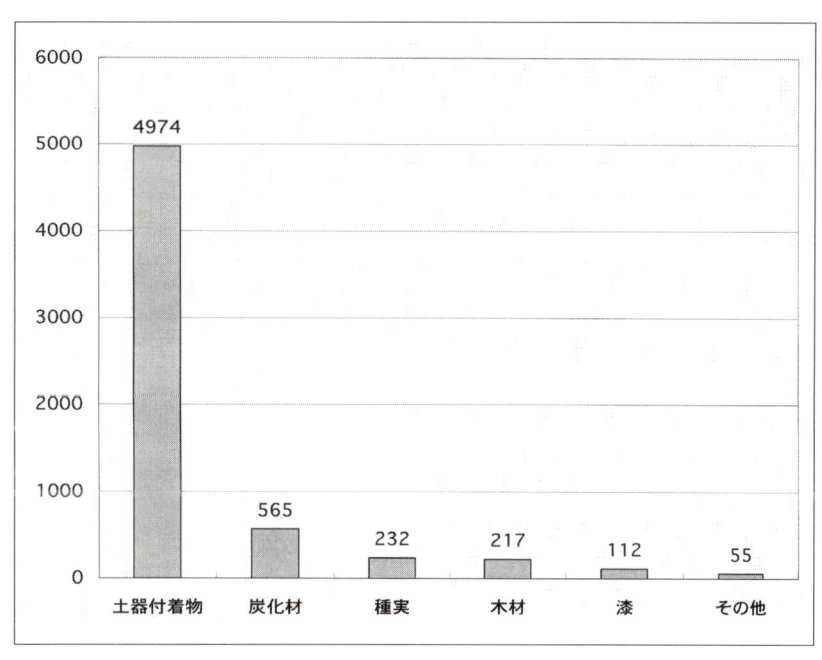

図1　年代測定用試料の種類別内訳

土器付着物	炭化材	種実	木材	漆	その他
4974	565	232	217	112	55

表1　測定用試料の内訳

種類	正常値		異常値		小計
土器付着物	338	90.6%	35	9.4%	373
炭化材・材	118	91.5%	11	8.5%	129
種実	17	65.4%	9	34.6%	26
漆	35	87.5%	5	12.5%	40
その他	5	100.0%	0	0.0%	5
計	513	89.5%	60	10.5%	573

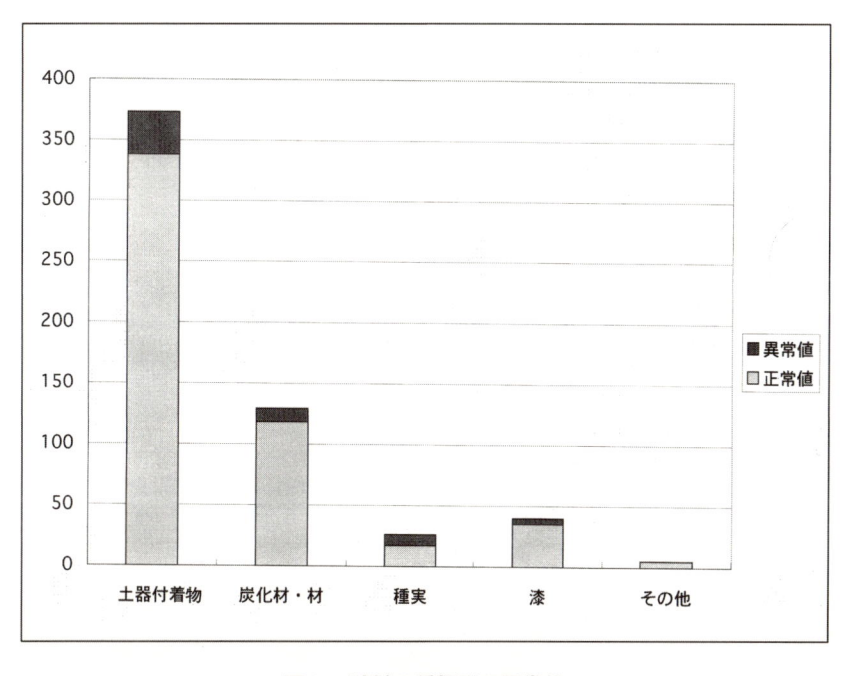

図2　試料の種類別の異常値

1 試料の採取方法

　土器付着物については，付着状況などを写真撮影の上，記録し，試料ナンバーを付す。処理すべき試料が多く手が回らない場合，測定結果が出るまでに数ヵ月から1年以上かかることもあり，数例の試料では，担当機関に測定結果を報告し，検討しようとしても，どの土器を測ったか不明となった例もある。測定値と実際の土器とが後で照合できるように，個別の登録ナンバーを記録するか，土器自体に試料ナンバーをシールなどで添付することが望ましい。付着部位や，バインダーなど保存処理の有無も記録することが重要である。保存処理については，場合によっては担当者も把握していないこともあり，後述するアセトン洗浄を必要とする理由となっている。

　採取作業では，金属製のヘラなどを用い，土器が含まれないように掻き取り，アルミに包んだ上でユニパックなどに収納する。分析の際の余裕を含めて50～100mg（お焦げの場合でおおよそ1.5cm四方程度）を採取するよう努めている。その際，汚染・混合を防ぐため，付着している土や土器胎土を掻き取らないように注意する。手の油脂などは，後述の前処理，とくにアセトン洗浄により落るので，それほど神経質になる必要はないが，接合に用いられるガムテープなどの跡・石膏や注記部分は避ける，掻き取り具にカッターなど潤滑油が塗られている道具を用いない，油性マジックや紙が直接触れない，脱脂綿は用いないなど，新たな炭素が付着しないように注意する。これまでの経験だと，洗浄作業により炭化物が落されている場合も多かったが，発掘現地では土の付着が多すぎて採取には向かない。最も理想を言えば，洗浄時に付着物には注意してもらい，なるべく落さないようにしてもらった上で簡単に水洗いし，我々に声を掛けていただいて採取するのが望ましい。土器付着物では，特に発掘時から時間が経ったからというだけの理由で試料が劣化することはないと思われるが，保管状況が悪くカビ，ホコリ，雨水により汚染されている場合は避けたい。また，脱脂綿も完全に取り除く必要がある。

　一方，炭化物試料，炭化材については，汚染を防ぐとともに，炭化材の場合では材の中での採取位置を選ぶ（樹皮内側の辺材部最外縁を選ぶ，状況が良ければ5～10年ごとに数十年分

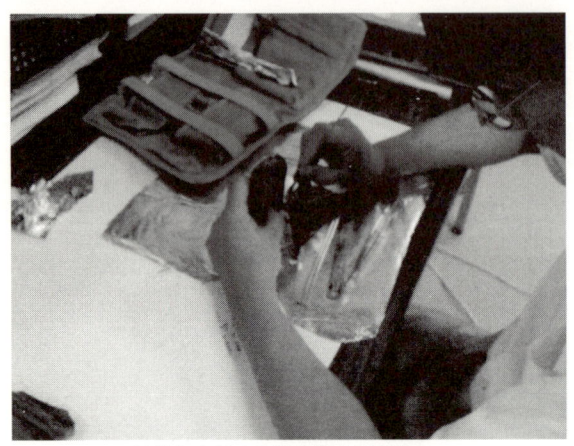

漆塗り土器から漆塗膜を剥ぎ取る。

土器器面から煤状の炭化物を金属製のヘラで剥ぎ取り，アルミ箔で包む。

AAA処理。土器付着物を科学洗浄する。

図3　試料の採取状況

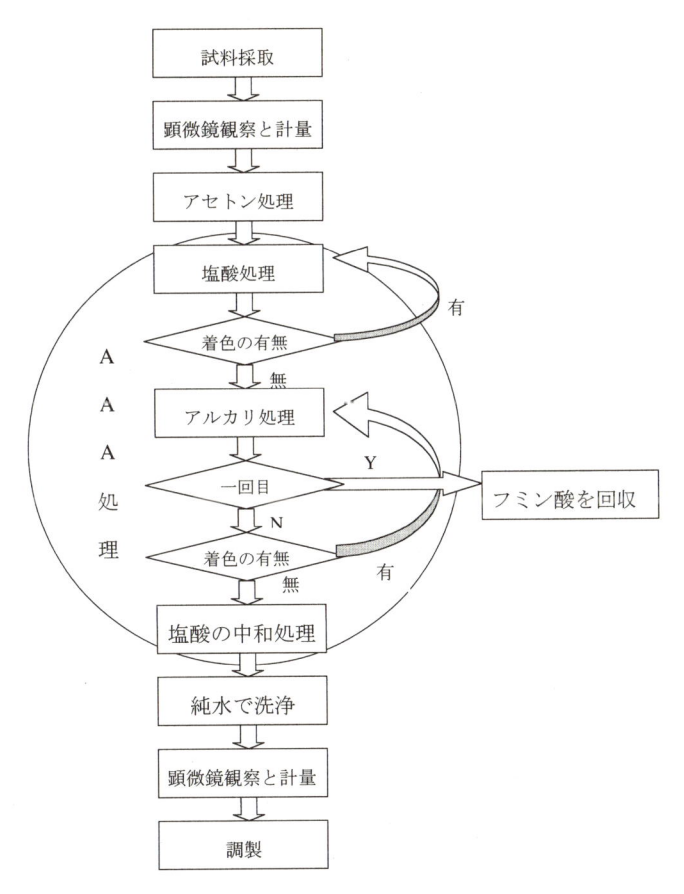

図4　試料の前処理

の年輪を採取し，ウイグルマッチングを行なう），微小な炭化物については，確実に出土位置を押さえ考古学的なコンテクストを把握するという点で，発掘現地において採取するのが最も望ましい。いずれにせよ，現地または整理・保管場所において，直接的に自分の手で採取することを心がけている。3年弱で，のべ100日以上かけて約100機関に出向き2,000点以上の試料採取を行なった。これは，国立歴史民俗博物館に資料を送付または持ち込んでいただいた試料の10倍以上にあたる。その努力が，比較的整合性の高い測定結果として現われていると思う。

2　前処理の方法（図4）

試料採取後の前処理までの経過を紹介する。なお，漆や炭化材などについては，アセトン洗浄を行なわず，AAA処理についても自動処理器を用いる場合がある。漆のうち，木胎漆器などでは，木胎部を除去する作業を行なう場合があるなど，作業工程が異なるが，以下では主として土器付着物を中心に紹介する。なお，我々は，現時点では，貝・骨・泥炭は測定対象としていない。

写真撮影および重量測定

試料を実体顕微鏡で撮影を行なう。その際に，根毛，砂礫，鉱物，脱脂綿，石膏など混合物があったら，ピンセットで可能な限り取り除く。試料を計量し，20〜50mgを分析用として，残余を保存する。炭化材では樹種や年輪数なども可能な限り観察する。

洗浄（AAA処理）

Acid, Alkali, Acidの頭文字をとってAAA処理という。試料中の炭素含有物以外を取り除く。試料の状況によって，まず超音波洗浄機を用い，純水で洗浄し，混合物を除去する。

アセトンによる洗浄

有機物質（炭化水素，油脂分，補修のための有機素材）の除去を目的とし，超音波洗浄機で5分間，その後1時間振とう機で振とうする。この操作をアセトン溶液が着色しなくなるまで行なったのち密閉して一晩放置する。保存処理されている場合は，それでも着色がみられる場合があり，さらに繰り返す。終了後，純水で洗浄する。

酸（塩酸）による洗浄

炭酸塩やアルカリ長石やカリウム長石などの抽出を目的とし，1モルの塩酸を用いて60分間，80℃にて保温しながら洗浄する。塩酸溶液が着色しなくなるまで繰り返す。

アルカリ（NaOH）による洗浄

フミン酸やフルボ酸などの，腐植物質の抽出を目的とし，炭化材・漆は1モル，土器付着物は0.1モル（試料が少ない場合，1度目は0.01モルとし，順に濃度を増して最終的には1モルで着色しないことを理想とする）に薄めた水酸化ナトリウム溶液で，60分間ホットプレート上で80℃に保温しながら洗浄する。着色がなくなるまで繰り返す。

酸による中和および水による洗浄

アルカリ溶液での洗浄の際に現代の大気中の二酸化炭素を取り込むため，取り込んだ二酸化炭素を追い出す。1モルの塩酸を加え酸性条件にした後，約80℃にて60分間以上（2回以上，理想としてはアルカリ処理に要した時間以上をあてる）ホットプレート上で暖める。その後ミリポア水にてpHが約4.5程度になるまでホットプレート上で80℃に保温しながら洗浄を繰り返す。

乾燥と洗浄後の物質の観測

0.1μmの濾紙とアスピレータを用いて洗浄された試料を回収する。回収した試料を110℃に設定した乾燥機で乾燥させ，その後回収物の重量を測定，実体顕微鏡で観察し，撮影する。その際に目立つ鉱物，綿毛，植物根などをピンセットで除去し，細かい鉱物などが多くとりきれない場合は塩化亜鉛を用いた重液分離（重液に漬け遠心分離を行ない浮遊させ回収）を行なう。

3　前処理を行なう際の留意点

試料処理上の注意としては，汚染の確実な除去，汚染の防止，人為的ミスの回避である。汚染の除去のために行なう作業で，かえって新たな汚染を付与してはならない。クリーンルームにホコリなど新たな汚染を持ち込まない，試料管理を充分に行なうなど注意しているが，それでも，これまでに行なった土器付着物約300以上の測定結果のうち，10例以下ではあるが，明らかに新しい測定値が得られており，試料処理上の失敗が疑われる例がある。また，番号の書き間違え・読み間違えを主因とする，人為ミスも3回おこしている。これについては，途中経過を記録紙に記入する，処理前・処理後の計量を厳密に行なうことにより，取り間違えに気づくことができた。作業途中，番号が不明となったもの，混合が疑われるものは，廃棄して測定を行なわないことにする。

土器付着物については，試料としての物的な特性，すなわち，多孔質で空孔が多い構造を持ち，埋没時の土壌中において，腐植酸やフミン酸など他物質の混入・汚染が容易なことが予想される。また，多くの場合は発掘調査時に試料を選定するのではなく，整理作業後に試料採取するため，発掘調査後の取り扱いによる汚染も考えられる。保存処理のためのバインダーなどの薬品含浸については，適切な処理が必要なことが確認された。注記作業としてニス塗布や近年の自動注記マシーンではペイント液を用いるし，接合ではセメントや石膏，エポキシなどの合成樹脂を用いる。また，拓本作業では，画仙紙や場合によっては拓墨が直接器面に触れないとはいえない。少なくとも，我々が触ることによる汚染が，どの程度影響するのかも，さらに検討していく必要があろう。

前処理による回収率（前処理後の試料重量／前処理前）					
回収率 n=999					
	土器	漆	種子	炭化材	木材
～10%	285	2	3	15	2
～20%	173	3	2	13	2
～30%	94	9	4	30	1
～40%	72	8	3	24	6
～50%	52	5	7	25	2
～60%	32	10	10	23	2
～70%	19	8	7	8	3
～80%	10	2	2	2	1
～90%	5	4	2	0	0
～100%	2	3	0	2	0
計	744	54	40	142	19

燃焼による炭素回収率（二酸化炭素相当量／燃焼量）					
炭素含有率 n=525					
	土器	漆	種子	炭化材	木材
～10%	45	1	0	2	0
～20%	14	1	0	2	0
～30%	26	1	0	4	0
～40%	26	1	0	1	0
～50%	43	4	0	4	0
～60%	102	11	3	17	9
～70%	95	16	31	46	0
～80%	8	1	2	1	0
～90%	3	2	0	1	0
～100%	1	0	0	1	0
計	363	38	36	79	9

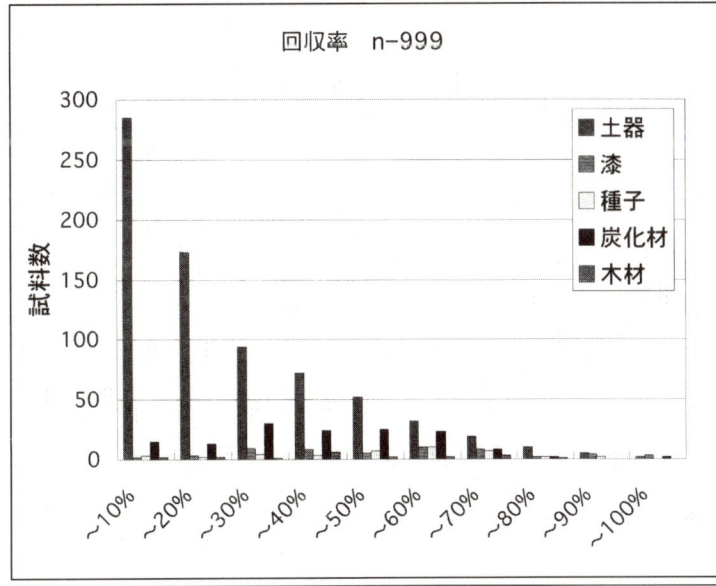

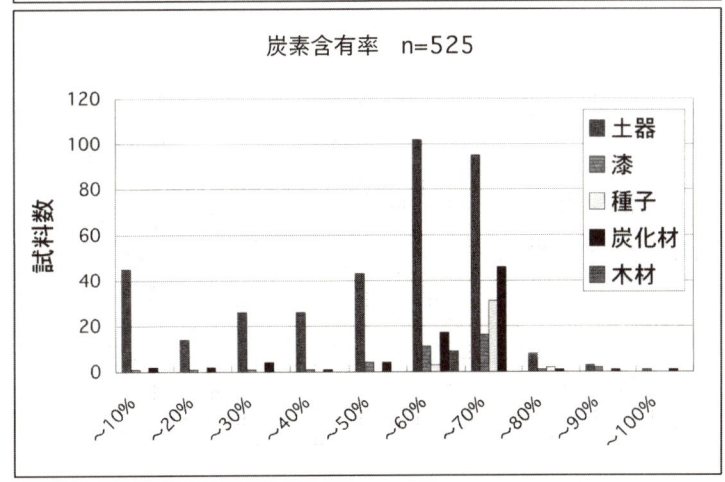

図5　試料の炭素回収率（上：前処理による試料の回収率，下：燃焼量と回収されたCO$_2$の炭素相当量の重量比）

4　試料の選択の問題

　測定する試料の，考古学的なコンテクストが，もっとも重要である。知りたいと思う考古学的課題にマッチしない試料を測定しても意味はない。とくに注意したいのは，包含層での共伴関係である。これまでに測定した例では，新潟県室谷洞穴遺跡の測定（今村峯雄編 2004『縄文時代・弥生時代の高精度年代体系の構築』研究成果報告書, 59頁）においては，層位的に異なる3点の炭化物が，層位的に共伴したとされる土器よりも1000年以上新しい年代を示した。また，複数の遺跡での住居跡床面・炉内・覆土のフローテーションによって回収された植物遺体10数例について分析したところ，60%

表2　同一遺構出土の炭化材と土器付着物

試料番号	測定機関番号	遺跡	出土遺構	種類	時代		$\delta^{13}C$	補正値
TYKI 14	Beta-188528	極楽寺	住居跡1　炉	炭化材	縄文前期	朝日下層式	-26.3	4830 ±40
TYKI 6	Beta-188193		住居跡1　覆土	土器付着	縄文前期	朝日下層式	-26.0	4790 ±40
SFC 5	Beta-157913	SFC I 区	住居跡6　火災	炭化材	縄文中期	加曽利E2	-25.3	4230 ±40
SFC 6	Beta-158197		住居跡6　炉	土器付着	縄文中期	加曽利E2	-26.1	4170 ±40
SFC 16	Beta-157922	SFC II 区	住居跡4　炉	炭化材	縄文中期	勝坂3b	-25.8	4460 ±40
SFC 17	Beta-163299		住居跡4　床	土器付着	縄文中期	勝坂3b	-24.5	4370 ±40
TTN520 287	Beta-171634	多摩ニュータウン520	住居跡27　炉	炭化材	縄文中期	加曽利E1	-26.4	4430 ±40
TTN520 3	Beta-168190		住居跡27　床	土器付着	縄文中期	加曽利E1	-24.9	4350 ±40
MGH 6761	Beta-159260	向郷遺跡20次	土坑1中層	炭化材	縄文中期	勝坂2	-24.3	4490 ±40
MGH 8822	Beta-163298		土坑1　土器1	土器付着	縄文中期	勝坂2	-25.3	4440 ±40
ANT 1	IAAA-11630	玉ノ井遺跡3次	住居跡2　貝層	炭化材	縄文晩期	元刈谷	-	2890 ±30
ANT 12	IAAA-11632		住居跡3　床面	土器付着	縄文晩期	元刈谷	-	2930 ±30

表3　アセトン処理の有無

遺跡	試料番号	種類	部位	時代	アセトン未処理		アセトン処理	
					$\delta^{13}C(‰)$	補正値 ^{14}CBP	$\delta^{13}C(‰)$	補正値 ^{14}CBP
栃木県仲内遺跡	KRNU 703-1	土器付着	口縁外面	縄文中期 後葉	-23.4	4520 ±60	-23.0	4360 ±40
栃木県仲内遺跡	KRNU 704-1	土器付着	口縁外面	縄文中期 後葉	-27.0	4610 ±40	-27.0	4390 ±40
栃木県仲内遺跡	KRNU 704-3	土器付着	口縁外面	縄文中期 後葉	-26.4	4690 ±40	-26.6	4400 ±40
栃木県仲内遺跡	KRNU 704-4	土器付着	口縁外面	縄文中期 後葉	-24.7	4580 ±40	-25.3	4380 ±40
栃木県仲内遺跡	KRNU 726-1	土器付着	口縁内	縄文中期 後葉	-26.4	4270 ±40	-26.2	4380 ±50
長野県長峰遺跡	NM 40	土器付着	口縁内面	縄文中期 前葉	-24.3	4700 ±40	-23.0	4580 ±40

表4　測定値と$\delta^{13}C$値・炭素含有率

測定機関番号	試料番号	所在地	遺跡	出土区	種類	部位	時代	型式	含有率	$\delta^{13}C(‰)$	補正値 ^{14}CBP	備考
MTC-04041	AOMR 5628	青森県青森市	三内丸山	包含層	土器付着	口縁・胴外煤	縄文前期	円筒下層a	34.4%	-23.0	5580 ±55	古すぎる
MTC-04042	AOMR 5634					胴下部内面	縄文前期	円筒下層a	58.9%	-25.0	4980 ±50	整合的
Beta-157925	ISK 2	石川県金沢市	上安原	包含層	土器付着	口内焦げ	縄文前期	朝日下層	不明	-24.7	4780 ±40	整合的
Beta-157926	ISK 3					口縁内面	縄文前期	朝日下層	不明	-23.1	5010 ±40	古すぎる
Beta-165955	BBM 12	福島県楢葉町	馬場前	住居跡17　炉	土器付着	胴下外	縄文中期	大木10	1.6%	-23.8	5570 ±40	古すぎる
Beta-161107	BBM 6			土坑1249		口縁内外	縄文中期	大木10	55.3%	-25.8	4100 ±40	整合的
Beta-159260	MGH 6761	東京都立川市	向郷20次	1号土坑	炭化材	中層	縄文中期	勝坂2b	不明	-24.3	4490 ±40	整合的
Beta-163298	MGH 8822				土器付着	底内焦	縄文中期	勝坂2b	不明	-25.3	4440 ±40	整合的
Beta-165963	MGH 8842					胴部内	縄文中期	勝坂2b	1.0%	-29.2	4660 ±40	古すぎる
Beta-163457	OH 460	東京都目黒区	大橋	住居跡43	土器付着	胴部外	縄文中期	加曽利E3	3.9%	-26.7	4400 ±40	古すぎる
Beta-159269	OH 16				炭化材	覆土	縄文中期	加曽利E3		-26	4120 ±40	整合的
IAAA30461	KI 190	神奈川県横浜市	稲荷山貝塚	2地点貝層外III層	土器付着	胴内面	縄文後期	堀之内I新	65.6%	-21.1	4210 ±50	古すぎる
MTC03301	AKT 77	秋田県神岡町	茨野	土坑196	土器付着	胴部内面焦	縄文後期	十腰内2	58.5%	-22.8	4090 ±35	古すぎる
MTC03302	AKT 78			土坑269		胴部外面焦	縄文後期	十腰内2	61.8%	-24.8	3510 ±35	整合的
IAAA-31599	KNON 2	神奈川県小田原市	中里		土器付着	底内焦げ	弥生中期	中期前半	60.6%	-17.5	2490 ±30	古すぎる
IAAA-31601	KNON 7					底内焦げ	弥生中期	中期前半	62.0%	-26.0	2260 ±30	整合的
Beta184560	OSF 109	大阪府東大阪市	瓜生堂(近鉄)	包含層	土器付着	胴内面焦げ	弥生後期	V-3〜VI-1期	87.8%	-11.6	1950 ±40	整合的
Beta184561	OSF 110					胴外煤	弥生後期	V-3〜VI-1期	33.4%	-26.4	1990 ±40	整合的

以上の確率で，極端な場合は現代に属するような，明らかに新しい年代が測定された。遺跡の環境や調査状況によって，試料が混在することは十分に考えられる。私が自分で調査し，遺構に伴うと捉えていたSFC遺跡，大橋遺跡の住居出土炭化物においても，57例中4例は，1000年以上新しい測定結果で，上層からの混入と考えざるを得ない事例があった。

　その点において，土器付着炭化物は，土器に直接付いているのであるから，土器の使用時の年代に近い実年代を測定できるはずである。表2に，同一遺構出土の土器付着物と炭化材の測定値を比較する。例えば，図7に示す愛知県玉ノ井遺跡のSB02号住居跡出土の床面上の土器の付着物と，床直から覆土中に堆積していた貝層中の炭化材の測定値は，1σの誤差範囲内でおおよそ一致する。このように，同一遺構出土の事例は，概ね測定結果が一致するが，炭化材の方がやや古い測定値を示す。これは，古木効果と呼ばれる，測定された年輪部分に応じた樹木の樹齢分古い炭素濃度が測定されることと，住居構築材と炉体など生活中・覆土中など廃絶後に持ち込まれた土器の時間差とが加味されていると想定できる。

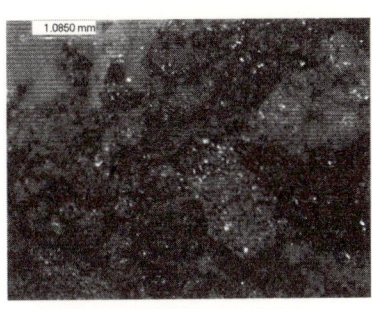

1. 内面付着炭化物　AAA処理後
大阪府瓜生堂遺跡
弥生後期　　約15倍

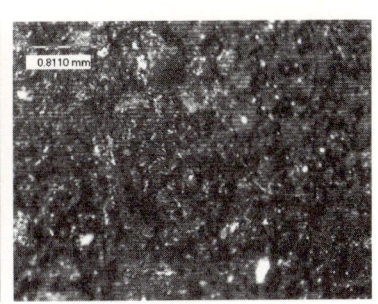

2. 外面付着炭化物　AAA処理後
大阪府瓜生堂遺跡
弥生後期　　約15倍

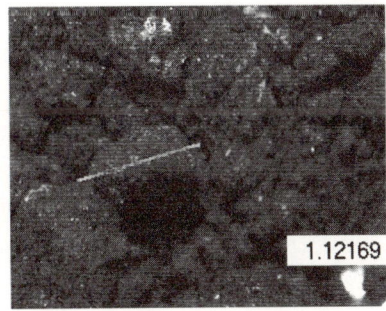

3. 花巻市草創期土器付着　内面付着→処理前→ほとんどアルカリに溶解

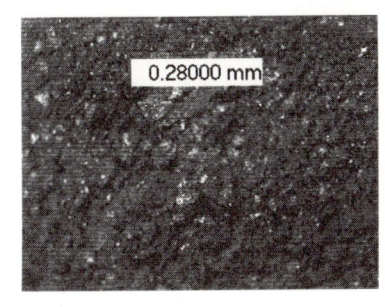

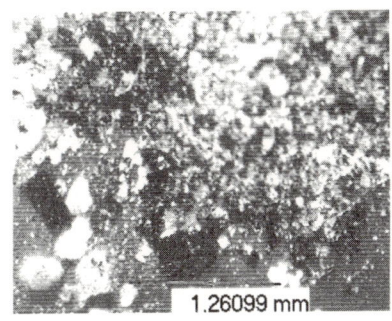

4. 佐倉市晩期土器付着　処理前→処理後→鉱物分離後

図6　炭素年代測定に用いる土器付着炭化物の状況

年代測定の試料としている土器付着炭化物のほとんどは，上の写真のように，1.胴内面や口縁外面付着の焦げ状のものは小さな石炭のような形状，2.外面付着煤状のものは細かな砂粒状をしている。なかには，3.のように，処理前には良好なお焦げに見えても，処理するとほとんど溶解し，ミネラル分のみが残る不良な試料もある。4.のようにさらに，ミネラル分を除くと炭化物が得られる場合もある。
土器付着物は，他の試料に比べ，試料の処理による回収率（図5上）や炭素の含有率（図5下）が低く，適切な試料処理が重要である。

　土器付着物においても図2に示したように，10%程度は異常値（予想する値の範囲と200年以上異なる場合）が認められる。多くの場合，土器付着物の異常値は予想年代よりも古い。中には，縄文中期の土器で25,000^{14}C BPという炭素年代が得られた場合もあるが，これについてはアスファルトなど，土器付着物としての性格を確認する必要があると考えている。十分な前処理を行なった上で，古い年代が得られてしまう原因として，現時点では3つの要因が把握できる。(1)バインダーなど保存処理による樹脂の除去不完全による場合，(2)土器胎土や土壌からの鉱物に含まれている古い炭素が影響した場合，(3)土器の付着炭化物自体に古い炭素が含まれている場合，である。
　(1)とした保存処理の樹脂などによる影響は，アセトンによる洗浄で除去できる。我々が測定を始めた当初に，栃木県仲内遺跡ですべての測定結果が予想よりも数百年古く測定され，資料について再検討したところ，土器が脆かったためバインダー17番が土器に塗られていることがわかった。そのため，改めてアセトンによって数度の洗浄を繰り返し，油脂分が溶解しなくなるまで洗浄して

ANT1
貝層中出土炭化材
2890±30 ^{14}C BP
1130-990cal BC(82%)

ANT12
底部内面より採取
床面出土土器
2930±30 ^{14}C BP
1210-1010cal BC(89%)

貝層

SB02住居床面

図7 玉ノ井遺跡SB02住居跡出土炭化材・土器付着物の測定（写真：名古屋市見晴台考古資料館提供）

から前処理を行なったところ，他遺跡での測定から予想される年代になった（表3）。また長野県長峰遺跡では，バインダーによる保存処理は行なっていないが，1点の土器付着物のみが異常値となり，肉眼観察でも付着物にテカリが認められたので，アセトン洗浄を行なったところ，溶解物が認められ，測定結果も予想値に納まった。そのため，余計な油脂分を除くために，土器付着物に対しては，アセトン洗浄を徹底している。実際に，アセトンに油脂が溶け出す試料もかなりの頻度で認められる。

（2）とした事例は，多くの試料は前処理によって回収した試料を二酸化炭素に燃焼した際の収率（炭素含有率）が，50%～60%（漆では70%近い）である。それに対し，土器付着物には10%以下の低い収率の場合があり，そのうちの半数近くは異常値または異常を疑わせるやや古い年代を示した。典型的な例は表4の馬場前遺跡例・向郷20次1号土坑例・大橋43号住居例である。これは，図6に示したように，土器付着物自体の遺存状態が不良な場合が多く，除去しきれない土器胎土などのミネラル分に含まれる微量のきわめて古い炭素が数パーセントの高率で影響を与えるためと考えられる。最近では，燃焼の際の収率を重視し，10%以下の場合は原則として測定しないこととしている。

（3）とした炭化物自体の由来による可能性は，第一に海産物の煮炊きによる海洋リザーバー効果の影響が考えられる。表4に示す異常例のうち，海岸部に近い遺跡である三内丸山遺跡・上安原遺跡・稲荷山貝塚・茨野遺跡・中里遺跡では，古すぎる年代を示す土器付着物が見られ，それらはδ^{13}C値が大きく，海産物のお焦げである可能性が考えられる。この場合，特に北に行くほど古くなる度合いが大きくなる傾向がある。一方，弥生時代の測定の中では，甕の内側と外側の付着物でδ^{13}C値に違いがあり，かつ年代測定結果は整合的な例がある（表4の瓜生堂遺跡例など）。この場合は，C${}_4$植物であるアワ・ヒエのお焦げである可能性も考えられる。

5 採取・試料処理における課題

2004年2月の時点において，私が前処理に関与した試料は約1,100点で，内訳は炭化材159点，木材29点，種実31点，漆57点，土器付着物810点およびその他の試料（和紙・樹脂・貝骨角・アルカリ溶液溶解物など）である。土器付着物以外は，ほとんどが年代測定可能であるが，土器付着物については前処理した結果，図5に示すように，前処理前の重量に対して前処理後の重量は，平均して10%程度である。さらに，かなりの試料が測定に十分な炭素を確保できず，年代測定を行なえたのは373点（他に30点ほど保留している測定可能試料がある）で，測定できる試料は半分程度である。その中でも低湿地遺跡などの試料は，遺存度がよく，台地上の遺跡，とくに時代が古ければ古いほど遺存状態は不良で，結果的に1点も測定できなかった遺跡もある。年代測定を行なう上で，土器付着物の場合は，すべての試料で年代が測定できるわけではないことを試料提供側も，分析する側もふまえておくべきである。現に時々言われることであるが，「これは量が少ないが是非年代が知りたいので無理しても測定してください」というコメントをもらうが，無理はできない旨を伝えている。他の分析者（とくに民間業者）においては，前処理を行なわないことで，資料提供者の要望に

応えることもある（註2）ようだが，信頼性を損なうだけである。

　以上のように，^{14}C年代測定の信頼性を担保するのは，第一に，試料の適切な選択であり，かつできるだけ試料を保存することによって，再測定など，検証可能な状況にしておくことが望ましい。また，炭化物の写真や採取した資料を報告するべきである。第二に，試料の適切な前処理であり，試料重量など前処理での処理状況をきちんと明示する努力も必要である。これらの作業には，考古学者が直接関わるべきである。

　本稿を記すにあたり，今村峯雄・坂本稔・西本豊弘・春成秀爾ほかの学術創成研究グループ各氏との共同研究成果を用いていることを明記しておく。とくに，前処理から試料調製においては，国立歴史民俗博物館年代測定実験室の研究スタッフに多くの成果を負っていることを記しておく。同時に，多くの機関・関係者から資料提供などのご協力を得ている。文献についても，ここでは略する。科研報告『縄文弥生時代の高精度年代体系の構築』（代表今村峯雄，2004年3月）を参照されたい。

　本稿は，『季刊考古学』88号「弥生時代の始まり」（2004年刊行）に執筆した「試料採取と前処理」に加筆訂正を加えたものである。

（註1）中村俊夫・日本のAMS研究者一同 2003「AMSによる^{14}C年代測定に実験室間比較検定に計画」『日本文化財科学会第20回大会　研究発表要旨集』日本文化財科学会，92‐93
（註2）例えば，西田茂氏は，江別市対雁2遺跡における縄文時代晩期後葉～続縄文時代初頭の低湿地遺跡における，オニグルミを主とした堅果類と土器付着物における^{14}C年代測定結果を取りあげ，土器付着物2点の炭素年代が400～500^{14}C年ほど古い結果であったことから，「土器に付着した炭化物の場合，いくぶん古い数値が出ることがある」と論じたが，これについては土器付着物2点のうち，1点はδ^{13}C値が大きく，海産物の可能性が指摘でき，もう1点については酸処理しか行なわれておらず，信頼できる測定ではない。西田　茂 2003「年代測定値への疑問」『考古学研究』第50巻第3号（通巻199号）考古学研究会，18-20

弥生時代の年輪年代

光谷 拓実

1 推定年代から実年代へ

　日本における年輪年代法の主要樹種はヒノキ，スギ，コウヤマキ，ヒノキアスナロ（通称ヒバ）である。これまでに広い地域の考古学，建築史，美術史などに関連した木材の年代測定に応用し，数多くの成果を上げてきた。しかし，まだ多くの研究者にその有効性を理解されているとは言い難く，なかには今でも否定的な見方をする研究者も少なくない。

　現在，わが国の弥生時代，古墳時代をとり巻く研究環境が大きく揺らぎはじめている。それは，考古学が主流とする土器編年による従来の年代観と，年輪年代法によって出された自然科学的年代とが全く合わないことに端を発している。このことが契機になったのは，1996年に大阪府池上曽根遺跡出土の柱根の伐採年代が紀元前52年，と判明した事例である。結果は，年輪年代と土器編年（近畿第Ⅳ様式－Ⅲ）とのあいだに年代差が約100年あったということにはじまる。このことから約10年が経過しようとしている。果たして，考古学と年輪年代法との協調路線は敷かれてきたのであろうか。残念ながらその動きは今もって鈍いといわざるを得ない。

2 年輪年代法の実際

測定対象試料

　年輪年代法はすべての木材に適用できるという訳ではない。このことを以下にまとめておこう。

　年輪年代法の測定にあたっては，長期の暦年標準パターンが作成されている樹種に限られるので，現時点ではヒノキ，スギ，コウヤマキ，ヒバの4樹種が適用可能である。したがって，測定の対象となる木材については年輪計測の前にあらかじめ顕微鏡による樹種同定が必要である。

(1) 年代を測定しようとする試料には，約100層以上の年輪が必要である。しかも試料には樹心（髄）のないものの方がよい。樹幹の中心部に近い年輪（約100層分）は，その樹木が若齢のころに形成された年輪であるから，それ以後の老齢になって形成された年輪にくらべて，個体的特徴があらわれやすい。したがって，樹齢が200年以上のものだとすると，外側の100層分以上の年輪が有効データとなり得る。

(2) 極端に狭い年輪幅（0.2mm前後）で推移しているものは，年輪パターンの照合が成立しにくい傾向にある。

(3) 同心円状に形成された年輪ではなく，不特定方向（らせん状）に広かったり，狭かったりする年輪は年輪パターンの照合が成立しにくい。

　(1)，(2)，(3) に該当しない試料となると，少数のごく限られたものとなる。しかも (2) と (3) は年輪層数が200層以上あっても照合の成立はむずかしく，年輪年代は確定しないことが多々ある。

試料の形状と測定結果

　年輪年代法によって得られた年輪年代を測定依頼者に回答すると，その年代値を試料材の伐採年と解釈する場合が多い。ところが試料材の形状によっては，伐採年を示すものばかりではない。樹

木の木口面をみると中心部に髄があって，それから外側の心材，辺材，樹皮となっている。心材部は色調が濃い部分，辺材部は外周部の色調の薄い部分をいう。この樹木構造と年輪年代法で扱う試料の形状との関係は，大体つぎの三通りになる。

樹皮型 樹皮または最外形成年輪が完存しているか，あるいはその一部でも残存しているもの。この場合，年輪年代は伐採年代か枯死年代を示す。

辺材型 試料の一部に辺材部をとどめているもの。このタイプの年輪年代は，伐採年代に比較的近い年代を示す。

心材型 辺材部をすべて失い，心材部のみからなるもの。このタイプの年輪年代は伐採年代よりかなり古い年代を示すので，その解釈にあたっては注意を要する。

年輪年代法で年輪年代が確定しても，原木の伐採後，運搬のための期間や加工するまでの乾燥期間，あるいは長い間使用したのち廃棄したり，ときには古材を再利用したりしていることもあるので，年輪年代の結果のみによって，遺跡や遺構の年代を推定することは，慎重でなければならない。

3 年輪パターンのネットワークと暦年標準パターン

年輪年代法を実際に応用するにあたっては，その下準備として暦年の確定している暦年標準パターンを作成しておかなければならない。暦年標準パターンの作成は，樹種別，地域別に作成することが望ましい。しかし，実際問題として，長期にわたる暦年標準パターンの作成は，試料収集の点で決して容易ではない。そこで，例えばヒノキの暦年標準パターンが他の樹種にも応用できるかどうか，また，地域的にどのあたりまで適用できるかどうか，このことをあらかじめ伐採年の確定している現生木で調べておくことが大変重要である。

こうした検討結果をまとめてみると，木曽系ヒノキの標準パターンは，本州，四国あたりのスギやヒノキと高い相関関係にあることが判明している。また，屋久島の

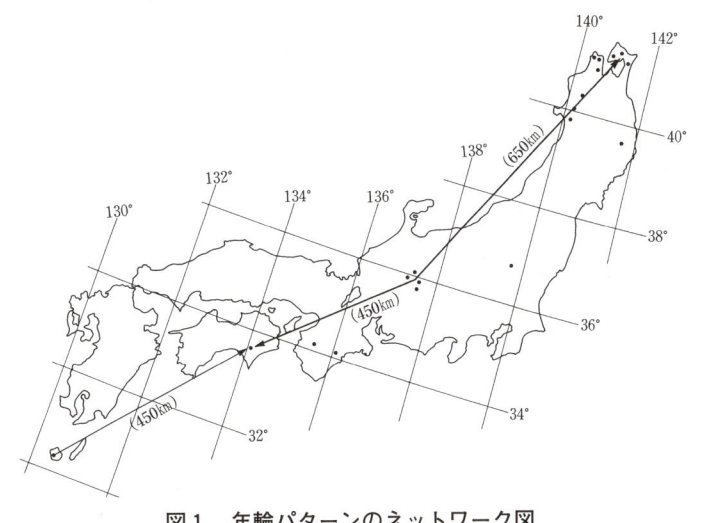

図1 年輪パターンのネットワーク図

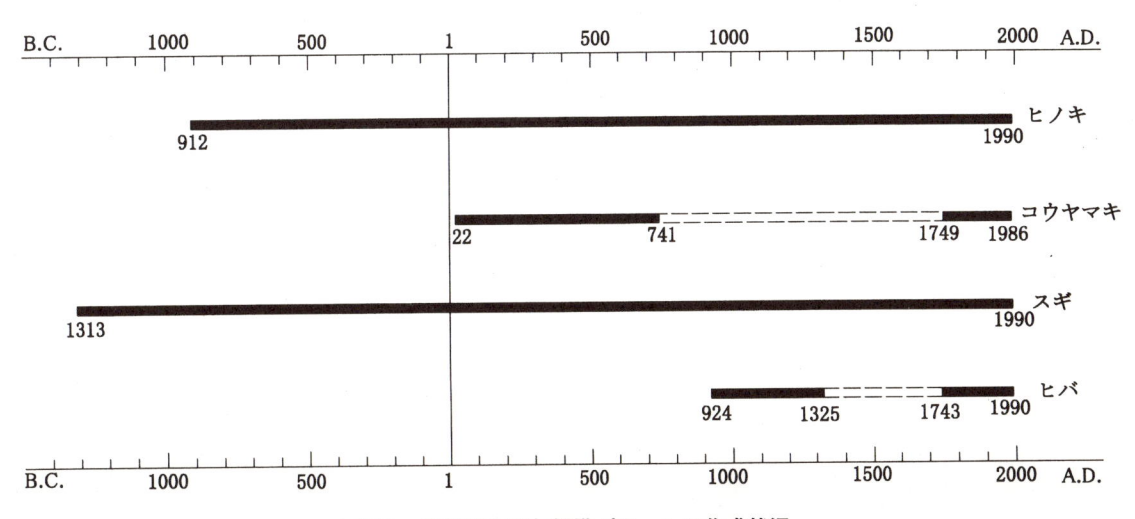

図2 樹種別の暦年標準パターンの作成状況

スギの年輪パターンは，高知県魚梁瀬産のヒノキやスギと高い相関関係にある（図1）。このことは，ヒノキやスギの暦年標準パターンが，広域に応用できることを示唆している。しかし，九州はスギ，ヒノキの出土量が極端に少ないので適用事例でみるかぎり空白域である。また北海道産のエゾマツやトドマツなどは適用可能樹種ではあっても，古代から現在にいたるまで広く使われてきていないため，長期の暦年標準パターンが作成できない状況にあるので，これまた空白域となっている。

図2は，樹種別の暦年標準パターンの作成状況を示している。これは，各地域で作成したものを単に合成したもので，実際には，樹種別，年代別，地域別に用意している。ヒノキが紀元前912年まで，スギが紀元前1313年まで，コウヤマキが22～741年，ヒバが924～1325年まで作成ずみである。したがって，この年代範囲なら1年単位の年代測定ができる。これら4樹種の暦年標準パターンは，今後良好な木材試料が豊富に入手できれば，さらに過去に延長できる。ちなみに，アメリカでは暦年標準パターンの作成がマツ類で8400年，ドイツでは，ナラ類で約1万1千年前までできている。

4　弥生〜古墳時代遺跡の応用事例

これまでに各地の弥生〜古墳時代にかけての遺跡出土木材の年代測定を行なってきた。そのなかで，考古学の研究分野に影響を与えるような応用事例を紹介しておこう。

兵庫県武庫庄遺跡出土柱根の年輪年代

武庫庄遺跡は兵庫県尼崎市武庫之荘本町2丁目に所在する。この遺跡は，尼崎市の北西部，武庫之荘本町一帯に所在する東西約400m×南北約300mに広がる弥生時代中期の集落である。この調査では，遺跡の中央西寄りの第36次調査の際，大型掘立柱建物の南半部が発見された。梁間1間，桁行4間以上で，独立棟持柱をもち，梁間8.6m，桁方向の柱間は2.4mを測る。東側柱3本，西側柱5本を確認し，南妻側の6.5m外側に径80cmを越す独立棟持柱を検出した。側柱は広い溝状の布掘りの後に隅丸方形の柱穴を穿つ。建物規模は池上曽根遺跡より大きい。

柱穴のなかに遺存していた比較的保存状態の良好な柱根5本から直径5mmの棒状標本を採取し，年輪幅の計測を行なった。

柱根5本（柱№1, 3, 5, 6, 9）の計測年輪数はそれぞれ383層，617層，232層，158層，241層であった。これらの年輪パターンと819年分の暦年標準パターン（912B.C.～94B.C.）との照合はいずれも成立し，それぞれの年輪年代は№3：245B.C., №6：287B.C., №9：370B.C., №5：377B.C., №1：487B.C.と確定できた。このなかでもっとも注目すべき年輪年代は，№3の柱根（直径55.8cm，長さ75cm）である。棒状標本そのものからは心材と辺材の識別ができなかったが，この柱根を切断したところ，一部に辺材部が2.6cm残存していた。年輪が617層もある老齢木で，しかも年輪密度がきわめて高いことから，この辺材部はほぼ完存していると判断される。つまり，柱根№3の年輪年代245B.C.は原木の伐採年にかぎりなく近いものと思われる。この遺構は建て替えがなく，柱が転用材でないとすると，この年輪年代は建物を建てた年代に近い年代を示す。

伴出遺物としては，一部土器の帰属に問題は残るとしているが，柱掘形内から弥生時代中期のⅢ様式古段階にあたる土器片が出土した。また，柱根埋土内からは，Ⅲ様式新段階に位置づけられる土器が出土した。掘形出土土器は，建物建築時の混入で，柱根埋土内の土器は建物廃絶時を示すものと考えられている。この時点での出土土器の年代観は，紀元前50年頃と推定されていた。年輪年代との年代差は約200年，この大きな年代差は何に起因しているのか，つぎの池上曽根遺跡の場合と同様，弥生の暦年代を考えたとき実に大きな問題をつきつけたことになる。

大阪府池上曽根遺跡出土柱根の年輪年代

池上曽根遺跡は，大阪府和泉市池上町・泉大津市曽根町にまたがって所在する。遺跡は大阪府南

部の和泉山地北側に形成された扇状地から沖積地へと移行する直前の先端に位置し，近畿地方屈指の弥生環濠集落として著名で，中期後半の遺跡としては最大規模である。調査では集落のほぼ中心部で，床面積が約135㎡もある巨大な掘立柱建物・大型建物1（東西10間：約19.3m，南北1間：約7.0m，両妻側に独立棟持柱を付設）が発見され，断片を含めると18基の柱穴に16本のヒノキや2本のケヤキの柱根が遺存していた。建物の南面には，直径2m以上のクスノキの巨木を刳り抜いた，大型井戸1も設けられていた。この建物は，短期間にほぼ同位置で3～4回の建て替えが行なわれ，それに伴い大型井戸やその排水溝，周辺の区画施設も作りかえられた。大型建物1は，このなかでの最終段階の建造物にあたる。

柱根の大きさは，直径が50～60㎝を測る。ヒノキの柱材16本のなかから，比較的遺存状態の良好なものを5本選定し，年代測定を行なった。このうち柱№12はさいわいにも樹皮型であった。年輪幅の計測は柱根の下部底面からのものと，№12のように棒状標本を抜き取ったものもある。

柱№12の年輪パターンとヒノキの暦年標準パターン（614B.C.～46A.D.）との照合は成立し，その伐採年は前52年と判明した。

伴出遺物としては，柱材の伐採年（B.C.52）が判明した柱穴12の掘形内から，弥生時代Ⅳ－Ⅲ様式（従来の畿内第四様式）を下限とする土器資料が得られており，弥生時代の相対年代に暦年代の一定点を提供したことは重要である。

この年輪年代が確定するまでは，大型建物の年代は，出土土器から紀元後1世紀後半頃と考えられていた。これまで考古学で常識的に考えられていた年代よりも，100年も古い年輪年代が出たことで，考古学関係者の関心を大いに呼ぶことになった。と同時にこの時をもって「年輪年代法」そのものが大きくクローズアップされることにもなった。

福岡県雀居遺跡出土天板の年輪年代

雀居遺跡は，福岡県福岡市博多区雀居に所在し，福岡空港西側整備に伴い発掘調査が実施された。この遺跡は御笠川の東岸にあり，標高5m前後の沖積地に位置する。1992年度の第4次緊急発掘調査では，集落をめぐる大溝などが発見され，下層の大溝ＳＤ03の上層段階から弥生後期後半に属する多量の木製品が出土した。これらのなかから，年輪年代法が適用可能と思われるものを4点選定し，年代測定を行なった。

選定した試料の樹種は，いずれもスギ材でしかも心材に続く辺材が全く残存していない形状で心材型のものばかりである。木製品の種類は，案（小卓）の天板が2点（試料№1，№2），脚が1点（№3），槽（盤状の盆）が1点（№4）である。これらは，いずれも柾目板を用いていた。年輪幅の計測は専用の年輪読取器を使用し，天板の柾目面から非破壊で行なった。

試料4点の年輪パターンと暦年標準パターン（おもに滋賀県下の出土木製品の年輪データで作成したもので，紀元前651年～西暦199年までのもの）との照合の結果，いずれも成立し，それぞれの残存最外年輪の形成年を確定することができた。このなかで最も新しい年輪年代を示したのは，№4の西暦100年である。よって，№4の原木の伐採年は100年以降ということが確定した。

ここで，もう少し原材の伐採年にこだわってみよう。樹齢200～300年の天然スギの平均辺材幅を，手元にある20点の円盤標本から導き出した数値は4.5㎝である。この試料に4.5㎝の辺材部があったと仮定する。計測した年輪数は133層，その平均年輪幅は1.4㎜である。この平均年輪幅でもって，辺材部の年輪も推移したとすると，4.5㎝のなかには33層の年輪が刻まれていたことになる。№4の年輪年代は西暦100年，これにさきの推算した数値，33層分を加えると西暦133年となる。これにはさらに削除されたであろう心材部の年輪や，製品に仕上げてから使用・廃棄するまでの期間などを加算することになるから，実際の遺構の年代は2世紀中頃まで降る可能性が高い。

ちなみに，九州地方において弥生時代の木製品の年輪年代が判明したのは，雀居遺跡のこの天板が初めてである。

奈良県纒向石塚出土板材の年輪年代

　纒向石塚は，奈良県桜井市大字太田246番地－1に所在する。調査は1989年に行なわれた。本遺跡は，全長93mの撥形に前方部を開く前方後円形の塚で埋葬施設は削られていた。周囲に掘られた濠の中からは，多量の木製品や土器片が出土した。築造時期は庄内式土器の時代で3世紀前半～後半と考えられている。前方後円墳の起源を考えるうえで重要な古墳である。

　周濠内の最下層から鋤（柄付とそうでないものの両方），横槌などの農工具，槽（盆），板材，柱，削屑などの多数の木製品が出土した。なかでも農工具の出土が異常に多く，墳墓造営にかかわるものと思われる。このなかで，年代測定用に板材（長さ約30cm，幅約60cm，厚さ約2cm）を1点選定した。材種はヒノキで，形状は辺材型，その幅は2cmである。なお，この板は使用しない部分を切断し，投棄したものと思われる。

　板材の計測年輪数は248層であった。この年輪パターンとヒノキの暦年標準パターン（169B.C.～257A.D.）との照合の結果，残存最外年輪の暦年は177年と確定した。残存している2cmの辺材部の中には38層分の年輪があった。樹齢200年～300年位のヒノキの平均辺材幅は約3cmである。この板材にも3cmの辺材部があったと仮定すると，削除された約1cmの辺材部のなかの年輪は，残存辺材部の平均年輪幅（0.58mm）から推算すると，その伐採年はどうみても200A.D.を下ることはない。墳丘盛土内に庄内甕は含まれなかったものの，出土土器では壺・甕・高坏などの破片が多く出土した。壕の中には庄内大和甕，布留0式甕が含まれている。この時点での土器の年代観は，3世紀末頃と考えられていた。当時，この板材の年輪年代を関係者に報告した時点では，あまりに古い年代ということで，ほとんど注目されることはなかった。

奈良県勝山出土板材の年輪年代

　勝山は，纒向石塚の北西約100mのところに位置し，古墳時代前期前半代に築造されたものと推定されている。

　奈良県立橿原考古学研究所による平成13年度の勝山の第4次調査では，第1調査区のくびれ部付近周濠埋土内から多くの木材が出土した。これらは，墳丘側から一括投棄された状況で出土したもので，おもに柱材や板材の断片である。これらの中からヒノキ材で，年輪が100層以上あると思われるものを4点選定した。これ以外に，第2次調査で出土したヒノキの柱根1点を加え，総数5点について年代測定を行なった。

　年代測定に供した出土木材は，第4次調査で出土した板材断片1点（No.1），柱材を切断したもの1点（No.2），板材1点（No.4），柱材を半裁したものの断片1点（No.5），これに第2次調査で出土した柱根1点（No.3）の総数5点である。

　5点の計測年輪数は一応の目安としている100層以上のものばかりであった。5点の年輪パターンと暦年標準パターンとの照合はいずれも成立し，それぞれの残存最外年輪の年代が確定した。

　得られた年輪年代のなかでもっとも新しい年代は，No.1の板材西暦199年であった。この板材には2.9cm（ただし，計測した木口面がやや斜めになっている）ほど辺材部が残存していたので，この年輪年代はかなり原木の伐採年代に近いことを示している。他の4点の年輪年代は辺材部を全くとどめていない形状（心材型）の物であるから，当然のことながらNo.1の板材の年輪年代より古い年代を示しているが，いずれも辺材型の板材と同年代のものと思われる。また，5点相互のあいだの同材関係の有無について検討したが，これらのあいだにはないことがわかった。

　以上，年輪年代から見るかぎり，纒向石塚出土の板材，勝山出土の板材は，ともに西暦200年を相前後する伐採年代が推定されることから，前期古墳の開始年代が3世紀初頭まで遡る可能性を示唆する結果となった。

5　AMS法と年輪年代法

　奈良文化財研究所は，年輪年代法によって暦年の確定したスギやヒノキの年輪試料を歴博に提供し，わが国での14C年代の補正に共同して取り組んでいる。これまでの検討結果では，国際的な標準とされる修正曲線のINTCAL98と日本産樹木の年輪試料に基づいて14C年代を修正した曲線とはよく符合することが確認されている。

　実際，これまでに，池上曽根遺跡出土の紀元前52年伐採の柱根からAMS法用に少量のサンプルを採取し年代測定をした結果（前80年～40年）と，年輪年代との間にきれいに整合性がとれていることが確認された。

　これ以外に，島根県出雲大社境内遺跡出土の心御柱の年代をAMS法で測定したところ1212年±15年という年代が得られている。これと心御柱のスギの礎板について年輪年代法による調査結果は1227年と確定，両者はほぼ一致する伐採年代が得られたことになる。まだまだ事例は少ないものの，2つの方法から得られる年代値はかなり狭まってきていると見てよかろう。今後，年輪年代法とAMS法は二人三脚の関係で考古資料に実年代を与えていくことになろう。

　本稿は2004年8月刊行の『季刊考古学』第88号（特集・弥生時代の始まり）に発表したものを一部訂正し再録したものである。図など一部追加している。

付表　東アジア史関連事項と出土木製品の年輪年代（右欄）

(樹皮型：A, 辺材型：B, 心材型：C)

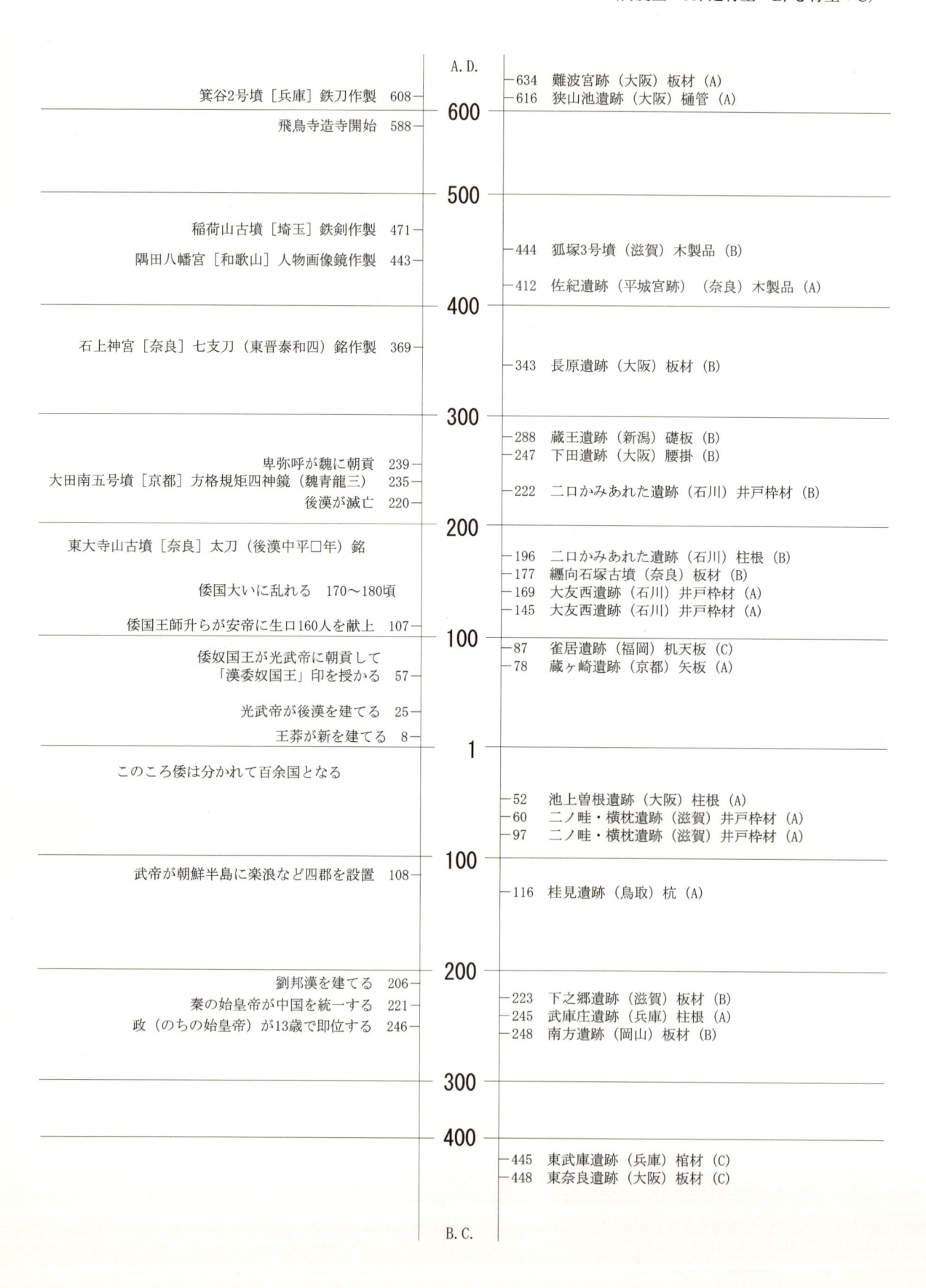

東アジア史関連事項	年代 (A.D.)	出土木製品
	634	難波宮跡（大阪）板材（A）
	616	狭山池遺跡（大阪）樋管（A）
箕谷2号墳［兵庫］鉄刀作製　608	600	
飛鳥寺造寺開始　588		
	500	
稲荷山古墳［埼玉］鉄剣作製　471		
	444	狐塚3号墳（滋賀）木製品（B）
隅田八幡宮［和歌山］人物画像鏡作製　443		
	412	佐紀遺跡（平城宮跡）（奈良）木製品（A）
	400	
石上神宮［奈良］七支刀（東晋泰和四）銘作製　369		
	343	長原遺跡（大阪）板材（B）
	300	
	288	蔵王遺跡（新潟）礎板（B）
卑弥呼が魏に朝貢　239	247	下田遺跡（大阪）腰掛（B）
大田南五号墳［京都］方格規矩四神鏡（魏青龍三）　235		
後漢が滅亡　220	222	二口かみあれた遺跡（石川）井戸枠材（B）
	200	
東大寺山古墳［奈良］太刀（後漢中平□年）銘	196	二口かみあれた遺跡（石川）柱根（B）
	177	纒向石塚古墳（奈良）板材（B）
倭国大いに乱れる　170～180頃	169	大友西遺跡（石川）井戸枠材（A）
	145	大友西遺跡（石川）井戸枠材（A）
倭国王師升らが安帝に生口160人を献上　107		
	100	
	87	雀居遺跡（福岡）机天板（C）
倭奴国王が光武帝に朝貢して「漢委奴国王」印を授かる　57	78	蔵ヶ崎遺跡（京都）矢板（A）
光武帝が後漢を建てる　25		
王莽が新を建てる　8		
	1	
このころ倭は分かれて百余国となる		
	−52	池上曽根遺跡（大阪）柱根（A）
	−60	二ノ畦・横枕遺跡（滋賀）井戸枠材（A）
	−97	二ノ畦・横枕遺跡（滋賀）井戸枠材（A）
	100	
武帝が朝鮮半島に楽浪など四郡を設置　108	116	桂見遺跡（鳥取）杭（A）
	200	
劉邦漢を建てる　206	223	下之郷遺跡（滋賀）板材（B）
秦の始皇帝が中国を統一する　221	245	武庫庄遺跡（兵庫）柱根（A）
政（のちの始皇帝）が13歳で即位する　246	248	南方遺跡（岡山）板材（B）
	300	
	400	
	445	東武庫遺跡（兵庫）棺材（C）
	448	東奈良遺跡（大阪）板材（C）
	B.C.	

― 64 ―

弥生時代の年代問題

春 成 秀 爾

はじめに

炭素14年代にもとづく縄文・弥生時代の各時期の実年代を推定する作業はつづいている。その一方，炭素14年代により弥生年代の見直しを迫られ，考古学的手法にもとづいて実年代を推定する作業も併行して行なわれている。しかし，後者の方法による研究者の多くは炭素14年代が従来の弥生時代の年代観の改定を促進したという点は評価しつつも，炭素14年代そのものについては批判的であるというのが特徴である。考古学の資料操作方法を貫徹して実年代を確定することができればよいけれども，決定的な資料に恵まれていない現状にあっては，ここ当分は既往の不完全で数少ない資料の解析を積み重ねていくほかに有効な手だては望めないだろう。小稿では，弥生時代の年代に関連して現在，定点として使われ議論されている考古資料を取りあげ，その根拠がどのていど確かであるのかについて検討をこころみる。

1 弥生早・前期の年代

炭素14年代と考古年代

炭素14年代の較正年代によると，縄文時代晩期の黒川式古段階は前1300〜1000年頃，黒川式新段階は前1000〜930年頃，弥生時代早期の山の寺式は前930年，夜臼I式は前890年を上限として始まり，弥生時代前期初めの板付I式は前810〜750年の間に始まる〔藤尾ほか 2005：93〕。

縄文晩期〜弥生前期併行期の朝鮮半島の炭素14年代のおおよそは，無文土器早期の渼沙里式は前13〜12世紀，前期の可楽洞式は前12〜11世紀，欣岩里式は前10世紀，中期の休岩里式は前10〜9世紀，松菊里式は前8〜7世紀である。

大貫静夫は，「最近の弥生時代年代論について」と題する総説論文で，従来の方法による研究〔武末 2002：113〜114，ほか〕に対して，「弥生文化と大陸との接点である朝鮮半島南部との相対的な年代関係は今日でもほとんど動くことがない」と評価している〔大貫 2005：96〕。すなわち，黒川式—可楽洞式・欣岩里式，山の寺・夜臼式—休岩里式（先松菊里式），板付I式・IIa式—松菊里式，板付IIb式・IIc式—水石里式，城ノ越式・須玖I式—勒島式は，ほぼ併行関係にあると

表1 朝鮮半島無文土器と弥生土器との対応関係〔武末 2004〕

縄文時代		弥 生 時 代							
				大 形 成 人 甕 棺					
				伯玄式	金海式	城ノ越式	汲田式	須玖式	立岩式
晩期	早期	前 期				中 期			
広田式	黒川式	山ノ寺式	夜臼I式	板付I式	板付II式 A B C	城ノ越式	須玖I式	須玖II式	
渼沙里式（突帯文）	可楽洞式	欣岩里式	休岩里式	松菊里式	水石里式		勒島式	（前 半）	
早期	前期	中 期		後 期				前期	
無 文 土 器 時 代								原三国時代	
1期		2期	3期					4期	
朝鮮の青銅器編年									

- 65 -

表2 地域別の青銅器・銅剣の編年〔岡内 2004b〕

暦年代		遼西	遼東	吉林・長春	西北朝鮮	南部朝鮮
1072	西周前	龍頭山M1 水泉城子7701			金灘里 新岩里	
990	西周中	大板南山墓 小黒石溝8501				
880	西周後	南山根101 汐子北山嘴	双房 二道河子	星星哨AM19		比来洞
770	春秋前	十二台営子	本渓梁家	小西山甲	金谷洞	松菊里
670	春秋中	烏金塘	崗上墓		西浦洞	積良洞
570	春秋後	南洞溝 孫家溝7301 王営子	臥龍泉 亮甲山 鄭家窪子6512		龍興里 伝平壌 伝成川	徳峙里 伝春川 上紫浦里
475	戦国前	寺児堡 三官甸	鄭家窪子第1地点 海城大屯			東西里 槐亭洞
380	戦国中		伝撫順 旅順官屯子	五道嶺溝門	孤山里 泉谷里	南城里 蓮華里
320	戦国後		尹家村 燕下都30号墓	西荒山屯	反川里 松山里 梨花洞	九鳳里 大谷里
221	秦				貞柏洞37	南陽里 合松里
206	前漢初				土城洞4	平章里
108	楽浪郡				黒橋里	竹東里

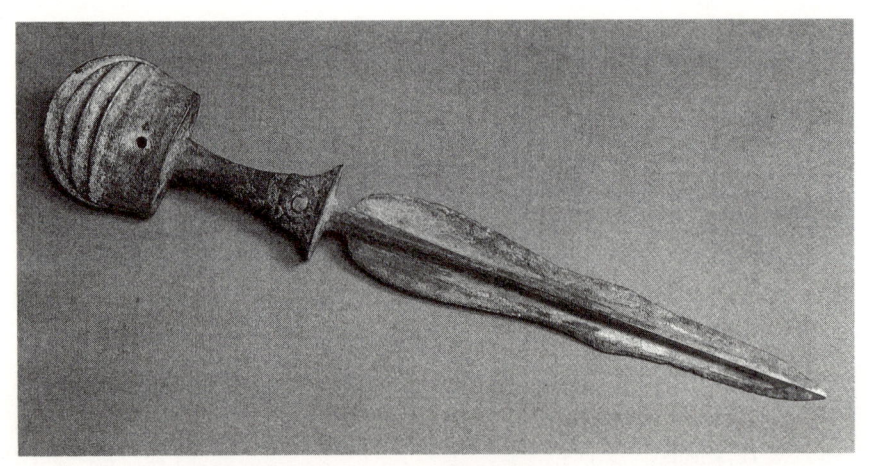

図1 小黒石溝8501号墓の一鋳式の遼寧式銅剣〔東京国立博物館編 1997〕

する理解である（表1）。

　炭素14年代でも，黒川式―可楽洞式・欣岩里式，山の寺式・夜臼Ⅰ式―休岩里式，板付Ⅰ式―松菊里式は，ほぼ併行関係にある。山の寺式・夜臼式―休岩里式は，前10～9世紀で一致し，今後とも大幅な変更が生じるとは考えにくい。

　しかし，宮本一夫は，弥生早期の年代を「前9世紀にさかのぼる可能性がある」という〔宮本 2004a：214〕。武末純一は「弥生早期の上限は前8世紀までさかのぼる可能性もあるが年代の一点は前5～6世紀」にあり，「早期と前期の境は前5世紀頃」とする〔武末 2004：151～152〕。庄田慎矢は，弥生早期は前8世紀中葉と前7世紀中葉の間に始まり，前期は前6世紀後半～5世紀前半の間に始まる，と主張している〔庄田 2005：56～57〕。

　大貫静夫はさきの論文で，「弥生時代研究者には従来の年代を支持する人がいまだ少なくないが，大陸研究者の多くは年代の見直しに大きく舵を切ることになった。ただし，測定数の増加や補正の仕方によってはまだ変動の余地がありそうな現状の14C年代は，考古学的な再検討にとってもやや

古すぎる」と批評している〔大貫 2005：95〕。大貫の考えでは，弥生早期の始まりは前8世紀である〔同前：101〕。諸氏の根拠も意見もまちまちであるけれども，前10世紀後半まではさかのぼらないという点で一致しており，炭素14年代には問題があると指摘している。裏を返していえば，考古学的方法にもとづく年代は，「変動の余地」がなさそうである，といっているわけである。はたしてそういえるのか。

　炭素14年代と考古学研究者の主張する年代との齟齬の原因を探ってみよう。

小黒石溝・比来洞の遼寧式銅剣の年代

　弥生時代の開始年代を考古学的に推定するさいに基準として使われているのは，遼寧式銅剣である。遼寧式銅剣（曲刃有樋有茎の組立式）は，遼寧・朝鮮・日本に分布し，諸地域を年代的につなぐ環の役割をはたしている。遼寧西部地域では遼寧式銅剣に中国中原地域の青銅彝器を共伴するので，その実年代観によって遼寧青銅器文化の年代を推定することが可能となる。遼寧式銅剣の編年と実年代の推定がきわめて重要な意味をもっているのは，それぞれの地域における遼寧式銅剣の出現年代をいつとみるかによって，隣接する地域の年代が，100年あるいは200年は変わってくるからである。現在，考古学研究者の遼寧・朝鮮青銅器文化の年代論は，内蒙古地方に含まれる遼寧省寧城県小黒石溝8501号石槨墓〔項・李 1995〕および寧城県南山根101号石槨墓〔遼寧省昭烏達盟文物工作站ほか 1973〕から出土した遼寧式銅剣と韓国西南部の忠清南道大田市比来洞1号支石墓〔成 1997〕から出土した遼寧式銅剣の年代の二つを軸にして展開されているといってよい。

　(1)遼寧式銅剣の起源は，遼西の小黒石溝8501号石槨墓出土の曲刃有樋の身をⅠ字形の柄に装着した状態を鋳型に彫り込んで一度に鋳造した一鋳式銅剣にある。(2)一鋳式銅剣の遼寧式の時期は，伴出した中原青銅器の年代観から西周中期（前990〜前880年）末〜後期の前9世紀初め〜末である。(3)組立式銅剣の遼寧式が成立した時期は，小黒石溝と同じ寧城県にある南山根101号石槨墓や汐子北山嘴7501号石槨墓の出土例から西周後期（前880〜前770年）の前9世紀中頃〜前8世紀初めである，というのが岡内三眞の考えである（表2）〔岡内 2004ｂ：67〜68・73〕。

　しかし，小黒石溝の銅剣の作りは，身に柄を取りつけた状態を目釘穴（ルディメント化した穴にトルコ石をはめている）まで忠実に模倣して一鋳式にしたものであって，この時期に組立式の銅剣が存在して初めて現われる型式である（図1）。遼寧式銅剣に特徴的な曲刃は，小黒石溝の一鋳式銅剣や同時期の大板南山墓の銅矛（または銎柄式銅剣）（図2-4）ですでに完成しているから，組立式銅剣が小黒石溝の時期に存在していた可能性は大きい。組立式の銅剣の出現が少なくとも現在考えられているよりも古いことは確かである。

　朝鮮半島では，(1)比来洞1号支石墓の遼寧式銅剣が，伴出の無茎石鏃から最古と判断される。(2)南山根101号石槨墓出土銅剣を最古の遼寧式銅剣と判断すると，朝鮮半島における遼寧式銅剣の鋳造は早ければ西周後期の前9世紀後半，遅くとも春秋前期の前8世紀前半に始まる，と岡内はいう。

　庄田慎矢は，宮本一夫の意見〔宮本 2000a：185〜186〕を採用し，小黒石溝8501の遼寧式銅剣の年代を西周後期，前9世紀中葉〜前8世紀前葉より新しいとみなし，それによって比来洞の銅剣の年代を定める。その結果，それより新しい弥生早期の始まりを「前8世紀中葉と前7世紀中葉の間」と推定することになる〔庄田 2005：51〜52，56〜57〕。

　遼寧式銅剣の成立に関する岡内の説は小黒石溝の一鋳式の遼寧式銅剣を西周中期〜後期，前9世紀初め〜末，南山根の遼寧式銅剣の年代を西周後期ないし春秋前期，前9世紀後半ないし前8世紀前半とみなし，庄田の説は小黒石溝の遼寧式銅剣の年代を西周後期，前9世紀中頃〜前8世紀前葉より新しいとみなすことによって成りたっている。しかし，組立式の遼寧式銅剣の成立は前9世紀までさかのぼるとみれば，比来洞の銅剣の年代もより古くなり，弥生早期の始まりも庄田が考えるよりも古くなるだろう（表3）。

　比来洞が，伴出の土器と凹基無茎式石鏃（図3）から無文土器前期の欣岩里式の時期に属するこ

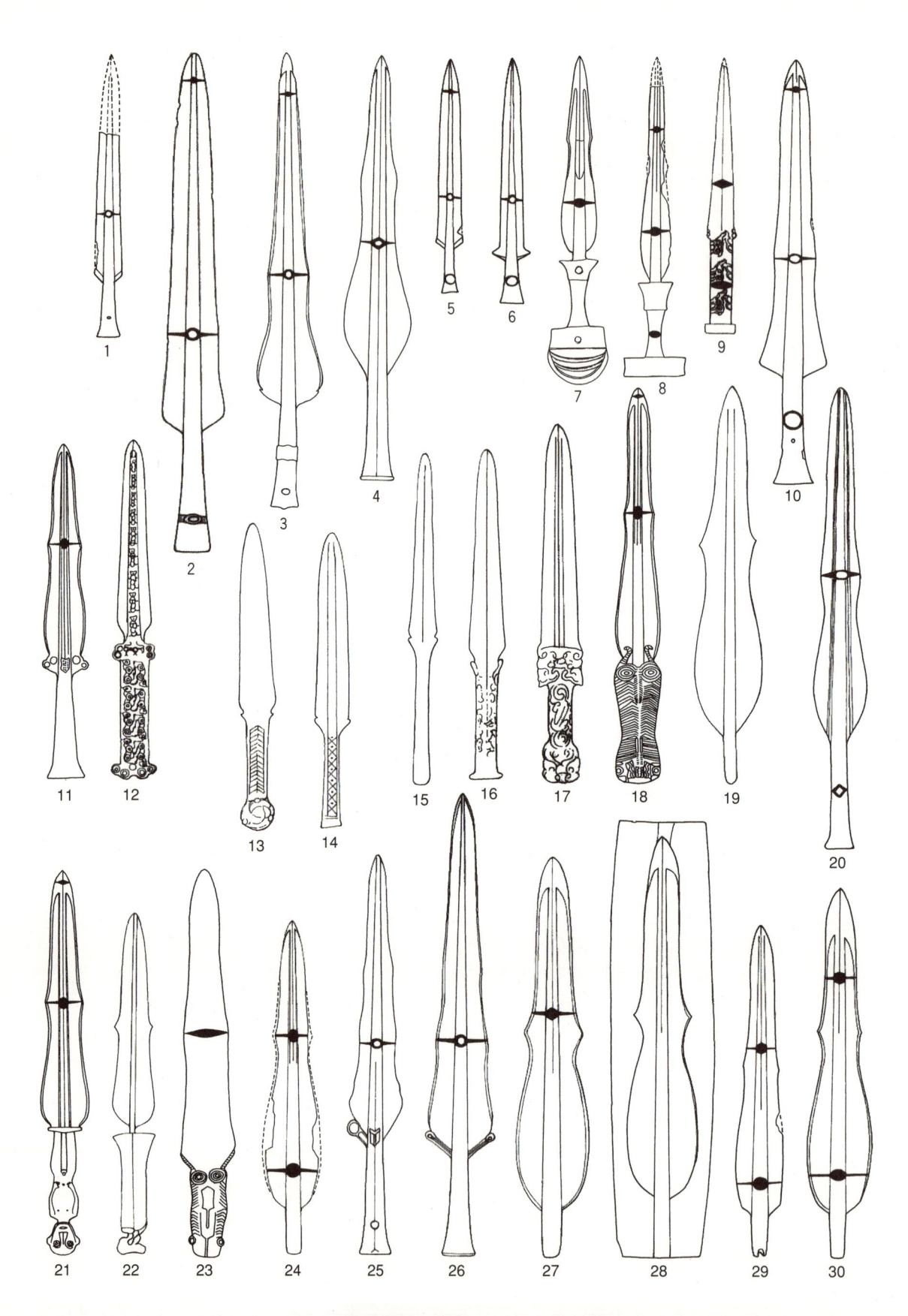

図2　遼西の銅剣・銅矛〔〔劉 2000〕から作成）

1 龍頭山M1，2 水泉城子M7701，3 同M7801，4 大板南山墓，5～9 小黒石溝M8501，10 同M8061，
11・12 小黒石溝，13～20 南山根M101，21・22 南山根東区石槨墓，23 汐子北山嘴M7501，24 同M7501，25～30 山湾子

表3 遼寧・朝鮮・日本青銅器文化の対比表 〔〔岡内 2004b, 甲元 2005〕を参考にして仮製〕

時期	西暦	遼西	遼東	西北朝鮮	南部朝鮮	北部九州
西周前期	前11世紀	龍頭山M1	双房			
西周中期	前10世紀		趙王村		比来洞・仙岩里	
西周後期	前9世紀	汐子北山嘴	二道河子		芳良里・大雅里	
		(小黒石溝・南山根)				
春秋前期	前8世紀	十二台営子	崗上	金谷洞	松菊里・徳峙里	今川
春秋中期	前7世紀	烏金塘	西浦洞		積良洞	
春秋後期	前6世紀	南洞溝	鄭家窪子6512	龍興里	伝春川・上紫浦里	
戦国前期	前5世紀前半	三官甸			槐亭洞・蓮華里	
戦国前期	前5世紀後半	官屯子			東西里・南城里	
戦国中期	前4世紀前半	尹家村		反川里	大谷里・論山	
戦国後期	前4世紀後半			松山里	草浦里・九鳳里	吉武高木
戦国末期～秦	前3世紀			貞柏洞・土城洞	合松里・南陽里	吉野ヶ里

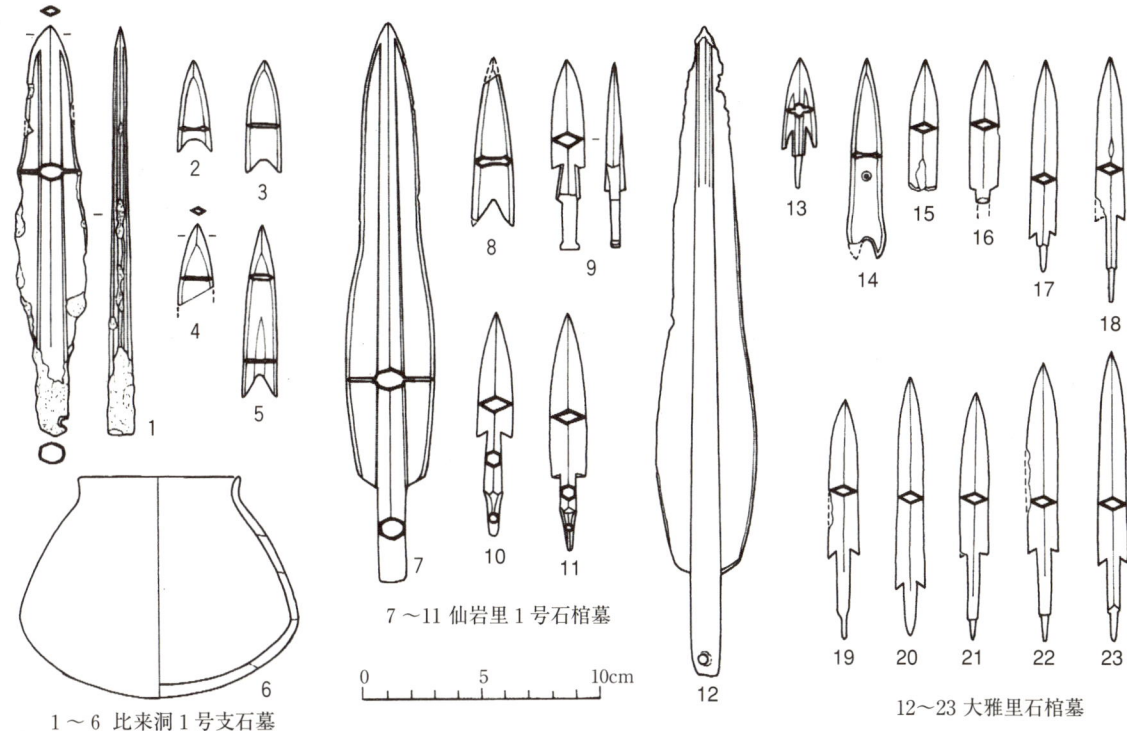

図3 朝鮮半島出土の古式遼寧式銅剣（1・7・12）と伴出の磨製石鏃（2～5, 8～11, 14～23）, 土器（6）, 銅鏃（13）（〔成 1997, 鄭 1983, 李 1983〕から作成）

とはまちがいない。しかし、欣岩里式の実年代を考古学では示すことができない。そこで、成正鏞は、同型式の磨製石鏃を出土した新岱洞遺跡（図9-15～23）の炭素14年代が前9～8世紀であるので、その年代を採用して比来洞の遼寧式銅剣は前9～8世紀であると推定している〔成 1997: 218～222〕。

しかし、成が使っている新岱洞遺跡の欣岩里式の試料17点の炭素14年代は、前11～9世紀に中心がある。同じ欣岩里式の炭素14年代は、ソウル大学が測定した白石洞遺跡のばあいは試料10点のうち8点までが前10世紀に中心がある。炭素14年代を採用するのであれば、比来洞の遼寧式銅剣の年代は、前11～10世紀までさかのぼる可能性がつよいというべきである。欣岩里式と併行関係にあるとされる九州の黒川式土器の炭素14年代は前12～10世紀である。新岱洞遺跡の炭素14年代を前9～8世紀と較正し、それを比来洞の遼寧式銅剣の年代にあてることはできない。炭素14年代では、前

9～8世紀は休岩里式から松菊里式の時期である。

比来洞の銅剣に匹敵する古さをもつ資料とされているのは，黄海北道仙岩里1号石棺墓と黄海南道大雅里石棺墓出土の遼寧式銅剣の再加工品である（図3－7・12）〔武末 2004：136～139〕。仙岩里例は比来洞1号支石墓と同型式の凹基無茎式石鏃を伴っており，また大雅里石棺墓と共通する二段茎式石鏃を伴っているので，三者の関係は比来洞→仙岩里→大雅里の順に新しくなるとみることができるだろう。

比来洞の銅剣の茎には，朝鮮半島産と考えられている，よりのちの時期の松菊里石棺墓などの銅剣と同様の抉りを施してある。この加工は，朝鮮半島特有のものであるので，比来洞の銅剣も朝鮮半島での製作と推定されている。

では，朝鮮半島の遼寧式銅剣の系譜はどこにあるのだろうか。岡内三眞の編年案から比来洞を小黒石溝の時期までさかのぼらせると，西北朝鮮と遼西とが直接結びつくことになる。遼寧式銅剣の起源は遼西にあり，そこから遼東，朝鮮半島への拡散と考えるのが妥当なのであろうか。

遼寧式銅剣の起源

林澐は遼東の二道河子石棺墓の遼寧式銅剣を遼西の十二台営子墓のそれよりも古く位置づけ，「西周後期（？）」に遼寧式銅剣が遼東で成立することを考えていた〔林 1980〕。その後，小黒石溝の報告があり，遼寧式銅剣の遼西起源説が現われたけれども，林の立場は変わらなかった〔林 1997〕。

千葉基次は遼寧式銅剣の最古型式を遼東の双房—二道河子の系譜に求め，そこから遼西，朝鮮半島への拡散を考えた〔千葉 1992：89～90, 1997：338～342〕。徐光輝もまた，遼東の双房6号墓の遼寧式銅剣を最古型式とみなし，遼西最古の南山根101号墓の例はそれよりも「かなり新しい型式に属する」ことを土器編年も援用して論じ，遼寧式銅剣の遼東起源説を説いた〔徐 1996：70～78〕。

確かに，遼寧式銅剣の型式を分類し，古いほうから配列していくと，身部の両側縁の棘状の突起が鋒に近い位置にある型式が分布する遼東が，それの分布しない遼西よりも遼寧式銅剣の起源地としてはふさわしいように見える（図4）。

それに対して，秋山進午は遼東の古式遼寧式銅剣の実物を観察し，李家堡例や大甲邦例では刃を研ぎ出していないこと，李家堡例や双陀子例にスが生じているなど製作が拙劣であることを指摘し「実用とは遠い宝器となっている」と考える。さらに，双房例は棘状突起の棘部が尖っていないことから「遼寧式銅剣から派生した異式剣」とみなし，二道河子例も「剣身こそ古式の様相を示すが，その他の要素はすべて新式」であり，「剣柄や剣把頭を伴っていないことも，この短剣を古くし難い問題点である」という。このような理由によって，遼東の遼寧式銅剣はすべて遼西のそれよりも年代的に後出のものであると秋山は判断し，遼西起源説を主張する〔秋山 1995：265～268〕。宮本一夫も，「いかにもこの形態的発展方向は客観的事実のように思えるが，これは安易な進化論的な解釈の可能性がある」と述べ，「非組織的な遼東の青銅短剣の生産を，実戦用の武器というよりは，所有者の権威を示す威信財として制作されたもの」と考え，最古式の剣身，剣柄，把頭飾の3点がそろった遼西，なかでも大凌河流域や寧城地区が遼寧式銅剣の故地であるとする村上恭通の説〔村上 1997：467〕に賛意を表明している〔宮本 2000a：184～189〕。

その一方，大貫静夫は，「遼東の最古段階である美松里型土器を伴う双房系の銅剣は双房自身では年代を決めがたいが，林澐やそれを追認した千葉基次が想定したように西周（～前771）後期までさかのぼる可能性がある。遼西との間にタイムラグを考慮する必要はなさそう」との意見を述べている〔大貫 2003：51〕。

遼西で最古型式とされる小黒石溝8501号墓出土の一鋳式の遼寧式銅剣の剣身の形態は，後の時期のものとくらべると，棘状突起の位置が低く，古そうに見えない。剣身の長さと棘状突起の位置の比率でいうと，小黒石溝例は双房例よりはるかに新しい様相をもち趙王村例よりも新しく，双砣子例や二道河子例より古いという保証さえない。南山根例も双砣子例や二道河子例より後出で崗上墓

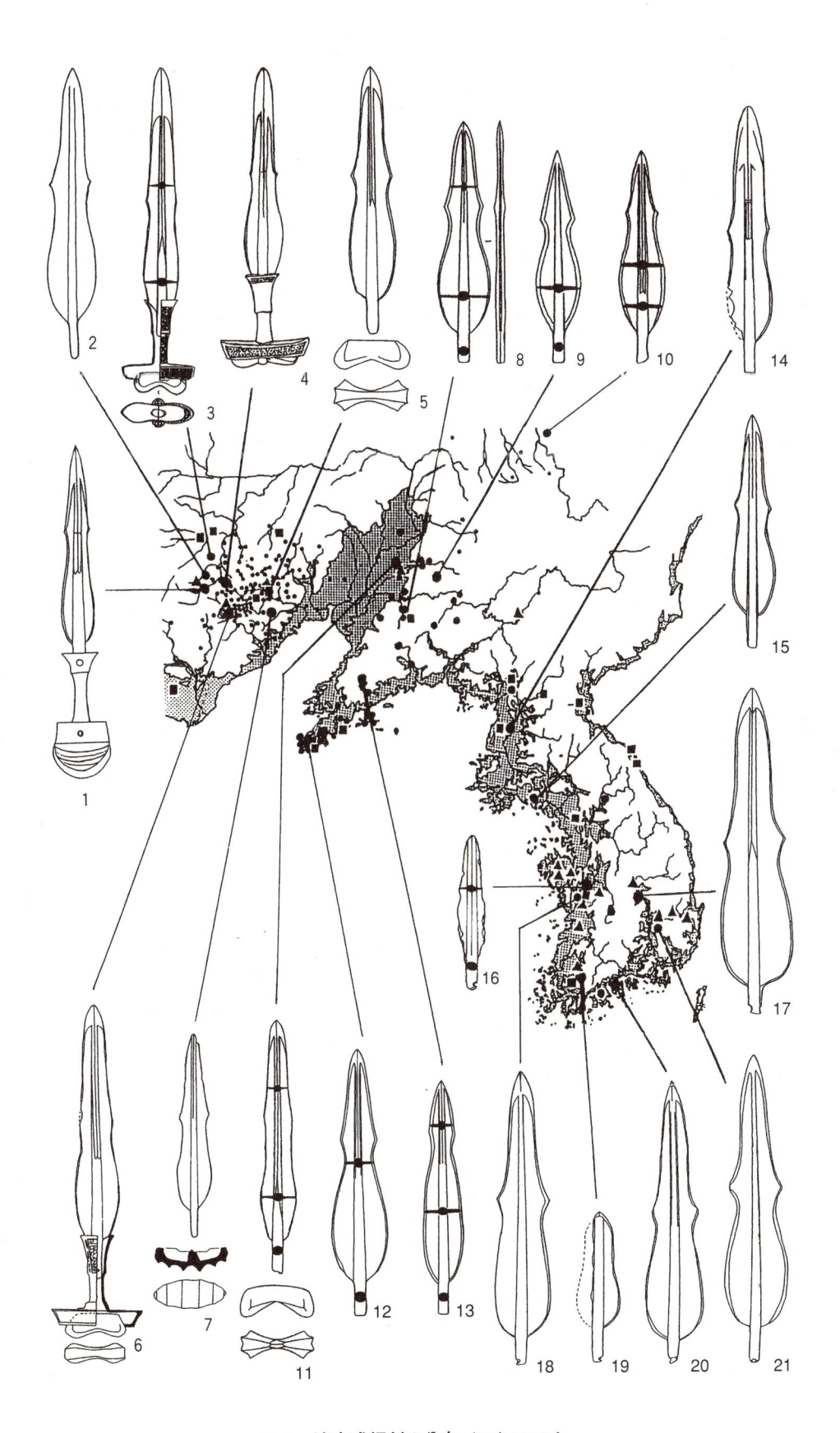

図 4　遼寧式銅剣の分布〔岡内 2004b〕

1 小黒石溝，2 南山根，3 南洞溝，4 三官甸，5 十二台営子，6 孫家溝，7 烏金塘，8 二道河子，9 大甲邦，10 星星哨，11 鄭家窪子，12 双砣子，13 双房，14 西浦洞，15 金谷洞，16 比来洞，17 伝星州，18 松菊里，19 牛山里，20 積良洞，21 礼田洞

図5　遼寧省南山根101号石槨墓出土の青銅武器〔遼寧省昭烏達盟文物工作站ほか 1973〕

1 遼寧式銅剣，2～7 オルドス式銅剣，8 遼寧式銅矛，9・10 銅矛，11～14 銅鏃
（1：1/3，　2～5：1/4，　6・7：4/7，8・9：1/4　10：1/2　11～14：1/1）

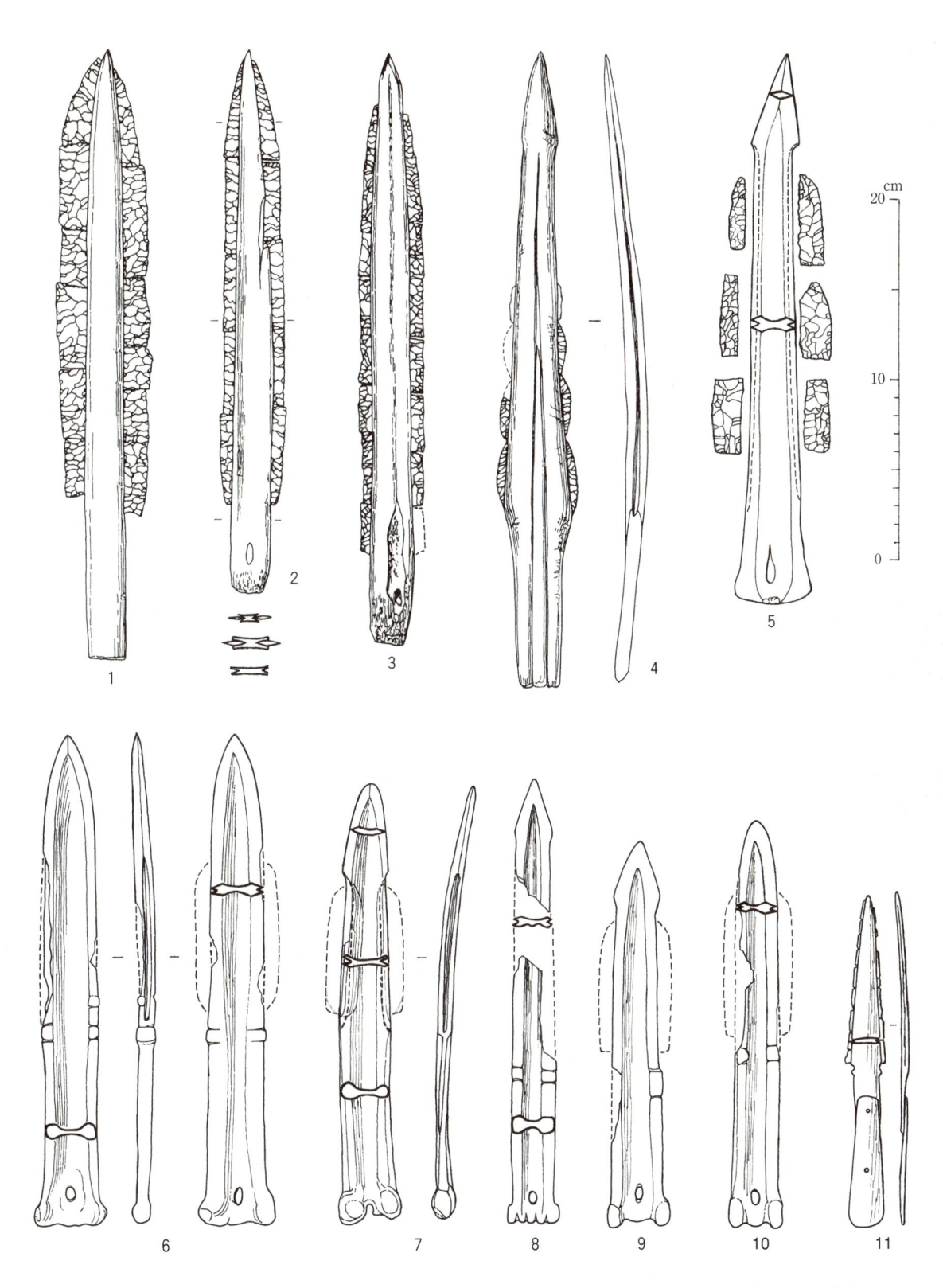

図6 シベリア・中国北部の植刃式短剣 （〔小畑 2001, Sagawa 1990, 藤田 1943〕, 宮本一夫原図から作成）
1 ブラツキー・カーメニM10, 2 セロヴォ1957-M10, 3 セロヴォ1957-M12,
4 ポドスロジュノーエM3, 5 東烏珠, 6〜10 小営子, 11 鴛鴦池M92

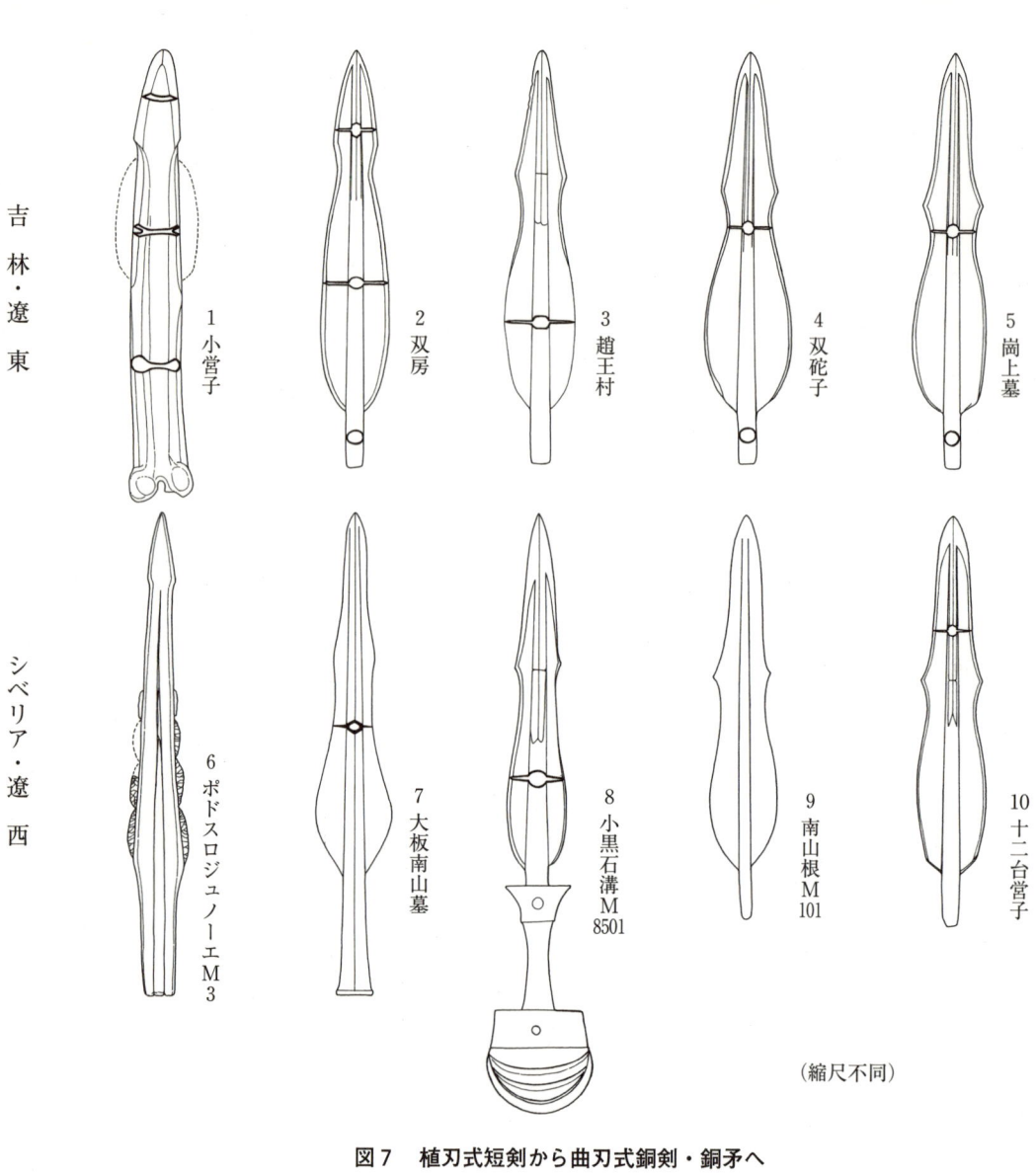

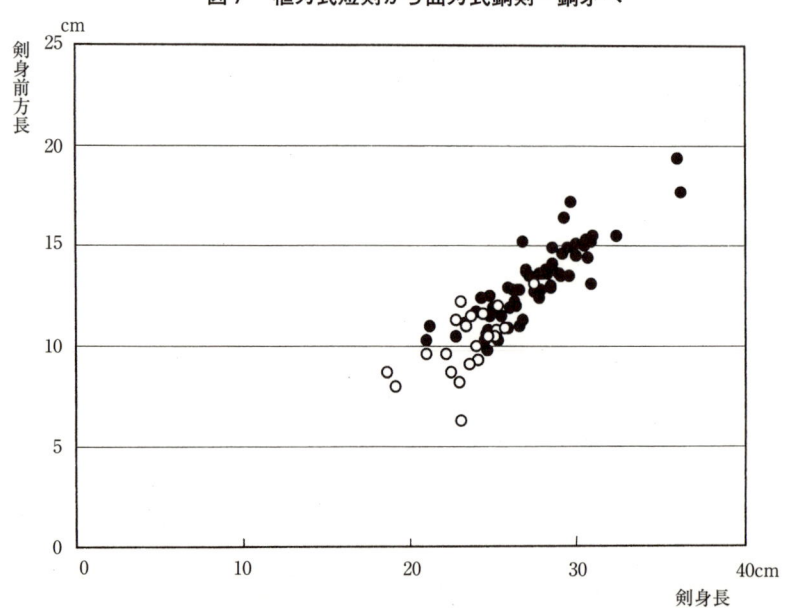

図7 植刃式短剣から曲刃式銅剣・銅矛へ

吉林・遼東
1 小営子
2 双房
3 趙王村
4 双砣子
5 崗上墓

シベリア・遼西
6 ポドスロジュノーエM3
7 大板南山墓
8 小黒石溝M8501
9 南山根M101
10 十二台営子

(縮尺不同)

図8 遼東(○),遼西(●)の遼寧式銅剣の剣身長(茎を含まない)と剣身前方長との相関〔宮本 2000a〕

例と並んでしまう（図7）。むしろ，遼西で型式学的に古いのは寧城県の汐子北山嘴7501号墓例（図2-24）であって，双砣子例と並ぶ可能性がある。伴出した中原製の青銅彝器は西周後期～春秋前期，前9～8世紀とされているので，古いことは確かである。宮本が指摘するように，遼寧式銅剣の新しい時期になると遼西ではその数が激減する。それに対して，遼東では遼寧式が一貫して銅剣の主体であって，その製作もつづいている。

小黒石溝8501号墓では副葬されていた銅剣5本のうち遼寧式は一鋳式の2本だけで，のこりの2本は銎柄式の直刃，もう1本はオルドス式であった（図2-5～9）。南山根101号墓では，副葬されていた銅剣7本のうち6本までがオルドス式銅剣であって，遼寧式はわずか1本にすぎない（図2-13～19）（なお，20の曲刃式について報告者は銅矛とみなし，その後の研究者は銎柄式銅剣と分類している）（図5-8）。遼西はオルドス系と遼東系の青銅器文化が混淆している地域であって，小黒石溝の1例（図2-11）や南山根の1例（図2-21）などは両者の折衷型式である。小黒石溝8501号墓の青銅器群を，銘文の解釈にもとづいて「西周前期から西周末期または春秋前期」に属する時期の異なる青銅器の集積で前8世紀後半と考える甲元眞之の意見〔甲元 2005：48〕を容れると，いよいよ遼西は遼寧式銅剣を創出した地域とはいい難くなる。

確かに，秋山・宮本のつよい反対意見があるように，剣身の形態だけから遼寧式銅剣の変遷を単純に考えることはできないかもしれない。しかし，型式学的な変化を尊重しなければ，考古学の方法的な基礎が危うくなってしまう。遼寧式銅剣の型式変化にもとづく遼東起源説が成立する可能性はつよい，と私は考える。

遼寧式銅剣をもっともよく特徴づける曲刃の由来については，これまで説明されたことがない。甲元眞之は，北方系の銅剣の起源を骨製の軸に両面加工の打製石器の刃部を植え込んで作った植刃器に求める考えを提出したことがある〔甲元 1991：474～475〕。もっとも，吉林省延吉県小営子石棺墓や内蒙古東烏珠遺跡の墓から出土した植刃式短剣〔藤田 1943，三上 1961，雲 1988〕は，骨製軸を鹿の肢骨で作っているので，その断面は扁平であって，銅剣のような断面が円形の脊柱を形成していない。シベリアの旧石器時代から青銅器時代にいたるまで盛行した植刃器にも，扁平な骨・角製軸の両側縁に溝を彫って石製刃を植えた短剣や槍先がある（図6）〔Sagawa 1990，小畑 2001：44〕。

注目すべきは，小営子・東烏珠やアンガラ川流域のポドスロジュノーエ3号墓などの植刃式短剣に，骨製軸の先端をマムシの頭のように三角形に形作って尖らせ，くびれ部を作った例が含まれていることである（図6-4・5・7～9）。石刃や打製両面加工の石製刃部は両側縁の突起部よりも基部よりから植え込むので，できあがった短剣の先端よりには，くびれ部が生じる。その形態は，両側縁の突起が鋒よりに位置する双房出土の遼寧式銅剣の曲刃に似ている。

小営子は興城文化（前2000～1500年頃），東烏珠は斉家期（前2000年頃），ポドスロジュノーエ3号墓はグラスコーヴォ期（前3000～2000年）である。いま知られている資料は遼寧式銅剣の成立より1000～500年くらい古いけれども，同型式の短剣はその後も存続し，遼寧式銅剣の曲刃として写された可能性を追究したい（図7）。なお，曲刃をもつ銅矛（銎柄式銅剣）は遼寧式銅剣の成立に前後する時期に遼西に現われているので，植刃式短剣の形態をもつ銅剣が発生する基盤は遼東，遼西を問わず広く存在したと考えるべきなのであろう。

有段柄式石剣・有茎式石剣の年代

細形銅剣などの青銅器が出現するまでは，中国・朝鮮半島と北部九州とをつなぐ文物の一つは，磨製石剣である。朝鮮半島で発達した磨製石剣は，柄の形態から有段柄式→有節柄式→無段柄式の変遷が考えられる〔中村 2003，庄田 2004，春成 2004，宮本 2004a〕。

土器編年との関係でいうと，剣身に樋（血溝）をもち柄の中央にコ字形に抉りをいれた（段をもつ）有樋有段柄式石剣は，無文土器前期前葉の欣岩里式の時期に出現している。江原道朝陽洞3号住居跡や京畿道欣岩里遺跡12号住居跡からの出土品がその例である。剣身に樋をもたない無樋有段柄式

1～4 黄海道徳岩里
5～8 江原道朝陽洞
9～13 京畿道欣岩里

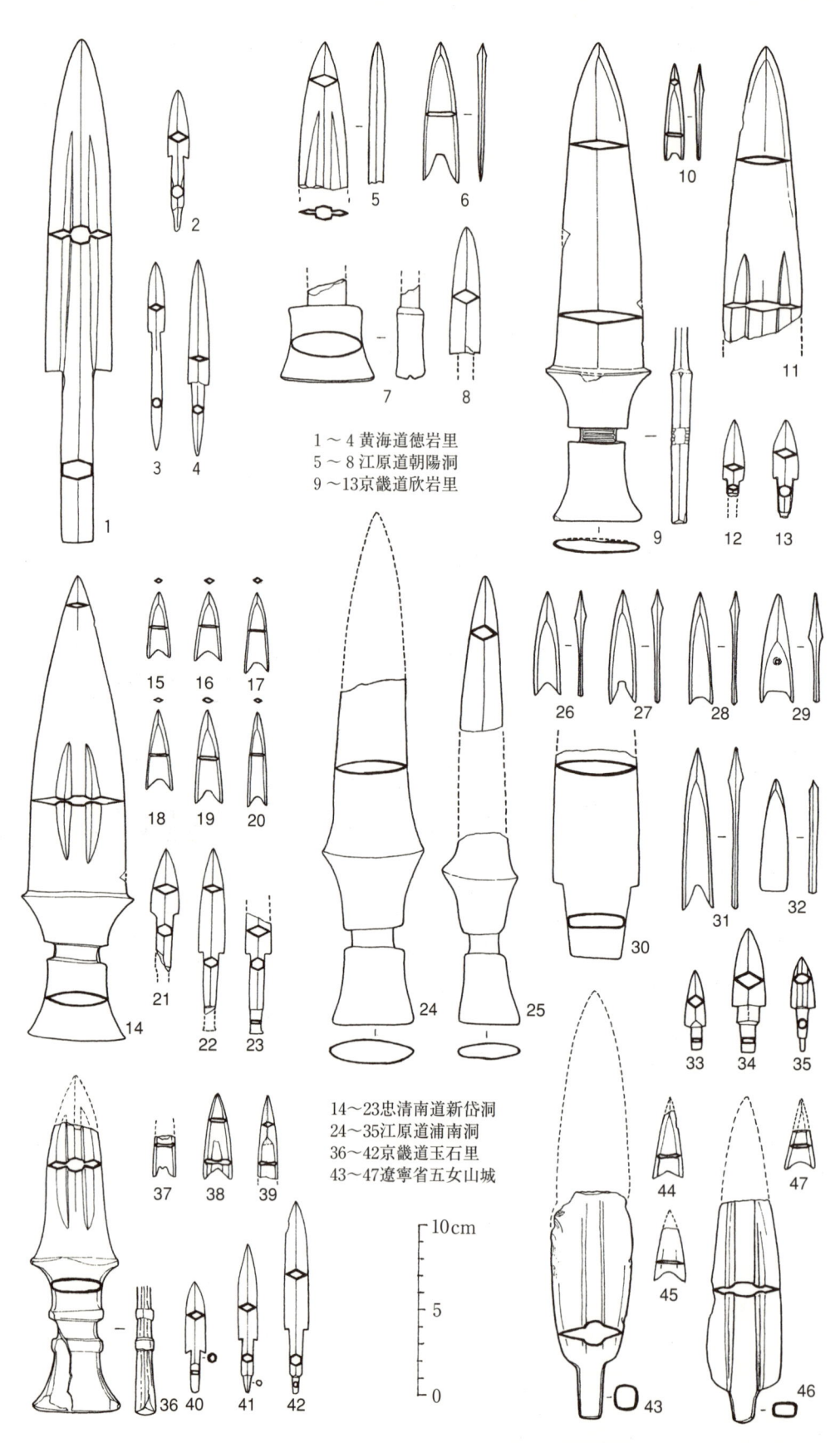

14～23 忠清南道新岱洞
24～35 江原道浦南洞
36～42 京畿道玉石里
43～47 遼寧省五女山城

図9 朝鮮半島・遼寧地方の古式磨製石剣・磨製石鏃
〔有光 1959，金編 1972，小田・韓編 1991，成 1997，王 2003〕から作成）

石剣は，江原道浦南洞遺跡や新岱洞1号石槨墓で凹基無茎式磨製石鏃と2段短茎式石鏃を伴っており，その石鏃は比来洞1号支石墓の磨製石鏃と同型式のものを含んでいる（図3-2〜5，図9-15〜20・26〜31）。すなわち，有樋有段柄式石剣も無樋有段柄式石剣も，比来洞の遼寧式銅剣と同じく欣岩里式の時期に出現している。

柄の中央に2本の節帯（突帯）を彫り出した有樋有節柄式石剣は，京畿道玉石里遺跡BⅠ号支石墓では，浦南洞遺跡出土例と共通する凹基無茎式石鏃と2段茎式石鏃を伴出しているから，この型式の石剣の少なくとも一部は欣岩里式の時期にすでに存在したのであろう。

最古の有段柄式石剣の祖型は，遼寧式銅剣に求められるとする近藤喬一の考察〔近藤2000：733〕が，最近，有力視されている〔宮本2004b：82〕。すなわち，有段柄式石剣は小黒石溝M8501出土例のような有段柄の一鋳式銅剣を石に置き換えることによって成立したとする。

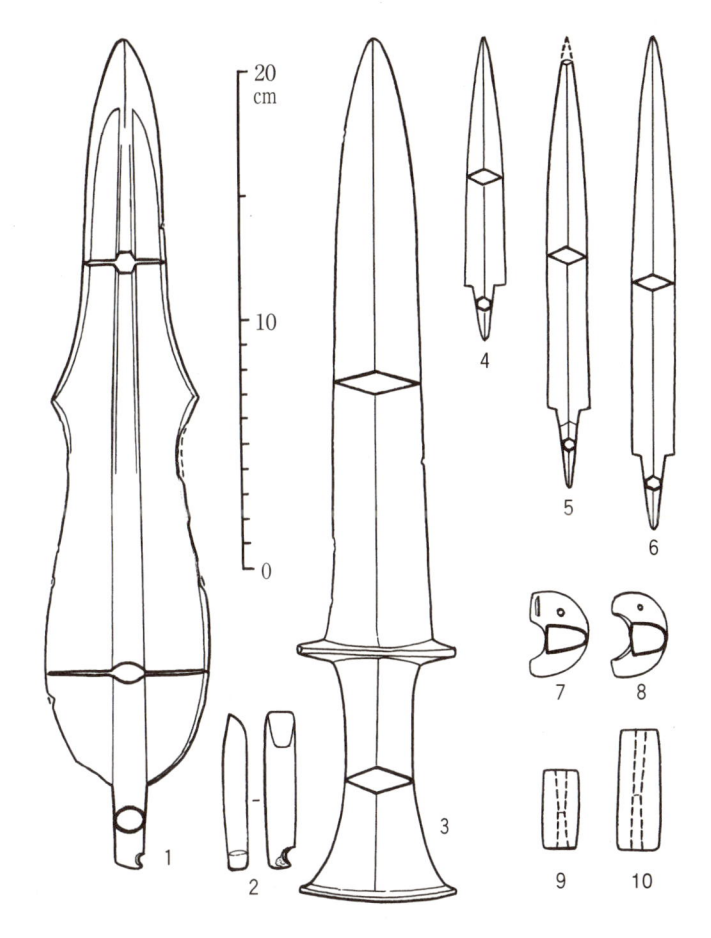

図10 忠清南道松菊里石棺墓の副葬品〔〔小田・韓編1991〕から作成〕
1 遼寧式銅剣，2 銅剣破片利用の銅鑿，3 無段柄式石剣，4〜6 磨製石鏃，7・8 勾玉，9・10 管玉

しかし，古式の遼寧式銅剣と古式の有樋有段柄式石剣とはどちらも剣身に樋をもつこと，把に半円盤形の飾りを付けた例が稀にあること（図11-5・10・11）を除くと，形態的な類似点は認めにくい。遼寧式銅剣の最大の特徴は曲刃式の剣身であるにもかかわらず，朝鮮半島では曲刃を模倣した有樋有段柄式石剣はただの1例も知られていない。石剣の樋は銅剣の脊柱を模倣したものとする甲元眞之の考え〔甲元1972a：198〕を容れて，遼寧式銅剣の樋だけを写したとする中村大介の説〔中村2003：44〕もあるけれども，説得力を欠く。松菊里石棺墓などで遼寧式銅剣と無段柄式石剣は共存している（図10-1・3）。しかし，石剣の形態が銅剣のそれへと近づくような現象はまったく認められない。両者は併行して，それぞれ独自の変遷過程をたどっていると理解すべきである。

宮本一夫は，殷後期〜西周前期併行期のオルドス青銅器文化の一鋳式銅剣（宮本のいうB1式銅剣）の剣身部分を模倣して無樋有茎式の石剣が遼東や朝鮮半島西北部で成立したと考えている〔宮本2004b：82〕。その一方，古式の有段柄式石剣は小黒石溝の遼寧式銅剣を模倣して作られたという近藤喬一の説を支持し，西周後期の前9世紀に現われたという〔同前：82〕。

しかし，無樋有茎式石剣の剣身の形態は無樋有段柄式石剣と共通しており，両者は系譜の違いとは考えにくい。剣身の形態だけをとりあげると，前者から後者への移行と考えても少しもおかしくない。

その一方，西北朝鮮を中心に分布する古い時期の石剣に，有樋有茎式石剣がある。側刃がまっすぐな直刃式の剣身をもつこと，剣身に樋をもつこと，茎の長い例が多いことが特徴である。有樋有茎式石剣には，樋が身の末端までつづく黄海道德岩里遺跡出土品（図11-8）がある一方，樋が身

植刃式短剣→遼寧式銅剣

植刃式短剣→有樋石剣

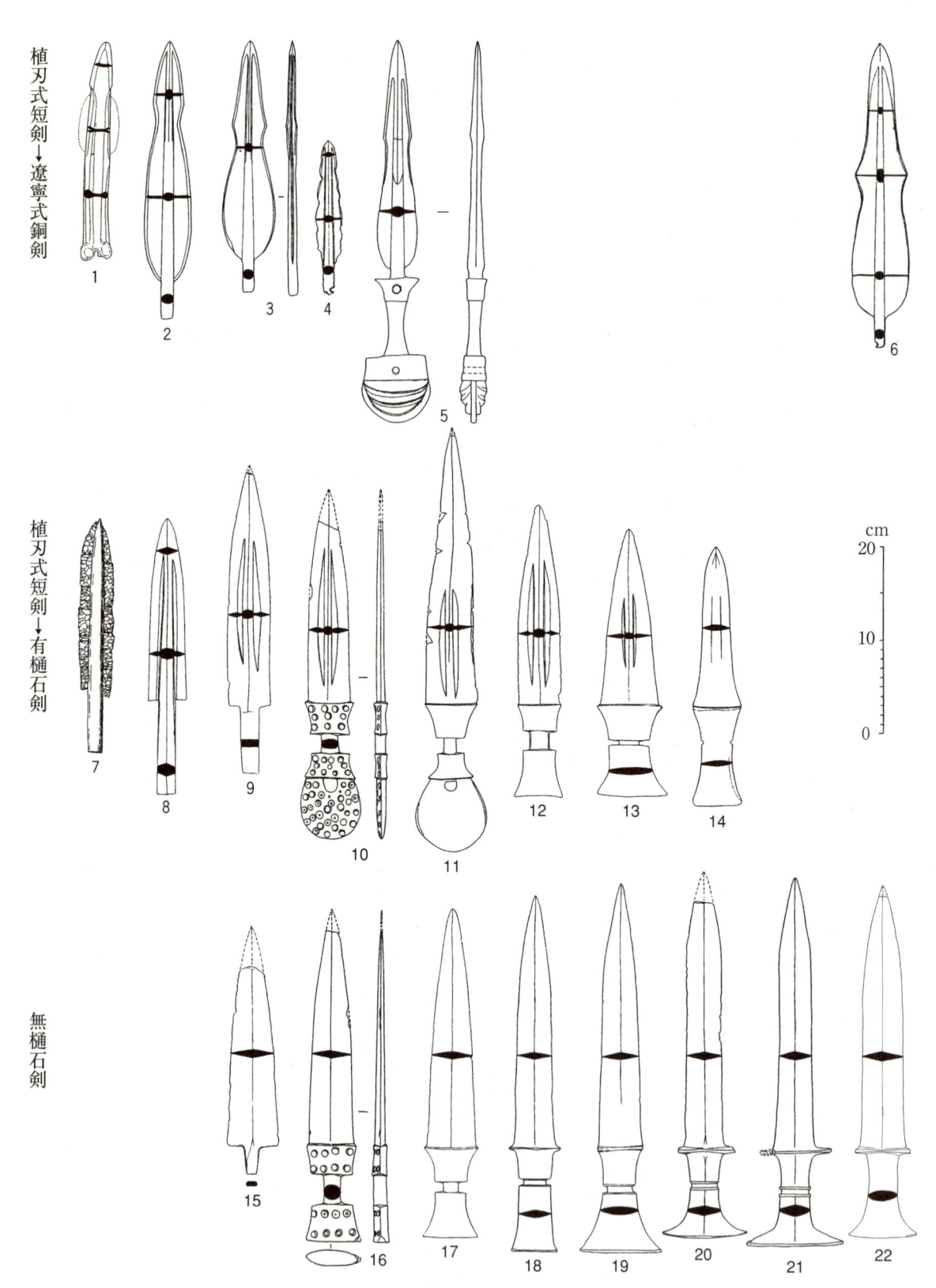

無樋石剣

図11　植刃式短剣から銅剣・石剣への移行と変遷

1 小営子，2 双房，3 双陀子，4 比来洞，5 小黒石溝，6 松菊里，7 ブラッキー・カーメニ，
8 徳岩里，9 牛山里，10 平城里，11 東部里，12 神堂里，13 舒川郡，14 扶余，15 美林里，
16 平城里，17〜19 慶州，20 川内洞，21 慶州，22 鬼峴里

- 78 -

の途中で終わり痕跡化した全羅南道牛山里遺跡出土品（図11－9）が知られており，前者から後者への変遷と認めることができる。有樋有段柄式石剣は，徳岩里例や牛山里例のような有樋有茎式石剣の長い茎の上下に木製の柄頭と柄尻をつけた状態を一石で作ったとみたほうが，その成立を説明しやすい。

　そう考えてよければ，有樋有茎式石剣のなかで最古の徳岩里例の時期を明らかにすることが重要である。徳岩里で伴出した石鏃は無段長茎式と2段長茎式であって，後者は身の長さよりも長い茎をもっており，身と茎の長さが等しいか，または身の長さより短い茎をもつ玉石里BⅠ号支石墓の欣岩里式の時期の石鏃とはっきり区別できる。石剣・石鏃の型式からすると，朝陽堂や欣岩里の有樋有段柄式石剣よりも古く，前11世紀の実年代を与えうる可能性がある。

　以上のように，朝鮮半島の磨製石剣の系譜を遼寧式銅剣に求めることをしなければ，遼寧式銅剣の年代によって磨製石剣の年代を決めることはできなくなる一方，年代の上限はよりさかのぼると予想することになる。

　注目すべき資料は，遼寧省桓仁市五女山城遺跡の住居跡から出土した磨製石剣の基部破片2点である（図9－43・46）〔遼寧省文物考古研究所 2004：54～56〕。1点は，関の端近くまで断面が丸い脊柱をあらわし，短い茎をもち，側刃は丸みをもち中程は括れているらしいので，遼寧式銅剣を模倣した石剣である可能性はある。もう1点は，関の端まで樋を彫り込んで断面は扁平化しており，刃幅はせまくなり側刃の丸みが弱く，茎はより短い。前者の退化形のようにも見える。伴出した石鏃は凹基無茎式で，西北朝鮮の無文土器早期の渼沙里式～前期前葉の時期の石鏃と同じ型式であるけれども，遼東ではこの型式は戦国時代までのこるので，時期比定には不向きである。中村大介は，五女山城遺跡の土器を京畿道公貴里5号住居の土器と同時期で，無文土器前期中葉の可楽洞式と併行する時期とみている〔中村 2005：79〕。この磨製石剣が遼寧式銅剣を模倣したものと認められるならば，遼東の遼寧式銅剣の上限は前11～10世紀までさかのぼることになる。もっとも，そうであったとしても，この石剣が朝鮮半島の有樋有茎式石剣の祖型であるとは断言できない。

　いずれにせよ，遼寧式銅剣の年代によって磨製石剣の出現年代を推定し，さらに弥生早期の年代まで及ぼすのは，きわめて不安定な基礎のうえに組み立てる推論であるといわざるをえないだろう。中国の中原地方では西周時代の銅剣は稀で，春秋時代になって発達している〔林 1972：215～217〕。

表4　朝鮮青銅器文化の編年

時期		遺跡	指標	土器型式
Ⅰ	1	比来洞・仙岩里	遼寧式銅剣Ⅱ式，凹基式磨製石鏃，有段柄式有樋石剣	欣岩里式
	2	芳良里・大雅里	遼寧式銅剣Ⅱ式，有茎磨製石鏃，有段柄式・有節柄式石剣	休岩里式
	3	松菊・徳峙里	遼寧式銅剣Ⅲ式，銅斧，有茎磨製石鏃，無段柄式石剣	松菊里式
	4	積良洞・永興邑	遼寧式銅剣Ⅲ式，遼寧式銅矛	
	5	龍興里	遼寧式銅剣Ⅳ式	
Ⅱ	1	槐亭洞・蓮花里	細形銅剣・多鈕粗文鏡・防牌形銅器・銅鐸・銅斧の出現，平基式磨製石鏃，粘土紐口縁甕の出現	水石里式・
	2	東西里・南城里	ラッパ形銅器・防牌形銅器・多鈕粗文鏡が存続	
Ⅲ	1	大谷里・論山	多鈕細文鏡・八珠鈴・双頭鈴・銅鉇の出現	
	2	草浦里・九鳳里・霊岩	銅剣・銅戈・銅矛・銅斧・銅鑿が揃う，桃氏剣を伴う	
	3	松山里	鋳造鉄斧の出現	
	4	合松里・素素里・南陽里	鉄鑿・ガラス管玉の出現	
Ⅳ	1	上里・九政洞・入室里	中細銅矛，銅戈の樋に文様，鉄剣・鉄矛の出現，多鈕細文鏡が存続	勒島式
	2	平章里	蟠螭文鏡	
	3	飛山洞・茶戸里	前漢鏡・蓋弓帽・五銖銭	
	4	坪里洞・伝金海	前漢末鏡・中広銅矛・銅鑃の出現	

そこで，徳岩里の有樋有茎式石剣の樋は，オルドス式銅剣を模倣したものと予想したいところであるが，これまでのところ明らかな祖型を指摘することはできない。

その一方，さきにふれた植刃式短剣のなかには，形態的に朝鮮半島の有樋有茎式石剣の祖型の候補になるものも含まれている（図6-1〜3・6・10）。朝鮮半島の磨製石剣にもっとも近い遺存例である植刃式短剣の時期は，シベリアのセロヴォ遺跡，ブラツキー・カーメニ遺跡10号墓がともにセロヴォ期であるから，前4000〜3000年前となり古すぎる。アンガラ川流域と西北朝鮮とでは距離が離れすぎているのも問題である。地域と年代からすると，むしろ，さきにも取りあげた吉林省小営子遺跡の植刃式短剣のうち，先端をマムシの頭状にせず単純に細くして終わる型式（図6-6・10）のほうが候補としてふさわしい。いずれにせよ，西北朝鮮に分布する磨製石剣の源流を探すのであれば，まず，地域的に近い遼東から吉林・長春地方で候補を探すことが重要である。朝鮮半島の磨製石剣の起源と年代は，あらためて議論しなければならない（図11）。

遼寧式銅剣・磨製石剣・弥生早期の年代

「従前の年代観を否定した場合に考古学者が頼れるのは遼西の銅剣の年代しかないから，誰が考えてもほぼ似たような上限年代になり，宮本（2004a）は弥生早期は遡っても前9世紀，武末（2004）は前8世紀とする。庄田はさらに下限もしぼって前8世紀中葉から前7世紀中葉とする。これが，ほとんどの場合上限年代しか議論できない考古学側が弥生早期のAMS年代に対抗しうる抵抗線であり，AMS測定値の統計処理では前945〜925年の間に縄文晩期黒川式と弥生早期山ノ寺式の境界が来る（藤尾 2004）というのは「古くなりすぎる」という印象をぬぐえない」と，大貫静夫はまとめている〔大貫 2005：101〕。

しかし，さきにみてきたように，遼西の小黒石溝－南山根の遼寧式銅剣の年代が前9世紀と確定しているとはとても言えない。むしろ前9〜8世紀までくだると予想したほうがよい。その一方，遼東の双房－二道河子の遼寧式銅剣は遼西より型式学的に古く，遼寧式銅剣の起源は遼東に求められる可能性がつよい。その年代はおそらく前11〜10世紀までさかのぼるのであろう。朝鮮半島の磨製石剣も前10世紀ないしそれ以前にまでさかのぼると考えたほうがよい。そうであっても，磨製石剣の起源が遼寧式銅剣にあるとは断定できず，植刃式短剣にある可能性を追求すべきである。現状では，考古学的年代を炭素14年代に対置して，炭素14年代を批判するよりも，炭素14年代も考慮しながら考古資料の分析をいっそう進めていくことが大切である，と私は考える。

2 弥生中期の年代

弥生中期の開始と文献

炭素14年代の較正年代では，弥生中期の始まりは前380〜350年の間のどこかである。それに対して，考古学的所見として，「早く見ても前300年を大きく超えることはないというのが現状での理解」である，と大貫静夫は述べている〔大貫 2005：105〕。その根拠は，朝鮮半島の銅鏃・銅斧が鋳造の鉄器に変わるのは忠清南道九鳳里遺跡と黄海道松山里遺跡の間であるとし，その年代は燕の鉄器の普及との関係から朝鮮半島に鉄器が現われるのは前3世紀中頃から前半と推定していることによる。かつて，『史記』の記事にある前280年頃の「遼東方面における燕の政治勢力の進出に伴っておこった，民族移動の余波」を弥生時代の始まりと関連づけ，その年代を前290年頃とする森貞次郎の説〔森 1968：208〜209〕があったけれども，今度はその記事を弥生中期の始まりにずらして活用しようとしているわけである。

炭素14年代と文献記事，鉄器の普及にもとづく考古学研究者の年代との違いについて考えてみよう。

燕下都の鉄器の年代

炭素14年代にもとづく弥生時代の実年代についての最初の枠組みを2003年春の日本考古学協会総会で発表した〔春成ほか 2003〕。それ以来，最初の1年間でもっとも重大視されたのは，弥生早期の年代が前10世紀までさかのぼるという測定結果と弥生早・前期に鉄器が存在するという既成事実との間に，あまりにも大きな乖離がみられたことであった。

弥生早・前期の鉄器の見直しが行なわれることになり，筆者は弥生早・前期に鉄器が存在したという定説を全面的に否定し，鉄器は弥生中期に出現するという立場にたつようになった〔春成 2003，2004〕。弥生早・前期の鉄器の既往資料について，石川日出志や大貫静夫もはっきり否定した。そのうえで，石川は，朝鮮半島の「細形銅剣第2期が前3世紀後半と接点」があり，「燕下都の調査で戦国後期に鉄器が急増する」ことと，遼東で燕の土器が出現するのは戦国後期の前3世紀からという大貫静夫の指摘を総合し，中期初めは「前3世紀を上限とみるのが適切である」と主張し，炭素14年代は「少なくとも100年は古すぎる」と批判している〔石川（日）2003：24，2004：171〕。

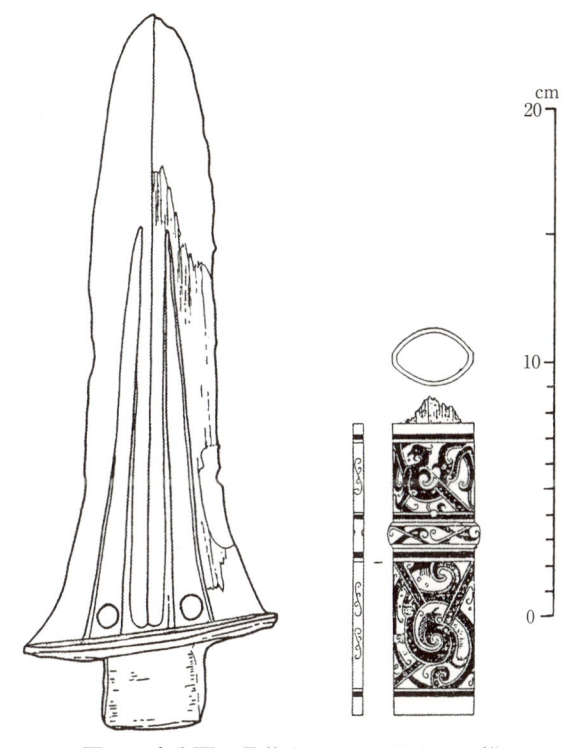

図12　辛庄頭30号墓出土の細形銅戈と銅鐏
〔岡内 2003〕

しかし，炭素14年代では，中期初めは前380〜350年のどこかに求められるといっているのであるから，もっとも新しい年代をとれば前350年である。前300年と約50年の開きであるが，それは許容範囲内ではありえないのか。あくまでも『史記』に記されている燕の昭王（前312〜279年）が将軍・秦開に東胡を伐たせ，領土を遼東まで広げたという事件以前には，燕から遼寧，朝鮮そして日本への文物の流れはありえなかったと考えるのか。それは，文献記事を前提にして考古資料を解釈するという従来の思考方法をあくまでももちつづけるのか，という問題でもある。

中国河北省にある燕下都の発掘報告書では，出土した陶器を基準に戦国早期，中期，後期の3時期に分け，鉄器の生産と流通は戦国後期から活発化する，と述べている〔河北省文物研究所 1996〕。問題は，この説をどこまで絶対視できるのかという点である。報告書の内容をていねいに検討した石川岳彦は，「「戦国早期」「戦国中期」「戦国後期」という時期決定は，実年代の基準としての根拠に乏しく」と批判して採用せず，前500年から前200年前までの各時期をⅠ期〜Ⅴ期と呼びかえている。そして，報告書では「それぞれ絶対年代でいつかということについては，触れておらず，相対年代として捉えるほかない」と述べている〔石川（岳）2001：18・55〕。すなわち，鉄器の普及が始まった実年代を「前300年」というように示すことはできないという。鉄器の鋳造と流通の時期は，数十年は動きうる可能性を考えておいたほうがよいだろう。

戦国時代の始まりについては，代表的な5説があり，諸氏まちまちの年代を採用して議論している。前480年（『春秋』にしたがう），前476年（『史記』にしたがう。現在の中国の研究者），前475年（岡内三眞），前453年（晋が三晋に分裂した年代。林巳奈夫，大貫静夫），前403年（『資治通鑑』にしたがう。晋の領土を分割した韓・魏・趙を認めて諸侯とした年代。京大東洋史辞典編纂会『東洋史辞典』1980年，「あるいは前453」と記す。日本の高校教科書）といった有様である。

岡内三眞は，戦国前期：前475〜前381年，戦国中期：前380〜前321年，戦国後期：前320〜前221年とする案を用いている〔岡内 2004a：195〕。中国考古学を専門とする林巳奈夫は，「春秋と戦国の

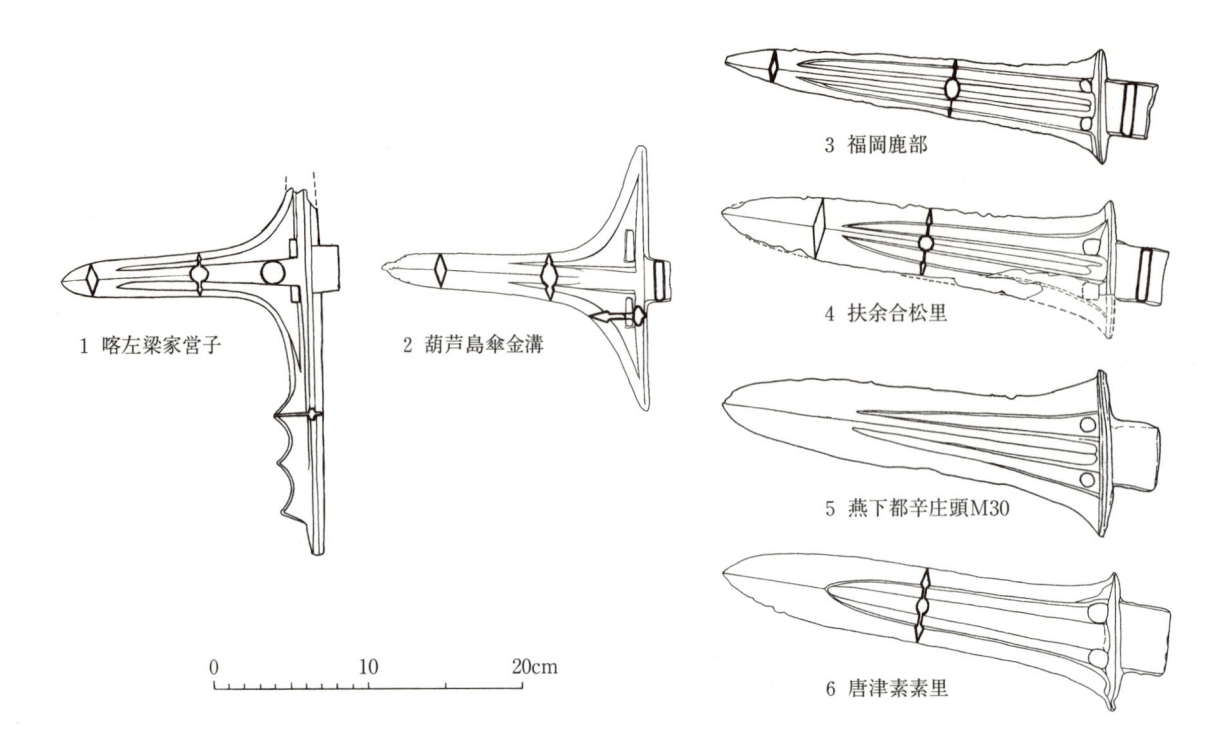

図13 胡刺戈から細形銅戈への変遷〔〔王 2003，吉田 2001，岡内 2003〕から作成〕

1 喀左梁家営子
2 葫芦島傘金溝
3 福岡鹿部
4 扶余合松里
5 燕下都辛庄頭M30
6 唐津柴柴里

境についての歴史家の意見のうち，453年とする説を採り，戦国の終りを考古遺物の様式変遷の節目としての前2世紀の中頃をとった。そして，春秋，戦国をそれぞれ前，中，後の三期に分け，各期約百年づつをさらに前半と後半とに区分した」と述べている〔林 1984：189〕。飯島武次は，戦国前期：前476〜前401年，戦国中期：前400〜前301年，戦国後期：前300〜前221年とする案を提示し，「実年代は絶対的な数値ではなく，一応の目安である」と断っている〔飯島 2003：285〕。

このように，中国考古学における実年代は，(1)戦国時代の開始年代としてどの案を採用するかによって戦国中期・後期の始まりも絶対年代も異なる。(2)戦国時代の各時期に絶対年代をあてているけれども，それは「考古遺物の様式変遷の節目」を基準にとり，それに絶対年代を与えるという方法をとっており，炭素14年代による絶対年代とは原理を異にした年代値である。しかし，この点について議論されることがないまま，「前300年」「前3世紀」という具体的な年代を使って，炭素14年代の批判が展開されている。

要するに，鉄器は弥生前期末ないし中期初めに現われ，中期の始まりが前300年前をさかのぼることはないという主張は，「考古遺物の様式変遷の節目」にもとづいて分期した『燕下都』の報告書の記述と，『史記』の記事にもとづいているのであり，燕下都の年代の評価如何によって変動しうることを考慮しておくべきであろう。

辛庄頭30号墓の細形銅戈の年代

燕下都の辛庄頭墓区30号墓から朝鮮青銅器文化の細形銅戈が見つかっている（図12）。石川岳彦はこの墓の年代を戦国末期の前3世紀後半に位置づけている〔石川（岳）2001：33〕。岡内三眞は，墓の年代は前3世紀後半で燕が滅亡する前221年以前であるから，細形銅戈の年代も前226年までに死亡した人の墓とみて，銅戈の年代も前3世紀と考えていた〔岡内 2003：25〕。しかし，その後，この墓の伴出品から細形銅戈の年代の一点は前250年以前にあるとみなし，「燕式銅戈からみて細形銅戈製作の上限年代は前320年の戦国後期にあり，燕下都辛庄頭30号墓の年代を勘案すれば，紀元前220年を上限とした筆者の従来の年代観よりも，およそ100年さかのぼる可能性がある」とする前4世紀説に考えを改めた〔岡内 2004b：73〕。すなわち，細形銅戈を燕式銅戈の系譜をひくものとの

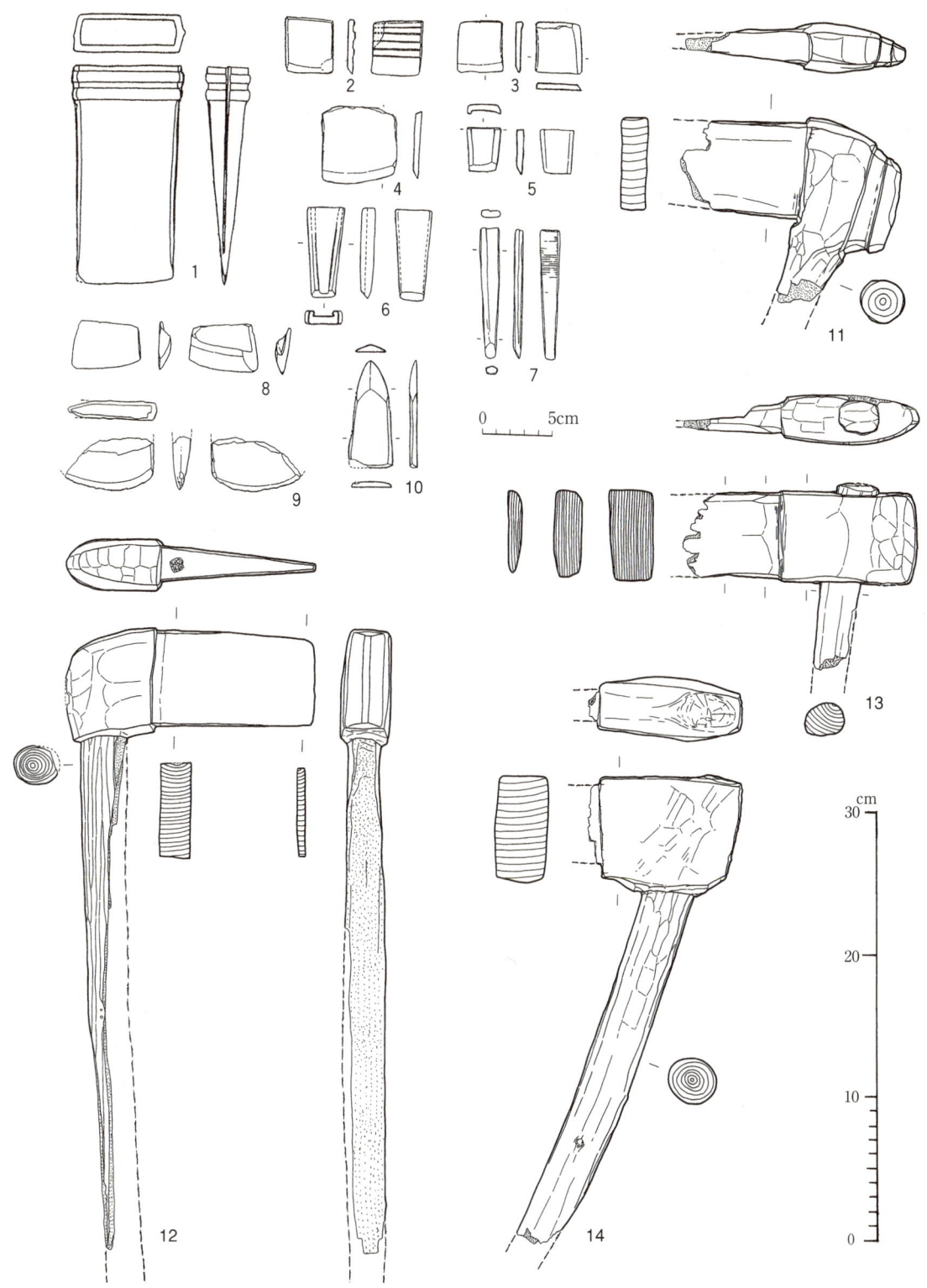

図14 鋳造鉄斧とその再加工品，鋳造鉄斧の木柄（〔村上 1994・1999，橋本 2003〕から作成）

1 鉄斧完形品（福岡・比恵），2〜4 再加工鉄斧（2 福岡・庄原，3・4 福岡・下稗田），5〜7 再加工鉄鑿
（5 熊本・神水，6 佐賀・吉野ヶ里，7 大阪・鬼虎川），8・9 再加工鉄斧（8 熊本・上高橋高田，9 福岡・中伏），
10 再加工鉄鉇（福岡・上野原），11〜14 鋳造鉄斧木柄（石川・八日市地方）

理解を示した。

　細形銅戈は細形銅矛・銅斧・銅鑿などとともに朝鮮青銅器文化Ⅲ－2期に全羅南道草浦里遺跡や忠清南道九鳳里遺跡に現われ，中国式銅剣（桃氏剣）はこの時期の遺跡から出土する。しかし，この時期にはまだ鉄器は知られておらず，Ⅲ－4期にいたって忠清南道合松里遺跡などから副葬品として鉄斧（鉄鍬）・鉄鑿が出土し，朝鮮半島では銅戈は鉄器よりも1時期早く現われている。ただし，合松里の鉄斧・鉄鑿は朝鮮半島産の可能性がつよいので，それ以前に燕で作られた鋳造鉄斧が流入し，その破片を再利用することが始まっている可能性が，弥生時代例から類推される。その時期は松山里遺跡に代表されるⅢ－3期までさかのぼる可能性がつよいだろう。

　燕下都辛庄頭30号墓出土の細形銅戈の入手時期と副葬時期との関係や，鉄器の出現の時期との関係についてはこれまで議論されたことがない。にもかかわらず，石川日出志はただ1点の銅戈だけで弥生中期の開始年代を決定しようとしているようにみえる。辛庄頭30号墓の年代がかりに前3世紀半ばから後半であるとしても，銅戈がそれ以前の鋳造である可能性は否定されていない，と私は考える。

　岡内三眞は，この銅戈とその柄の部品を実物にあたって詳細に調べ，重要な事実を明らかにしている〔岡内 2002，2003〕。すなわち，この銅戈は，燕で新たに用意した銀象嵌の青銅製の鐏（戈の石突）を下端につけた木柄に装着してあり，朝鮮半島から燕に運んできた銅戈として特別の扱いをうけている。岡内は，この銅戈を朝鮮半島の人との「戦争での捕獲品か，あるいは平和のしるしとしての贈与品」ではないかと解釈している〔岡内 2003：28〕。この銅戈は特別な由来をもつ儀器であったとすれば，辛庄頭30号墓の前3世紀後半という年代をもって，細形銅戈の上限年代を決定するようなことは避けるべきである。すなわち，この墓の年代を細形銅戈の年代にあてて，朝鮮青銅器文化ひいては日本の弥生中期の年代にまで敷衍するのは資料操作の手続きとして無理がある。

　朝鮮半島の細形銅戈の起源について宮本一夫は燕の樋をもつ燕Ⅱ式銅戈に求め，その実年代を「前350年頃の成侯」よりも新しく，燕の「昭王より古い，銘文でいう朕（ツォ）の段階に出現している」ことから，「最も古くても前4世紀後葉」と考えている〔宮本 2004a：209〕。しかし，両者間の形態的な隔たりが大きすぎて説得力を欠く憾みがあった。

　ところが，近年，遼寧省喀左県梁家営子遺跡出土の胡刺戈の報告があった。断面円形の柱脊をもち胡は燕Ⅱ式銅戈よりもさらに長い。この戈の異常に長い胡を省略すれば葫芦島傘金溝遺跡の双胡戈が出現する。そして，この流れを認めるならば，梁家営子胡刺戈→傘金溝双胡戈→細形銅戈と変遷する過程を予想することができる（図13）〔王 2003：232～234，小林 2006〕。傘金溝双胡戈と細形銅戈との間にはまだ大きな飛躍があるので，この間をうめる2，3型式が見つかれば，その変遷をスムーズにたどることができるようになるだろう。細形銅戈は，燕式銅戈に直接由来するのではなく，遼西の青銅器文化で独特の型式となったものにその系譜を求めるべきであろう。傘金溝の銅戈は共存する遺物がなかったが，建昌県孤山子遺跡では傘金溝例と同型式の双胡戈が中原の桃氏剣や遼寧式銅剣とともに見つかっているので，王成生はこの銅戈に戦国中期でもおそくない時期を与えている。朝鮮半島で桃氏剣を伴うのは草浦里・九鳳里遺跡によって示されるⅢ－2期である。孤山子の銅戈によって，朝鮮半島の細形銅戈の成立年代は，戦国中期の前4世紀までさかのぼらせることが可能になった。北部九州に細形銅戈が登場する弥生中期初めの年代を前4世紀までさかのぼらせて考えるうえでの障害は取り除かれたといってよいだろう。

弥生時代の鉄器の年代

　2003年春に弥生時代早・前期の炭素14年代の測定結果を公表したときは，その時期に鉄器が存在することを理由に厳しい批判の声があがった。しかし，その後，それらの出土状況や遺物そのものの検討から弥生早・前期には鉄器は存在しないことを述べたところ〔春成 2003〕，それまで批判していた研究者の少なくとも一部は理解を改め，最近では鉄器が現われるのは弥生前期末・中期初め

と考えるように変わってきた。

　私が2004年春にさらに検討したところでは，弥生前期末とされる山口県山の神遺跡の鉄器も中期初めの土器を伴っており，前期末と断定できない資料となったので，弥生時代の確かな鉄器が現われる時期はさらに下げて中期初め，前4世紀であると訂正した〔春成 2004：20～21〕。

　問題は，近々，正報告書が刊行される愛媛県小松町大久保遺跡の溝や貯蔵穴から出土した鋳造鉄器の時期のことである〔柴田・田本 2000，宮崎 2001および柴田昌児教示〕。20点の鉄器はいずれも3～5cm大の小破片で，元は鋳造鉄斧の2条の突帯，身，側縁と判断できるもので，なかには一端を研磨して斧や鑿に再加工したものもある。残り具合の悪い前期末の溝の最上部から見つかったという1点を除くと，のこりの16点は中期初め3点，中期前葉7点，中期初め～前葉6点，中期中頃1点であって，中期初め～前葉に一定量存在するということであろう。鉄器が前期末までさかのぼるかどうかは，わずか「1回の発見」で判断して誤った過去の苦い経験を肝に銘じて，より多くの確実な資料の集積をまって決定すべきであろう。

　現状では，大久保遺跡，福岡県北九州市中伏遺跡，熊本県上高橋高田遺跡から出した鋳造鉄器の再加工品（図14-8・9）を根拠にして，日本列島における鉄器の出現時期は弥生中期初めないし中期前葉すなわち，前4世紀中頃～後半と判断するほかないだろう。そして，普及時期は福岡市比恵遺跡の鋳造鉄斧の完形品，石川県小松市八日市地方遺跡出土の鋳造鉄斧の完形品に合わせて作った木柄6点（図14-11～14）〔橋本 2003：295～298〕の時期から，中期中頃～後葉とみるのが妥当であろう。このことは，かつて問題になった木製農具の未製品にのこされた鉄器の使用痕が北部九州では中期中頃（Ⅲ期）にはじまるという指摘〔宮原 1988：200〕とも合致しているのかもしれない。この時期が燕下都で鉄器の生産が盛んになったとされる戦国後期，前3世紀に対応しているではないだろうか。

弥生Ⅱ期の年代

　光谷拓実が測定した弥生時代の年輪年代は，例数が大幅には増加していない。その一方，奈良県田原本町唐古鍵遺跡の大型建物の柱根（辺材型）の炭素14年代を年輪10年ごとに測定し，ウィグルマッチング法によりその年代を前290～前255年（最頻値前275年）までしぼりこむことができた。時期は近畿第Ⅲ様式古段階である。さらに，大阪府東大阪市瓜生堂4号墓5号木棺の底板（辺材型）の炭素14年代を年輪10年ごとに測定し，ウィグルマッチング法によりその年代を前210～前145年（最頻値前175年）までしぼりこむことができた。伴出した土器は近畿第Ⅲ様式新段階である。中期中頃の1点が前2世紀前半～中頃にあることを示したという点で貴重なデータとなろう。

　これに年輪年代がわかっている前・中期の例を合わせると表5のようになる。

表5　弥生時代の年輪年代と炭素14年代

時期	年代	年輪年代	炭素年代	備考
Ⅳ期	前52年	大阪府池上曽根（樹皮型）		
Ⅳ期新	前60年	滋賀県二ノ畦・横枕（樹皮型）		
Ⅳ期新	前97年	滋賀県二ノ畦・横枕（樹皮型）		
Ⅳ期	前116年	鳥取県桂見（樹皮型）		
Ⅲ期新	前175年より後		大阪府瓜生堂（辺材型）	
Ⅳ期古	前223年より後	滋賀県下之郷（辺材型）		伐採は前200年頃
Ⅲ期古	前243年より後	岡山県南方（辺材型）		
Ⅲ期古	前245年	兵庫県武庫庄（樹皮型）		
Ⅲ期古	前248年より後	岡山県南方（辺材型）		
Ⅲ期古	前270年	岡山県南方（樹皮型）		
Ⅲ期古	前275年より後		奈良県唐古鍵（辺材型）	
Ⅰ期新	前445年より後	兵庫県東武庫（心材型）		
Ⅰ期新	前448年より後	大阪府東奈良（心材型）		

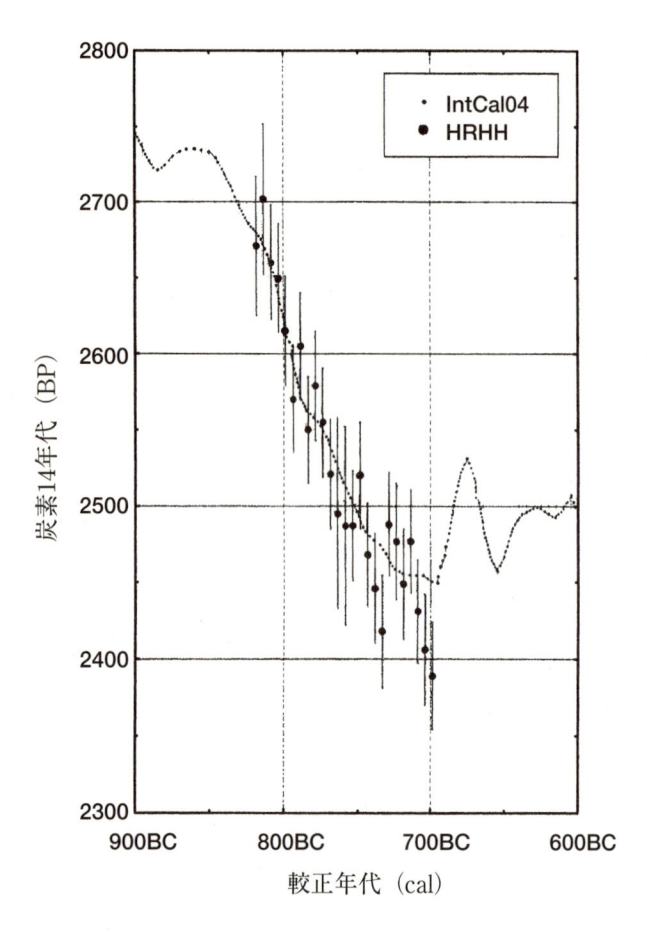

図15 広島県黄幡1号遺跡出土木材の炭素14年代測定結果とIntCal04との比較（尾嵜による）

すなわち，年輪年代では樹皮型の試料にもとづく大阪府池上曽根のIV期：前52年，兵庫県武庫庄のIII期古段階：前245年を定点として採用し，今回の炭素14年代にもとづく奈良県唐古鍵のIII期古：前275年頃以降，大阪府瓜生堂のIII期新：前175年頃以降を援用するかぎり，II期は前200年代前半ないし前300年を超えるとみるのが自然である。

おわりに

以上のように，弥生早期の始まりが前10世紀後半，前期が前9～8世紀，中期が前4世紀に始まるとする炭素14年代は，考古学的に点検しても成りたつことを説明してきた。かえって考古学の側が不確かな前提を定め，それに調和させるような資料操作と解釈を行なっていることが明らかとなった。小黒石溝の年代，磨製石剣の系譜など，年代決定の定点についての評価が定まっていない状況で，安易に炭素14年代批判などはすべきことではない。

炭素14年代の測定結果により弥生時代各時期の年代推定は大幅な見直しを迫られ，それと連動して朝鮮半島，さらには中国東北地方の年代観まで再検討の範囲は広がった。文字記録がわずかに存在するか，あるいはまったく存在しない時代のある地域の歴史を叙述しようとすると，実年代の推定はただちに歴史的事象と結びつけられ，両者は一体のものとなるのが普通である。それだけに，前1000年紀の歴史を具体的に描き出そうとするばあい，実年代の推定はきわめて重要な意味をもち，その操作には慎重な配慮が必要となる。

私たちは今後とも国内で炭素14年代の測定を積極的に行なう予定である。その一方，中国・韓国の研究者と協力しつつ，年輪年代が判明している資料の測定を行ない，東アジア規模の較正曲線の作成に着手している。弥生前期がひっかかっているいわゆる「2400年問題」についても，広島県東広島市黄幡1号遺跡で前840～前200年の年輪年代をもつヒノキの板材4点，長野県飯田市畑ノ沢埋没樹林で前701年～前194年のスギの木材の炭素14年代の測定を進めている最中で，すでに成果の一部は公表されている〔尾嵜ほか 2005〕。それによれば，年輪5年ごとに測定した年代値は局所的に最大で30年ほどの微妙な違いはあるけれども，欧米の樹木を用いて作成された国際較正曲線IntCal04とは基本的に変わらないことが証明されつつある（図15）。縄文時代後・晩期から古墳時代初めまでの資料も毎年500点以上測定しているので，各時期の炭素14年代は，より安定し，より絞り込まれていくと予想してよいだろう。

考古資料の実年代を推定するうえで，独立した方法と立場をもつ年輪年代と炭素14年代の結果を無視したり一方的に批判する時期は，もう終わっている。いま，考古学研究者に課せられた最重要な作業は，考古資料のいっそうの解析を行ない，中原，遼西，遼東，朝鮮，日本の年代関係を考古資料によってはっきりさせることである。

謝　辞

本稿を執筆するにあたって石川岳彦・今村峯雄・大貫静夫・岡内三眞・岡村秀典・尾嵜大真・小畑弘己・金斗喆・甲元眞之・小林謙一・小林青樹・坂本稔・佐川正敏・柴田昌児・中村大介・宮本一夫の諸氏から教示・援助を得たことを記し，お礼申し上げる。

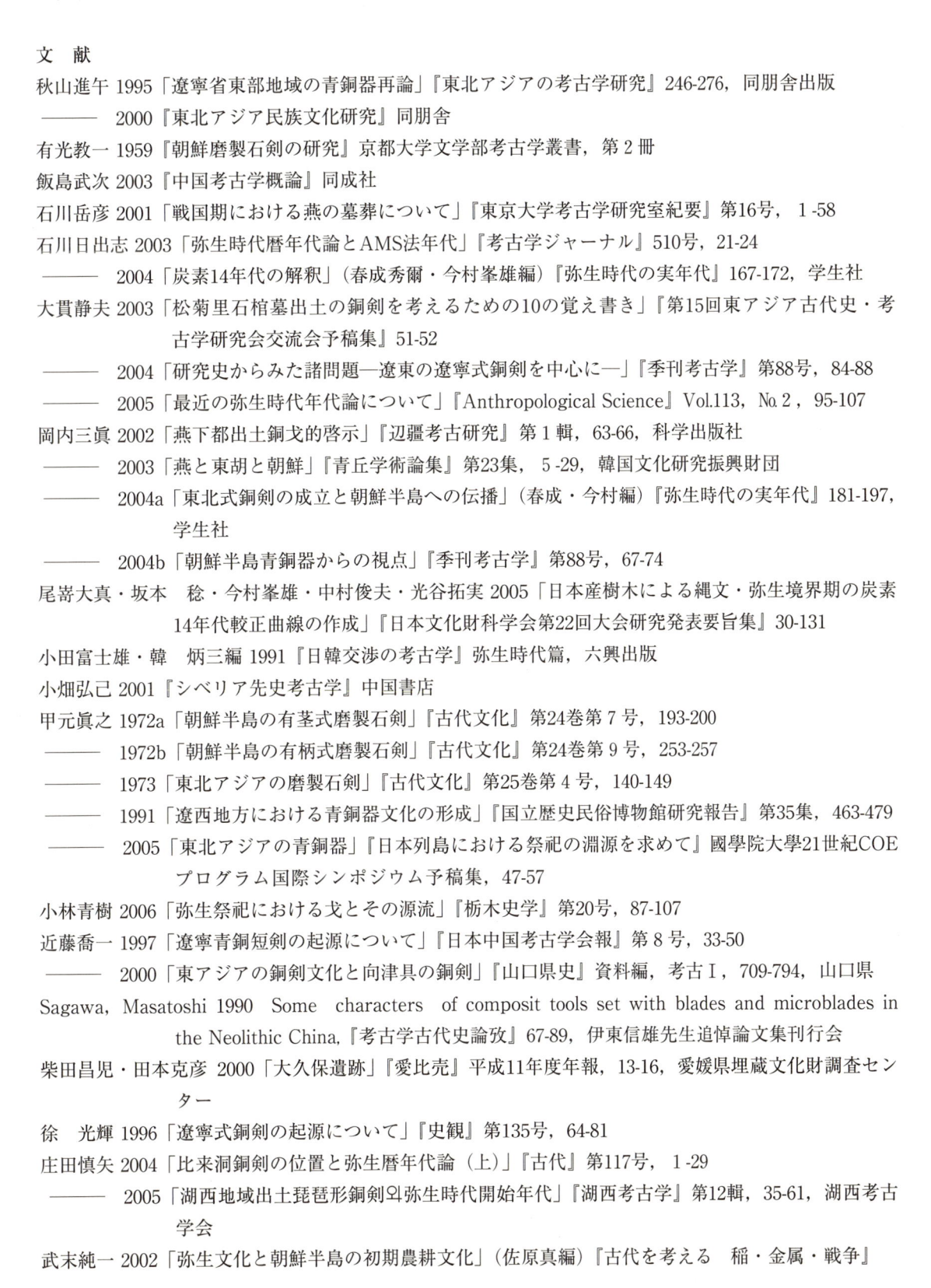

文　献

秋山進午 1995「遼寧省東部地域の青銅器再論」『東北アジアの考古学研究』246-276, 同朋舎出版
───── 2000『東北アジア民族文化研究』同朋舎
有光教一 1959『朝鮮磨製石剣の研究』京都大学文学部考古学叢書, 第2冊
飯島武次 2003『中国考古学概論』同成社
石川岳彦 2001「戦国期における燕の墓葬について」『東京大学考古学研究室紀要』第16号, 1-58
石川日出志 2003「弥生時代暦年代論とAMS法年代」『考古学ジャーナル』510号, 21-24
───── 2004「炭素14年代の解釈」(春成秀爾・今村峯雄編)『弥生時代の実年代』167-172, 学生社
大貫静夫 2003「松菊里石棺墓出土の銅剣を考えるための10の覚え書き」『第15回東アジア古代史・考古学研究会交流会予稿集』51-52
───── 2004「研究史からみた諸問題―遼東の遼寧式銅剣を中心に―」『季刊考古学』第88号, 84-88
───── 2005「最近の弥生時代年代論について」『Anthropological Science』Vol.113, No.2, 95-107
岡内三眞 2002「燕下都出土銅戈的啓示」『辺疆考古研究』第1輯, 63-66, 科学出版社
───── 2003「燕と東胡と朝鮮」『青丘学術論集』第23集, 5-29, 韓国文化研究振興財団
───── 2004a「東北式銅剣の成立と朝鮮半島への伝播」(春成・今村編)『弥生時代の実年代』181-197, 学生社
───── 2004b「朝鮮半島青銅器からの視点」『季刊考古学』第88号, 67-74
尾嵜大真・坂本　稔・今村峯雄・中村俊夫・光谷拓実 2005「日本産樹木による縄文・弥生境界期の炭素14年代較正曲線の作成」『日本文化財科学会第22回大会研究発表要旨集』30-131
小田富士雄・韓　炳三編 1991『日韓交渉の考古学』弥生時代篇, 六興出版
小畑弘己 2001『シベリア先史考古学』中国書店
甲元眞之 1972a「朝鮮半島の有茎式磨製石剣」『古代文化』第24巻第7号, 193-200
───── 1972b「朝鮮半島の有柄式磨製石剣」『古代文化』第24巻第9号, 253-257
───── 1973「東北アジアの磨製石剣」『古代文化』第25巻第4号, 140-149
───── 1991「遼西地方における青銅器文化の形成」『国立歴史民俗博物館研究報告』第35集, 463-479
───── 2005「東北アジアの青銅器」『日本列島における祭祀の淵源を求めて』國學院大學21世紀COEプログラム国際シンポジウム予稿集, 47-57
小林青樹 2006「弥生祭祀における戈とその源流」『栃木史学』第20号, 87-107
近藤喬一 1997「遼寧青銅短剣の起源について」『日本中国考古学会報』第8号, 33-50
───── 2000「東アジアの銅剣文化と向津具の銅剣」『山口県史』資料編, 考古Ⅰ, 709-794, 山口県
Sagawa, Masatoshi 1990 Some characters of composit tools set with blades and microblades in the Neolithic China,『考古学古代史論攷』67-89, 伊東信雄先生追悼論文集刊行会
柴田昌児・田本克彦 2000「大久保遺跡」『愛比売』平成11年度年報, 13-16, 愛媛県埋蔵文化財調査センター
徐　光輝 1996「遼寧式銅剣の起源について」『史観』第135号, 64-81
庄田慎矢 2004「比来洞銅剣の位置と弥生暦年代論(上)」『古代』第117号, 1-29
───── 2005「湖西地域出土琵琶形銅剣과弥生時代開始年代」『湖西考古学』第12輯, 35-61, 湖西考古学会
武末純一 2002「弥生文化と朝鮮半島の初期農耕文化」(佐原真編)『古代を考える　稲・金属・戦争』

　　　　　　　　105-138，吉川弘文館
　───　2004「弥生時代前半期の暦年代」『福岡大学考古学論集』131-156
千葉基次 1992「青銅器世界との遭遇」『新版古代の日本』第2巻，69-96，角川書店
　───　1997「古式の遼寧式銅剣」『生産の考古学』337-344，同成社
東京国立博物館編 1997『大草原の騎馬民族―中国北方の青銅器―』東京国立博物館
中村大介 2003「石剣と遼寧式銅剣の関係にみる並行関係」『第15回東アジア古代史・考古学研究会交流
　　　　　　　　会予稿集』44-47
　───　2005「無文土器時代前期における石鏃の変遷」『待兼山考古学論集』51-86，大阪大学考古学研
　　　　　　　　究室
橋本正博 2003「木製品」『八日市地方遺跡Ⅰ』第2分冊，遺物報告編，285-484，小松市教育委員会
林巳奈夫 1972『中国殷周時代の青銅器』京都大学人文科学研究所
　───　1984『殷周時代青銅器の研究―殷周青銅器綜覧一―』吉川弘文館
春成秀爾 2003「弥生早・前期の鉄器問題」『考古学研究』第50巻第3号，11-17
　───　2004「弥生時代の年代推定」『季刊考古学』第88号，17-22
春成秀爾・今村峯雄編 2004『弥生時代の実年代』学生社
春成秀爾・藤尾慎一郎・今村峯雄・坂本　稔 2003「弥生時代の開始年代」『日本考古学協会第69回総会
　　　　　　　　研究発表要旨』65-68
春成秀爾・今村峯雄・藤尾慎一郎・小林謙一・坂本　稔・西本豊弘 2005「弥生時代中期の実年代」『日
　　　　　　　　本考古学協会第71回総会研究発表要旨』130-133
藤尾慎一郎 2004「韓国・九州・四国の実年代」（春成・今村編）『弥生時代の実年代』6-19，学生社
藤尾慎一郎・今村峯雄・西本豊弘 2005「弥生時代の開始年代」『総研大文化科学研究』創刊号，73-96，
　　　　　　　　総合研究大学院大学文化科学研究科
藤田亮策 1943「延吉小営子遺蹟調査報告」『満洲国古蹟古物調査報告』第5編
三上次男 1961「豆満江流域地方における箱形石棺墓」『満鮮原始墳墓の研究』349-585，吉川弘文館
光谷拓実 2000「年輪年代法の最新情報―弥生時代～飛鳥時代―」『埋蔵文化財ニュース』99，1-38，奈
　　　　　　　　良国立文化財研究所埋蔵文化財センター
　───　2004「弥生時代の年輪年代」『季刊考古学』第88号，40-44
宮崎雅延 2001「大久保遺跡」『愛比売』平成12年度年報，15-16，愛媛県埋蔵文化財調査センター
宮原晋一 1988「石斧，鉄斧のどちらで加工したか」『弥生文化の研究』10，193-201，雄山閣
宮本一夫 2000a「遼寧式銅剣文化圏とその社会」『中国古代北疆史の考古学的研究』175-204，中国書店
　───　2000b「戦国燕とその拡大」『中国古代北疆史の考古学的研究』205-235，中国書店
　───　2004a「青銅器と弥生時代の実年代」（春成・今村編）『弥生時代の実年代』198-218，学生社
　───　2004b「中国大陸からの視点」『季刊考古学』第88号，78-83
村上恭通 1997「遼寧式（東北系）銅剣の生成と変容」『先史学・考古学論究Ⅱ』熊本大学文学部考古学
　　　　　　　　研究室創設25周年記念論文集，457-479，龍田会
　───　1999『倭人と鉄の考古学』青木書店
　───　2000「遼寧式銅剣・細形銅剣文化と燕」（村上恭通編）『東夷世界の考古学』55-77，青木書店
　───　2003「中国・朝鮮半島における鉄器の普及と弥生時代の実年代」『考古学ジャーナル』510号，
　　　　　　　　17-20
森貞次郎 1968「弥生時代における細形銅剣の流入について」（金関丈夫博士古稀記念事業会編）『日本民
　　　　　　　　族と南方文化』127-161，平凡社
吉田　広 2001『弥生時代の武器形青銅器』考古学資料集21，国立歴史民俗博物館春成研究室

雲　翔 1988「試論石刃骨器」『考古』1998年第9期，825-835

王　成生 2003「遼寧出土銅戈及相関問題的研究」（遼寧省文物考古研究所編）『遼寧考古論集』217-241，遼寧民族出版社
河北省文物研究所 1996『燕下都』文物出版社
項　春松・李　義 1995「寧城小黒石溝石槨墓調査清理報告」『文物』1995年第5期，4-22
成　正鏞 1997「大田新岱洞・比来洞青銅器時代遺蹟」『湖南考古学의諸問題』205-236，韓国考古学会
田　広金・郭　素新編 1986『鄂爾多斯式青銅器』文物出版社
沈　奉謹 1984「密陽南田里외義昌平城里遺跡出土遺物」『尹武炳博士回甲紀年論叢』53-66
劉　国祥 2000「夏家店上層文化青銅器研究」『考古学報』2000年第4期，451-500
遼寧省昭烏達盟文物工作站・中国科学院考古研究所東北工作隊 1973「寧城県南山根的石槨墓」『考古学報』1973年第2期，27-39，図版1-12
遼寧省文物考古研究所 2004『五女山城』文物出版社
林　澐 1980「中国東北系銅剣初論」『考古学報』1980年第2期，139-161
────　1997「中国東北系銅剣再論」（蘇秉琦編）『考古学文化論集』4，234-250，文物出版社

年代測定データとその成果

西本豊弘 編

年代測定データについて

　ここで公開する年代測定データは，主に学術創成研究費「弥生農耕の起源と東アジア」（代表 西本豊弘）で2005年度までに測定したデータの一部である。われわれの研究プロジェクトでは，2004年度600点余，2005年度1,000点余の年代測定を行なった。それらのデータの中には，2003年度以前に様々な研究で収集した資料もある。2005年度では，日本版較正曲線を作製するための木材の年代測定データも含まれている。また，縄文時代草創期から江戸時代までのものもある。その中で，弥生農耕に関連するものとして縄文時代後期から古墳時代とされる試料の測定結果をここに収録した。

　年代測定値の他に較正年代値を示したが，編集の都合上，較正年代は第3位までとした。そして，九州・中国・四国・近畿各地方と東日本の土器型式の年代観をまとめて見た。

　なお，われわれの年代測定データの全データについては，各年度の研究報告書に掲載している。また，この研究が終了した段階で全データ集を刊行する予定である。ここに掲載した資料の大部分は，資料提供者の掲載許可を得たものである。資料提供者の皆様に感謝したい。

九州地方における年代測定の成果——とくに縄文時代晩期について——

藤尾慎一郎

はじめに

　縄文時代晩期の定義は，「亀ヶ岡式（大洞式）及びその並行型式」の時代である。あくまでも土器を指標とする区分でしかない。大洞式が基本的に分布しない近畿を除く西日本で晩期を設定することは，大洞式と併行する土器を決めることにほかならない。これまでそれを決める作業は型式学的方法という考古学的手法のみで行なわれてきたが，科学技術の進展によって1mgというごく微量の試料から年代を測ることができるAMS-炭素14年代測定法が，1995年ごろより考古学に導入され始めた。そして土器との同時性が担保された土器付着炭化物を武器に，考古学的手法以外の方法として，今まさに晩期研究に適用され始めたところである。

　本稿ではAMS-炭素14年代測定法によってわかり始めた九州における晩期土器の実年代がもたらす2つの問題を取り上げる。私たちは従来の考古学的手法だけでは起こりえなかった新しい事態に，今，直面しようとしている。

1　晩期とはいつからいつまでか

炭素14年代測定導入以前

　学術創成研究「弥生農耕の起源と東アジア」（研究代表　西本豊弘）では，九州の縄文時代晩期～弥生時代前期の土器をこれまでに60点近く測定した。とくに2004～2005年度にかけて，晩期初頭天

表1　九州における縄文晩期～弥生前期初頭の土器編年表

		九州北部	九州中部	九州南部
晩期	前半期	広田式 （＋）	天城式 古閑式	上加世田式・入佐式
	後半期	黒川式		
早期	前半期	夜臼Ⅰ式	山の寺式	
	後半期	夜臼Ⅱa式	（＋）	
前期	初頭	夜臼Ⅱb式・板付Ⅰ式	原山式	

　城式や晩期後半黒川式の測定を集中して行なったことによって2つの問題点が浮き彫りになったわけだが，その話をする前に，晩期がいつからいつまでかという，時間的な範囲について説明しておく。九州の晩期は亀ヶ岡式に併行する土器の時代といったが，日本列島の晩期全体がそのまま当てはまるわけではない。

　晩期は弥生時代が始まることによって終了するからである。本格的な水田稲作が始まった時代を弥生時代とする定義に従えば，水田稲作が始まるまでが晩期ということになる。しかし晩期の終わりは一様ではない。水田稲作はまず九州北部で始まり，東や南に行くにしたがって遅れて始まることがわかっているからだ。晩期の下限が地域によって遅れることになれば，存続幅も東や南にいくにしたがって九州より長くなっていき，地域によって長短が出てくる。

　東北北部では大洞式の直後，砂沢式期に水田稲作が始まるので，大洞式の下限と弥生時代の始まりは一致するが，日本列島に弥生時代早・前期と縄文晩期が併存する事態をどのように考えるのかは，時代区分の関わりのなかで派生する問題である。

　九州をのぞく西日本では，弥生前期の遠賀川系土器の出現とともに晩期土器は姿を消すと考えられてきたが，1980年代以降，地域によっては存続することが明らかになっている。弥生化した突帯文土器として知られる，近畿の長原式，水走式，高知の田村式，瀬戸内の瀬戸内甕が地域によっては前期末まで存続する。

　九州では前期初頭の板付Ⅰ式成立時に，まさに晩期の土器である夜臼式土器の存在が確認され，いわゆる夜臼・板付Ⅰ式共伴期として知られている。九州の突帯文土器は板付Ⅱa式段階に有明海沿岸地域や大分で弥生化が始まる。

　1978年に板付縄文水田が見つかったことを契機に弥生早期が設定されると，突帯文土器は弥生時代の土器となるので晩期土器から外れ，それ以降晩期の土器は，いわゆる組織痕文土器や粗製深鉢を指すようになる。弥生時代の晩期系土器は弥生早期前半の山の寺式や夜臼Ⅰ式土器まで存在すると規定されたため，晩期系土器が見つかると例外なく下限は弥生早期前半と考えられるようになった。もちろん，板付Ⅰ式からを弥生時代とする人びとにとって突帯文土器が晩期後半の土器であることに変わりはない。

　炭素14年代が導入される前の晩期をめぐる状況は以上のような状況であった。九州の晩期土器編年は，有文深鉢や浅鉢を基準に組み立てられてきたので，粗製深鉢や組織痕文土器のような晩期系土器が単独で見つかった場合は時期比定が難しく，突帯文土器が伴うか伴わないかを頼りに，晩期か弥生早期に時期比定されるのが常だったのである。

炭素14年代導入後

　私たちは2003年夏頃から，晩期系煮炊き用土器の炭素14年代測定を始めたが，結果はこれまでの常識を大きく覆すものが二つあった。一つめは晩期初頭の標識である天城式のなかに大洞B式よりも古いものが含まれていることであった。これは晩期初頭の土器と考えてきた天城式が後期末の土

器である可能性が出てきたことを意味する。二つめは突帯文との共伴関係を基準に前後に分けてきた晩期系土器が，後期末から弥生前期初頭まで長期間にわたって存在することであった。

以下，2つの問題の意味するものについて考えてみよう。

2　晩期の始まり

熊本県玉名市上小田宮の前遺跡から出土した天城式土器は九州中部の晩期初頭の標識型式である。深鉢の内面に煮沸したドングリの実が形状を保ったまま炭化した状態で見つかった。7個体8試料の付着炭化物と，植物遺体2点を測定したところ，3,190±40 ^{14}C BP～2,940±40 ^{14}C BPという炭素14年代を得た。大洞B式土器の炭素14年代（2,940±40 ^{14}C BP）より古い値を含んでいるので，天城式の中には晩期初頭から後期末までさかのぼるものが含まれていることを意味している。

一方，九州南部の晩期初頭に位置づけられている入佐式の炭素14年代は，鹿児島県中ノ原遺跡出土土器が2,940±40 ^{14}C BP，南さつま市諏訪牟田（旧金峰町農業センター）遺跡出土土器が2,990± ^{14}C BPで，大洞B式とほぼ同じであった。少なくとも九州南部は東北地方と同時に晩期が始まっていることが確実になった。なお九州北部における晩期初頭の土器はまだ測定できていない（表1）。

九州の晩期初頭の土器型式が決まっていく経緯は複雑である。1930年代に小林久雄が縄文最終末に位置づけた御領式が，山内清男によって晩期に位置づけられたものの，坪井清足が後期後半にあげるなど，混乱をきわめた。結局位置づけが変わった御領式と，現在の晩期土器型式とされているものが，どのように関連づけられているのかによって天城式や入佐式の位置づけは変わってくるのである。

天城式のように後期末まで上がる可能性のあるものや，入佐式のように当初の位置づけでよいものが出てくることになる。今後は一層の型式学的検討を進めると同時に，東北と九州南部において同時に始まる，晩期として括られるものが何かという，文化内容の解明に向かう必要がある。

3　晩期系煮炊き用土器はいつまで使われたのか──下限問題──

弥生早期前半の山の寺・夜臼Ⅰ式段階まで存在すると考えられてきた粗製深鉢や組織痕文土器などの晩期系土器が数多く出土した長崎県南島原市（旧深江町）権現脇遺跡と，福岡市博多区板付遺跡第34次調査資料の年代測定を行なった。

権現脇遺跡

雲仙普賢岳の東麓に広がる火山灰台地上にある遺跡で，丹塗り磨研土器や，イネ科植物と石器が何度もこすれあったときにできる光沢面が刃部に残る打製石鎌，糸を紡ぐ紡錘車など，山の寺遺跡B地点と同じ遺物相をもつ。多種の栽培植物が存在したことが，土器表面に残された種子圧痕の調査から明らかにされ，山崎純男は焼畑の村と推定している。

天城式から弥生前期の土器までを含む包含層から見つかった粗製深鉢や組織痕文土器，山の寺，原山式などの突帯文土器，11個体14試料の付着炭化物を測定した。

その結果，島原半島における晩期系土器が，縄文後期末から弥生前期初頭まで存続することを確認することで，約500年間，継続して使われたことが明らかになったのである。しかも後期末から晩期初頭，突帯文以前，山の寺式，原山式という，少なくとも4つの時期に分けられることも指摘した（図1）。同じ煮炊き用土器でも炭化物の付き方がまったく異なる突帯文土器とは晩期系土器が機能的に使い分けられていた可能性が高まった結果といえよう。

板付遺跡第34次調査

夜臼Ⅰ式に比定された第9層から出土した土器群の炭素14年代は，2,670±40 ^{14}C BP～2,570±40 ^{14}C BPで，2,600年代後半に中心をもち，夜臼Ⅱa式と同じ年代であった。

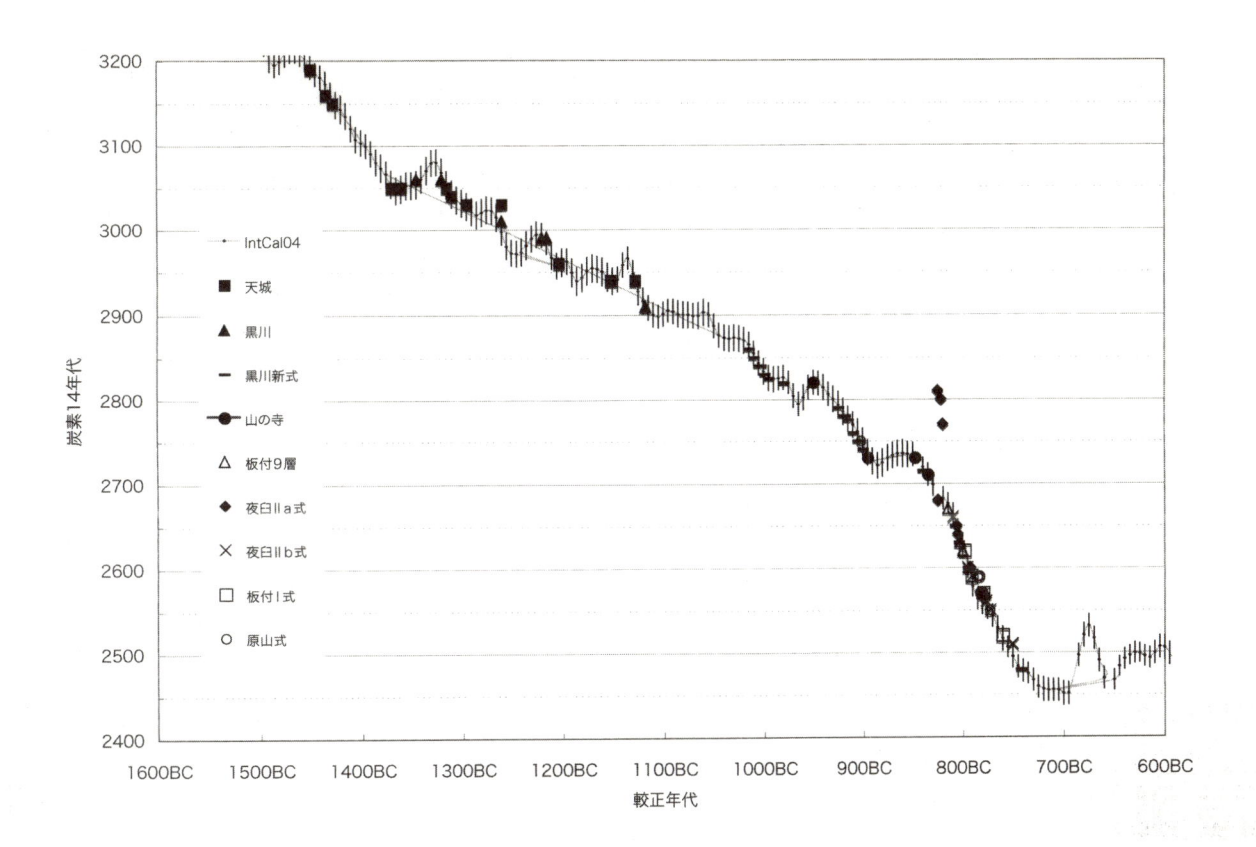

図1 九州における縄文晩期土器の時期別分布

突帯文土器や，粗製深鉢や組織痕文土器などの晩期系土器の時期別分布をIntCal04上に落したものである。四角は天城式で，晩期初頭よりさかのぼるものがあることがわかる。三角は突帯文土器に伴わない晩期系土器を黒川式として落したものであるが，晩期初頭までさかのぼるものがあることがわかる。－が突帯文土器と混在してみつかる晩期系土器である。測定できたもっとも古い突帯文土器が丸である。三角と菱形は夜臼I式とIIa式である。バツと白抜きの四角は夜臼IIb式と板付I式，および原山式である。

古い方から順に，第1群から第4群まで分けることができるが，型式学的な差はわずかであり，単独では時期比定しにくい状況にかわりはない。島原半島ではすべての群を確認でき，福岡平野では第3群と第4群を確認した。

この結果は二つの問題をもつ。一つは福岡平野では粗製深鉢が夜臼IIa式まで存在すること。二つめは夜臼I式と夜臼IIa式が同じ年代で，しかも山の寺式より後出する年代だったことであった。ここでは福岡平野における晩期系土器の下限について述べる。

福岡平野では夜臼I式段階まで晩期系煮炊き用土器が安定的に存在することが指摘されてきたが，夜臼I式の炭素14年代が夜臼IIa式と同じ年代を示したことは，出土状況を信頼する限り，夜臼I式が新しい傾向をもち，晩期系煮炊き用土器が夜臼IIa式段階まで存在したことを意味する。

夜臼I式は刻目こそ指刻みだが，山の寺式に比べると繊細で，器面調整も丁寧なナデで，新しい様相をもっていることから，2003年の測定時から夜臼I式のなかでも新しい傾向をもつ可能性があることを指摘してきた。夜臼I式に属する突帯文土器をこの1点しか測れていない状況では，これ以上，議論を進めることはできないが，伴った晩期系土器群が安定的な炭素14年代を出していることを考えれば，晩期系土器群が夜臼IIa式段階まで存続したと考える方が自然であろう。

以上のように，晩期系土器群は島原半島では弥生前期初頭まで，福岡平野でも弥生早期後半段階まで使われていた可能性が出てきたことで，板付I式が出現するまでの約500年間存続したことが明らかになった。

炭化物が突帯文土器よりも激しく付着している状況は，晩期系土器が確固たる機能を有したこと

を物語っていて，それが板付Ⅰ式出現直前まで必要だったことを物語っている。

　おわりに

　最後に較正年代についてふれておこう。私たちは試料1点1点で較正年代を議論するのではなく，1型式につき，ある程度測定したあとに議論すべきという立場をとってきた。統計的にも安定する20点を測定した型式はないが，10点前後測っている天城式，黒川新式，夜臼Ⅱa式，夜臼Ⅱb～板付Ⅰ式について示しておく。

　天城式は前15～12世紀，黒川式は前11～10世紀，山の寺式が前10世紀後半～末，夜臼Ⅱa式が前9世紀，夜臼Ⅱb・板付Ⅰ式共伴期は前9世紀末～前8世紀中頃である。これまで私たちが公表してきた年代観に問題はないと考えている。

中国・四国地方における年代測定の成果

小林青樹

1　中四国における縄文晩期の年代

　中四国における年代測定研究では，これまでに縄文時代前期から古墳時代までの資料について研究を行なっている。このうち，縄文時代晩期以降について概要を述べる。なお，以下の年代に関しての概要は，春成秀爾・小林謙一両氏による研究成果に基づいている。中四国のなかでも中部瀬戸内を中心とする地域における晩期の土器編年は，戦前の調査により黒土Ｂ1式とＢ2式土器が設定され，Ｂ1式は晩期の前半，Ｂ2式は晩期の後半に位置づけられた。その後の研究で細分が進んではいるが，型式名が定められていない部分が多く，現状では，後期末から晩期初頭にかかる時期の岩田第4類土器群と，深鉢の胴部に刺突列をもつ特徴をもつことで識別しやすい谷尻式土器が晩期中葉の突帯文土器出現前に設定されている。この両者に挟まれた間には，船津原式土器などのように設定されている土器型式もあるが，実状は近畿における晩期諸型式に相当する段階を設定しているにとどまっている。したがって，型式を明確にできない場合は黒土Ｂ1式という大きなくくりで扱うことになる。そして，こうした状況は中四国全体でもあてはまり，当地域においては，年代測定の研究とともに土器の型式編年研究の確立が急務となっている。

　突帯文土器については，出現期の前池式土器から津島岡大式，沢田式へと順次設定されており，ほぼこの段階区分は中四国に適用できる。

　これらの土器型式に併行する土器の付着炭化物の炭素14年代測定によれば，まず香川県居石遺跡の谷尻式土器は前1280年～1130年，愛媛県船ケ谷遺跡の黒土Ｂ1式土器で前1150年～1000年ころというように，黒土Ｂ1式土器は前1300年ころ～前1050年ころまでと幅をもち，東北地方の晩期初頭大洞Ｂ1式土器よりも遡る可能性があるものが含まれている。この時期幅から考えて，やはり黒土Ｂ1式土器は数段階に細分できることがわかる。次に瀬戸内地域最古の突帯文土器である前池式は前1000年前後であり，北部九州の突帯文土器である山の寺式・夜臼Ⅰ式よりも古いことが判明した。突帯文土器の成立は，近畿の研究者により近畿・瀬戸内の方が北部九州よりも古いという指摘があったが，上記の年代はその考えに近い。この突帯文土器の時期は，最初に水田稲作がはじまった時代であるが，いまのところ中四国において前池式段階の水田は見つかっておらず，存在していた可能性も低い。したがって，現状では分析数が少ないものの可能性として，すでに突帯文土器が成立し，ある程度空間的な広がりをもった段階の途上で水田稲作がはじまったということになる。

2　九州に遅れた弥生農耕の開始年代

前10世紀ころ，最初に水田稲作がはじまって後，前9世紀ころに北部九州で本格的な弥生文化が成立する。「本格的な弥生文化の成立」とは，水田稲作がはじまっただけでなく，生活の中から縄文的な要素が減り，新たに大陸の流れをくむ土器や，ムラのまわりを濠で囲むなど，その後の弥生文化の根本的な要素が最初にそろった段階で，一般的に遠賀川系土器の出現により判断される。歴博の年代測定の成果の推進により，この本格的な弥生文化の成立（遠賀川系土器の出現）が，考えていたよりも相当な時間差をもって東へ広がっていく様子が明らかになりつつある。いまのところ，中四国での遠賀川系土器の出現は，岡山で前7世紀（前600年）ころ，高知で前8世紀（前700年）ころの可能性が高まってきた。実に，北部九州での稲作の開始から，高知に達するまで約200年，岡山で約300年，北部九州で遠賀川系土器が出現してから高知で約100年，岡山で約200年もかかったことになる。これまでの考古学における土器の研究では，北部九州に比べて中四国での遠賀川系土器の出現時期は多少遅れることは予想されていたが，100年，200年という時間的な遅れは，土器研究者にとって相当に衝撃的な結果である。また，同じ中四国といっても，高知と岡山で遠賀川系土器の出現時期が異なることも想定の範囲を超えている。

それでは，中四国で本格的な弥生文化の成立（遠賀川系土器の出現）が北部九州にこれほど遅れ，さらに地域によって時期が違うのはなぜであろうか。考古学的な検討からは，北部九州からの人の移動があまりなかったことに原因があると考えられる。人の移住を考古学的に検討するには墓制がもっともわかりやすい。中四国において北部九州と同じような墓が見られるのは，沿岸部に限られ，しかもその痕跡は少なく瀬戸内の西側・日本海側と太平洋側の沿岸部に限られる。こうした人の移住の数の少なさは，当然生活の面にも影響した。実際に，石器をみると北部九州では弥生文化成立以降は磨製石器を使用するが，関門海峡より東では磨製石器は少なく依然として縄文系の打製石器に依存していた。このように，人の移住はそれほど多くなく，まばらに進んだため，地域によって弥生文化の中身は個性的となり，成立した時期にもずれが生じたのであろう。こうした考古学的な実態は，炭素14年代の結果と整合性をもっている。ただし，まだ測定数も少なく，また本格的な弥生文化の成立時期は，年代測定の難しい「2400年問題」の時期に相当するので，わずかな変更はあるかもしれない。現在，こうした問題を克服するために，弥生文化の成立時期前後の日本産樹木の年輪年代と炭素14年代とのウイグル・マッチングを進めている。

3　弥生文化形成における東日本縄文文化の影響

中四国における年代測定研究では，さらに西日本と東日本という離れた地域の間の土器の年代を，同じ場所で検討することが可能となった。東北地方の土器が実際に中四国で出土しているのである。縄文時代の晩期に，東北地方から北陸地方には，亀ヶ岡式土器という精緻な文様と漆塗りを特徴とする土器が分布していた。この亀ヶ岡式土器は，大洞B式・BC式・C1式・C2式・A1式・A2式・A´式と細かく分類され，このうちA1式の土器が本格的な弥生文化が成立した段階に限り西日本に広範囲に分布する。その範囲は鹿児島，そして奄美大島にまで及んでおり，中四国各地からも出土している。中四国で注目される東北系の土器は，高知県居徳遺跡で出土した大洞A1式の壺形土器である。この壺は，赤漆塗りであり，胎土の特徴と合わせて東北地方からの搬入品で間違いない。この土器は，遠賀川式系土器である田村I-2式土器を伴うことが調査により明らかになっており，この田村I-2式段階の土器に併行する土器の付着炭化物の炭素14年代測定結果は，前750年～前400年までばらつきがあり，前750年よりは新しい年代を与えることができ，ここに下限年代をほぼ定めることができる。東北地方における大洞A1式土器の年代測定では，その上限として前790年～前780年の値が得られており，東北地方から搬入された経緯などを考えれば，居徳遺跡での測定結果は東北との間にそれほどのずれを示していない。同じような検討は，これまでに福岡

市雀居遺跡などでも行なっており，東北地方と西日本の年代をつき合わせる作業を進めている。以上のような分析の推進により，年代測定結果の整合性を高めるとともに，東北の集団が西日本で活動していた歴史を年代の面で明らかにすることができるであろう。

近畿地方における年代測定の成果

小林謙一・春成秀爾

1　測定状況

近畿地方では，兵庫県・大阪府・奈良県・京都府・滋賀県において，縄文後期から古墳時代前期までの測定を進めている。以下，較正年代で前何年ころ，または何世紀と表記する。

奈良県田原本町唐古・鍵遺跡で，土器付着物・漆・炭化米・木材を合わせて69点の資料について，80測定例（ウイグルマッチングや土器の表裏・再測定など同一資料を複数測定しているものを含む），大阪府の河内地域の遺跡で（財）大阪府文化財センターより提供を受けた瓜生堂遺跡出土土器付着試料など50点57測定例，東大阪市埋蔵文化財センターから提供を受けた水走遺跡出土土器など23測定例，茨木市教育委員会より提供を受けた牟礼遺跡出土杭など6測定例を数える。兵庫県では，兵庫県教育委員会より提供を受けた岩屋遺跡出土杭など25測定例，神戸市埋蔵文化財センターより提供を受けた本山遺跡出土土器など22測定例，伊丹市教育委員会・六甲山麓遺跡調査会より提供を受けた口酒井遺跡出土土器3測定例などがある。滋賀県では守山市埋蔵文化財センターから提供を受けた守山市下之郷遺跡の弥生中期の試料など32測定例，（財）滋賀県文化財保護協会から提供を受けた安土町竜ヶ崎A遺跡の晩期突帯文・弥生前期土器など12測定例のAMS^{14}C年代測定を行なっている。

以上のうち年輪試料については，ウイグルマッチングを検討し，最外縁の推定年代で，兵庫県伊丹市岩屋遺跡の弥生前期護岸施設の杭は前435年ころ，奈良県唐古・鍵遺跡93次調査出土の大型建物跡の柱材1201Wは前170年ころ，東大阪市瓜生堂遺跡47次調査の4号方形周溝墓5号木棺底板は前175年ころ，守山市下之郷遺跡の木製品（光谷拓実氏により最外部が年輪年代で前271年）は前270年ころが，もっとも合致した年代と推定された。

2　較正年代

以下では，較正された年代から，弥生時代の実年代を推定する。

縄文後期では，滋賀県安土町竜ヶ崎A遺跡の福田K2式土器付着物は前2490〜2330年，大阪府東大阪市・八尾市池島・福万寺遺跡出土の元住吉山式土器付着物は前1950〜1740年に含まれる。

縄文晩期では，瀬戸内地域の香川県高松市居石遺跡の黒土BⅠ式（谷尻式）の較正年代は，前1280〜1130年頃に集中する。兵庫県伊丹市口酒井遺跡出土の突帯文土器口酒井式の土器付着物は，前800年ころが含まれる。京都市京都大学構内北白川追分町遺跡の滋賀里Ⅲb式土器は前900〜825年，滋賀県安土町竜ヶ崎A遺跡の滋賀里Ⅳ式相当の土器は前8〜6世紀を中心とする。

東大阪市鬼塚遺跡の晩期初めと推定される浅鉢例は，前13世紀〜11世紀，東大阪市宮ノ下遺跡の船橋式の可能性がある深鉢例は前800年ころ，東大阪市水走遺跡の2例，宮ノ下遺跡例の長原式土器は前800〜550年ころまでに中心がある。奈良県唐古・鍵遺跡の長原式例は，「2400年問題」の年代の中で較正年代を絞りにくいが，1例だけの測定から見る限り，これらより新しく前550年より後の年代である可能性がある。近畿地方の長原式は，前5世紀まで残っている可能性もある。

弥生前期については，神戸市本山遺跡の前期土器付着物は前7世紀後半〜6世紀に含まれ，大阪湾でも東大阪市若江北遺跡や水走遺跡の土器付着物に同じ頃に相当する試料が含まれるが，大阪府八尾市木の本遺跡の2例のⅠ期古の土器，東大阪市瓜生堂遺跡（大阪府文化財調査研究センター2004

『瓜生堂遺跡』Ⅰ）のⅠ期中の土器は「2400年問題」の後半，即ち前550～400年の年代に含まれ，大阪湾沿岸の最古の弥生土器は前6世紀中頃を含む時期と推定される。唐古・鍵遺跡の大和Ⅰ期の土器も同様の年代幅に含まれる。東大阪市水走遺跡のⅠ期古とされる甕1例，東大阪市若江北遺跡の甕1例が，「2400年問題」の前半，即ち前550年よりも古い可能性を示している。現時点での推定では，弥生土器とされる土器の初現年代について概観する限り，岡山・神戸付近では前8～7世紀に初期水田稲作が及んだ可能性があり，大阪湾岸では前6世紀前半，奈良盆地にはそれ以降の年代が推定される結果となっている。

なお，縄文晩期の水田と考えられたことがある大阪府茨木市牟礼遺跡の杭を測定し，弥生前期の時期であることも判明した。

弥生前期末・中期初めについては，地域による編年上の齟齬があるため，一概に言えないが，おおむね「2400年問題」を抜け，前4世紀にあることは確実である。瀬戸内では，岡山市南方遺跡のⅠ期新の2例とⅡ期初めの1例との境は，前380～350年ころと推定される（岡山市埋蔵文化財センター2004『年報』3）。河内地域でも，Ⅰ期新の東大阪市水走遺跡例，東大阪市・八尾市山賀遺跡例，美園遺跡例と，Ⅱ期初めの美園遺跡の2例との境は，前380～350年ころと捉えられる。大和地域では，奈良県唐古・鍵遺跡の大和Ⅰ期は前380年よりは古く，大和Ⅱ期の初め（Ⅱ-1-b期）はそれを抜けて前380～350年に相当する可能性が高い。なお，土器編年上では大和のⅡ-1-a期は，河内・岡山のⅠ期末に併行するとされる。

なお，弥生後期以降については大阪府池島福万寺遺跡，八尾南遺跡，奈良県唐古・鍵遺跡などで測定を重ねており，古墳時代前期についても，奈良県桜井市箸墓古墳周溝内の土器付着物について測定している。ただし，暦年較正については，紀元後100～300年ころについては，日本産樹木による炭素濃度測定では，やや古くでる傾向があることが知られており，日本産樹木によるJCALの構築が急務となっている。

3　まとめ

北九州地方において9世紀末ごろに始まった水稲稲作が，瀬戸内海中部の岡山市付近および近畿地方西部の神戸市付近には前8世紀後半～7世紀ころに波及した可能性がある。現在の測定結果からは，大阪湾岸に6世紀前半ころに波及し，奈良盆地の唐古・鍵遺跡は6世紀後半以降に成立した可能性があるが，まだ測定数が少なく，さらに検討していく必要がある。この間，近畿地方では，縄文系の突帯文土器（長原式）は弥生土器と共伴していたと考えられる。

近畿地方弥生時代中期では，木材の年輪ごとの^{14}C濃度と較正曲線とを比較検討するウイグルマッチ法により，より詳細な年代が明らかになり，弥生Ⅲ期前半は前3世紀，Ⅲ期後半は前2世紀，Ⅳ期は前1世紀を含むことが明らかとなった。また，光谷拓実氏により年輪年代が判明した資料について，滋賀県守山市下之郷遺跡ではウイグルマッチ法，大阪府八尾市久宝寺遺跡では^{14}C年代測定を行ない，整合的な結果を得た。

東日本における年代測定の成果

小林謙一

2006年1月現在，東日本縄文時代後期から弥生時代中期に該当する測定が456例である。

ここでは，晩期の開始（大洞B1式）を入組三叉文の成立とし，設楽博己氏による弥生移行期の広域編年に基づいて検討する。本稿では，主に2004～2005年度測定結果から東北地方縄文晩期の暦年代を中心に論ずる。

以下，較正年代で前何年ころまたは何世紀と表記する。海洋リザーバー効果など，測定値として問題がある事例は，除いて検討する。

1　縄文時代後期の測定

縄文時代後期については，関東地方では，東京都下宅部遺跡，多摩ニュータウンNo.243遺跡，千葉県西根遺跡，三輪野山遺跡，神奈川県稲荷山貝塚においてまとまった計測を行なっている。東北地方の後期土器については，秋田県砕渕遺跡，茨野遺跡，岩手県牡丹畑遺跡，青森県風張(1)遺跡，北陸地方では新潟県分谷地A遺跡の土器付着物などの測定を重ねている。

千葉県印西市西根遺跡の結果では，加曽利B1式前半期開始の暦年代は前1830～1780年ころ，加曽利B1式後半期は前1780～1730年ころ，加曽利B2式前半は前1730～1690年ころ，加曽利B2式後半は前1690～1590年ころ，加曽利B3式は前1590～1520年ころである。以上，加曽利B式の継続期間は，前1830～1520年ころの約300年間であろう。

新潟県胎内市分谷地A遺跡三十稲場式・南三十稲場式土器付着物は，関東の称名寺式から堀之内1式に併行する測定結果を得ている。岩手県北上市牡丹畑遺跡の後期十腰内末葉土器の較正年代は，前1410～1210年である。

2　縄文時代晩期の測定

山形県寒河江市高瀬山遺跡大洞B1式古期の複数の土器付着物が，前1490～1210年の年代の中の一時点を含む。大洞B1式がまとまって出土した岩手県一戸町山井遺跡27～29層出土の木胎漆器の漆の較正年代は，前1260～1005年である。青森県西目屋村川原平(1)遺跡大洞B式土器付着物は，較正年代で前1270～1110年ころである。青森県八戸市風張(1)遺跡の十腰内5式土器や，岩手県牡丹畑遺跡，秋田県北秋田市砕渕遺跡十腰内5式以降の土器付着物の測定結果から，紀元前1300年ころは後期末葉である。したがって，前1250～1280年ころに大洞B1式が成立すると考える。

大洞B2式の年代把握においては，青森県八戸市是川中居遺跡出土漆の複数の年代が，層位的所見とも整合的で，前1130～1000年の中の年代を含み，上限は前1170年ころである。

大洞B-C式では，川原平(1)遺跡大洞B-C式土器は較正年代で前1130～1000年ころ，高瀬山遺跡大洞B-C1式が前1260～1000年，是川中居遺跡大洞B-C式が前1130～890年，是川中居遺跡大洞B-C2式が前1130～990年，岩手県北上市九年橋遺跡例が前1130～970年に含まれる確率が最も高い。大洞B-C式は，前1100年ころを含む年代である。

大洞C1～C2式については，岩手県北上市大橋遺跡の盛土出土例で，層位的に対応する土器および炭化材について集中的な測定を行なった。上層であるB④区1～4層出土の大洞A式，大洞C2式からA式土器，九年橋2b期以降と位置づけられる大洞C2式の新しい段階の試料は，較正年代で前800年以降である。これに対し，6層以下から出土した大洞C2式土器付着物は，較正年代で前1000年ころから800年以前までに含まれる。B③区では5層出土の大洞C2式からA式にかけての土器付着物は，前845～750年ころに含まれる確率が最も高く，27層出土の大洞C2式土器付着物は，前1000～890年に含まれる確率が最も高いなど，前者よりも明らかに古い。

東京都東村山市下宅部遺跡出土の大洞B-C式土器付着物は前1130～995年，是川中居遺跡大洞C1式土器は前1130～1010年，秋田県北秋田市向様田D・A遺跡大洞C1式例では前1100～1000年ころに含まれる結果が多い。大洞C1式初現は前1000年代と推測され，下限は前880年より古い。

突帯文土器単純期に併行する大洞C2式は，前900年代後半ころに始まると考える。青森県青森市米山(2)遺跡および青森県青森市三内沢辺(3)遺跡の大洞C2式またはA式に伴う粗製土器の付着炭化物は，前825～755年の間に納まる可能性が最も高い。大橋遺跡のB④区の測定結果から，前800年ころは大洞C2式の新しい段階に位置づけられる。

大洞A式期については，青森県八戸市畑内遺跡・岩手県大船渡市長谷堂遺跡などでの測定例から，

前790～780年の間に始まると推定する。大洞A2式の単純遺跡である山形県天童市砂子田遺跡土器付着物から，大洞A2式が前590～540年の間の一時点を含むと想定する。

大洞A1式～A′式併行期については，新潟県新発田市青田遺跡で，まとまった数の測定を行なった。土器型式および層位的な順序を考慮すれば，青田遺跡の最古であるS5層の鳥屋2a式古期は，前700年以降で，前550年より以前，その次のS3層の鳥屋2a式新期（大洞A1式新併行）は前550年より古い可能性が高く，より新しいS1層の鳥屋2b式古期・大洞A2式は前550～520年を含む年代，もっとも新しい青田1層（SD1920-1～2層相当）の鳥屋2b式新期・大洞A′式古期は，それ以降前400年までの年代と推定できる。青田遺跡については，掘立柱建物の柱材である年輪50年未満のクリ樹幹から10年ごとの年輪層を切り出しウイグルマッチングも行なっており，その結果，青田遺跡の掘立柱建物群のうち，新しいグループの柱材の最外縁で前5世紀後半との結果を得た。

岩手県北上市金附遺跡では，下層（3層以下）出土の大洞A′式・砂沢式期の炭化材および土器付着物・漆は整合的で，前350年より古い年代であるといえる。

南関東地方晩期については，下宅部遺跡の土器付着物の測定を行なった。一部の海洋リザーバー効果の影響など問題ある例を除くと，安行3a式は前1265～1045年に含まれる。安行3b式，安行3c式では，やや古い測定結果が得られており問題を残す。安行3d式は，前945～800年に含まれる例が中心をなす。

関東地方安行式土器については，千葉県君津市三直遺跡，群馬県東吾妻町唐堀遺跡・安中市天神原遺跡例などを加えてもまだ測定数が少ないが，下宅部遺跡の安行3c期を除き，併行する大洞系諸型式の年代推定とおおむね合致する。大洞B式に併行する安行3a式は，較正年代で前1270～1100年に含まれ，大洞C2式に併行する安行3d式は，前1000年より新しく前800年より古い年代に含まれる。

3 弥生移行期

東北地方の弥生時代前期については，砂沢式に相当する山形県酒田市生石2遺跡では2例が一致し，「2400年問題」（前750～400年ころは過去の炭素濃度の変動により，較正年代が区分しにくい時期になる）の時期の中に含まれる。岩手県北上市丸子館遺跡甕棺例も同様だが，牡丹畑遺跡，是川中居遺跡上層出土例，秋田県北秋田市岱Ⅱ遺跡青木畑式土器付着物では，「2400年問題」より新しい時期になり，東北地方の弥生時代前期砂沢・青木畑式は，「2400年問題」にぎりぎりかかる時期からそれよりも新しい時期であることは間違いなく，前400～350年ころを含む年代であろう。

東北地方の弥生時代中期については，風張(1)遺跡の二枚橋式期の焼失住居炭化材，分谷地A遺跡の中期初頭今和泉式再葬墓埋設土器付着物，新潟県阿賀野市大曲遺跡例，山形県東根市小田島城遺跡例などの弥生時代中期前半の測定例は，前350-220年の較正年代の中に含まれる。弥生時代中期前半地蔵池式相当と考えられる小田島城遺跡出土例では，海洋リザーバー効果を受けていると推定される1例で明らかに古い年代が測定されたが，同一遺跡出土の土器付着漆例は，漆採取時の年代を示すと考えられ，紀元前385年～195年の年代に含まれる。

南関東弥生時代前期末と評価される神奈川県大井町中屋敷遺跡の2個体の土器付着物では，それぞれ前540～360年，前570～395年に含まれる可能性が高く，土坑出土のアワもほぼ同様の年代を示す。

千葉県多古町志摩城跡では，弥生中期前半の土器付着物を測定し，紀元前400～200年のなかの一時点である可能性が高いという結果である。

新潟県新潟市養海山遺跡では，緒立Ⅰa期とされる土器付着物を測定した結果は，前8～5世紀とやや古い年代が測定されているが，今後測定例を増す予定である。

金附遺跡上層（1-2b層）より出土した山王Ⅲ層式相当期の炭化材・土器付着物は，前400～200年のなかの一時点である可能性が高い。

宮城県仙台市の弥生時代中期前半の水田の検出された遺跡である中在家南遺跡，高田B遺跡では，

土器付着物および水田に関連する水路などに伴う可能性がある木材の測定結果から，前350年より新しく前200年より古い結果を得ている。

　弥生時代中期前半に当たる磨消縄文土器の測定結果は，「2400年問題」の後の2200年ころの較正曲線の山（いったん炭素濃度が右下がりに下がった後，右上がりに上がってしまうような変動をしているため）にぶつかり，前300年代前半と前200年代と2つの可能性が示されている。しかしながら，砂沢式が前400～350年ころとの推測が正しければ，それに続く弥生時代中期前葉の磨消縄文の土器群は，前4～3世紀に位置する方が，合理的である。

　南関東弥生時代中期後半宮ノ台式期については，神奈川県三浦市赤坂遺跡，千葉県佐倉市太田長作遺跡で，火災住居の炭化材や土器付着物を測定した。弥生時代中期宮ノ台式期は，前2～前1世紀ころ，弥生後期久ケ原式期は紀元前後から後2世紀を中心とする較正年代である。

4 ま と め

　縄文時代晩期前葉の較正年代上の交差年代については，九州で山の寺式古期が前900年代後半とされるのに対し，大洞C1式とC2式の境は前900代末ころとほぼ一致する。西日本の弥生時代早期と前期の境は前800年代末ころとされる。西日本前期に併行する大洞C2式と，大洞A1式の境は，前790～前780年までの間と想定され，東西の併行関係と実年代の上で概ね一致する。

　弥生時代前期と中期の境は前350年ころに相当する可能性が高く，この時期の西日本と東日本の編年対比される土器型式の較正年代は，一致している。近畿地方の弥生時代前期土器は，「2400年問題」の中に含まれ，紀元前8～前5世紀の幅でしか捉えられない。瀬戸内の岡山市南方遺跡や奈良県田原本町唐古遺跡などの弥生Ⅱ期最初頭の土器付着物の較正年代は，前380～前350年に集中している。東日本では，縄文時代晩期終末に近い青田遺跡，金附遺跡下層の大洞A・A′式併行期の土器は，すべて「2400年問題」の幅の中に含まれ，前8～前5世紀の幅に含まれる。弥生時代前期砂沢式期は前400～前350年ころを含み，弥生時代中期前半はそれに続く前4世紀後半～前3世紀の年代，中期後半（宮ノ台式古段階以降）は，前2～前1世紀であろう。

これまでの炭素14年代掲載文献　（INTCAL98による）

　『平成13年度～15年度　文部科学省科学研究費補助金　基盤研究（A）（1）　縄文時代・弥生時代の高精度年代体系の構築（課題番号　13308009）研究代表者　今村峯雄　研究成果報告』平成16年（2004年）3月31日刊行

　『季刊　考古学』第88号　弥生時代の始まり，雄山閣，平成16年（2004年）8月1日刊行

　『平成16年度～平成20年度　文部科学省・科学研究費補助金　学術創成研究費（2）　弥生農耕の起源と東アジア－炭素年代測定による高精度編年体系の構築－（課題番号　16GS0118）　研究代表者　西本豊弘　平成16年度　研究成果報告』平成17年（2005年）3月31日刊行

データ一覧表

凡例

1. 本データは，国立歴史民俗博物館で収集した資料のうち，2005年12月31日までに測定結果が得られたものである。
2. 主に，文部科学省科学研究費補助金・学術創成研究費「弥生農耕の起源と東アジア－炭素年代測定による高精度編年体系の構築－」（代表：西本豊弘　平成16～20年度）により測定したが，それ以外の研究によるものも含まれる。
3. 縄文時代後期～古墳時代の試料を測定した年代を示した。
4. 較正年代の推定は，IntCal04による。
5. 試料の前処理は国立歴史民俗博物館で行なっている。
6. 明らかに年代値がおかしいものについては，除外した。

表の記載の内容

①遺跡名　採取試料の出土遺跡

②測定試料名

試料採取時に歴博がつけた番号。試料番号の数値の後の符号は下記のとおりである。

　a・b・c・d：同一個体の内面・外面など採取部位の異なる試料。
　re・rt・ad：再測定を行なった試料。
　　　re：AAA処理などの前処理から再度行なったもの。
　　　rt：すでに前処理を行なったものの残りを，ガス化から再度行なったもの。
　　　ad：同一試料を再度採取したもの。

③所在地

遺跡の所在地である。町・村の郡名称は除いている。市町村名は2006年3月31日現在の名称を記載している。

④所蔵・協力機関

所蔵・協力機関名は，原則として試料採取時点の名称を記載している。

⑤試料の種類

採取した炭化物の種類。土器付着物・炭化材・木材・種実・漆・その他の分類を記載。

⑥試料の詳細

主に弥生時代で使用。土器の器種名を入れる。例）甕・壺など

⑦採取部位

資料のどの部位から炭化物を採取したかを示す。

　　口（口縁）・頸（頸部）・胴（胴部）・底（底部）
　　内（内側）・外（外側）
　　上（上部）・中（中部）・下（下部）

⑧資料の時代

資料が属する土器型式の時代，または資料が包含されていた層位の時代を示す。

⑨資料の時期

土器付着物や，炭化物・種実が属する土器の型式を示す。

⑩測定機関番号

炭素14年代測定を行なった機関と測定番号。

　　　Beta　　米ベータアナリティック社によるAMS測定
　　　IAAA　　株式会社加速器分析研究所によるAMS測定
　　　PLD　　 株式会社パレオ・ラボによるAMS測定
　　　MTC　　 東京大学タンデム加速器施設によるAMS測定

データ一覧表

　　　　　NUTA2　名古屋大学年代測定総合研究センターのタンデトロン2号機によるAMS測定

⑪炭素14年代（^{14}C BP）

　ここで示されている値は，同位体効果補正済みの数値（^{14}C補正値）である。

　炭素14年代値は炭素14の半減期を5,568年として計算した年代値で，西暦1950年を基準にさかのぼった年数として得られる。その値に対してAMS測定時に得られたδ^{13}C値[注]）を陸上植物の平均的な値（-25‰）と比較し，試料調製および測定の際に起こった同位体比の変動を補正した値を掲載している。

　測定値およびその誤差の標記について，名古屋大学・米ベータアナリティック社・東京大学の三者では方法に違いがある。測定機関によって下一桁の数値の扱いが異なるためで，これらの標記方法が異なっている。

　　　　　名古屋大学：測定値の数値をそのまま記載する。
　　　　　米ベータアナリティック社：10年単位で標記している。
　　　　　東京大学：誤差±50年以内であれば，5年単位で標記する。（2捨3入・7捨8入）
　　　　　　　　例）2342±32→2340±30　　2347±33→2345±35
　　　　　　　誤差±50年超であれば，10年単位で標記している。（4捨5入）
　　　　　　　　例）2343±62→2340±60
　　　　　株式会社パレオ・ラボの表記方法は，東京大学の表記方法に準じている。
　　　　　株式会社加速器分析研究所：誤差の大きさにかかわらず，4捨5入で表記している。
　　注）このδ^{13}C値は，AMSによる測定の際に計測されるもので，⑬の安定同位体質量分析計で計測されたδ^{13}C値ではない。AMSで計測されるδ^{13}C値は，試料調製および測定の際の変動を受け，厳密には試料自身のδ^{13}C値として採用するべきではないため，本報告では掲載していない。

⑫較正年代（cal BC：紀元前の暦年代を示す）

　炭素14年代補正値は暦年代に相当するものではなく，国際学会によって提案された較正曲線（IntCal04）によって暦年代へと変換される。この変換された暦年代が較正年代となる。この範囲の中に約95％の範囲を計算して示している。この年代は計算方法や較正曲線の更新により，後日若干の変更が出る場合がある。

　　＊表中のADは，紀元後の年代を示す。
　　＊較正年代は確率密度の高いものから順に，3位までを採用した。3位以下は省略している。
　　＊炭素14年代の較正には較正曲線IntCal04が用いられている。したがって，適用できる範囲を超える古い年代・新しい年代については較正年代を算出することができないので，一部の較正年代は空白となっている。

⑬δ^{13}C（‰：permil）

　試料の炭素13と炭素12の比率を示すもので，標準試料との差を千分率偏差（‰：permil）で示す。測定は安定同位体質量分析計による値を採用している。この値は試料の炭素の由来を反映し，海洋リザーバー効果の影響やC4植物（雑穀類）などの検討材料になる。

　この分析は主に土器付着物を中心に測定を行なっており，今回は米ベータアナリティック社（Beta社），昭光通商株式会社（昭光通商），加速器分析研究所（IAAA社）の測定データを掲載している。現在すべての試料で行なっているとは限らないが，今後，データの蓄積をすすめる計画である。

　　Beta社：炭素14年代の測定をBeta社に依頼した場合，可能なものについては安定同位体質量分析計によるδ^{13}C値が報告される。測定できなかった試料は「NA」と表記。
　　昭光通商：国立歴史民俗博物館にて洗浄処理（酸・アルカリ・酸処理）を施した試料の測定を依頼。
　　IAAA社（加速器分析研究所）：国立歴史民俗博物館などで試料から取り出した二酸化炭素の測定を依頼。

遺跡名	測定試料名	所在地	所蔵・協力機関	試料の種類	試料の詳細	採取部位	試料の時代
H519遺跡	HDSP-17-ad	北海道札幌市	札幌市埋蔵文化財センター	木材			縄文〜続縄文
K113遺跡	HDSP-32	北海道札幌市	札幌市埋蔵文化財センター	種実			続縄文
K135遺跡	HDSP-24	北海道札幌市	札幌市埋蔵文化財センター	種実			続縄文
K135遺跡	HDSP-26	北海道札幌市	札幌市埋蔵文化財センター	種実			続縄文
K135遺跡	HDSP-27	北海道札幌市	札幌市埋蔵文化財センター	種実			続縄文
K135遺跡	HDSP-29	北海道札幌市	札幌市埋蔵文化財センター	種実			続縄文
対雁2遺跡	HDMTK-171-b	北海道江別市	(財)北海道埋蔵文化財センター	土器付着物	深鉢	胴内	縄文晩期
対雁2遺跡	HDMTK-181-a	北海道江別市	(財)北海道埋蔵文化財センター	土器付着物	深鉢	口縁外	縄文晩期
対雁2遺跡	HDMTK-181-a-ad	北海道江別市	(財)北海道埋蔵文化財センター	土器付着物	深鉢	口縁外	縄文晩期
対雁2遺跡	HDMTK-181-b	北海道江別市	(財)北海道埋蔵文化財センター	土器付着物	深鉢	胴外	縄文晩期
対雁2遺跡	HDMTK-181-c	北海道江別市	(財)北海道埋蔵文化財センター	土器付着物	深鉢	口縁内	縄文晩期
対雁2遺跡	HDMTK-181-d	北海道江別市	(財)北海道埋蔵文化財センター	土器付着物	深鉢	胴内	縄文晩期
対雁2遺跡	HDMTK-181-d-ad	北海道江別市	(財)北海道埋蔵文化財センター	土器付着物	深鉢	胴内	縄文晩期
対雁2遺跡	HDMTK-201-a	北海道江別市	(財)北海道埋蔵文化財センター	土器付着物		口縁外	縄文晩期
対雁2遺跡	HDMTK-201-b	北海道江別市	(財)北海道埋蔵文化財センター	土器付着物		胴外	縄文晩期
対雁2遺跡	HDMTK-201-c	北海道江別市	(財)北海道埋蔵文化財センター	土器付着物		底内	縄文晩期
対雁2遺跡	HDMTK-216-a1	北海道江別市	(財)北海道埋蔵文化財センター	土器付着物	深鉢	胴外	縄文晩期
対雁2遺跡	HDMTK-216-a1(re)	北海道江別市	(財)北海道埋蔵文化財センター	土器付着物	深鉢	胴外	縄文晩期
対雁2遺跡	HDMTK-216-a2	北海道江別市	(財)北海道埋蔵文化財センター	土器付着物	深鉢	胴外	縄文晩期
対雁2遺跡	HDMTK-216-a2(re)	北海道江別市	(財)北海道埋蔵文化財センター	土器付着物	深鉢	胴外	縄文晩期
対雁2遺跡	HDMTK-216-a2-ad	北海道江別市	(財)北海道埋蔵文化財センター	土器付着物	深鉢	胴外	縄文晩期
対雁2遺跡	HDMTK-216-a3	北海道江別市	(財)北海道埋蔵文化財センター	土器付着物	深鉢	口縁外	縄文晩期
対雁2遺跡	HDMTK-216-a5	北海道江別市	(財)北海道埋蔵文化財センター	土器付着物	深鉢	口縁外	縄文晩期
対雁2遺跡	HDMTK-216-b	北海道江別市	(財)北海道埋蔵文化財センター	土器付着物	深鉢	底内	縄文晩期
対雁2遺跡	HDMTK-216-b(re)	北海道江別市	(財)北海道埋蔵文化財センター	土器付着物	深鉢	底内	縄文晩期
対雁2遺跡	HDMTK-256-a2(re)	北海道江別市	(財)北海道埋蔵文化財センター	土器付着物	深鉢	口縁外	縄文晩期
対雁2遺跡	HDMTK-256-a3(re)	北海道江別市	(財)北海道埋蔵文化財センター	土器付着物	深鉢	口縁外	縄文晩期
対雁2遺跡	HDMTK-256-a	北海道江別市	(財)北海道埋蔵文化財センター	土器付着物	深鉢	胴外	縄文晩期
対雁2遺跡	HDMTK-315-a	北海道江別市	(財)北海道埋蔵文化財センター	土器付着物		胴外	縄文晩期
対雁2遺跡	HDMTK-418-a	北海道江別市	(財)北海道埋蔵文化財センター	土器付着物	深鉢	口縁内	縄文晩期
生渕2遺跡	HDMNB-1-a	北海道せたな町	(財)北海道埋蔵文化財センター	土器付着物	深鉢	口縁外	縄文晩期
生渕2遺跡	HDMNB-2	北海道せたな町	(財)北海道埋蔵文化財センター	土器付着物	深鉢	口縁内	縄文晩期
生渕2遺跡	HDMNB-3	北海道せたな町	(財)北海道埋蔵文化財センター	土器付着物	深鉢	底外	縄文晩期
生渕2遺跡	HDMNB-4	北海道せたな町	(財)北海道埋蔵文化財センター	土器付着物	深鉢	胴外	縄文晩期
生渕2遺跡	HDMNB-5-a	北海道せたな町	(財)北海道埋蔵文化財センター	土器付着物	深鉢(在地系)	口縁外	縄文晩期
生渕2遺跡	HDMNB-5-b	北海道せたな町	(財)北海道埋蔵文化財センター	土器付着物	深鉢(在地系)	口縁内	縄文晩期
生渕2遺跡	HDMNB-8	北海道せたな町	(財)北海道埋蔵文化財センター	土器付着物	深鉢	口縁内	縄文晩期
臼尻小学校遺跡	HDMK-C2	北海道函館市	特定非営利活動法人函館市埋蔵文化財事業団	炭化材			縄文後期
臼尻小学校遺跡	HDMK-C3	北海道函館市	特定非営利活動法人函館市埋蔵文化財事業団	炭化材			縄文後期
臼尻小学校遺跡	HDMK-C4	北海道函館市	特定非営利活動法人函館市埋蔵文化財事業団	炭化材			縄文後期
臼尻小学校遺跡	HDMK-C5	北海道函館市	特定非営利活動法人函館市埋蔵文化財事業団	炭化材			縄文後期
臼尻小学校遺跡	HDMK-C7	北海道函館市	特定非営利活動法人函館市埋蔵文化財事業団	炭化材			縄文後期
臼尻小学校遺跡	HDMK-C9	北海道函館市	特定非営利活動法人函館市埋蔵文化財事業団	炭化材			縄文後期
臼尻小学校遺跡	HDMK-C21	北海道函館市	特定非営利活動法人函館市埋蔵文化財事業団	炭化材			縄文後期
臼尻小学校遺跡	HDMK-C22	北海道函館市	特定非営利活動法人函館市埋蔵文化財事業団	炭化材			縄文後期
臼尻小学校遺跡	HDMK-C23	北海道函館市	特定非営利活動法人函館市埋蔵文化財事業団	炭化材			縄文後期

データ一覧表

試料の時期	測定機関番号	炭素14年代 (^{14}C BP)	較正年代(cal BC) 確率1位		確率2位		確率3位		δ^{13}C値(‰) Beta社	昭光通商	IAAA社
縄文晩期～続縄文	Beta-203993	1870 ±40	AD60-AD240	95.5%					-25.3‰		
北大Ⅱ式	Beta-204004	1620 ±40	AD375-AD540	89.5%	AD345-AD375	5.9%			-28.6‰		
後北C2-D式(新)	Beta-204000	1760 ±40	AD210-AD385	85.1%	AD140-AD195	10.3%			-24.2‰		
後北C2-D式(新)	Beta-204001	1840 ±40	AD75-AD255	94.5%	AD305-AD315	1.0%			-24.3‰		
後北C2-D式(新)	Beta-204002	1940 ±40	45-AD135	95.4%					-25.3‰		
後北C2-D式(新)	Beta-204003	1900 ±40	AD25-AD225	95.5%					-27.5‰		
大洞A´式併行在地系	Beta-198869	2620 ±40	850-755	88.3%	895-865	3.2%	685-670	2.9%	-24.9‰		
大洞A´式併行在地系	MTC-05088	2935 ±45	1290-1005	95.5%						-24.2‰	
大洞A´式併行在地系	MTC-05915	2945 ±45	1300-1010	95.4%						-24.3‰	
大洞A´式併行在地系	MTC-05089	2980 ±40	1320-1110	86.2%	1375-1340	4.8%	1100-1070	3.3%		-23.6‰	
大洞A´式併行在地系	MTC-05090	3050 ±40	1415-1210	94.7%	1140-1135	0.5%				-22.5‰	
大洞A´式併行在地系	MTC-05091	2990 ±35	1320-1115	88.7%	1375-1335	6.8%				-18.6‰	
大洞A´式併行在地系	MTC-05916	2925 ±40	1260-1005	95.5%						-20.5‰	
大洞A´式併行在地系	MTC-05092	2825 ±40	1120-895	94.9%	865-860	0.5%				-24.1‰	
大洞A´式併行在地系	Beta-196412	3000 ±40	1385-1125	95.5%					-24.2‰		
大洞A´式併行在地系	MTC-05093	2990 ±35	1320-1115	88.7%	1375-1335	6.8%				-19.2‰	
大洞A´式併行在地系	MTC-05094	2685 ±35	900-800	94.8%						-24.9‰	
大洞A´式併行在地系	MTC-05397	2730 ±60	1005-800	95.5%							
大洞A´式併行在地系	MTC-05095	2930 ±40	1265-1010	95.4%						-24.1‰	
大洞A´式併行在地系	MTC-05398	2920 ±45	1265-980	95.4%							
大洞A´式併行在地系	MTC-05917	2960 ±80	1400-975	94.7%	955-945	0.7%				-23.7‰	
大洞A´式併行在地系	MTC-05919	2625 ±40	850-760	88.2%	895-865	4.2%	680-670	1.9%		-24.9‰	
大洞A´式併行在地系	MTC-05920	2905 ±40	1215-975	91.5%	1260-1230	3.9%				-24.1‰	
大洞A´式併行在地系	MTC-05096	2650 ±35	850-785	83.2%	895-865	9.4%	865-850	2.9%			
大洞A´式併行在地系	Beta-198870	2710 ±40	925-800	95.0%	965-965	0.5%			-19.3‰	-20.5‰	
大洞A´式併行在地系	MTC-05921	2810 ±40	1055-840	93.9%	1075-1065	0.9%	1110-1100	0.6%		-24.2‰	
大洞A´式併行在地系	MTC-05922	4345 ±45	3030-2890	84.8%	3090-3040	10.5%				-24.3‰	
大洞A´式併行在地系	MTC-05399	3055 ±45	1425-1205	93.9%	1205-1195	0.9%	1140-1130	0.7%		-23.9‰	
大洞A´式併行在地系	MTC-05400	2930 ±60	1315-970	93.4%	955-940	1.4%	1370-1360	0.7%		-23.9‰	
大洞A´式併行在地系	Beta-198871	3120 ±40	1465-1295	91.4%	1495-1470	4.0%			-20.7‰		
上ノ国式(大洞B-C式併行)	MTC-05393	3025 ±45	1405-1185	87.4%	1180-1155	4.7%	1145-1130	3.4%		-24.1‰	
上ノ国式(大洞B-C式併行)	MTC-05394	3190 ±50	1540-1380	88.5%	1605-1570	4.6%	1560-1545	1.4%		-21.9‰	
上ノ国式(大洞B-C式併行)	MTC-05395	3080 ±70	1495-1185	91.0%	1180-1155	2.6%	1145-1130	1.8%		-20.5‰	
上ノ国式(大洞B-C式併行)	MTC-05396	3340 ±50	1740-1510	95.4%						-23.0‰	
大洞C2式併行	MTC-05086	3135 ±40	1495-1365	80.7%	1360-1315	14.8%				-24.2‰	
大洞C2式併行	MTC-05087	3210 ±70	1645-1370	91.8%	1345-1315	2.6%	1665-1645	1.1%		-22.5‰	
上ノ国式(大洞B-C式併行)	MTC-05913	3300 ±40	1685-1495	95.5%						-22.1‰	
鮸澗式	Beta-201633	3360 ±40	1740-1600	78.0%	1595-1530	17.5%			-27.2‰		
鮸澗式	Beta-201632	3380 ±40	1770-1600	87.5%	1590-1530	7.9%			-26.2‰		
鮸澗式	Beta-201628	3350 ±40	1695-1525	85.7%	1740-1705	9.8%			-26.5‰		
鮸澗式	Beta-201634	3330 ±40	1690-1515	92.2%	1735-1715	3.3%			-26.3‰		
鮸澗式	Beta-201631	3380 ±40	1770-1600	87.5%	1590-1530	7.9%			-25.1‰		
鮸澗式	Beta-201630	3360 ±40	1740-1600	78.0%	1595-1530	17.5%			-26.7‰		
堂林式	PLD-4819	3320 ±25	1665-1525	93.7%	1680-1670	1.7%					
堂林式	PLD-4818	3345 ±20	1690-1605	81.5%	1585-1535	14.0%					
堂林式	PLD-4817	3245 ±25	1540-1445	77.3%	1605-1570	14.0%	1560-1545	3.6%			

遺跡名	測定試料名	所在地	所蔵・協力機関	試料の種類	試料の詳細	採取部位	試料の時代
臼尻小学校遺跡	HDMK-C41	北海道函館市	特定非営利活動法人函館市埋蔵文化財事業団	種実			縄文後期
臼尻小学校遺跡	HDMK-C41(rt)	北海道函館市	特定非営利活動法人函館市埋蔵文化財事業団	種実			縄文後期
臼尻小学校遺跡	HDMK-C42	北海道函館市	特定非営利活動法人函館市埋蔵文化財事業団	種実			縄文後期
川原平(1)遺跡	AOMB-024	青森県西目屋村	青森県埋蔵文化財調査センター	土器付着物		口縁外	縄文晩期
川原平(1)遺跡	AOMB-025-a	青森県西目屋村	青森県埋蔵文化財調査センター	土器付着物		胴内	縄文晩期
川原平(1)遺跡	AOMB-027	青森県西目屋村	青森県埋蔵文化財調査センター	土器付着物		口縁内	縄文晩期
川原平(1)遺跡	AOMB-028	青森県西目屋村	青森県埋蔵文化財調査センター	土器付着物		口縁外	縄文晩期
川原平(1)遺跡	AOMB-044-a	青森県西目屋村	青森県埋蔵文化財調査センター	土器付着物		口縁内	縄文晩期
川原平(1)遺跡	AOMB-044-a(rt)	青森県西目屋村	青森県埋蔵文化財調査センター	土器付着物		口縁内	縄文晩期
川原平(1)遺跡	AOMB-046	青森県西目屋村	青森県埋蔵文化財調査センター	土器付着物		口縁外	縄文晩期
三内沢部(3)遺跡	AOMB-014	青森県青森市	青森県埋蔵文化財調査センター	土器付着物		胴外	縄文後期
三内沢部(3)遺跡	AOMB-016-a	青森県青森市	青森県埋蔵文化財調査センター	土器付着物		胴内	縄文晩期
米山(2)遺跡	AOMB-001-a	青森県青森市	青森県埋蔵文化財調査センター	土器付着物		胴内	縄文晩期
米山(2)遺跡	AOMB-001-b	青森県青森市	青森県埋蔵文化財調査センター	土器付着物		胴外	縄文晩期
米山(2)遺跡	AOMB-004	青森県青森市	青森県埋蔵文化財調査センター	土器付着物		口縁外	弥生前期
楢館遺跡	AOMB-017-a	青森県八戸市	青森県埋蔵文化財調査センター	土器付着物		胴内	縄文後期
畑内遺跡	AO-107(a)	青森県八戸市	青森県埋蔵文化財調査センター	土器付着物		口縁外	縄文晩期
畑内遺跡	AO-107(b)	青森県八戸市	青森県埋蔵文化財調査センター	土器付着物		口縁内	縄文晩期
畑内遺跡	AO-133(a)	青森県八戸市	青森県埋蔵文化財調査センター	土器付着物		口縁外	縄文晩期
畑内遺跡	AO-133(b)	青森県八戸市	青森県埋蔵文化財調査センター	土器付着物		口縁外	縄文晩期
風張(1)遺跡	AOH-K1	青森県八戸市	八戸市教育委員会	土器付着物		胴外,胴内	縄文後期
風張(1)遺跡	AOH-K4	青森県八戸市	八戸市教育委員会	土器付着物		胴内下	縄文後期
風張(1)遺跡	AOH-K6	青森県八戸市	八戸市教育委員会	炭化材			縄文後期
風張(1)遺跡	AOH-K7	青森県八戸市	八戸市教育委員会	炭化材			縄文後期
風張(1)遺跡	AOH-K7(rt)	青森県八戸市	八戸市教育委員会	炭化材			縄文後期
風張(1)遺跡	AOH-K8	青森県八戸市	八戸市教育委員会	炭化材			弥生前期
風張(1)遺跡	AOH-K8(rt)	青森県八戸市	八戸市教育委員会	炭化材			弥生前期
風張(1)遺跡	AOH-076	青森県八戸市	八戸市教育委員会	種実			縄文後期
風張(1)遺跡	AOH-076(rt)	青森県八戸市	八戸市教育委員会	種実			縄文後期
風張(1)遺跡	AOH-121	青森県八戸市	八戸市教育委員会	種実			縄文後期
風張(1)遺跡	AOH-121(rt)	青森県八戸市	八戸市教育委員会	種実			縄文後期
是川遺跡	AOH-10-7	青森県八戸市	八戸市教育委員会	漆		胴部内外漆容器	縄文晩期
是川遺跡	REK-NG-16	青森県八戸市	八戸市教育委員会	漆		樹皮製品	縄文晩期
是川遺跡	REK-NG-17	青森県八戸市	八戸市教育委員会	漆		藍胎漆器,竹製品上	縄文晩期
是川中居遺跡	AOH-L003	青森県八戸市	八戸市教育委員会	土器付着物		口縁内	縄文晩期
是川中居遺跡	AOH-L12-a	青森県八戸市	八戸市教育委員会	土器付着物		胴内	縄文晩期
是川中居遺跡	AOH-L14	青森県八戸市	八戸市教育委員会	土器付着物	深鉢	口縁外	縄文晩期
是川中居遺跡	AOH-NG19	青森県八戸市	八戸市教育委員会	漆		木胎部	縄文晩期
是川中居遺跡	AOH-NG20	青森県八戸市	八戸市教育委員会	漆		樹皮・漆	縄文晩期
是川中居遺跡	AOH-027	青森県八戸市	八戸市教育委員会	土器付着物		胴内	縄文晩期
是川中居遺跡	AOH-027(rt)	青森県八戸市	八戸市教育委員会	土器付着物		胴内	縄文晩期
是川中居遺跡	AOH-032	青森県八戸市	八戸市教育委員会	土器付着物	台付鉢	口縁内	縄文晩期
是川中居遺跡	AOH-032(re)	青森県八戸市	八戸市教育委員会	土器付着物	台付鉢	口縁内	縄文晩期
是川中居遺跡	AOH-H14-1	青森県八戸市	八戸市教育委員会	土器付着物		口縁外	縄文晩期
是川中居遺跡	AOH-H14-1(rt)	青森県八戸市	八戸市教育委員会	土器付着物		口縁外	縄文晩期
是川中居遺跡	AOH-H14-2	青森県八戸市	八戸市教育委員会	土器付着物		胴内	弥生前期
是川中居遺跡	AOH-H14-2(re)	青森県八戸市	八戸市教育委員会	土器付着物		胴内	弥生前期
是川中居遺跡	AOH-H14-2(rt)	青森県八戸市	八戸市教育委員会	土器付着物		胴内	弥生前期
是川中居遺跡	KOR-1	青森県八戸市	八戸市教育委員会	種実			縄文後期
是川中居遺跡	KOR-2	青森県八戸市	八戸市教育委員会	種実			縄文後期
是川中居遺跡	KOR-3	青森県八戸市	八戸市教育委員会	種実			縄文後期
是川中居遺跡	KOR-4	青森県八戸市	八戸市教育委員会	種実			縄文後期
是川中居遺跡	AOH-11-5	青森県八戸市	八戸市教育委員会	土器付着物		胴内	縄文晩期
是川中居遺跡	AOH-29-6	青森県八戸市	八戸市教育委員会	土器付着物	台付鉢	口縁外	縄文晩期
是川中居遺跡	AOH-29-6(re)	青森県八戸市	八戸市教育委員会	土器付着物	台付鉢	口縁外	縄文晩期
田向冷水遺跡	AOHT-026-a	青森県八戸市	八戸市教育委員会	土器付着物	無頸壺	胴内	古墳中期〜後期
田向冷水遺跡	AOHT-027-a	青森県八戸市	八戸市教育委員会	土器付着物	坏	胴内	古墳中期〜後期
田向冷水遺跡	AOHT-027-b	青森県八戸市	八戸市教育委員会	土器付着物	坏	胴外	古墳中期〜後期
田向冷水遺跡	AOHT-028	青森県八戸市	八戸市教育委員会	土器付着物	深鉢	口縁外	古墳中期
田向冷水遺跡	AOHT-030-a	青森県八戸市	八戸市教育委員会	土器付着物	甕	胴内	古墳中期〜後期
田向冷水遺跡	AOHT-030-b	青森県八戸市	八戸市教育委員会	土器付着物	甕	胴外	古墳中期〜後期
田向冷水遺跡	AOHT-031-b	青森県八戸市	八戸市教育委員会	土器付着物	深鉢	口縁外	古墳中期
田向冷水遺跡	AOHT-032-b	青森県八戸市	八戸市教育委員会	土器付着物	深鉢	口縁外	古墳中期
高樋(3)遺跡	AOIN-C4	青森県田舎館村	田舎館村埋蔵文化財センター	種実			弥生中期
高樋(3)遺跡	AOIN-C5	青森県田舎館村	田舎館村埋蔵文化財センター	種実			弥生中期
垂柳遺跡	AOIN-C1	青森県田舎館村	田舎館村埋蔵文化財センター	木材			弥生中期
垂柳遺跡	AOIN-C2	青森県田舎館村	田舎館村埋蔵文化財センター	木材			弥生中期
漆下遺跡	AKT-118	秋田県北秋田市	秋田県埋蔵文化財センター	土器付着物		口縁内	縄文後期
漆下遺跡	AKT-121	秋田県北秋田市	秋田県埋蔵文化財センター	土器付着物		胴内	縄文後期
漆下遺跡	AKT-121(re)	秋田県北秋田市	秋田県埋蔵文化財センター	土器付着物		胴内	縄文後期
漆下遺跡	AKT-124	秋田県北秋田市	秋田県埋蔵文化財センター	土器付着物		口縁内,胴内	縄文後期
漆下遺跡	AKT-124(re)	秋田県北秋田市	秋田県埋蔵文化財センター	土器付着物		口縁内,胴内	縄文後期
漆下遺跡	AKT-128	秋田県北秋田市	秋田県埋蔵文化財センター	土器付着物		胴内	縄文後期
砕渕遺跡	AKT-063(re)	秋田県北秋田市	秋田県埋蔵文化財センター	土器付着物		口縁内	縄文後期
砕渕遺跡	AKT-065	秋田県北秋田市	秋田県埋蔵文化財センター	土器付着物		口縁外,胴外上	縄文後期

データ一覧表

試料の時期	測定機関番号	炭素14年代 (^{14}C BP)		較正年代(cal BC) 確率1位		確率2位		確率3位		$\delta^{13}C$値(‰) Beta社	昭光通商	IAAA社
鮭洞式	Beta-201629	3270	±40	1635-1445	95.1%	1655-1655	0.4%			-25.8‰		
鮭洞式	PLD-4097	3205	±30	1525-1420	95.4%							
鮭洞式	PLD-4815	3280	±25	1615-1500	95.4%							
大洞B-C式	MTC-06393	2875	±30	1130-970	88.6%	960-935	4.0%	1155-1145	1.5%			
大洞B-C式	MTC-06394	2925	±35	1220-1010	88.4%	1260-1230	7.1%					
大洞B2式	MTC-06395	2960	±30	1270-1110	86.0%	1105-1055	7.1%	1290-1275	2.3%			
大洞B1式	Beta-209317	4280	±40	3015-2870	89.6%	2805-2775	4.5%	2770-2760	1.0%	-25.2‰		
大洞C2式	Beta-209379	2710	±40	925-800	95.0%	965-965	0.5%			NA		
大洞C2式	MTC-06396	2580	±80	895-495	91.4%	440-415	2.1%	460-445	1.2%			
大洞B-C式	Beta-209318	2990	±40	1325-1110	85.5%	1385-1330	8.9%	1100-1085	0.8%	NA		
大木10式併行〜後期初頭	MTC-05391	3945	±40	2500-2335	73.8%	2570-2515	17.7%	2325-2300	3.9%		-25.5‰	
大洞C2式〜A1式	MTC-05215	2585	±35	815-745	75.7%	685-665	9.8%	640-590	8.2%		-26.4‰	
大洞A'〜C2式	IAAA-41126	2570	±30	805-745	70.4%	685-665	12.8%	640-590	10.2%			-26.0‰
大洞A'〜C2式	MTC-05390	2450	±35	595-410	57.1%	755-685	23.8%	670-610	14.5%		-25.7‰	
大洞A'式〜砂沢式	Beta-197423	2470	±40	670-480	57.1%	765-680	26.9%	470-410	11.5%	NA		
沖附式	MTC-05216	3845	±40	2460-2200	95.4%						-24.5‰	
大洞A-A'式?	IAAA-30458	2910	±80	1315-905	93.1%	1375-1340	2.3%					
大洞A-A'式?	Beta-178399	2790	±40	1030-835	94.4%	1040-1030	1.0%			-23.1‰		
大洞A-A'式	IAAA-30457	2470	±70	770-405	95.4%							-25.8‰
大洞A-A'式	Beta-178400	2600	±30	820-760	92.1%	680-670	3.4%			NA		
十腰内5式直後	IAAA-31587	3550	±30	1975-1860	67.0%	1850-1770	27.5%	2010-2000	0.9%			-23.4‰
十腰内3式	Beta-187220	3690	±40	2150-1925	86.9%	2200-2160	8.6%			-22.5‰	-22.1‰	
十腰内5式直後	IAAA-31588	3380	±30	1750-1605	94.8%	1570-1560	0.7%					
十腰内5式以降	Beta-187229	3140	±40	1500-1370	83.6%	1360-1315	11.9%			-25.4‰		
十腰内5式以降	PLD-4173	3175	±25	1495-1410	95.5%							
馬場野II式	Beta-187228	2300	±40	410-345	59.2%	315-205	36.3%			-25.2‰		
馬場野II式	PLD-4131	2170	±20	355-285	54.9%	235-165	39.3%	255-245	1.3%			
十腰内5式以降	IAAA-30444	3090	±50	1455-1255	91.6%	1240-1215	2.7%	1490-1475	1.1%			
十腰内5式以降	PLD-4172	3175	±25	1495-1410	95.5%							
十腰内4〜5式	IAAA-30445	3090	±50	1455-1255	91.6%	1240-1215	2.7%	1490-1475	1.1%			
十腰内4〜5式	PLD-4171	3175	±25	1495-1410	95.5%							
大洞C2式	IAAA-30447	2720	±80	1055-770	93.4%	1090-1060	1.3%	1110-1100	0.7%			
大洞式	MTC-03795	2980	±35	1315-1110	90.1%	1370-1340	3.7%	1100-1085	1.1%			
大洞式	MTC-03796	3040	±60	1430-1120	95.5%							
大洞B-C式	MTC-03775	2905	±30	1210-1005	95.2%	1245-1245	0.3%				-26.3‰	
大洞C1式	MTC-04330	2930	±30	1215-1025	88.2%	1260-1230	7.3%				-25.6‰	
大洞B-C式	Beta-190354	3080	±40	1435-1260	94.8%	1225-1220	0.7%			-24.9‰		
	MTC-04331	2895	±35	1210-975	94.6%	950-945	0.5%	1245-1245	0.4%			
	MTC-04332	2610	±35	835-755	91.7%	685-670	3.5%					
大洞C1式	IAAA-30443	2950	±50	1315-1010	94.5%	1370-1355	0.9%					-26.7‰
大洞C1式	PLD-4127	2960	±40	1265-1115	95.2%	1285-1285	0.2%					
大洞式	IAAA-30442	3140	±70	1535-1255	91.5%	1605-1570	2.0%	1235-1215	1.5%			
大洞B式	Beta-189943	3190	±40	1530-1390	94.8%	1600-1590	0.7%			NA	-22.4‰	
大洞B-C式	IAAA-30441	2850	±50	1135-895	89.4%	1195-1140	5.5%	1210-1200	0.5%			-24.5‰
大洞B-C式	PLD-4128	2925	±20	1215-1045	93.0%	1255-1235	2.4%					
砂沢式併行	IAAA-31127	2220	±40	385-195	95.5%							
砂沢式併行	Beta-189945	2210	±40	385-185	95.4%					-24.6‰		-24.7‰
砂沢式併行	PLD-4130	2170	±20	355-285	54.9%	235-165	39.3%	255-245	1.3%			
	Beta-163814	3140	±40	1500-1370	83.6%	1360-1315	11.9%			-26.2‰		
	Beta-163815	3140	±40	1500-1370	83.6%	1360-1315	11.9%			-24.2‰		
	Beta-163816	3120	±40	1465-1295	91.4%	1495-1470	4.0%			-25.4‰		
	Beta-163817	3140	±40	1500-1370	83.6%	1360-1315	11.9%			-23.3‰		
大洞C2式	IAAA-30446	2580	±60	845-510	94.5%	830-875	1.0%					-27.0‰
大洞C2式	IAAA-30440	2810	±60	1130-820	95.4%							
大洞C2式	Beta-189939	3000	±40	1385-1125	95.5%					NA	-25.1‰	
南小泉式	IAAA-41886	1740	±40	AD210-AD410	94.3%	AD175-AD190	1.2%					
南小泉式	IAAA-41887	1590	±40	AD395-AD560	95.5%							-24.1‰
南小泉式	IAAA-41888	1780	±40	AD130-AD350	94.2%	AD370-AD380	1.2%					
北大I式	IAAA-41889	1540	±40	AD425-AD600	95.4%							
南小泉式	IAAA-41890	1670	±40	AD255-AD435	90.8%	AD490-AD510	3.0%	AD515-AD530	1.7%			
南小泉式	IAAA-41891	1580	±40	AD400-AD570	95.5%							-27.1‰
北大I式	IAAA-41892	1520	±40	AD430-AD620	95.4%							-26.6‰
北大I式	Beta-199824	1710	±40	AD240-AD415	95.4%					-25.5‰		
不明	Beta-201269	2170	±40	370-105	95.4%					-27.6‰		
不明	Beta-201270	2210	±40	385-185	95.4%					-26.3‰		
不明	Beta-201267	2140	±40	235-50	72.0%	355-285	22.5%	255-245	0.9%	-27.3‰		
不明	Beta-201268	2170	±40	380-150	92.2%	135-115	3.2%			-24.8‰		
十腰内5式	IAAA-31605	3150	±30	1495-1385	93.7%	1330-1325	1.7%					-25.8‰
十腰内2式(加曽利B1式併行)	Beta-186413	3640	±40	2065-1905	74.3%	2135-2075	19.8%	2075-2065	1.3%	-26.1‰		
十腰内2式(加曽利B1式併行)	MTC-04046	3495	±35	1915-1735	94.3%	1705-1695	1.2%					
十腰内5式	Beta-186412	3280	±40	1640-1485	88.0%	1485-1450	5.4%	1665-1650	2.0%	-24.3‰	-25.3‰	
十腰内5式	MTC-04047	3250	±40	1615-1435	95.5%							
十腰内1式	IAAA-31606	3620	±30	2035-1890	91.6%	2115-2095	3.9%					
十腰内1式(古)	MTC-05382	3875	±35	2465-2280	89.2%	2250-2230	4.5%	2220-2210	1.8%		-23.9‰	
十腰内5式以降	IAAA-40517	2950	±40	1295-1025	95.4%							-27.5‰

遺跡名	測定試料名	所在地	所蔵・協力機関	試料の種類	試料の詳細	採取部位	試料の時代
岱Ⅱ遺跡	AKT-113	秋田県北秋田市	秋田県埋蔵文化財センター	土器付着物		胴外	弥生前期
日廻岱B遺跡	AKT-135(re)	秋田県北秋田市	秋田県埋蔵文化財センター	土器付着物		胴外	縄文後期
向様田A遺跡	AKT-139	秋田県北秋田市	秋田県埋蔵文化財センター	土器付着物	深鉢	胴内	縄文晩期
向様田A遺跡	AKT-143	秋田県北秋田市	秋田県埋蔵文化財センター	土器付着物		口縁内	縄文晩期
向様田A遺跡	AKT-145	秋田県北秋田市	秋田県埋蔵文化財センター	土器付着物	台付鉢	口縁内	縄文晩期
向様田A遺跡	AKT-152	秋田県北秋田市	秋田県埋蔵文化財センター	土器付着物		胴内	縄文晩期
向様田A遺跡	AKT-153	秋田県北秋田市	秋田県埋蔵文化財センター	土器付着物		胴内	縄文晩期
向様田A遺跡	AKT-159(re)	秋田県北秋田市	秋田県埋蔵文化財センター	土器付着物		胴外	縄文晩期
向様田A遺跡	AKT-163	秋田県北秋田市	秋田県埋蔵文化財センター	土器付着物		胴内	縄文晩期
向様田A遺跡	AKT-164(re)	秋田県北秋田市	秋田県埋蔵文化財センター	土器付着物		胴内	縄文晩期
向様田D遺跡	AKT-204-C	秋田県北秋田市	秋田県埋蔵文化財センター	土器付着物	深鉢	胴内下	縄文晩期
向様田D遺跡	AKT-205-a	秋田県北秋田市	秋田県埋蔵文化財センター	土器付着物	深鉢	胴内上	縄文晩期
向様田D遺跡	AKT-207	秋田県北秋田市	秋田県埋蔵文化財センター	土器付着物	深鉢	胴内上	縄文晩期
向様田D遺跡	AKT-209	秋田県北秋田市	秋田県埋蔵文化財センター	土器付着物	深鉢	胴内上	縄文晩期
向様田D遺跡	AKT-215	秋田県北秋田市	秋田県埋蔵文化財センター	土器付着物	深鉢	口縁内・胴内上	縄文晩期
向様田D遺跡	AKT-216	秋田県北秋田市	秋田県埋蔵文化財センター	土器付着物	深鉢	口縁内	縄文晩期
向様田D遺跡	AKT-217	秋田県北秋田市	秋田県埋蔵文化財センター	土器付着物	深鉢	胴内	縄文晩期
向様田D遺跡	AKT-218-a	秋田県北秋田市	秋田県埋蔵文化財センター	土器付着物	深鉢	胴内上	縄文晩期
向様田D遺跡	AKT-220-a	秋田県北秋田市	秋田県埋蔵文化財センター	土器付着物	鉢	胴内中	縄文晩期
向様田D遺跡	AKT-226	秋田県北秋田市	秋田県埋蔵文化財センター	土器付着物	鉢	胴内上	縄文晩期
向様田D遺跡	AKT-227	秋田県北秋田市	秋田県埋蔵文化財センター	土器付着物	鉢	口縁内・胴内上	縄文晩期
柏子所Ⅱ遺跡	AKT-062	秋田県能代市	秋田県埋蔵文化財センター	土器付着物		胴内	縄文後期
中屋敷Ⅱ遺跡	AKT0400-T2	秋田県美郷町	秋田県埋蔵文化財センター	土器付着物	鉢	口縁内	縄文晩期
中屋敷Ⅱ遺跡	AKT0400-T4-a	秋田県美郷町	秋田県埋蔵文化財センター	土器付着物	鉢	口縁内	縄文晩期
中屋敷Ⅱ遺跡	AKT0400-T4-b	秋田県美郷町	秋田県埋蔵文化財センター	土器付着物	鉢	口縁外	縄文晩期
中屋敷Ⅱ遺跡	AKT0400-T10	秋田県美郷町	秋田県埋蔵文化財センター	土器付着物	鉢	口縁内	縄文晩期
中屋敷Ⅱ遺跡	AKT0400-N13	秋田県美郷町	秋田県埋蔵文化財センター	土器付着物	鉢	胴内	縄文晩期
中屋敷Ⅱ遺跡	AKT0400-T13-a	秋田県美郷町	秋田県埋蔵文化財センター	土器付着物	鉢	口縁内	縄文晩期
中屋敷Ⅱ遺跡	AKT0400-T13-b	秋田県美郷町	秋田県埋蔵文化財センター	土器付着物	鉢	口縁外	縄文晩期
中屋敷Ⅱ遺跡	AKT0400-N20	秋田県美郷町	秋田県埋蔵文化財センター	土器付着物	鉢	胴内	縄文晩期
中屋敷Ⅱ遺跡	AKT0400-N24	秋田県美郷町	秋田県埋蔵文化財センター	土器付着物	鉢	胴内	縄文晩期
中屋敷Ⅱ遺跡	AKT0400-N31-a	秋田県美郷町	秋田県埋蔵文化財センター	土器付着物	鉢	胴内	縄文晩期
中屋敷Ⅱ遺跡	AKT0400-N31-b	秋田県美郷町	秋田県埋蔵文化財センター	土器付着物	鉢	口縁外	縄文晩期
中屋敷Ⅱ遺跡	AKT0400-N41	秋田県美郷町	秋田県埋蔵文化財センター	土器付着物	鉢	口縁外	縄文晩期
虫内Ⅰ遺跡	AKT-082(re)	秋田県横手市	秋田県埋蔵文化財センター	土器付着物	粗製	胴内	縄文晩期
虫内Ⅰ遺跡	AKT-085	秋田県横手市	秋田県埋蔵文化財センター	土器付着物		胴外, 胴内	縄文晩期
虫内Ⅰ遺跡	AKT-089	秋田県横手市	秋田県埋蔵文化財センター	土器付着物		胴内, 胴外	縄文晩期
虫内Ⅰ遺跡	AKT-091	秋田県横手市	秋田県埋蔵文化財センター	土器付着物		胴内	縄文晩期
虫内Ⅰ遺跡	AKT-094	秋田県横手市	秋田県埋蔵文化財センター	土器付着物		胴内下	縄文晩期
茨野遺跡	AKT-077	秋田県大仙市	神岡町教育委員会	土器付着物		胴内	縄文後期
茨野遺跡	AKT-078	秋田県大仙市	神岡町教育委員会	土器付着物		胴外	縄文後期
茨野遺跡	AKT-079	秋田県大仙市	神岡町教育委員会	土器付着物		胴外	縄文後期
長谷堂遺跡	IWHS-13	岩手県大船渡市	(財)岩手県文化振興事業団埋蔵文化財センター	土器付着物		口縁内	縄文晩期
長谷堂遺跡	IWHS-15	岩手県大船渡市	(財)岩手県文化振興事業団埋蔵文化財センター	土器付着物		胴外	縄文晩期～弥生前期
長谷堂遺跡	IWHS-19	岩手県大船渡市	(財)岩手県文化振興事業団埋蔵文化財センター	土器付着物		胴外	弥生前期～弥生前期
大橋遺跡	IWM-C11	岩手県北上市	(財)岩手県文化振興事業団埋蔵文化財センター	炭化材			縄文期
大橋遺跡	IWM-C12	岩手県北上市	(財)岩手県文化振興事業団埋蔵文化財センター	炭化材			縄文晩期
大橋遺跡	IWM-C13(rt)	岩手県北上市	(財)岩手県文化振興事業団埋蔵文化財センター	炭化材			縄文晩期
大橋遺跡	IWM-C14	岩手県北上市	(財)岩手県文化振興事業団埋蔵文化財センター	炭化材			縄文晩期
大橋遺跡	IWM-C15	岩手県北上市	(財)岩手県文化振興事業団埋蔵文化財センター	炭化材			縄文晩期
大橋遺跡	IWM-C16	岩手県北上市	(財)岩手県文化振興事業団埋蔵文化財センター	炭化材			縄文晩期
大橋遺跡	IWM-C17	岩手県北上市	(財)岩手県文化振興事業団埋蔵文化財センター	炭化材			縄文晩期
大橋遺跡	IWM-C18(rt)	岩手県北上市	(財)岩手県文化振興事業団埋蔵文化財センター	炭化材			縄文晩期
大橋遺跡	IWM-C19	岩手県北上市	(財)岩手県文化振興事業団埋蔵文化財センター	炭化材			縄文晩期
大橋遺跡	IWM-C20	岩手県北上市	(財)岩手県文化振興事業団埋蔵文化財センター	炭化材			縄文晩期
大橋遺跡	IWM-C21	岩手県北上市	(財)岩手県文化振興事業団埋蔵文化財センター	炭化材			縄文晩期
大橋遺跡	IWM-C22	岩手県北上市	(財)岩手県文化振興事業団埋蔵文化財センター	炭化材			縄文期
大橋遺跡	IWM-39	岩手県北上市	(財)岩手県文化振興事業団埋蔵文化財センター	土器付着物	台付鉢	口縁外, 胴外	縄文晩期
大橋遺跡	IWM-193-a	岩手県北上市	(財)岩手県文化振興事業団埋蔵文化財センター	土器付着物	台付鉢	口縁内	縄文晩期
大橋遺跡	IWM-193-b	岩手県北上市	(財)岩手県文化振興事業団埋蔵文化財センター	土器付着物	台付鉢	口縁外	縄文晩期

データ一覧表

試料の時期	測定機関番号	炭素14年代 (^{14}C BP)	較正年代(cal BC) 確率1位		確率2位		確率3位		$\delta^{13}C$値 (‰) Beta社	昭光通商	IAAA社
青木畑式	IAAA-40521	2280 ±40	315-205	49.8%	400-350	45.6%					-23.7‰
韮窪式	PLD-4484	3825 ±25	2350-2195	89.3%	2405-2380	3.4%	2165-2150	1.8%		-26.3‰	
大洞B-C式	PLD-4485	2915 ±20	1135-1020	71.2%	1195-1140	22.5%	1210-1200	1.7%		-26.0‰	
大洞B-C2式	PLD-4486	2970 ±20	1265-1125	94.1%	1290-1280	1.4%				-24.7‰	
大洞C1式	IAAA-31101	2980 ±40	1320-1110	86.2%	1375-1340	4.8%	1100-1070	3.3%			
大洞C1式	PLD-4487	2880 ±20	1130-995	95.1%	985-980	0.4%				-26.3‰	
大洞B2式?	PLD-4488	3065 ±20	1405-1290	92.4%	1280-1270	2.8%					
大洞B1式	PLD-4489	2945 ±20	1220-1110	75.6%	1260-1230	11.6%	1100-1070	6.0%		-25.8‰	
大洞B-C式	IAAA-31102	3100 ±40	1445-1265	95.4%							
大洞C1式	PLD-4490	2845 ±20	1055-920	93.1%	1080-1065	2.1%	1105-1105	0.2%		-25.5‰	
大洞B-C式	PLD-4492	2945 ±20	1220-1110	75.6%	1260-1230	11.6%	1100-1070	6.0%			
大洞B-C式	PLD-4493	3265 ±20	1610-1495	95.4%							
大洞B-C式	PLD-4494	2970 ±25	1300-1115	95.4%						-25.6‰	
大洞B1式	PLD-4495	3085 ±20	1415-1305	95.5%						-25.2‰	
大洞C1式	PLD-4496	2880 ±20	1130-995	95.1%	985-980	0.4%				-25.8‰	
大洞C1式	PLD-4497	3020 ±20	1320-1210	75.7%	1380-1335	19.7%					
大洞C1式	PLD-4498	2910 ±20	1130-1015	78.3%	1195-1140	17.1%				-25.6‰	
大洞B2式	PLD-4499	2925 ±20	1215-1045	93.0%	1255-1235	2.4%				-26.7‰	
大洞B2式	PLD-4500	2870 ±20	1125-975	95.4%						-25.9‰	
大洞B-C式	PLD-4501	2985 ±20	1310-1125	95.4%							
大洞B-C式	PLD-4502	2995 ±20	1315-1185	82.8%	1180-1155	6.1%	1145-1130	5.5%		-25.4‰	
宮戸3a式	IAAA-40516	3580 ±40	2035-1870	85.5%	1845-1810	5.8%	1805-1775	4.2%			-20.4‰
大洞C2式	IAAA-41122	2570 ±40	810-735	55.2%	650-545	26.4%	690-660	13.9%			-26.0‰
大洞A式	IAAA-41123	2510 ±60	795-485	88.9%	445-415	4.1%	465-445	2.4%			
大洞A式	MTC-05388	2500 ±35	790-510	94.1%	435-420	1.3%					
大洞C1式	IAAA-41124	2820 ±40	1115-895	93.9%	870-855	1.6%					-26.8‰
大洞C2式	MTC-05383	2595 ±35	830-750	84.2%	685-665	7.1%	615-590	2.7%			
大洞C1式	IAAA-41125	2860 ±40	1130-915	92.4%	1160-1145	1.7%	1190-1175	1.4%			-27.4‰
大洞C1式	MTC-05389	2810 ±35	1050-890	91.7%	880-845	3.8%				-26.4‰	
大洞A式	MTC-05384	2495 ±35	785-505	92.8%	440-415	1.9%	460-450	0.7%			
大洞A式	Beta-198874	2490 ±40	780-495	89.1%	440-415	3.3%	460-445	1.8%	-26.3‰		
大洞C1式	MTC-05385	2935 ±35	1260-1020	95.4%						-27.4‰	
大洞C1式	MTC-05386	2870 ±40	1130-920	89.0%	1165-1140	3.5%	1190-1170	2.9%		-26.6‰	
大洞B-C2式	MTC-05387	2905 ±35	1215-1000	92.8%	1255-1235	2.6%				-26.7‰	
不明	PLD-4483	2895 ±20	1130-1005	91.5%	1155-1145	2.1%	1190-1180	1.8%		-22.7‰	
大洞B～大洞B-C式	Beta-194821	2850 ±40	1130-905	94.8%	1185-1180	0.4%	1150-1145	0.3%	-27.2‰		
大洞B式	IAAA-40518	2990 ±40	1325-1110	85.5%	1385-1330	8.9%	1100-1085	0.8%			
大洞B式	IAAA-40519	2900 ±40	1215-975	91.9%	1255-1235	2.8%	950-945	0.7%			-23.5‰
大洞B式	IAAA-40520	3030 ±40	1405-1190	91.5%	1145-1130	2.1%	1175-1160	1.9%			-23.3‰
加曽利B1式(十腰内2式)	MTC-03301	4090 ±35	2705-2565	61.7%	2860-2805	19.3%	2760-2715	8.7%			
加曽利B1式(十腰内2式・宮戸Ⅰb式)	MTC-03302	3510 ±35	1925-1740	95.4%							
宮戸Ⅰb式	MTC-03303	3720 ±40	2205-2015	90.5%	2275-2255	2.5%	1995-1980	2.0%		-24.2‰	
大洞A式～A´式	Beta-177277	2590 ±30	815-755	87.5%	685-665	6.6%	610-595	1.4%	-25.5‰		
大洞A式～砂沢式	Beta-177278	2660 ±40	900-790	95.4%					-23.0‰	-23.1‰	
大洞A´式～砂沢式	Beta-177276	2580 ±30	810-750	80.2%	685-665	9.8%	615-590	3.5%	-24.9‰	-23.9‰	
	MTC-06569	2515 ±35	790-535	94.4%	530-520	1.1%					
	MTC-06570	2500 ±35	790-510	94.1%	435-420	1.3%					
	MTC-06571	2800 ±60	1120-825	95.4%							
	MTC-06572	2670 ±50	920-775	95.5%							
	MTC-06573	2730 ±40	940-805	91.3%	975-955	4.1%					
	MTC-06574	2680 ±60	975-770	95.4%							
	MTC-06575	2735 ±40	945-805	90.0%	975-650	5.4%					
	MTC-06576	2710 ±35	920-805	95.4%							
	MTC-06577	2795 ±35	1025-840	95.3%	1035-1035	0.2%					
	MTC-06578	2890 ±35	1135-975	80.0%	1210-1140	14.1%	955-940	1.4%			
	MTC-06579	3300 ±35	1665-1500	94.7%	1680-1675	0.8%					
	MTC-06580	3960 ±35	2505-2390	51.9%	2570-2510	33.1%	2385-2345	10.5%			
大洞C2～A式	MTC-06397	2535 ±30	650-545	42.2%	795-730	35.5%	690-660	17.8%		-26.2‰	
大洞C2～A式	Beta-209320	2560 ±40	810-730	47.7%	650-540	32.6%	690-660	15.2%	-28.0‰		
大洞C2～A式	MTC-05954	2590 ±45	835-735	65.6%	650-545	19.2%	690-660	10.6%		-27.6‰	

遺跡名	測定試料名	所在地	所蔵・協力機関	試料の種類	試料の詳細	採取部位	試料の時代
大橋遺跡	IWM-201-a	岩手県北上市	(財)岩手県文化振興事業団埋蔵文化財センター	土器付着物	台付鉢	口縁外,胴外中	縄文晩期
大橋遺跡	IWM-208-a	岩手県北上市	(財)岩手県文化振興事業団埋蔵文化財センター	土器付着物	台付鉢	口胴内	縄文晩期
大橋遺跡	IWM-208-b	岩手県北上市	(財)岩手県文化振興事業団埋蔵文化財センター	土器付着物	台付鉢	口胴外	縄文晩期
大橋遺跡	IWM-302-a	岩手県北上市	(財)岩手県文化振興事業団埋蔵文化財センター	土器付着物	台付鉢	口縁内	縄文晩期
大橋遺跡	IWM-354	岩手県北上市	(財)岩手県文化振興事業団埋蔵文化財センター	土器付着物	台付鉢	口縁外	縄文晩期
大橋遺跡	IWM-380-b	岩手県北上市	(財)岩手県文化振興事業団埋蔵文化財センター	土器付着物	鉢	口縁外	縄文晩期
大橋遺跡	IWM-425-a	岩手県北上市	(財)岩手県文化振興事業団埋蔵文化財センター	土器付着物	台付鉢	胴内	縄文晩期
大橋遺跡	IWM-467-a	岩手県北上市	(財)岩手県文化振興事業団埋蔵文化財センター	土器付着物	鉢	胴内	縄文晩期
大橋遺跡	IWM-467-b	岩手県北上市	(財)岩手県文化振興事業団埋蔵文化財センター	土器付着物	鉢	口縁外,胴外	縄文晩期
大橋遺跡	IWM-531-a	岩手県北上市	(財)岩手県文化振興事業団埋蔵文化財センター	土器付着物	台付鉢	胴内	縄文晩期
大橋遺跡	IWM-531-b	岩手県北上市	(財)岩手県文化振興事業団埋蔵文化財センター	土器付着物	台付鉢	口縁外	縄文晩期
大橋遺跡	IWM-544-a	岩手県北上市	(財)岩手県文化振興事業団埋蔵文化財センター	土器付着物	台付鉢	口縁内	縄文晩期
大橋遺跡	IWM-544-b	岩手県北上市	(財)岩手県文化振興事業団埋蔵文化財センター	土器付着物	台付鉢	口縁外	縄文晩期
大橋遺跡	IWM-555	岩手県北上市	(財)岩手県文化振興事業団埋蔵文化財センター	土器付着物	鉢	口縁外	縄文晩期
大橋遺跡	IWM-683	岩手県北上市	(財)岩手県文化振興事業団埋蔵文化財センター	土器付着物	鉢	口縁内	縄文晩期
大橋遺跡	IWM-777	岩手県北上市	(財)岩手県文化振興事業団埋蔵文化財センター	土器付着物	鉢	胴内	縄文晩期
大橋遺跡	IWM-777(re)	岩手県北上市	(財)岩手県文化振興事業団埋蔵文化財センター	土器付着物	鉢	胴内	縄文晩期
大橋遺跡	IWM-820	岩手県北上市	(財)岩手県文化振興事業団埋蔵文化財センター	土器付着物	台付鉢	口縁外,口縁内,胴内	縄文晩期
大橋遺跡	IWM-840-a	岩手県北上市	(財)岩手県文化振興事業団埋蔵文化財センター	土器付着物	深鉢	胴内	縄文晩期
大橋遺跡	IWM-840-b	岩手県北上市	(財)岩手県文化振興事業団埋蔵文化財センター	土器付着物	深鉢	胴外	縄文晩期
大橋遺跡	IWM-869(re)	岩手県北上市	(財)岩手県文化振興事業団埋蔵文化財センター	土器付着物	台付鉢	胴内	縄文晩期
大橋遺跡	IWM-877	岩手県北上市	(財)岩手県文化振興事業団埋蔵文化財センター	土器付着物	台付鉢	口縁外,胴内	縄文晩期
大橋遺跡	IWM-880-b	岩手県北上市	(財)岩手県文化振興事業団埋蔵文化財センター	土器付着物	台付鉢	口縁外	縄文晩期
大橋遺跡	IWM-927-a	岩手県北上市	(財)岩手県文化振興事業団埋蔵文化財センター	土器付着物	鉢	口胴内	縄文晩期
大橋遺跡	IWM-927-b	岩手県北上市	(財)岩手県文化振興事業団埋蔵文化財センター	土器付着物	鉢	口縁外	縄文晩期
金附遺跡	IWM-1-a	岩手県北上市	(財)岩手県文化振興事業団埋蔵文化財センター	土器付着物	深鉢	胴外上	弥生中期
金附遺跡	IWM-1-b	岩手県北上市	(財)岩手県文化振興事業団埋蔵文化財センター	土器付着物	深鉢	胴外下	弥生中期
金附遺跡	IWM-1-c	岩手県北上市	(財)岩手県文化振興事業団埋蔵文化財センター	土器付着物	深鉢	胴内上	弥生中期
金附遺跡	IWM-C1	岩手県北上市	(財)岩手県文化振興事業団埋蔵文化財センター	炭化材			弥生中期
金附遺跡	IWM-2-a	岩手県北上市	(財)岩手県文化振興事業団埋蔵文化財センター	土器付着物	深鉢	胴外上	弥生中期
金附遺跡	IWM-2-b	岩手県北上市	(財)岩手県文化振興事業団埋蔵文化財センター	土器付着物	深鉢	胴内上	弥生中期
金附遺跡	IWM-C2	岩手県北上市	(財)岩手県文化振興事業団埋蔵文化財センター	炭化材			弥生前期
金附遺跡	IWM-3-a	岩手県北上市	(財)岩手県文化振興事業団埋蔵文化財センター	土器付着物	蓋	口縁外	弥生前期
金附遺跡	IWM-3-b	岩手県北上市	(財)岩手県文化振興事業団埋蔵文化財センター	土器付着物	蓋	口縁外	弥生前期
金附遺跡	IWM-C3	岩手県北上市	(財)岩手県文化振興事業団埋蔵文化財センター	炭化材			弥生中期
金附遺跡	IWM-4-a	岩手県北上市	(財)岩手県文化振興事業団埋蔵文化財センター	土器付着物	深鉢	口縁外	縄文晩期
金附遺跡	IWM-4-b	岩手県北上市	(財)岩手県文化振興事業団埋蔵文化財センター	土器付着物	深鉢	胴外	縄文晩期
金附遺跡	IWM-4-c	岩手県北上市	(財)岩手県文化振興事業団埋蔵文化財センター	土器付着物	深鉢	胴内	縄文晩期
金附遺跡	IWM-5-a	岩手県北上市	(財)岩手県文化振興事業団埋蔵文化財センター	土器付着物	深鉢	胴外	縄文晩期
金附遺跡	IWM-5-b	岩手県北上市	(財)岩手県文化振興事業団埋蔵文化財センター	土器付着物	深鉢	胴内	縄文晩期
金附遺跡	IWM-C5	岩手県北上市	(財)岩手県文化振興事業団埋蔵文化財センター	炭化材			弥生前期
金附遺跡	IWM-6	岩手県北上市	(財)岩手県文化振興事業団埋蔵文化財センター	土器付着物	深鉢	胴内	縄文晩期

データ一覧表

試料の時期	測定機関番号	炭素14年代 (^{14}C BP)	較正年代(cal BC) 確率1位		確率2位		確率3位		δ^{13}C値(‰) Beta社	昭光通商	IAAA社
大洞C1式	Beta-209321	3110±40	1455-1290	92.4%	1280-1270	1.8%	1490-1480	1.3%	-19.2‰	-17.3‰	
大洞C2式	MTC-05955	2930±50	1305-995	95.1%	985-980	0.4%				-25.8‰	
大洞C2式	MTC-05956	2935±45	1290-1005	95.5%							
大洞C1～2式	Beta-209322	2990±40	1325-1110	85.5%	1385-1330	8.9%	1100-1085	0.8%	-27.3‰		
大洞C2式	MTC-05957	2630±45	905-755	92.9%	685-670	2.4%				-26.2‰	
大洞C2式	MTC-05958	2875±45	1135-920	83.8%	1210-1140	11.7%					
大洞C1式	Beta-209323	2900±40	1215-975	91.9%	1255-1235	2.8%	950-945	0.7%	-27.1‰		
大洞C2式	MTC-06398	2840±35	1115-910	95.5%						-25.5‰	
大洞C2式	MTC-06399	2765±30	975-835	92.6%	995-985	2.5%				-26.8‰	
大洞C2式	MTC-05959	2900±40	1215-975	91.9%	1255-1235	2.8%	950-945	0.7%		-26.2‰	
大洞C2式	MTC-05960	2820±40	1115-895	93.9%	870-855	1.6%					
大洞C2～A式	MTC-05961	2610±40	845-750	85.8%	685-665	5.0%	615-590	2.1%			
大洞C2～A式	MTC-05962	2585±40	825-745	67.7%	645-550	16.9%	685-665	10.9%		-26.9‰	
大洞C2～A式	MTC-05963	2900±40	1215-975	91.9%	1255-1235	2.8%	950-945	0.7%			
大洞C2式	MTC-06400	2815±30	1050-895	95.4%						-25.3‰	
大洞C2式	Beta-209380	3190±40	1530-1390	94.8%	1600-1590	0.7%			-22.0‰	-20.7‰	
大洞C2式	MTC-06401	3055±30	1410-1260	94.2%	1230-1220	1.2%					
大洞C2式	MTC-06402	2785±30	1005-890	83.5%	880-840	12.0%					
大洞C2～A式	Beta-209381	2730±40	940-805	91.3%	975-955	4.1%			-26.3‰	-25.7‰	
大洞C2～A式	MTC-06404	2520±30	695-540	67.7%	790-715	27.7%					
大洞C2式	MTC-05964	2780±40	1015-830	95.4%						-24.4‰	
大洞C2式	MTC-05965	2865±40	1130-915	90.9%	1160-1140	2.5%	1190-1175	2.0%			
大洞C2式	MTC-05966	2750±40	975-815	93.2%	995-985	2.0%					
大洞C2～A式	MTC-05967	2585±35	815-745	75.7%	685-665	9.8%	640-590	8.2%			
大洞C2～A式	MTC-05968	2540±40	695-540	58.6%	800-705	36.9%					
山王Ⅲ層式	IAAA-41899	2200±40	380-170	95.5%							-26.7‰
山王Ⅲ層式	IAAA-41900	2290±40	405-350	52.3%	310-205	43.1%					-26.4‰
山王Ⅲ層式	IAAA-41901	2230±40	385-200	95.5%							-27.7‰
山王Ⅲ層式	PLD-4069	2280±25	400-355	63.5%	290-230	31.9%					
青木畑式～山王Ⅲ層式	IAAA-41902	2270±40	320-205	55.6%	400-345	39.8%					-25.2‰
青木畑式～山王Ⅲ層式	IAAA-41903	2360±40	545-375	89.7%	730-690	4.9%	660-650	0.8%			-25.6‰
青木畑式	PLD-4070	2220±25	325-200	76.6%	380-340	18.8%					
青木畑式	IAAA-41904	2210±40	385-185	95.4%							
青木畑式	IAAA-41905	2310±40	415-350	64.5%	315-205	27.5%	485-460	2.3%			-25.3‰
山王Ⅲ層式	PLD-4071	2240±30	320-205	68.6%	390-345	26.9%					
大洞A'(砂沢式併行)	IAAA-41906	2440±40	595-405	61.3%	750-685	21.6%	665-610	12.6%			-26.3‰
大洞A'(砂沢式併行)	IAAA-41907	2450±40	600-405	56.9%	755-685	23.2%	670-605	15.4%			-26.2‰
大洞A'(砂沢式併行)	IAAA-41908	2610±40	845-750	85.8%	685-665	5.0%	615-590	2.1%			-26.1‰
大洞A'式(砂沢併行)	IAAA-41909	2430±40	595-400	66.1%	750-685	19.8%	665-630	7.7%			
大洞A'式(砂沢併行)	IAAA-41910	2520±40	795-515	95.4%							-26.5‰
青木畑式?	PLD-4073	2400±25	540-400	90.8%	720-695	4.7%					
大洞A'式古	IAAA-41911	2390±40	550-390	80.7%	745-685	11.4%	665-645	2.8%			-24.4‰

遺跡名	測定試料名	所在地	所蔵・協力機関	試料の種類	試料の詳細	採取部位	試料の時代
金附遺跡	IWM-C6	岩手県北上市	(財)岩手県文化振興事業団埋蔵文化財センター	炭化材			縄文晩期
金附遺跡	IWM-7	岩手県北上市	(財)岩手県文化振興事業団埋蔵文化財センター	土器付着物	深鉢	胴外中上	弥生中期
金附遺跡	IWM-C7	岩手県北上市	(財)岩手県文化振興事業団埋蔵文化財センター	炭化材			縄文晩期
金附遺跡	IWM-C8	岩手県北上市	(財)岩手県文化振興事業団埋蔵文化財センター	炭化材			縄文晩期
金附遺跡	IWM-9	岩手県北上市	(財)岩手県文化振興事業団埋蔵文化財センター	土器付着物	深鉢	口縁外	縄文晩期
金附遺跡	IWM-C9	岩手県北上市	(財)岩手県文化振興事業団埋蔵文化財センター	炭化材			縄文晩期
金附遺跡	IWM-10	岩手県北上市	(財)岩手県文化振興事業団埋蔵文化財センター	土器付着物	鉢	胴内中	弥生前期～中期
金附遺跡	IWM-C10	岩手県北上市	(財)岩手県文化振興事業団埋蔵文化財センター	炭化材			縄文晩期
金附遺跡	IWM-12	岩手県北上市	(財)岩手県文化振興事業団埋蔵文化財センター	土器付着物	深鉢	胴内中	縄文晩期
金附遺跡	IWM-13	岩手県北上市	(財)岩手県文化振興事業団埋蔵文化財センター	漆	漆容器?	底内	弥生中期
九年橋遺跡	IK-51	岩手県北上市	北上市埋蔵文化財センター	土器付着物		口縁外	弥生前期
九年橋遺跡	IK-58-a	岩手県北上市	北上市埋蔵文化財センター	土器付着物		胴内下	縄文晩期
九年橋遺跡	IK-59	岩手県北上市	北上市埋蔵文化財センター	土器付着物		胴内下	縄文晩期
九年橋遺跡	IK-66	岩手県北上市	北上市埋蔵文化財センター	土器付着物		胴内	縄文晩期
九年橋遺跡	IK-68	岩手県北上市	北上市埋蔵文化財センター	土器付着物			縄文晩期
九年橋遺跡	IK-69	岩手県北上市	北上市埋蔵文化財センター	土器付着物		胴内	縄文晩期
九年橋遺跡	IK-70	岩手県北上市	北上市埋蔵文化財センター	土器付着物		胴内	縄文晩期
牡丹畑遺跡	IK-41	岩手県北上市	北上市埋蔵文化財センター	土器付着物		胴内	縄文後期
牡丹畑遺跡	IK-42	岩手県北上市	北上市埋蔵文化財センター	土器付着物		口縁外	弥生前期
丸子館遺跡	IK-37	岩手県北上市	北上市埋蔵文化財センター	土器付着物		口縁外,胴外	弥生前期
横町遺跡	IK-4	岩手県北上市	北上市埋蔵文化財センター	土器付着物		胴内	縄文後期
山井遺跡	IWGS-u2	岩手県一戸町	御所野縄文博物館	土器付着物		胴内	縄文晩期
生石2遺跡	YGT-9	山形県酒田市	(財)山形県埋蔵文化財センター	土器付着物		胴外	弥生前期
生石2遺跡	YGT-11	山形県酒田市	(財)山形県埋蔵文化財センター	土器付着物		胴外,底外	弥生前期
小田島城遺跡	YGT-54	山形県東根市	(財)山形県埋蔵文化財センター	土器付着物		胴内	弥生中期
小田島城遺跡	YGT-55	山形県東根市	(財)山形県埋蔵文化財センター	土器付着物		胴部外面	弥生中期
砂子田遺跡	YGT-43	山形県天童市	(財)山形県埋蔵文化財センター	土器付着物	漆容器	底内	縄文晩期
砂子田遺跡	YGT-44	山形県天童市	(財)山形県埋蔵文化財センター	土器付着物		口縁内	縄文晩期
砂子田遺跡	YGT-46-a	山形県天童市	(財)山形県埋蔵文化財センター	土器付着物	浅鉢	胴内	縄文晩期
砂子田遺跡	YGT-47	山形県天童市	(財)山形県埋蔵文化財センター	土器付着物	漆容器	底内	縄文晩期
高瀬山遺跡	YGT-16	山形県寒河江市	(財)山形県埋蔵文化財センター	土器付着物		胴外	縄文晩期
高瀬山遺跡	YGT-17	山形県寒河江市	(財)山形県埋蔵文化財センター	土器付着物		胴内	縄文晩期
高瀬山遺跡	YGT-18	山形県寒河江市	(財)山形県埋蔵文化財センター	土器付着物		口縁内,胴内	縄文晩期
高瀬山遺跡	YGT-19	山形県寒河江市	(財)山形県埋蔵文化財センター	土器付着物		口縁内,胴内	縄文晩期
高瀬山遺跡	YGT-19(rt)	山形県寒河江市	(財)山形県埋蔵文化財センター	土器付着物		口縁内,胴内	縄文晩期
宮の前遺跡	YGT-7	山形県村山市	(財)山形県埋蔵文化財センター	土器付着物		胴内	縄文晩期
高田B遺跡	MGSY-C5	宮城県仙台市	仙台市教育委員会	木材		最外縁	弥生中期
高田B遺跡	MGSY-C6	宮城県仙台市	仙台市教育委員会	木材		最外縁	弥生中期
高田B遺跡	MGSY-11	宮城県仙台市	仙台市教育委員会	土器付着物	甕	胴外	弥生中期
中在家南遺跡	MGSY-C1	宮城県仙台市	仙台市教育委員会	木材		最外縁	弥生中期
中在家南遺跡	MGSY-5	宮城県仙台市	仙台市教育委員会	土器付着物		口縁外,胴外	弥生中期
青田遺跡	NGM-C1-5	新潟県新発田市	(財)新潟県埋蔵文化財調査事業団	木材		最外から5年輪	縄文晩期
青田遺跡	NGM-C1-11	新潟県新発田市	(財)新潟県埋蔵文化財調査事業団	木材		最外から11年輪	縄文晩期
青田遺跡	NGM-C1-21	新潟県新発田市	(財)新潟県埋蔵文化財調査事業団	木材		最外から21年輪	縄文晩期
青田遺跡	NGM-C1-31	新潟県新発田市	(財)新潟県埋蔵文化財調査事業団	木材		最外から31年輪	縄文晩期
青田遺跡	NGM-C1-41	新潟県新発田市	(財)新潟県埋蔵文化財調査事業団	木材		最外から41年輪	縄文晩期
青田遺跡	NGM-C1-49	新潟県新発田市	(財)新潟県埋蔵文化財調査事業団	木材		最外から49年輪	縄文晩期
青田遺跡	NGM-C2-6	新潟県新発田市	(財)新潟県埋蔵文化財調査事業団	木材	掘立柱建物を構成	中心から6年輪	縄文晩期
青田遺跡	NGM-C2-16	新潟県新発田市	(財)新潟県埋蔵文化財調査事業団	木材	掘立柱建物を構成	中心から16年輪	縄文晩期
青田遺跡	NGM-C2-26	新潟県新発田市	(財)新潟県埋蔵文化財調査事業団	木材	掘立柱建物を構成	中心から26年輪	縄文晩期
青田遺跡	NGM-C2-36	新潟県新発田市	(財)新潟県埋蔵文化財調査事業団	木材	掘立柱建物を構成	中心から36年輪	縄文晩期
青田遺跡	NGM-C2-46	新潟県新発田市	(財)新潟県埋蔵文化財調査事業団	木材	掘立柱建物を構成	中心から46年輪	縄文晩期
青田遺跡	NGM-75	新潟県新発田市	(財)新潟県埋蔵文化財調査事業団	土器付着物	浅鉢	口縁外	縄文晩期
青田遺跡	NGM-96	新潟県新発田市	(財)新潟県埋蔵文化財調査事業団	土器付着物		胴外,胴内	縄文晩期
青田遺跡	NGM-150	新潟県新発田市	(財)新潟県埋蔵文化財調査事業団	土器付着物	甕	胴外,胴内	縄文晩期
青田遺跡	NGM-261	新潟県新発田市	(財)新潟県埋蔵文化財調査事業団	土器付着物	甕	胴外	縄文晩期
青田遺跡	NGM-327	新潟県新発田市	(財)新潟県埋蔵文化財調査事業団	土器付着物	浅鉢	口縁外	縄文晩期

データ一覧表

試料の時期	測定機関番号	炭素14年代 (^{14}C BP)		較正年代(cal BC) 確率1位		確率2位		確率3位		$\delta^{13}C$値(‰) Beta社	昭光通商	IAAA社
大洞A´式古	PLD-4074	2435	±25	560-405	67.9%	750-685	20.4%	665-645	5.5%			
山王Ⅲ層式	IAAA-41912	2240	±40	330-200	67.8%	390-335	27.4%					-27.2‰
大洞A´式～青木畑式	PLD-4075	2440	±25	570-405	63.6%	750-685	22.7%	665-640	6.6%			
大洞A´式～青木畑式	PLD-4076	2335	±25	415-365	92.6%	485-465	2.3%	450-440	0.6%			
大洞A´式古	IAAA-41913	2430	±40	595-400	66.1%	750-685	19.8%	665-630	7.7%			-26.9‰
大洞A´式～青木畑式	PLD-4077	2225	±30	330-200	73.8%	385-340	21.7%					
	IAAA-41914	2450	±40	600-405	56.9%	755-685	23.2%	670-605	15.4%			
大洞A´式？	PLD-4078	2455	±25	595-410	53.8%	750-685	27.7%	665-630	11.5%			
	IAAA-41916	2540	±40	695-540	58.6%	800-705	36.9%					-23.0‰
山王Ⅲ層式	Beta-201256	2320	±40	430-350	67.4%	290-230	16.1%	510-435	10.8%	-29.5‰		
砂沢式	MTC-05099	2330	±35	510-355	90.7%	280-255	3.9%	240-235	0.8%			
大洞C2式	Beta-195739	3040	±40	1410-1190	94.2%	1140-1130	1.2%			-22.8‰		
大洞C2式	MTC-05100	2535	±35	695-540	61.0%	800-720	34.4%					
大洞C1式	MTC-05101	2890	±35	1135-975	80.0%	1210-1140	14.1%	955-940	1.4%			
大洞A1式	MTC-05102	2520	±35	795-535	95.3%	525-525	0.1%					
大洞C2式	MTC-05103	2905	±40	1215-975	91.5%	1260-1230	3.9%					-26.1‰
大洞B-C2式	MTC-05104	3000	±35	1320-1125	84.8%	1380-1335	10.6%					-26.5‰
十腰内5式直後	MTC-05097	3055	±40	1420-1210	95.4%							
青木畑式	MTC-05098	2305	±35	410-350	70.6%	295-225	23.4%	220-210	1.5%			
砂沢式	IAAA-30024	2480	±40	770-480	87.4%	465-415	8.0%					
大木10c式	Beta-168196	3920	±40	2490-2290	91.8%	2560-2535	3.7%			-26.9‰	-27.2‰	
大洞B式	IAAA-40514	2940	±40	1270-1015	94.5%	1290-1280	1.0%					
砂沢式併行	Beta-194403	2480	±40	770-480	87.4%	465-415	8.0%			-26.5‰		
砂沢式併行	Beta-189579	2460	±40	670-410	70.9%	755-680	24.5%			-26.8‰	-26.6‰	
地蔵池式(須和田式併行)	Beta-189584	2810	±40	1055-840	93.9%	1075-1065	0.9%	1110-1100	0.6%	-23.7‰	-23.6‰	
地蔵池式(須和田式併行)	Beta-189580	2230	±40	385-200	95.5%					-28.9‰		
大洞A2式	Beta-189581	2440	±40	595-405	61.3%	750-685	21.6%	665-610	12.6%	-29.8‰		
大洞A2式	MTC-04911	2570	±35	810-745	61.4%	645-550	20.6%	685-665	13.5%			
大洞A2式	MTC-04912	2465	±35	670-480	56.5%	760-680	26.6%	470-410	12.3%			
大洞A2式	Beta-189577	2450	±40	600-405	56.9%	755-685	23.2%	670-605	15.4%	-29.7‰		
大洞A式	IAAA-31122	2490	±40	780-495	89.1%	440-415	3.3%	460-445	1.8%			
大洞B-C式	IAAA-31123	2940	±40	1270-1015	94.5%	1290-1280	1.0%					-26.4‰
大洞B1式(古)	Beta-182489	3080	±40	1435-1260	94.8%	1225-1220	0.7%			-27.3‰	-27.0‰	
大洞B1式	IAAA-31124	3120	±40	1465-1295	91.4%	1495-1470	4.0%					
大洞B1式	Beta-189952	3230	±40	1565-1430	82.7%	1605-1565	12.7%			-22.3‰	-26.4‰	
大洞C2式	Beta-189578	2620	±40	850-755	88.3%	895-865	3.2%	685-670	2.9%	-25.5‰	-26.7‰	
Ⅲ期	MTC-05413	2170	±30	360-270	48.6%	265-155	43.9%	135-115	2.9%			
Ⅲ期	MTC-05414	1790	±35	AD130-AD265	70.8%	AD270-AD335	24.7%					
Ⅲ期古	MTC-05411	2280	±35	400-350	50.0%	305-205	45.4%					-25.8‰
Ⅲ期	MTC-05412	2220	±50	390-175	95.5%							
Ⅲ期新	MTC-05410	2295	±35	405-350	62.5%	295-225	30.7%	220-210	2.3%			-26.0‰
鳥屋2b式・大洞A´式	NUTA2-9042	2494	±25	770-535	93.8%	530-520	1.6%					
鳥屋2b式・大洞A´式	NUTA2-9043	2454	±26	595-410	54.7%	750-685	27.1%	665-630	11.2%			
鳥屋2b式・大洞A´式	NUTA2-9044	2506	±25	695-540	72.6%	780-705	22.9%					
鳥屋2b式・大洞A´式	NUTA2-9045	2444	±25	595-405	63.1%	750-685	24.4%	665-640	7.7%			
鳥屋2b式・大洞A´式	NUTA2-9046	2487	±25	770-510	95.4%	430-430	0.1%					
鳥屋2b式・大洞A´式	NUTA2-9047	2460	±25	600-480	36.6%	755-685	28.8%	670-605	17.6%			
鳥屋2b式・大洞A´式	NUTA2-9089	2457	±24	595-475	36.9%	750-685	28.7%	470-410	14.5%			
鳥屋2b式・大洞A´式	NUTA2-9090	2434	±24	555-405	69.2%	745-685	19.8%	665-645	5.1%			
鳥屋2b式・大洞A´式	NUTA2-9091	2456	±24	595-475	37.1%	750-685	28.4%	475-410	15.6%			
鳥屋2b式・大洞A´式	NUTA2-9092	2454	±24	595-410	54.4%	750-685	28.0%	665-635	11.0%			
鳥屋2b式・大洞A´式	NUTA2-9093	2421	±24	545-400	80.4%	735-690	12.5%	660-650	2.6%			
大洞A'式	IAAA-31109	2510	±50	795-505	90.2%	440-415	2.8%	460-450	1.5%			-25.8‰
鳥屋2a式	MTC-04889	2525	±30	655-540	48.4%	795-725	29.5%	690-655	17.6%			-22.5‰
鳥屋2a式	IAAA-31110	2470	±40	670-480	57.1%	765-680	26.9%	470-410	11.5%			-23.7‰
鳥屋2b式(荒海式？)	IAAA-31111	2550	±40	690-540	54.2%	805-720	41.3%					-25.3‰
大洞A2式	IAAA-31112	2600	±40	835-745	80.0%	685-665	7.3%	640-590	6.5%			-26.5‰

遺跡名	測定試料名	所在地	所蔵・協力機関	試料の種類	試料の詳細	採取部位	試料の時代
青田遺跡	NGM-582	新潟県新発田市	(財)新潟県埋蔵文化財調査事業団	土器付着物	甕	胴外	縄文晩期
青田遺跡	NGM-951	新潟県新発田市	(財)新潟県埋蔵文化財調査事業団	土器付着物	浅鉢	口縁外	縄文晩期
青田遺跡	NGM-1164	新潟県新発田市	(財)新潟県埋蔵文化財調査事業団	土器付着物	浅鉢	胴外	縄文晩期
青田遺跡	NGM-1840	新潟県新発田市	(財)新潟県埋蔵文化財調査事業団	土器付着物	浅鉢	口縁内	縄文晩期
青田遺跡	NGM-2035	新潟県新発田市	(財)新潟県埋蔵文化財調査事業団	土器付着物	浅鉢	口縁外	縄文晩期
青田遺跡	REK-NG-4	新潟県新発田市	(財)新潟県埋蔵文化財調査事業団	漆	鉢	底内	縄文晩期
大曲遺跡	NGY-0-a	新潟県阿賀野市	北越考古学研究会	土器付着物	深鉢	胴内	弥生中期
正面ヶ原A遺跡	NT-47	新潟県津南町	津南町教育委員会	土器付着物	粗製(綾繰)	口縁外,胴外	縄文晩期
正面ヶ原A遺跡	NT-48	新潟県津南町	津南町教育委員会	土器付着物		口縁内	縄文晩期
道尻手遺跡	NT-4	新潟県津南町	津南町教育委員会	土器付着物		口縁内,胴内	縄文晩期
滝寺古窯跡群	NGJTD-2	新潟県上越市	奈良文化財研究所	木材			古墳
養海山遺跡	NGK-6-a	新潟県新潟市	新潟市埋蔵文化財センター	土器付着物	甕	胴内上	弥生前期
養海山遺跡	NGK-8	新潟県新潟市	新潟市埋蔵文化財センター	土器付着物	甕	胴外上	弥生前期
分谷地A遺跡	NKW-2	新潟県胎内市	胎内市教育委員会	土器付着物		胴内	縄文後期
分谷地A遺跡	NKW-4	新潟県胎内市	胎内市教育委員会	土器付着物		胴内	縄文後期
分谷地A遺跡	NKW-6	新潟県胎内市	胎内市教育委員会	土器付着物		口縁外	縄文後期
分谷地A遺跡	NKW-8	新潟県胎内市	胎内市教育委員会	土器付着物	深鉢	口縁内	縄文後期
分谷地A遺跡	NKW-10	新潟県胎内市	胎内市教育委員会	土器付着物		胴内	縄文後期
分谷地A遺跡	NKW-15	新潟県胎内市	胎内市教育委員会	土器付着物	深鉢	胴内下	縄文後期
分谷地A遺跡	NKW-16	新潟県胎内市	胎内市教育委員会	土器付着物	深鉢	胴内下	縄文後期
分谷地A遺跡	NKW-17	新潟県胎内市	胎内市教育委員会	土器付着物	粗製深鉢	胴外	縄文後期
分谷地A遺跡	NKW-19	新潟県胎内市	胎内市教育委員会	土器付着物	深鉢	口縁外	縄文後期
分谷地A遺跡	NKW-20	新潟県胎内市	胎内市教育委員会	土器付着物	深鉢	胴外	縄文後期
分谷地A遺跡	NKW-21	新潟県胎内市	胎内市教育委員会	土器付着物	鉢	胴内	弥生中期
分谷地A遺跡	NKW-22	新潟県胎内市	胎内市教育委員会	土器付着物	鉢	胴外	弥生中期
分谷地A遺跡	NKW-U-3	新潟県胎内市	胎内市教育委員会	漆	深鉢(漆液容器)	胴内	縄文後期
分谷地A遺跡	NKW-U-4	新潟県胎内市	胎内市教育委員会	漆	深鉢(漆液容器)	胴外	縄文後期
分谷地A遺跡	REK-NG-1	新潟県胎内市	胎内市教育委員会	漆	木胎漆器3(ヤマザクラ)		縄文後期
分谷地A遺跡	REK-NG-0401	新潟県胎内市	胎内市教育委員会	種実			縄文後期
稲干場遺跡	HIBB-1	福島県下郷町	(財)福島県文化振興事業団	土器付着物		胴外	縄文後期
南倉沢遺跡	HNGS-3	福島県下郷町	(財)福島県文化振興事業団	土器付着物		口縁外	縄文後期
割田A遺跡	HK-17	福島県郡山市	郡山市教育委員会	土器付着物		口縁内	縄文後期
唐堀遺跡	GNZ-9	群馬県東吾妻町	吾妻町教育委員会	土器付着物		底内	縄文晩期
猿田Ⅱ遺跡	SG-GFS-1	群馬県藤岡市	国立歴史民俗博物館	炭化材			古墳
猿田Ⅱ遺跡	SG-GFS-2	群馬県藤岡市	国立歴史民俗博物館	炭化材			古墳
猿田Ⅱ遺跡	SG-GFS-3	群馬県藤岡市	国立歴史民俗博物館	炭化材			古墳
猿田Ⅱ遺跡	SG-GFS-4	群馬県藤岡市	国立歴史民俗博物館	炭化材			古墳
猿田Ⅱ遺跡	SG-GFS-5	群馬県藤岡市	国立歴史民俗博物館	炭化材			古墳
猿田Ⅱ遺跡	SG-GFS-6	群馬県藤岡市	国立歴史民俗博物館	炭化材			古墳
猿田Ⅱ遺跡	SRT-1	群馬県藤岡市	国立歴史民俗博物館	炭化材			古墳
猿田Ⅱ遺跡	SRT-2	群馬県藤岡市	国立歴史民俗博物館	炭化材			古墳
猿田Ⅱ遺跡	SRT-3	群馬県藤岡市	国立歴史民俗博物館	炭化材			古墳
猿田Ⅱ遺跡	SRT-4	群馬県藤岡市	国立歴史民俗博物館	炭化材			古墳
猿田Ⅱ遺跡	SRT-5	群馬県藤岡市	国立歴史民俗博物館	炭化材			古墳
猿田Ⅱ遺跡	SRT-6	群馬県藤岡市	国立歴史民俗博物館	炭化材			古墳
猿田Ⅱ遺跡	SRT-7	群馬県藤岡市	国立歴史民俗博物館	炭化材			古墳
猿田Ⅱ遺跡	SRT-8	群馬県藤岡市	国立歴史民俗博物館	炭化材			古墳
猿田Ⅱ遺跡	SRT-9	群馬県藤岡市	国立歴史民俗博物館	炭化材			古墳
猿田Ⅱ遺跡	SRT-10	群馬県藤岡市	国立歴史民俗博物館	炭化材			古墳
陣馬場遺跡	GH-011	群馬県富士見村	富士見村教育委員会	土器付着物		口縁内	縄文後期
天神原遺跡	GNA-010	群馬県安中市	安中市教育委員会	土器付着物		胴内	縄文晩期
天神原遺跡	GNA-014	群馬県安中市	安中市教育委員会	土器付着物		胴外	縄文晩期
道前久保遺跡	GNA-22	群馬県安中市	安中市教育委員会	土器付着物		口縁外	弥生中期
原遺跡	GNA-018	群馬県安中市	安中市教育委員会	土器付着物		胴外	弥生中期
寺野東遺跡	TCMBT-C2	栃木県小山市梁	(財)とちぎ生涯学習文化財団栃木県埋蔵文化財センター	種実			縄文後期～晩期
寺野東遺跡	TCMBT-C7	栃木県小山市梁	(財)とちぎ生涯学習文化財団栃木県埋蔵文化財センター	種実			縄文後期～晩期
寺野東遺跡	TCMBT-C8	栃木県小山市梁	(財)とちぎ生涯学習文化財団栃木県埋蔵文化財センター	種実			縄文後期～晩期
小松貝塚	IBT-22	茨城県土浦市	土浦市教育委員会	土器付着物		胴内	縄文後期
六崎外出遺跡	CBSK-C1	千葉県佐倉市	佐倉市教育委員会	炭化材			古墳前期
六崎外出遺跡	CBSK-C2	千葉県佐倉市	佐倉市教育委員会	炭化材			古墳前期
井野長割遺跡	CII-004	千葉県佐倉市	(財)印旛郡市文化財センター	炭化材	枝		縄文後期
太田長作遺跡	CIM-001	千葉県佐倉市	(財)印旛郡市文化財センター	土器付着物	甕	胴外	弥生中期
太田長作遺跡	CIM-003	千葉県佐倉市	(財)印旛郡市文化財センター	土器付着物	甕	胴外	弥生後期
太田長作遺跡	CIM-C3	千葉県佐倉市	(財)印旛郡市文化財センター	炭化材			弥生中期
太田長作遺跡	CIM-C4	千葉県佐倉市	(財)印旛郡市文化財センター	炭化材			弥生中期
太田長作遺跡	CIM-C5	千葉県佐倉市	(財)印旛郡市文化財センター	炭化材			弥生中期
太田長作遺跡	CIM-006	千葉県佐倉市	(財)印旛郡市文化財センター	土器付着物	甕	胴外	弥生後期
太田長作遺跡	CIM-C6	千葉県佐倉市	(財)印旛郡市文化財センター	炭化材			弥生中期

データ一覧表

試料の時期	測定機関番号	炭素14年代 (^{14}C BP)		較正年代(cal BC) 確率1位		確率2位		確率3位		$\delta^{13}C$値(‰) Beta社	昭光通商	IAAA社
鳥屋2a式	IAAA-31113	2490	±40	780-495	89.1%	440-415	3.3%	460-445	1.8%			-25.6‰
鳥屋2b式	IAAA-31114	2480	±40	770-480	87.4%	465-415	8.0%					-27.0‰
大洞A'式	IAAA-31115	2540	±40	695-540	58.6%	800-705	36.9%					-26.7‰
鳥屋2b式	Beta-184564	2920	±40	1260-1005	95.4%					-27.0‰	-26.3‰	
氷Ⅰ式(古)併行	MTC-03781	2560	±60	830-505	93.7%	440-415	1.3%	460-450	0.5%			-26.8‰
大洞A式?	IAAA-30056	2420	±40	595-400	70.8%	750-685	17.9%	665-635	6.0%			
Ⅱ期後半～Ⅲ期初	MTC-04890	2305	±35	410-350	70.6%	295-225	23.4%	220-210	1.5%			
不明(大洞C2式?)	IAAA-30460	2710	±50	940-795	91.8%	975-955	3.6%					-25.7‰
中ノ沢式	IAAA-30459	3170	±60	1540-1305	90.5%	1605-1570	3.7%	1560-1545	1.2%			-26.3‰
南三十稲葉式	PLD-4460	4070	±40	2680-2560	63.8%	2535-2490	15.4%	2850-2810	12.3%			
	MTC-05228	1305	±30	AD660-AD730	64.4%	AD735-AD770	31.0%					
緒立1式	IAAA-41917	2560	±40	810-730	47.7%	650-540	32.6%	690-660	15.2%			-28.3‰
緒立1期	Beta-199826	2510	±40	795-510	94.1%	435-420	1.3%			-26.1‰		
大木10式(新)	Beta-162288	3870	±40	2465-2275	84.5%	2255-2225	7.2%	2225-2205	3.8%	-28.4‰	-27.8‰	
南三十稲葉式(新)	Beta-162287	3790	±40	2345-2125	89.2%	2090-2045	4.7%	2400-2380	1.5%	-27.6‰	-26.5‰	
南三十稲葉式	IAAA-30042	3590	±40	2035-1875	88.4%	1845-1815	3.2%	1800-1780	2.1%			-25.1‰
南三十稲葉式(古)	Beta-162286	3920	±40	2490-2290	91.8%	2560-2535	3.7%			-23.8‰	-24.5‰	
南三十稲葉式(新)	Beta-162285	3900	±40	2475-2280	92.3%	2250-2230	2.3%	2220-2210	0.9%	-24.1‰	-24.3‰	
南三十稲葉式(古)	Beta-173517	3790	±40	2345-2125	89.2%	2090-2045	4.7%	2400-2380	1.5%	-26.1‰		
南三十稲葉式(新)	IAAA-30043	3490	±40	1915-1735	91.5%	1715-1690	3.9%					-24.7‰
南三十稲葉式(新)	Beta-173518	3750	±40	2235-2105	59.0%	2105-2035	24.4%	2285-2245	11.2%	-26.2‰		
堀之内2式	IAAA-30044	3560	±40	1985-1860	65.1%	1850-1770	23.0%	2025-1990	7.3%			-25.8‰
堀之内2式	Beta-162284	3590	±40	2035-1875	88.4%	1845-1815	3.2%	1800-1780	2.1%	-26.1‰	-26.0‰	
今和泉式	IAAA-11624	2270	±30	395-350	46.8%	300-225	44.4%	225-210	4.3%			-25.6‰
今和泉式	IAAA-11625	2280	±30	400-350	56.1%	295-225	37.0%	220-210	2.3%			-25.3‰
南三十稲場式	Beta-171258	3650	±40	2140-1915	95.4%					-29.2‰		
南三十稲場式	Beta-171257	3570	±40	2030-1865	79.8%	1845-1775	15.6%			-30.1‰		
	IAAA-30055	3480	±50	1935-1685	95.4%							
南十三稲場式	MTC-04593	3570	±35	2025-1870	83.7%	1845-1810	7.0%	1800-1775	4.8%			
十腰内式	IAAA-11626	3100	±30	1435-1295	95.4%							-25.1‰
十腰内式	IAAA-11628	2840	±30	1055-915	87.2%	1090-1060	5.2%	1110-1100	2.6%			
綱取式	MTC-04314	3715	±35	2205-2020	93.9%	1995-1980	1.6%					-26.9‰
安行3式	Beta-194405	2960	±40	1315-1045	94.9%	1365-1360	0.5%			-30.3‰	-28.3‰	
	Beta-177271	1630	±40	AD335-AD540	95.0%	AD265-AD270	0.5%			-27.0‰		
	Beta-177274	1610	±40	AD380-AD545	92.7%	AD350-AD370	2.8%			-25.0‰		
	Beta-177269	1720	±40	AD235-AD410	95.5%					-27.2‰		
	Beta-177270	1670	±40	AD255-AD435	90.8%	AD490-AD510	3.0%	AD515-AD530	1.7%	-27.1‰		
	Beta-177273	1710	±40	AD240-AD415	95.4%					-26.9‰		
	Beta-177272	1630	±40	AD335-AD540	95.0%	AD265-AD270	0.5%			-26.8‰		
	Beta-175832	1530	±40	AD425-AD610	95.5%					-27.3‰		
	Beta-175831	1610	±40	AD380-AD545	92.7%	AD350-AD370	2.8%			-25.9‰		
	Beta-175830	1960	±40	40-AD125	86.4%	AD95-AD125	9.0%			-25.6‰		
	Beta-175829	1580	±40	AD400-AD570	95.5%					-26.5‰		
	Beta-175828	1710	±40	AD240-AD415	95.4%					-25.7‰		
	Beta-175827	1450	±40	AD545-AD655	95.4%					-25.4‰		
	Beta-175826	1530	±40	AD425-AD610	95.4%					-26.0‰		
	Beta-175825	1580	±40	AD400-AD570	95.5%					-26.2‰		
	Beta-175824	1650	±40	AD325-AD475	74.9%	AD475-AD535	15.4%	AD260-AD285	5.1%	-28.0‰		
	Beta-175823	1680	±60	AD235-AD475	86.1%	AD475-AD535	9.2%			-25.6‰		
称名寺1式	Beta-165960	3900	±40	2475-2280	92.3%	2250-2230	2.3%	2220-2210	0.9%	-26.6‰		
天神原式	MTC-04327	2710	±35	920-805	95.4%							-27.2‰
安行3b式	MTC-04328	2850	±35	1120-915	95.5%							
称名寺1式	IAAA-11635	3890	±30	2470-2290	95.4%							-28.0‰
Ⅲ期	MTC-04329	2245	±35	325-205	66.5%	390-345	29.0%					-25.3‰
安行式	PLD-4094	3035	±30	1400-1210	95.4%							
安行式	PLD-4095	3060	±30	1410-1260	95.5%							
安行式	PLD-4096	3135	±30	1465-1370	81.8%	1340-1315	8.1%	1495-1470	5.5%			
加曽利B2式?	Beta-191833	3390	±40	1775-1605	89.0%	1580-1535	4.4%	1865-1845	2.1%	-23.1‰		
	PLD-4505	1965	±20	AD1-AD80	90.3%	20-10	3.2%	35-30	1.7%			
	PLD-4506	1845	±20	AD125-AD235	92.8%	AD90-AD100	2.6%					
	IAAA-31132	3140	±30	1500-1370	83.6%	1360-1315	11.9%					
宮ノ台式	MTC-05551	2065	±35	175-AD5	94.6%	AD10-AD20	0.8%					-27.7‰
	MTC-05552	1905	±35	AD25-AD180	89.8%	AD185-AD215	5.6%					-25.9‰
	Beta-200451	2230	±40	385-200	95.5%					-28.9‰		
	Beta-200450	2150	±40	235-85	59.0%	355-275	29.8%	80-55	3.8%	-28.3‰		
	Beta-200449	2150	±40	235-85	59.0%	355-275	29.8%	80-55	3.8%	-27.1‰		
	MTC-05553	2025	±30	110-AD55	94.4%	150-145	0.6%	145-140	0.4%			
	Beta-200448	2130	±40	215-45	77.1%	355-290	16.2%	230-215	2.1%	-27.2‰		

遺跡名	測定試料名	所在地	所蔵・協力機関	試料の種類	試料の詳細	採取部位	試料の時代
太田長作遺跡	CIM-C7	千葉県佐倉市	(財)印旛郡市文化財センター	種実	モモ核		弥生中期
太田長作遺跡	CIM-009	千葉県佐倉市	(財)印旛郡市文化財センター	土器付着物	甕	胴外	弥生中期
太田長作遺跡	CIM-010	千葉県佐倉市	(財)印旛郡市文化財センター	土器付着物	甕	胴外	弥生中期
志摩城跡	CBKB-001	千葉県多古町	(財)香取郡市文化財センター	土器付着物		胴内下	弥生中期
志摩城跡	CBKB-002	千葉県多古町	(財)香取郡市文化財センター	土器付着物		胴外	弥生中期
志摩城跡	CBKB-10	千葉県多古町	(財)香取郡市文化財センター	土器付着物	壺	胴内下	弥生中期
道免き谷津遺跡	CBM-001	千葉県市川市	(財)千葉県教育振興財団	土器付着物		胴外	縄文後期
道免き谷津遺跡	CBM-002	千葉県市川市	(財)千葉県教育振興財団	土器付着物		口縁外	縄文後期
西根遺跡	CMN-002	千葉県印西市	(財)千葉県教育振興財団	土器付着物	精製	底内	縄文後期
西根遺跡	CMN-005	千葉県印西市	(財)千葉県教育振興財団	土器付着物	精製	胴外	縄文後期
西根遺跡	CMN-008	千葉県印西市	(財)千葉県教育振興財団	土器付着物	精製	口縁内	縄文後期
西根遺跡	CMN-015	千葉県印西市	(財)千葉県教育振興財団	土器付着物	精製	胴内外	縄文後期
西根遺跡	CMN-021	千葉県印西市	(財)千葉県教育振興財団	土器付着物	精製	胴外	縄文後期
西根遺跡	CMN-050	千葉県印西市	(財)千葉県教育振興財団	土器付着物	粗製	胴内	縄文後期
西根遺跡	CMN-064	千葉県印西市	(財)千葉県教育振興財団	土器付着物	粗製	胴外	縄文後期
西根遺跡	CMN-069	千葉県印西市	(財)千葉県教育振興財団	土器付着物	粗製	胴内	縄文後期
西根遺跡	CMN-082	千葉県印西市	(財)千葉県教育振興財団	土器付着物	粗製	胴内	縄文後期
西根遺跡	CMN-106	千葉県印西市	(財)千葉県教育振興財団	土器付着物	精製	口縁外	縄文後期
西根遺跡	CMN-106(re)	千葉県印西市	(財)千葉県教育振興財団	土器付着物	精製	口縁外	縄文後期
西根遺跡	CMN-107	千葉県印西市	(財)千葉県教育振興財団	土器付着物	精製	口縁内、胴内	縄文後期
西根遺跡	CMN-107(re)	千葉県印西市	(財)千葉県教育振興財団	土器付着物	精製	口縁内、胴内	縄文後期
西根遺跡	CMN-127	千葉県印西市	(財)千葉県教育振興財団	土器付着物	粗製	胴外	縄文後期
西根遺跡	CMN-140(re)	千葉県印西市	(財)千葉県教育振興財団	土器付着物	粗製	胴外	縄文後期
西根遺跡	CMN-178	千葉県印西市	(財)千葉県教育振興財団	土器付着物	精製	胴外	縄文後期
西根遺跡	CMN-199	千葉県印西市	(財)千葉県教育振興財団	土器付着物	精製	胴外	縄文後期
西根遺跡	CMN-200	千葉県印西市	(財)千葉県教育振興財団	土器付着物	粗製	胴内	縄文後期
西根遺跡	CMN-210	千葉県印西市	(財)千葉県教育振興財団	土器付着物	粗製	胴内	縄文後期
西根遺跡	CMN-252	千葉県印西市	(財)千葉県教育振興財団	土器付着物	粗製	胴内	縄文後期
西根遺跡	CMN-253	千葉県印西市	(財)千葉県教育振興財団	土器付着物	精製	胴内	縄文後期
西根遺跡	CMN-307	千葉県印西市	(財)千葉県教育振興財団	土器付着物			縄文後期
西根遺跡	CMN-309(ad)	千葉県印西市	(財)千葉県教育振興財団	土器付着物	精製	胴外	縄文後期
西根遺跡	CMN-360	千葉県印西市	(財)千葉県教育振興財団	土器付着物	粗製	胴内外	縄文後期
西根遺跡	CMN-364	千葉県印西市	(財)千葉県教育振興財団	土器付着物	精製	胴外	縄文後期
西根遺跡	CMN-368	千葉県印西市	(財)千葉県教育振興財団	土器付着物	粗製	胴外	縄文後期
西根遺跡	CMN-394	千葉県印西市	(財)千葉県教育振興財団	土器付着物	精製	胴外	縄文後期
西根遺跡	CMN-396	千葉県印西市	(財)千葉県教育振興財団	土器付着物	精製	胴内	縄文後期
西根遺跡	CMN-397	千葉県印西市	(財)千葉県教育振興財団	土器付着物	粗製	胴外	縄文後期
西根遺跡	CMN-401	千葉県印西市	(財)千葉県教育振興財団	土器付着物	精製	胴内外	縄文後期
西根遺跡	CMN-402	千葉県印西市	(財)千葉県教育振興財団	土器付着物	精製	口縁外	縄文後期
西根遺跡	CMN-437	千葉県印西市	(財)千葉県教育振興財団	土器付着物	粗製	胴内	縄文後期
西根遺跡	CMN-438	千葉県印西市	(財)千葉県教育振興財団	土器付着物	粗製	胴内	縄文後期
西根遺跡	CMN-447	千葉県印西市	(財)千葉県教育振興財団	土器付着物	粗製	胴外	縄文後期
西根遺跡	CMN-473	千葉県印西市	(財)千葉県教育振興財団	土器付着物	粗製	胴外	縄文後期
西根遺跡	CMN-478	千葉県印西市	(財)千葉県教育振興財団	土器付着物	粗製	胴内	縄文後期
西根遺跡	CMN-487(ad)	千葉県印西市	(財)千葉県教育振興財団	土器付着物	粗製	胴外	縄文後期
西根遺跡	CMN-491	千葉県印西市	(財)千葉県教育振興財団	土器付着物	精製		縄文後期
西根遺跡	CMN-503	千葉県印西市	(財)千葉県教育振興財団	土器付着物	粗製	胴外	縄文後期
西根遺跡	CMN-534	千葉県印西市	(財)千葉県教育振興財団	土器付着物	粗製	胴内外	縄文後期
西根遺跡	CMN-544	千葉県印西市	(財)千葉県教育振興財団	土器付着物	精製	胴内外	縄文後期
西根遺跡	CMN-578	千葉県印西市	(財)千葉県教育振興財団	土器付着物	粗製	胴外	縄文後期
西根遺跡	CMN-598	千葉県印西市	(財)千葉県教育振興財団	土器付着物	粗製	底外	縄文後期
西根遺跡	CMN-762	千葉県印西市	(財)千葉県教育振興財団	土器付着物	粗製	底内	縄文後期
西根遺跡	REK-NG-2a	千葉県印西市	(財)千葉県教育振興財団	漆		漆	縄文後期
西根遺跡	REK-NG-2b	千葉県印西市	(財)千葉県教育振興財団	炭化材		樺樹皮	縄文後期
三直貝塚	CBM-009	千葉県君津市	(財)千葉県教育振興財団	土器付着物		口縁外	縄文晩期
三直貝塚	CBM-011	千葉県君津市	(財)千葉県教育振興財団	土器付着物	粗製	胴内下	縄文晩期
三輪野山遺跡	MMS-C-T3-107	千葉県流山市	流山市教育委員会	炭化材			縄文後期
三輪野山遺跡	MMS-C-T3-106	千葉県流山市	流山市教育委員会	炭化材			縄文後期
三輪野山遺跡	MMS-C-T3-100	千葉県流山市	流山市教育委員会	炭化材			縄文後期
三輪野山遺跡	MMS-C-T2-685	千葉県流山市	流山市教育委員会	炭化材			縄文後期
三輪野山遺跡	MMS-C-T2-684	千葉県流山市	流山市教育委員会	炭化材			縄文後期
三輪野山遺跡	MMS-C-T2-507	千葉県流山市	流山市教育委員会	炭化材			縄文後期
三輪野山遺跡	MMS-C-T2-505	千葉県流山市	流山市教育委員会	炭化材			縄文後期
三輪野山遺跡	MMS-C-H772	千葉県流山市	流山市教育委員会	炭化材			縄文後期
三輪野山遺跡	MMS-C-T3-27	千葉県流山市	流山市教育委員会	炭化材			縄文後期
三輪野山遺跡	MMS-C-T3-26	千葉県流山市	流山市教育委員会	炭化材			縄文後期
三輪野山遺跡	MMS-C-T3-24	千葉県流山市	流山市教育委員会	炭化材			縄文後期
三輪野山遺跡	MMS-C-T2-S33	千葉県流山市	流山市教育委員会	炭化材			縄文後期
三輪野山遺跡	MMS-C-T2-18	千葉県流山市	流山市教育委員会	炭化材			縄文後期
三輪野山遺跡	MMS-C-T2-S16	千葉県流山市	流山市教育委員会	炭化材			縄文後期
三輪野山遺跡	MMS-C-T2-S14	千葉県流山市	流山市教育委員会	炭化材			縄文後期
三輪野山遺跡	MMS-C-T2-S14(rer)	千葉県流山市	流山市教育委員会	炭化材			縄文後期
三輪野山遺跡	MMS-C-T2-S12	千葉県流山市	流山市教育委員会	炭化材			縄文後期
三輪野山遺跡	MMS-C-H116	千葉県流山市	流山市教育委員会	炭化材			縄文後期
三輪野山遺跡	MMS-C-D33	千葉県流山市	流山市教育委員会	炭化材			縄文後期

データ一覧表

試料の時期	測定機関番号	炭素14年代 (^{14}C BP)	較正年代(cal BC) 確率1位		確率2位		確率3位		δ^{13}C値(‰) Beta社	昭光通商	IAAA社
	Beta-200447	2200±40	380-170	95.5%					-25.1‰		
宮ノ台式	MTC-05554	2190±35	375-170	95.4%							
宮ノ台式	MTC-05555	2080±35	195-35	91.1%	10-AD1	2.3%	30-20	2.1%			
須和田式併行	Beta-195738	2320±40	430-350	67.4%	290-230	16.1%	510-435	10.8%	-22.4‰		
須和田式併行	IAAA-40522	2300±40	410-345	59.2%	315-205	36.3%					-25.2‰
須和田式併行	IAAA-41893	2230±40	385-200	95.5%							
曽谷式	MTC-04305	3275±35	1630-1490	90.3%	1480-1455	5.2%				-25.4‰	
曽谷式	MTC-04306	3180±35	1515-1400	95.5%						-24.9‰	
加曽利B1式後半	MTC-03307	3500±35	1920-1740	95.3%							
加曽利B1式後半~B2式前半	MTC-03598	3475±30	1885-1735	91.5%	1710-1695	4.0%				-25.1‰	
加曽利B1式前半	MTC-03308	3615±35	2040-1885	90.3%	2120-2090	5.1%				-26.0‰	
加曽利B1式後半	MTC-03309	3440±35	1835-1665	77.9%	1880-1835	17.6%					
加曽利B1式後半	MTC-03310	3485±30	1890-1735	93.9%	1705-1695	1.5%				-25.8‰	
加曽利B2式	MTC-03311	3475±35	1890-1730	89.0%	1715-1690	6.4%					
加曽利B2式後半	MTC-03599	3530±30	1940-1765	94.4%	1765-1755	1.0%				-25.7‰	
加曽利B1式	MTC-03312	3425±35	1780-1655	80.2%	1875-1840	8.7%	1655-1635	3.6%		-24.5‰	
加曽利B1式	MTC-03600	3535±35	1955-1750	95.4%						-26.1‰	
加曽利B1式前半	MTC-03514	3460±30	1880-1730	84.3%	1720-1690	11.2%					
加曽利B1式前半	Beta-189949	3470±40	1890-1690	95.4%					-27.3‰	-27.7‰	
加曽利B1式後半	Beta-184563	3640±40	2065-1905	74.3%	2135-2075	19.8%	2075-2065	1.3%	-24.6‰	-27.1‰	
加曽利B1式後半	MTC-03515	3645±30	2060-1925	75.5%	2135-2080	20.0%					
加曽利B1式前半	MTC-03516	3570±30	1980-1875	80.0%	2020-1990	7.4%	1840-1815	4.9%		-25.6‰	
加曽利B1式前半	MTC-03780	3545±40	1975-1755	93.6%	2010-2000	1.8%				-26.1‰	
加曽利B2式前半	MTC-03313	3500±60	1975-1685	94.5%	2010-2000	0.9%				-25.7‰	
加曽利B1式後半~B2式前半	MTC-03601	3335±30	1690-1525	95.3%						-25.4‰	
加曽利B2式	MTC-03602	3435±35	1830-1660	79.1%	1880-1840	14.9%	1650-1640	1.5%			
加曽利B2式	MTC-03603	3420±35	1780-1625	83.5%	1875-1840	8.5%	1820-1795	3.5%		-27.4‰	
加曽利B2式	MTC-03314	3415±35	1775-1620	86.5%	1875-1840	6.6%	1815-1800	2.3%		-26.8‰	
加曽利B2式	MTC-03315	3380±35	1750-1605	90.9%	1575-1535	4.5%				-26.1‰	
加曽利B2式後半	MTC-03316	3270±60	1750-1605	90.9%	1575-1535	4.5%					
加曽利B2式(南東北系)	Beta-195736	3350±40	1695-1525	85.7%	1740-1705	9.8%			-26.0‰		
加曽利B2式後半	MTC-03317	3430±35	1780-1655	72.0%	1875-1840	12.6%	1825-1795	7.3%		-25.7‰	
加曽利B2式	MTC-05082	3345±45	1700-1520	85.4%	1740-1700	9.9%				-25.3‰	
加曽利B2式	Beta-195735	3310±40	1685-1500	95.4%					-25.5‰		
加曽利B3式	MTC-03517	3290±35	1645-1495	92.1%	1665-1645	2.9%				-25.6‰	
加曽利B3式	MTC-03518	3235±35	1560-1430	82.9%	1605-1570	12.6%				-25.6‰	
加曽利B2式後半~B3	MTC-03318	3355±30	1695-1600	72.8%	1590-1530	14.2%	1735-1710	8.4%			
加曽利B3式	MTC-03319	3335±35	1690-1520	93.0%	1730-1715	2.5%				-25.2‰	
加曽利B2式後半	MTC-03320	3360±60	1775-1500	93.0%	1870-1845	2.0%	1810-1805	0.4%			
加曽利B2式後半	MTC-03321	3350±40	1695-1525	85.7%	1740-1705	9.8%				-26.0‰	
加曽利B2式	MTC-03322	3340±35	1690-1525	91.6%	1735-1715	3.8%				-27.2‰	
加曽利B2式	MTC-03323	3365±35	1740-1605	84.6%	1585-1535	10.8%				-25.8‰	
加曽利B3式	MTC-03324	3330±35	1690-1520	94.2%	1725-1720	1.3%				-25.5‰	
加曽利B2式	MTC-03604	3370±35	1745-1605	87.2%	1585-1535	8.2%				-25.6‰	
加曽利B2式後半	MTC-05083	3270±45	1640-1440	93.9%	1660-1650	1.5%				-25.4‰	
加曽利B3式	MTC-03519	3295±40	1685-1495	95.0%							
加曽利B2式後半~加曽利B3式	MTC-03605	3340±50	1740-1510	95.4%						-25.4‰	
加曽利B2式	MTC-03606	3370±30	1745-1605	91.7%	1570-1555	2.1%	1550-1535	1.6%		-25.8‰	
加曽利B3式	MTC-03325	3230±35	1540-1430	82.1%	1605-1570	10.1%	1560-1545	2.9%		-25.8‰	
加曽利B2式~B3式	MTC-03607	3255±30	1610-1485	82.1%	1485-1450	13.0%				-24.8‰	
加曽利B2式	MTC-05084	3335±40	1695-1520	91.0%	1735-1710	4.5%				-27.0‰	
加曽利B2式	IAAA-32083	3400±50	1780-1605	79.4%	1875-1840	6.6%	1585-1535	5.3%			
加曽利B2式	IAAA-11637	3500±30	1905-1740	95.4%							
加曽利B2式	IAAA-11638	3460±40	1880-1730	84.3%	1720-1690	11.2%					
前浦式	MTC-04307	2845±35	1120-915	95.4%						-26.3‰	
姥山Ⅲ式(安行3式)	MTC-04308	2830±35	1090-905	93.2%	1115-1095	2.3%				-25.7‰	
不明	IAAA-41149	2930±30	1215-1025	88.2%	1260-1230	7.3%					
不明	IAAA-41148	2900±40	1215-975	91.9%	1255-1235	2.8%	950-945	0.7%			
不明	IAAA-41133	2900±40	1215-975	91.9%	1255-1235	2.8%	950-945	0.7%			
曽谷式	IAAA-41137	3890±40	2470-2280	90.8%	2250-2230	3.3%	2220-2210	1.3%			
堀之内式	IAAA-41136	3870±40	2465-2275	84.5%	2255-2225	7.2%	2225-2205	3.8%			
堀之内式	IAAA-41135	3610±40	2050-1880	88.5%	2130-2085	6.8%					
曽谷式	IAAA-41134	3240±40	1610-1430	95.4%							
堀之内式	IAAA-41157	3180±40	1505-1405	95.3%							
不明	IAAA-41147	3040±30	1405-1250	88.8%	1240-1210	6.7%					
不明	IAAA-41146	2920±40	1260-1005	95.5%							
不明	IAAA-41145	2870±30	1130-970	88.2%	960-930	6.0%	1185-1180	0.6%			
曽谷式~安行1式	IAAA-41144	3140±40	1465-1375	82.0%	1495-1470	7.7%	1335-1320	5.1%			
不明	IAAA-41132	3270±40	1635-1445	95.1%	1655-1655	0.4%					
曽谷式	IAAA-41143	3760±40	2290-2110	77.4%	2100-2035	18.1%					
曽谷式	IAAA-41142	3200±40	1520-1415	95.5%							
曽谷式	IAAA-41949	3250±40	1615-1435	95.5%							
加曽利B式~曽谷式	IAAA-41948	3240±40	1610-1430	95.4%							
加曽利B式~曽谷式	IAAA-41156	3250±30	1610-1450	95.4%							
加曽利B式~曽谷式	IAAA-41155	2960±30	1270-1110	86.0%	1105-1055	7.1%	1290-1275	2.3%			

遺跡名	測定試料名	所在地	所蔵・協力機関	試料の種類	試料の詳細	採取部位	試料の時代
三輪野山遺跡	MMS-C-D32	千葉県流山市	流山市教育委員会	炭化材			縄文晩期
三輪野山遺跡	MMS-C-D31	千葉県流山市	流山市教育委員会	炭化材			縄文後期
三輪野山遺跡	MMS-C-T2-9	千葉県流山市	流山市教育委員会	炭化材			縄文後期
三輪野山遺跡	MMS-C-T2-S9	千葉県流山市	流山市教育委員会	炭化材			縄文後期
三輪野山遺跡	MMS-C-T2-S8	千葉県流山市	流山市教育委員会	炭化材			縄文後期
三輪野山遺跡	MMS-C-T2-7	千葉県流山市	流山市教育委員会	炭化材			縄文後期
三輪野山遺跡	MMS-C-T2-S7	千葉県流山市	流山市教育委員会	炭化材			縄文後期
三輪野山遺跡	MMS-C-T2-S5	千葉県流山市	流山市教育委員会	炭化材			縄文後期
三輪野山遺跡	MMS-C-T2-4	千葉県流山市	流山市教育委員会	炭化材			縄文後期
三輪野山遺跡	MMS-C-T2-S4	千葉県流山市	流山市教育委員会	炭化材			縄文後期
三輪野山遺跡	MMS-C-T2-2	千葉県流山市	流山市教育委員会	炭化材			縄文後期
三輪野山遺跡	MMS-C-D20	千葉県流山市	流山市教育委員会	炭化材			縄文後期
三輪野山遺跡	MMS-C-D17	千葉県流山市	流山市教育委員会	炭化材			縄文後期
三輪野山遺跡	MMS-C-D7	千葉県流山市	流山市教育委員会	炭化材			縄文晩期
三輪野山遺跡	MMS-3	千葉県流山市	流山市教育委員会	土器付着物		底内	縄文後期
三輪野山遺跡	MMS-6	千葉県流山市	流山市教育委員会	土器付着物		胴内	縄文後期
三輪野山遺跡	MMS-C113	千葉県流山市	流山市教育委員会	炭化材			縄文後期
三輪野山遺跡	MMS-15-68	千葉県流山市	流山市教育委員会	土器付着物		口縁外	縄文後期
三輪野山遺跡	MMS-22P-13	千葉県流山市	流山市教育委員会	土器付着物		口縁外	縄文晩期
米倉・大境遺跡	CBKO-W1	千葉県匝瑳市	慶応義塾大学民族学・考古学研究室	木材	丸木舟		縄文晩期
新開2遺跡	SANZ-4	埼玉県新座市	新座市遺跡調査会	炭化材			古墳前期
新開2遺跡	SANZ-5	埼玉県新座市	新座市遺跡調査会	木材			古墳前期
西原大塚遺跡	SASK-C1	埼玉県志木市	志木市教育委員会	炭化材			弥生後期
南割・西久保遺跡	SAA-7	埼玉県朝霞市	朝霞市教育委員会	炭化材			弥生後期～古墳前期
南割・西久保遺跡	SAA-8	埼玉県朝霞市	朝霞市教育委員会	炭化材			弥生後期～古墳前期
忍岡遺跡	TTUD-2	東京都台東区	台東区教育委員会	炭化材			古墳中期
忍岡遺跡	TTUD-3	東京都台東区	台東区教育委員会	炭化材			古墳中期
忍岡遺跡	TTUD-4	東京都台東区	台東区教育委員会	炭化材			古墳中期
下宅部遺跡	TTHS-3	東京都東村山市	東村山市教育委員会	土器付着物		胴外	縄文後期
下宅部遺跡	TTHS-14	東京都東村山市	東村山市教育委員会	土器付着物		口縁外	縄文後期
下宅部遺跡	TTHS-C20	東京都東村山市	東村山市教育委員会	種実			縄文後期
下宅部遺跡	TTHS-C21	東京都東村山市	東村山市教育委員会	種実			縄文後期
下宅部遺跡	TTHS-22	東京都東村山市	東村山市教育委員会	土器付着物		口縁外, 胴外	縄文後期
下宅部遺跡	TTHS-C22	東京都東村山市	東村山市教育委員会	種実		種皮	縄文後期
下宅部遺跡	TTHS-NG22	東京都東村山市	東村山市教育委員会	土器付着物		胴内	縄文後期
下宅部遺跡	TTHS-23	東京都東村山市	東村山市教育委員会	土器付着物		口縁外	縄文後期
下宅部遺跡	TTHS-C23	東京都東村山市	東村山市教育委員会	種実	1	種皮	縄文後期
下宅部遺跡	TTHS-C24	東京都東村山市	東村山市教育委員会	種実	2	種皮	縄文後期
下宅部遺跡	TTHS-C25	東京都東村山市	東村山市教育委員会	種実			縄文後期
下宅部遺跡	TTHS-NG25	東京都東村山市	東村山市教育委員会	土器付着物		胴内	縄文後期
下宅部遺跡	TTHS-26	東京都東村山市	東村山市教育委員会	土器付着物		口縁外	縄文後期
下宅部遺跡	TTHS-C27	東京都東村山市	東村山市教育委員会	種実		種皮	縄文後期
下宅部遺跡	TTHS-C28	東京都東村山市	東村山市教育委員会	種実		種皮	縄文後期
下宅部遺跡	TTHS-C29	東京都東村山市	東村山市教育委員会	種実		種皮	縄文後期
下宅部遺跡	TTHS-30	東京都東村山市	東村山市教育委員会	土器付着物		胴外	縄文後期
下宅部遺跡	TTHS-31	東京都東村山市	東村山市教育委員会	土器付着物		胴外	縄文後期
下宅部遺跡	TTHS-C31(rt)	東京都東村山市	東村山市教育委員会	種実		種皮	縄文後期
下宅部遺跡	TTHS-C33	東京都東村山市	東村山市教育委員会	木材			縄文後期?
下宅部遺跡	TTHS-34	東京都東村山市	東村山市教育委員会	土器付着物		口縁外, 胴内	縄文晩期
下宅部遺跡	TTHS-C34	東京都東村山市	東村山市教育委員会	木材			縄文晩期
下宅部遺跡	TTHS-C35	東京都東村山市	東村山市教育委員会	木材			縄文晩期
下宅部遺跡	TTHS-C36	東京都東村山市	東村山市教育委員会	木材			縄文後期
下宅部遺跡	TTHS-37	東京都東村山市	東村山市教育委員会	土器付着物		口縁外	縄文後期
下宅部遺跡	TTHS-C37	東京都東村山市	東村山市教育委員会	木材			縄文後期
下宅部遺跡	TTHS-38	東京都東村山市	東村山市教育委員会	土器付着物		口縁外	縄文後期
下宅部遺跡	TTHS-C39	東京都東村山市	東村山市教育委員会	木材			縄文後期
下宅部遺跡	TTHS-40	東京都東村山市	東村山市教育委員会	土器付着物		口縁外	縄文後期
下宅部遺跡	TTHS-C41	東京都東村山市	東村山市教育委員会	木材			縄文後期
下宅部遺跡	TTHS-C44	東京都東村山市	東村山市教育委員会	木材			縄文晩期
下宅部遺跡	TTHS-C45	東京都東村山市	東村山市教育委員会	木材			縄文晩期
下宅部遺跡	TTHS-C47	東京都東村山市	東村山市教育委員会	木材			縄文後期
下宅部遺跡	TTHS-48	東京都東村山市	東村山市教育委員会	土器付着物		口縁外	縄文後期
下宅部遺跡	TTHS-49-a	東京都東村山市	東村山市教育委員会	土器付着物		口縁内	縄文後期
下宅部遺跡	TTHS-49-b	東京都東村山市	東村山市教育委員会	土器付着物		口縁外	縄文後期
下宅部遺跡	TTHS-C49	東京都東村山市	東村山市教育委員会	木材			縄文後期
下宅部遺跡	TTHS-52-a	東京都東村山市	東村山市教育委員会	土器付着物		口縁内	縄文後期
下宅部遺跡	TTHS-52-b	東京都東村山市	東村山市教育委員会	土器付着物		口縁外	縄文後期
下宅部遺跡	TTHS-C52	東京都東村山市	東村山市教育委員会	木材			縄文後期?
下宅部遺跡	TTHS-53	東京都東村山市	東村山市教育委員会	土器付着物			縄文後期
下宅部遺跡	TTHS-C53	東京都東村山市	東村山市教育委員会	木材			縄文後期
下宅部遺跡	TTHS-54	東京都東村山市	東村山市教育委員会	土器付着物		口縁外	縄文後期
下宅部遺跡	TTHS-C54	東京都東村山市	東村山市教育委員会	木材			縄文後期
下宅部遺跡	TTHS-56	東京都東村山市	東村山市教育委員会	土器付着物		口縁外	縄文後期
下宅部遺跡	TTHS-C56	東京都東村山市	東村山市教育委員会	木材			縄文後期
下宅部遺跡	TTHS-C57	東京都東村山市	東村山市教育委員会	木材			縄文後期
下宅部遺跡	TTHS-C58	東京都東村山市	東村山市教育委員会	木材			縄文後期
下宅部遺跡	TTHS-59	東京都東村山市	東村山市教育委員会	土器付着物		口縁外	縄文後期
下宅部遺跡	TTHS-C60	東京都東村山市	東村山市教育委員会	木材			縄文後期
下宅部遺跡	TTHS-C62	東京都東村山市	東村山市教育委員会	木材			縄文後期

データ一覧表

試料の時期	測定機関番号	炭素14年代 (^{14}C BP)		較正年代(cal BC) 確率1位		確率2位		確率3位		δ^{13}C値(‰) Beta社	昭光通商	IAAA社
加曽利B式～曽谷式	IAAA-41154	2940	±30	1265-1045	95.5%							
安行式	IAAA-41153	2970	±30	1310-1110	92.9%	1100-1080	1.8%	1065-1055	0.8%			
堀之内式	IAAA-41131	3770	±40	2300-2110	81.9%	2100-2035	12.8%	2335-2325	0.8%			
曽谷式	IAAA-41141	3200	±40	1535-1400	92.9%	1605-1585	2.3%					
曽谷式	IAAA-41140	3220	±30	1535-1420	92.7%	1605-1585	2.8%					
堀之内式	IAAA-41130	3820	±40	2370-2190	74.6%	2180-2140	8.4%	2405-2375	6.3%			
安行式	IAAA-41139	3300	±30	1640-1500	93.0%	1665-1650	2.4%					
曽谷式	IAAA-41947	4170	±40	2820-2625	74.7%	2885-2830	20.7%					
曽谷式	IAAA-41129	3220	±30	1535-1420	92.7%	1605-1585	2.8%					
曽谷式	IAAA-41138	4170	±40	2820-2625	74.7%	2885-2830	20.7%					
曽谷式	IAAA-41128	3220	±30	1535-1420	92.7%	1605-1585	2.8%					
堀之内式	IAAA-41152	3660	±30	2140-1925	94.4%	2190-2180	1.1%					
堀之内式	IAAA-41151	3050	±30	1410-1255	92.8%	1230-1215	2.7%					
堀之内式	IAAA-41150	2870	±30	1130-970	88.2%	960-930	6.0%	1185-1180	0.6%			
不明	IAAA-40504	3110	±30	1455-1290	92.4%	1280-1270	1.8%	1490-1480	1.3%		-24.6‰	
不明	IAAA-40505	3690	±40	2150-1955	86.9%	2200-2160	8.6%				-25.3‰	
堀之内1式	IAAA-41946	3670	±40	2145-1940	92.5%	2195-2175	2.9%					
堀之内1式	IAAA-30041	3760	±40	2290-2110	77.4%	2100-2035	18.1%					
安行3a式?	Beta-173153	2820	±40	1115-895	93.9%	870-855	1.6%			-27.3‰		
不明	PLD-4405	2935	±25	1215-1045	87.3%	1260-1230	8.1%				-26.1‰	
五領式	Beta-201637	1870	±40	AD60-AD240	95.5%					-26.1‰		
五領式	Beta-201636	1890	±40	AD50-AD230	93.0%	AD25-AD40	2.5%			-27.2‰		
不明	Beta-201635	1980	±40	55-AD90	90.9%	AD100-AD125	3.4%	85-75	1.1%	-26.1‰		
	Beta-200446	1910	±40	AD15-AD215	94.2%	AD5-AD15	1.3%			-25.3‰		
	Beta-200445	1940	±40	45-AD135	95.4%					-27.0‰		
和泉式	IAAA-31116	1540	±40	AD425-AD600	95.4%							
和泉式	IAAA-31117	1610	±40	AD380-AD545	92.7%	AD350-AD370	2.8%					
和泉式	IAAA-31118	1530	±40	AD425-AD610	95.5%							
堀之内1式	MTC-06216	3740	±35	2210-2030	88.4%	2275-2250	5.7%	2230-2220	1.4%		-26.8‰	
堀之内2式	MTC-06217	3735	±35	2215-2025	87.1%	2280-2245	6.3%	2230-2215	2.1%		-25.5‰	
	MTC-05843	3485	±45	1920-1725	88.5%	1720-1690	6.7%					
	MTC-05844	3480	±45	1915-1690	95.5%							
加曽利B2式	MTC-06218	3345	±40	1695-1525	87.7%	1735-1705	7.7%				-26.7‰	
	MTC-05845	2955	±40	1305-1040	94.9%	1035-1025	0.5%					
堀之内1式(新)	MTC-04599	3710	±35	2200-2020	93.4%	1995-1980	2.1%					
加曽利B1式	MTC-06219	3470	±40	1890-1690	95.4%						-26.2‰	
	MTC-05846	3280	±40	1640-1485	88.0%	1485-1450	5.4%	1665-1650	2.0%			
	MTC-05847	3315	±40	1690-1500	95.4%							
	MTC-06376	3420	±35	1780-1625	83.5%	1875-1840	8.5%	1820-1795	3.5%			
加曽利B3式(高井東式)	MTC-04600	3230	±35	1540-1430	82.1%	1605-1570	10.1%	1560-1545	2.9%			
加曽利B1式	MTC-06220	3525	±35	1940-1750	95.4%						-25.6‰	
	MTC-06377	3360	±50	1755-1515	94.8%	1765-1760	0.4%					
	MTC-06378	3415	±35	1775-1620	86.5%	1875-1840	6.6%	1815-1800	2.3%			
	MTC-06379	3815	±35	2350-2190	78.5%	2180-2140	9.6%	2405-2375	4.1%			
称名寺2式	Beta-193771	3860	±40	2465-2270	79.8%	2260-2205	15.7%			-25.9‰		
称名寺式	MTC-06221	3890	±35	2470-2285	93.4%	2250-2230	2.0%				-26.0‰	
	MTC-06380	3335	±35	1690-1520	93.0%	1730-1715	2.5%					
	MTC-06381	2165	±30	260-145	45.7%	360-270	44.8%	140-110	4.9%			
堀之内1式?	MTC-06717	3870	±60	2485-2195	92.5%	2175-2140	2.9%				-26.5‰	
	MTC-06382	2770	±45	1015-815	95.4%							
	MTC-06383	2850	±70	1215-885	89.3%	885-840	4.4%	1255-1235	1.7%			
	MTC-06384	3050	±45	1420-1190	94.2%	1140-1130	1.1%	1170-1170	0.1%			
加曽利B2～B3式	MTC-06222	3270	±35	1625-1485	88.5%	1485-1450	7.0%				-26.3‰	
	MTC-06385	2980	±40	1320-1110	86.2%	1375-1340	4.8%	1100-1070	3.3%			
曽谷式	MTC-04601	3230	±35	1540-1430	82.1%	1605-1570	10.1%	1560-1545	2.9%		-26.9‰	
	MTC-06720	3905	±30	2470-2330	85.2%	2325-2295	9.8%					
加曽利B3式	PLD-4633	3215	±25	1525-1430	95.4%							-26.5‰
	MTC-06386	3935	±40	2495-2295	85.5%	2565-2530	9.0%	2530-2525	1.0%			
	MTC-06389	2930	±30	1215-1025	88.2%	1260-1230	7.3%					
	MTC-06390	2830	±30	1055-905	92.6%	1080-1065	2.1%	1110-1100	0.8%			
	MTC-06391	3975	±35	2575-2435	89.0%	2380-2350	3.9%	2420-2405	2.5%			
高井東式	PLD-4634	3150	±35	1495-1385	93.7%	1330-1325	1.7%					-26.2‰
高井東式	PLD-4635	3295	±20	1620-1515	95.4%							-24.5‰
高井東式	PLD-4636	3160	±25	1495-1400	95.1%							-24.8‰
	MTC-06392	3745	±35	2210-2035	85.8%	2280-2250	7.5%	2230-2220	2.2%			
高井東式	PLD-4637	3250	±25	1560-1450	77.1%	1605-1570	18.3%					-26.3‰
高井東式	PLD-4638	3185	±25	1500-1415	95.5%							-25.5‰
	MTC-06721	2120	±30	205-50	91.0%	345-320	4.4%					
安行1式	MTC-04602	3140	±35	1495-1370	87.3%	1345-1315	8.1%				-26.1‰	
	MTC-06722	3725	±40	2210-2020	89.7%	2275-2250	3.6%	1995-1980	1.3%			
曽谷式	MTC-04603	3260	±35	1620-1450	95.4%						-26.0‰	
	MTC-06723	3420	±30	1775-1630	87.4%	1870-1845	6.4%	1810-1800	1.7%			
加曽利B3式～曽谷式	MTC-06223	3220	±35	1535-1415	88.7%	1605-1575	5.9%	1555-1550	0.8%		-26.0‰	
	MTC-06725	3640	±30	2055-1920	79.5%	2130-2085	16.0%					
	MTC-06726	3580	±30	2025-1875	93.4%	1840-1825	1.8%					
	MTC-06727	3405	±30	1770-1620	94.1%	1860-1850	1.3%					
加曽利B2式	MTC-06224	3395	±35	1775-1605	93.2%	1865-1845	1.9%	1565-1560	0.3%		-25.8‰	
	MTC-06728	3620	±50	2140-1875	94.5%	1840-1825	0.9%					
	MTC-06729	3600	±30	2030-1885	95.5%							

遺跡名	測定試料名	所在地	所蔵・協力機関	試料の種類	試料の詳細	採取部位	試料の時代
下宅部遺跡	TTHS-C63(1)	東京都東村山市	東村山市教育委員会	木材			縄文後期
下宅部遺跡	TTHS-C63(2)	東京都東村山市	東村山市教育委員会	木材			縄文晩期
下宅部遺跡	TTHS-66	東京都東村山市	東村山市教育委員会	土器付着物		胴内	縄文晩期
下宅部遺跡	TTHS-67	東京都東村山市	東村山市教育委員会	土器付着物		口縁外	縄文晩期
下宅部遺跡	TTHS-68	東京都東村山市	東村山市教育委員会	土器付着物		口縁外	縄文晩期
下宅部遺跡	TTHS-69-a	東京都東村山市	東村山市教育委員会	土器付着物		胴内	縄文晩期
下宅部遺跡	TTHS-69-b	東京都東村山市	東村山市教育委員会	土器付着物		胴外	縄文晩期
下宅部遺跡	TTHS-70	東京都東村山市	東村山市教育委員会	土器付着物		口縁外	縄文晩期
下宅部遺跡	TTHS-71-a	東京都東村山市	東村山市教育委員会	土器付着物		胴内	縄文晩期
下宅部遺跡	TTHS-72	東京都東村山市	東村山市教育委員会	土器付着物		口縁外	縄文晩期
下宅部遺跡	TTHS-73	東京都東村山市	東村山市教育委員会	土器付着物		口縁外	縄文晩期
下宅部遺跡	TTHS-75	東京都東村山市	東村山市教育委員会	土器付着物		口縁外	縄文晩期
下宅部遺跡	TTHS-76	東京都東村山市	東村山市教育委員会	土器付着物		口縁外	縄文晩期
下宅部遺跡	TTHS-84	東京都東村山市	東村山市教育委員会	土器付着物		胴内	縄文晩期
下宅部遺跡	TTHS-89	東京都東村山市	東村山市教育委員会	土器付着物		胴内	縄文晩期
下宅部遺跡	TTHS-91	東京都東村山市	東村山市教育委員会	土器付着物		口縁外	縄文晩期
下宅部遺跡	TTHS-92	東京都東村山市	東村山市教育委員会	土器付着物		口縁外	縄文晩期
下宅部遺跡	TTHS-93	東京都東村山市	東村山市教育委員会	土器付着物		口縁外	縄文晩期
下宅部遺跡	TTHS-97	東京都東村山市	東村山市教育委員会	土器付着物		胴内	縄文晩期
下宅部遺跡	TTHS-103	東京都東村山市	東村山市教育委員会	土器付着物		胴内	縄文晩期
下宅部遺跡	TTHS-105	東京都東村山市	東村山市教育委員会	土器付着物		胴外	縄文晩期
下宅部遺跡	TTHS-106	東京都東村山市	東村山市教育委員会	土器付着物	粗製土器	胴外	縄文晩期
田端遺跡	TMT-51	東京都町田市	町田市教育委員会	土器付着物		胴内	縄文晩期
多摩ニュータウンNo.243遺跡	TTN243-03	東京都町田市	(財)東京都生涯学習文化財団東京都埋蔵文化財センター	土器付着物		口縁外	縄文後期
多摩ニュータウンNo.243遺跡	TTN243-04	東京都町田市	(財)東京都生涯学習文化財団東京都埋蔵文化財センター	土器付着物		胴内	縄文後期
多摩ニュータウンNo.243遺跡	TTN243-05	東京都町田市	(財)東京都生涯学習文化財団東京都埋蔵文化財センター	土器付着物		口縁外	縄文後期
多摩ニュータウンNo.243遺跡	TTN243-06	東京都町田市	(財)東京都生涯学習文化財団東京都埋蔵文化財センター	土器付着物		胴外	縄文後期
多摩ニュータウンNo.243遺跡	TTN243-08	東京都町田市	(財)東京都生涯学習文化財団東京都埋蔵文化財センター	土器付着物		口縁外	縄文後期
多摩ニュータウンNo.243遺跡	TTN243-09	東京都町田市	(財)東京都生涯学習文化財団東京都埋蔵文化財センター	土器付着物		口縁内	縄文後期
多摩ニュータウンNo.243遺跡	TTN243-10	東京都町田市	(財)東京都生涯学習文化財団東京都埋蔵文化財センター	土器付着物		胴外	縄文後期
多摩ニュータウンNo.243遺跡	TTN243-68-a	東京都町田市	(財)東京都生涯学習文化財団東京都埋蔵文化財センター	土器付着物		胴内	縄文後期
多摩ニュータウンNo.243遺跡	TTN243-68-b	東京都町田市	(財)東京都生涯学習文化財団東京都埋蔵文化財センター	土器付着物		胴外	縄文後期
多摩ニュータウンNo.243遺跡	TTN243-68-b(re)	東京都町田市	(財)東京都生涯学習文化財団東京都埋蔵文化財センター	土器付着物		胴外	縄文後期
南広間地遺跡	THM-1	東京都日野市	日野市遺跡調査会	土器付着物	条痕	底内	縄文晩期
赤坂遺跡	KNMR-C1	神奈川県三浦市	赤坂遺跡調査団	炭化材			弥生中期
赤坂遺跡	KNMR-C2	神奈川県三浦市	赤坂遺跡調査団	炭化材			弥生中期
赤坂遺跡	KNMR-C3	神奈川県三浦市	赤坂遺跡調査団	炭化材			弥生中期
赤坂遺跡	KNMR-C4	神奈川県三浦市	赤坂遺跡調査団	炭化材			弥生中期
赤坂遺跡	KNMR-C5	神奈川県三浦市	赤坂遺跡調査団	炭化材			弥生中期
赤坂遺跡	KNMR-C6	神奈川県三浦市	赤坂遺跡調査団	炭化材			弥生後期
赤坂遺跡	KNMR-C7	神奈川県三浦市	赤坂遺跡調査団	炭化材			弥生後期
赤坂遺跡	KNMR-C8	神奈川県三浦市	赤坂遺跡調査団	炭化材			弥生後期
赤坂遺跡	KNMR-C9	神奈川県三浦市	赤坂遺跡調査団	炭化材			弥生後期
赤坂遺跡	KNMR-C10	神奈川県三浦市	赤坂遺跡調査団	炭化材			弥生後期
赤坂遺跡	KNMR-C11	神奈川県三浦市	赤坂遺跡調査団	炭化材			弥生中期
赤坂遺跡	KNMR-C12	神奈川県三浦市	赤坂遺跡調査団	種実			弥生後期
赤坂遺跡	KNMR-C13	神奈川県三浦市	赤坂遺跡調査団	種実			弥生後期
赤坂遺跡	KNMR-C14	神奈川県三浦市	赤坂遺跡調査団	種実			弥生後期
赤坂遺跡	KNMR-C15	神奈川県三浦市	赤坂遺跡調査団	種実			弥生後期
赤坂遺跡	KNMR-C16	神奈川県三浦市	赤坂遺跡調査団	種実			弥生後期
赤坂遺跡	KNMR-C17	神奈川県三浦市	赤坂遺跡調査団	種実			弥生後期
赤坂遺跡	KNMR-C18	神奈川県三浦市	赤坂遺跡調査団	種実			弥生後期
油壺遺跡	KMA-80	神奈川県三浦市	三浦市教育委員会	土器付着物		胴外	縄文後期
稲荷山貝塚	KI-109	神奈川県横浜市	(財)かながわ考古学財団	土器付着物		胴内面	縄文後期
稲荷山貝塚	KI-190	神奈川県横浜市	(財)かながわ考古学財団	土器付着物		胴内	縄文後期
稲荷山貝塚	KI-233	神奈川県横浜市	(財)かながわ考古学財団	土器付着物	浅鉢	口縁内	縄文後期
稲荷山貝塚	KNMI-C1	神奈川県横浜市	(財)かながわ考古学財団	炭化材			縄文後期
稲荷山貝塚	KNMI-C2	神奈川県横浜市	(財)かながわ考古学財団	炭化材			縄文後期
稲荷山貝塚	KNMI-C3	神奈川県横浜市	(財)かながわ考古学財団	炭化材			縄文後期
稲荷山貝塚	KNMI-C4	神奈川県横浜市	(財)かながわ考古学財団	炭化材			縄文後期
稲荷山貝塚	KNMI-C5	神奈川県横浜市	(財)かながわ考古学財団	炭化材			縄文後期
稲荷山貝塚	KNMI-C6	神奈川県横浜市	(財)かながわ考古学財団	炭化材			縄文後期
稲荷山貝塚	KNMI-C7	神奈川県横浜市	(財)かながわ考古学財団	炭化材			縄文後期
稲荷山貝塚	KNMI-C8	神奈川県横浜市	(財)かながわ考古学財団	炭化材			縄文後期
稲荷山貝塚	KNMI-C9	神奈川県横浜市	(財)かながわ考古学財団	炭化材			縄文後期
稲荷山貝塚	KNMI-C10	神奈川県横浜市	(財)かながわ考古学財団	炭化材			縄文後期
稲荷山貝塚	KNMI-C11	神奈川県横浜市	(財)かながわ考古学財団	炭化材			縄文後期
稲荷山貝塚	KNMI-C12	神奈川県横浜市	(財)かながわ考古学財団	炭化材			縄文後期
稲荷山貝塚	KNMI-C13	神奈川県横浜市	(財)かながわ考古学財団	炭化材			縄文後期
稲荷山貝塚	KNMI-C14	神奈川県横浜市	(財)かながわ考古学財団	炭化材			縄文後期
稲荷山貝塚	KNMI-C16	神奈川県横浜市	(財)かながわ考古学財団	炭化材			縄文後期
稲荷山貝塚	KNMI-C17	神奈川県横浜市	(財)かながわ考古学財団	炭化材			縄文後期
稲荷山貝塚	KNMI-C18	神奈川県横浜市	(財)かながわ考古学財団	炭化材			縄文後期
稲荷山貝塚	KNMI-C19	神奈川県横浜市	(財)かながわ考古学財団	炭化材			縄文後期

データ一覧表

試料の時期	測定機関番号	炭素14年代 (^{14}C BP)		較正年代(cal BC) 確率1位		確率2位		確率3位		δ^{13}C値(‰) Beta社	昭光通商	IAAA社
	MTC-06730	3375	±35	1750-1605	89.3%	1580-1535	6.2%					
	MTC-06731	3485	±30	1890-1735	93.9%	1705-1695	1.5%					
大洞B-C式	MTC-06718	2930	±35	1220-1015	86.5%	1260-1225	8.9%				-25.7‰	
大洞B-C式	MTC-04604	2895	±30	1135-995	81.0%	1210-1140	14.1%				-26.2‰	
安行3a式	PLD-4639	3475	±35	1890-1730	89.0%	1715-1690	6.4%					
安行3b式	PLD-4640	3070	±25	1410-1290	91.7%	1280-1270	3.6%					-27.4‰
安行3b式	PLD-4641	2940	±25	1220-1050	85.2%	1260-1230	10.3%					
安行3b式	MTC-04605	2995	±35	1320-1125	86.9%	1375-1335	8.6%				-25.5‰	
安行3b式	PLD-4642	2970	±20	1265-1125	94.1%	1290-1280	1.4%					-25.9‰
安行3a～3b式	MTC-04606	2910	±50	1265-970	93.5%	955-935	1.9%				-25.9‰	
安行3a式	MTC-04607	2975	±35	1315-1110	89.9%	1100-1070	3.0%	1370-1355	1.4%			
安行3a式	PLD-4643	2935	±25	1215-1045	87.3%	1260-1230	8.1%					-26.8‰
安行3a式	MTC-04608	2995	±35	1320-1125	86.9%	1375-1335	8.6%				-26.0‰	
安行3c式	Beta-193770	2920	±40	1260-1005	95.5%					-26.4‰		
安行3c式	MTC-04609	2995	±30	1315-1125	89.8%	1370-1340	5.7%				-23.2‰	
安行3d式	MTC-04610	2750	±30	945-820	88.9%	975-955	6.6%				-26.6‰	
安行3d式	IAAA-40506	2750	±40	975-815	93.2%	995-985	2.0%					-23.6‰
安行3d式	IAAA-40507	2800	±40	1050-840	95.4%							
安行3式	MTC-06719	2905	±30	1210-1005	95.2%	1245-1245	0.3%				-25.2‰	
安行3c式	IAAA-40508	2730	±60	1005-800	95.5%						-22.6‰	
安行3b式	MTC-06733	2950	±35	1295-1045	95.4%						-24.4‰	
安行3b式	MTC-06734	2940	±35	1265-1020	95.5%							
安行3a式(大洞B式)	Beta-173154	2850	±40	1130-905	94.8%	1185-1180	0.4%	1150-1145	0.3%	-28.2‰		-27.7‰
堀之内1式	IAAA-31093	3750	±40	2235-2105	59.0%	2105-2035	24.4%	2285-2245	11.2%			
堀之内1式	IAAA-31094	3770	±40	2300-2110	81.9%	2100-2035	12.8%	2335-2325	0.8%			
堀之内1式	IAAA-31095	3660	±40	2140-1925	94.4%	2190-2180	1.1%					
堀之内1式	IAAA-31096	3740	±40	2215-2030	85.1%	2285-2245	7.7%	2230-2215	2.7%			
堀之内1式	IAAA-31097	3740	±40	2215-2030	85.1%	2285-2245	7.7%	2230-2215	2.7%			
堀之内1式(新)	IAAA-31098	3680	±40	2145-1945	90.0%	2195-2165	5.4%					
堀之内1式(新)	IAAA-31099	3730	±40	2210-2025	88.6%	2280-2250	4.9%	2230-2215	1.4%			
堀之内1式(新)	Beta-173514	3750	±40	2235-2105	59.0%	2105-2035	24.4%	2285-2245	11.2%	-26.9‰		
堀之内1式(新)	Beta-168191	3680	±40	2145-1945	90.0%	2195-2165	5.4%			NA		
堀之内1式(新)	IAAA-30025	3740	±40	2215-2030	85.1%	2285-2245	7.7%	2230-2215	2.7%			
不明	Beta-177288	2670	±40	900-795	95.4%					-23.0‰		
宮ノ台式	PLD-4604	2090	±20	170-50	95.3%							
宮ノ台式	PLD-4605	2015	±20	50-AD30	90.4%	AD35-AD50	4.7%					
宮ノ台式	PLD-4606	2150	±20	210-145	57.3%	350-295	28.4%	140-110	8.4%			
宮ノ台式	PLD-4607	2100	±20	180-50	95.4%							
宮ノ台式	PLD-4608	2090	±20	170-50	95.3%							
久ヶ原式	PLD-4609	2015	±20	50-AD30	90.4%	AD35-AD50	4.7%					
久ヶ原式	PLD-4610	2030	±20	95-AD25	94.8%	AD45-AD45	0.6%					
久ヶ原式	PLD-4611	1895	±20	AD55-AD135	92.0%	AD195-AD210	1.6%	AD155-AD170	1.6%			
久ヶ原式	PLD-4612	1870	±20	AD80-AD215	95.1%							
久ヶ原式	PLD-4613	2005	±25	50-AD60	95.5%							
宮ノ台式	PLD-4614	2110	±25	195-85	82.3%	80-50	12.8%					
久ヶ原式	PLD-4615	2085	±25	175-40	95.4%							
久ヶ原式	PLD-4616	1885	±25	AD65-AD185	86.7%	AD185-AD215	8.7%					
久ヶ原式	PLD-4617	1985	±25	40-AD65	94.9%							
久ヶ原式	PLD-4618	1960	±25	AD1-AD85	86.6%	25-10	4.6%	40-25	3.0%			
久ヶ原式	PLD-4619	1925	±25	AD45-AD130	84.7%	AD25-AD45	10.8%					
久ヶ原式	PLD-4620	1840	±25	AD125-AD240	91.9%	AD90-AD105	3.5%					
久ヶ原式	PLD-4621	1885	±25	AD65-AD185	86.7%	AD185-AD215	8.7%					
称名寺1式	Beta-171776	4060	±40	2695-2475	82.5%	2850-2810	10.5%	2745-2725	2.5%	-26.2‰		
堀之内1式	IAAA-30467	4190	±50	2820-2625	71.0%	2900-2830	24.5%					-20.9‰
堀之内1式	IAAA-30461	4210	±50	2820-2655	62.5%	2905-2830	30.0%	2655-2630	2.9%			-21.1‰
堀之内1式	Beta-199825	4200	±40	2825-2665	66.9%	2900-2835	27.2%	2645-2635	1.3%	NA		
堀之内1式	MTC-04881	3760	±35	2290-2120	80.0%	2095-2040	15.4%					
堀之内1式(新)	MTC-04882	3760	±35	2290-2120	80.0%	2095-2040	15.4%					
堀之内1式	MTC-04322	3970	±35	2575-2430	86.0%	2380-2345	5.7%	2420-2400	3.8%			
堀之内1式	MTC-04323	3740	±35	2210-2030	88.4%	2275-2250	5.7%	2230-2220	1.4%			
堀之内1式	MTC-04883	3755	±35	2235-2115	62.9%	2095-2040	19.1%	2285-2245	12.4%			
堀之内1式	MTC-04324	3765	±35	2290-2120	83.0%	2090-2040	12.4%					
堀之内1式	MTC-04325	3815	±35	2350-2190	78.5%	2180-2140	9.6%	2405-2375	4.1%			
堀之内1式	MTC-04884	3860	±40	2465-2270	79.8%	2260-2205	15.7%					
堀之内1式	MTC-04885	3695	±35	2150-2010	80.8%	2200-2160	9.2%	2000-1975	5.5%			
堀之内1式	MTC-04317	3830	±35	2370-2195	77.4%	2405-2375	7.9%	2460-2415	7.4%			
堀之内1式	MTC-04886	3820	±35	2350-2190	78.0%	2180-2140	7.3%	2405-2375	5.2%			
堀之内1式	MTC-04318	3845	±35	2410-2200	83.1%	2460-2415	12.3%					
堀之内1式	MTC-04586	3760	±70	2350-2010	87.0%	2455-2415	2.9%	2405-2375	2.7%			
堀之内1式	MTC-04587	3810	±35	2340-2130	88.5%	2095-2040	7.0%					
堀之内1式	MTC-04887	3825	±35	2350-2195	76.8%	2405-2375	6.4%	2455-2415	5.9%			
堀之内1式	MTC-04319	3795	±35	2345-2135	93.1%	2080-2060	1.5%	2395-2385	0.9%			
堀之内1式	MTC-04326	3725	±35	2205-2025	93.1%	2275-2255	2.1%	1990-1985	0.3%			
堀之内1式	MTC-04888	3835	±40	2460-2195	93.4%	2160-2150	2.1%					

遺跡名	測定試料名	所在地	所蔵・協力機関	試料の種類	試料の詳細	採取部位	試料の時代
稲荷山貝塚	KNMI-C20	神奈川県横浜市	(財)かながわ考古学財団	炭化材			縄文後期
稲荷山貝塚	KNMI-C21	神奈川県横浜市	(財)かながわ考古学財団	炭化材			縄文後期
原口遺跡	KHH-2394	神奈川県平塚市	(財)かながわ考古学財団	土器付着物		胴内	縄文晩期
上土棚南遺跡	KAK-C2	神奈川県綾瀬市	綾瀬市教育委員会	種実			縄文後期
上土棚南遺跡	KAK-8	神奈川県綾瀬市	綾瀬市教育委員会	土器付着物		胴外	縄文後期
上土棚南遺跡	KAK-10	神奈川県綾瀬市	綾瀬市教育委員会	土器付着物		胴外	縄文後期
上土棚南遺跡	KAK-19	神奈川県綾瀬市	綾瀬市教育委員会	土器付着物		胴内	縄文後期
上土棚南遺跡	KAK-165	神奈川県綾瀬市	綾瀬市教育委員会	炭化材			縄文後期
港北ニュータウン内高山遺跡	KYKN-1	神奈川県横浜市	(財)横浜市ふるさと歴史財団埋蔵文化財センター	土器付着物		胴外	縄文後期
真田・北金目遺跡	KNHS-4	神奈川県平塚市	平塚市真田・北金目遺跡調査会	土器付着物		胴内	縄文後期
真田・北金目遺跡	KNHS-15	神奈川県平塚市	平塚市真田・北金目遺跡調査会	土器付着物		胴内	縄文後期
篠原大原遺跡	KNMS-C1	神奈川県横浜市	(財)かながわ考古学財団	炭化材			縄文後期
篠原大原遺跡	KNMS-C2	神奈川県横浜市	(財)かながわ考古学財団	炭化材			縄文後期
中屋敷遺跡	KNSZ-1	神奈川県大井町	昭和女子大学	土器付着物	甕	胴内下	弥生前期
中屋敷遺跡	KNSZ-C1	神奈川県大井町	昭和女子大学	種実			弥生前期
中屋敷遺跡	KNSZ-2	神奈川県大井町	昭和女子大学	土器付着物	甕?	胴内下	弥生前期
中屋敷遺跡	KNSZ-C3	神奈川県大井町	昭和女子大学	種実			弥生前期
銚子塚古墳	YNMBT-C1-10	山梨県甲府市	山梨県埋蔵文化財センター	木材			古墳前期
銚子塚古墳	YNMBT-C2	山梨県甲府市	山梨県埋蔵文化財センター	木材			古墳前期
銚子塚古墳	YNMBT-C3	山梨県甲府市	山梨県埋蔵文化財センター	木材			古墳前期
銚子塚古墳	YNMBT-C4	山梨県甲府市	山梨県埋蔵文化財センター	木材			古墳前期
石行遺跡	NNMT-116	長野県松本市	松本市立考古博物館	土器付着物		口縁外,胴外	縄文晩期
石行遺跡	NNMT-180	長野県松本市	松本市立考古博物館	土器付着物		口縁外,胴外	縄文晩期
刈谷原遺跡	NNT-15	長野県中川村	中川村教育委員会	土器付着物	条痕文	口縁外,胴外	弥生前期
刈谷原遺跡	NNT-16	長野県中川村	中川村教育委員会	土器付着物		胴外	弥生前期
長野県飯田市畑ノ沢地区	NNIH-8B-5	長野県飯田市	奈良文化財研究所	木材	685BC-681BC		弥生前期～中期
長野県飯田市畑ノ沢地区	NNIH-8B-10	長野県飯田市	奈良文化財研究所	木材	660BC-656BC		弥生前期～中期
長野県飯田市畑ノ沢地区	NNIH-8B-15	長野県飯田市	奈良文化財研究所	木材	635BC-631BC		弥生前期～中期
長野県飯田市畑ノ沢地区	NNIH-8B-20	長野県飯田市	奈良文化財研究所	木材	610BC-606BC		弥生前期～中期
長野県飯田市畑ノ沢地区	NNIH-8B-25	長野県飯田市	奈良文化財研究所	木材	585BC-581BC		弥生前期～中期
新田原遺跡	NNT-1	長野県高森町	高森町教育委員会	土器付着物		胴外下	弥生前期
新田原遺跡	NNT-3	長野県高森町	高森町教育委員会	炭化材		胴外	弥生前期
新田原遺跡	NNT-4	長野県高森町	高森町教育委員会	炭化材		胴外	弥生前期
女鳥羽川遺跡	NNMT-1	長野県松本市	松本市立考古博物館	土器付着物		口縁外	縄文晩期
女鳥羽川遺跡	NNMT-3	長野県松本市	松本市立考古博物館	土器付着物		胴内	縄文晩期
雨宮古墳	AME-18	石川県中能登町	鹿西町教育委員会	漆			古墳中期
雨宮古墳	AME-29	石川県中能登町	鹿西町教育委員会	漆			古墳中期
中屋サワ遺跡	IKN-2	石川県金沢市	金沢市埋蔵文化財センター	土器付着物		胴外	縄文晩期
中屋サワ遺跡	IKN-3	石川県金沢市	金沢市埋蔵文化財センター	土器付着物		底内	縄文晩期
中屋サワ遺跡	IKN-4	石川県金沢市	金沢市埋蔵文化財センター	土器付着物		胴外,胴内	縄文晩期
中屋サワ遺跡	IKN-5	石川県金沢市	金沢市埋蔵文化財センター	土器付着物		口縁内	縄文晩期
中屋サワ遺跡	IKN-7	石川県金沢市	金沢市埋蔵文化財センター	土器付着物	壺	口縁外・内	縄文晩期
中屋サワ遺跡	ISKM-66	石川県金沢市	金沢市埋蔵文化財センター	木材			縄文晩期
中屋サワ遺跡	REK-NG-0421	石川県金沢市	金沢市埋蔵文化財センター	漆			縄文晩期
桐野遺跡	ACKM-019	岐阜県各務原市	各務原市埋蔵文化財調査センター	土器付着物		口縁外	弥生中期
清水天王山遺跡	SST-1	静岡県静岡市	静岡市教育委員会	土器付着物	粗製無文条痕/羽状沈線	胴外	縄文後期
清水天王山遺跡	SST-1(re)	静岡県静岡市	静岡市教育委員会	土器付着物	粗製無文条痕/羽状沈線	胴外	縄文後期
清水天王山遺跡	SST-2	静岡県静岡市	静岡市教育委員会	土器付着物	無文粗製	口縁外	縄文後期
清水天王山遺跡	SST-3	静岡県静岡市	静岡市教育委員会	土器付着物	無文粗製	胴外	縄文後期
清水天王山遺跡	SST-6	静岡県静岡市	静岡市教育委員会	土器付着物	粗製無文	胴外	縄文後期
清水天王山遺跡	SST-8	静岡県静岡市	静岡市教育委員会	土器付着物		胴外	縄文後期
清水天王山遺跡	SST-10	静岡県静岡市	静岡市教育委員会	土器付着物	粗製	胴外	縄文後期
玉ノ井遺跡	ANT-1	愛知県名古屋市	名古屋市教育委員会	炭化材	クリ		縄文晩期
玉ノ井遺跡	ANT-4	愛知県名古屋市	名古屋市教育委員会	土器付着物		口縁外	縄文晩期
玉ノ井遺跡	ANT-12	愛知県名古屋市	名古屋市教育委員会	土器付着物		底内	縄文晩期
経田遺跡	SGMS-201-a	滋賀県守山市	守山市立埋蔵文化財センター	土器付着物	無文	胴内下	縄文晩期
経田遺跡	SGMS-201-b	滋賀県守山市	守山市立埋蔵文化財センター	土器付着物	無文	胴外上	縄文晩期
下之郷遺跡	SGMS-1	滋賀県守山市	守山市立埋蔵文化財センター	木材		最外縁	弥生中期
下之郷遺跡	SGMS-C1-1	滋賀県守山市	守山市立埋蔵文化財センター	木材	ウイグル	外から1年輪目	弥生中期
下之郷遺跡	SGMS-C1-11	滋賀県守山市	守山市立埋蔵文化財センター	木材	ウイグル	外から11年輪目	弥生中期
下之郷遺跡	SGMS-C1-21	滋賀県守山市	守山市立埋蔵文化財センター	木材	ウイグル	外から21年輪目	弥生中期
下之郷遺跡	SGMS-C1-31	滋賀県守山市	守山市立埋蔵文化財センター	木材	ウイグル	外から31年輪目	弥生中期
下之郷遺跡	SGMS-C1-41	滋賀県守山市	守山市立埋蔵文化財センター	木材	ウイグル	外から41年輪目	弥生中期

データ一覧表

試料の時期	測定機関番号	炭素14年代 (^{14}C BP)		較正年代(cal BC)						δ^{13}C値(‰)		
				確率1位		確率2位		確率3位		Beta社	昭光通商	IAAA社
堀之内1式	MTC-04320	3765	±35	2290-2120	83.0%	2090-2040	12.4%					
堀之内1式(新)	MTC-04321	3720	±40	2205-2015	90.5%	2275-2255	2.5%	1995-1980	2.0%			
清水天王山1式	IAAA-30449	3290	±70	1695-1430	91.5%	1740-1705	4.0%				-24.4‰	
加曽利B1式(古)	IAAA-30463	3530	±50	1980-1740	92.8%	2015-1995	2.3%	1705-1700	0.4%			
堀之内2式(中)?	IAAA-31106	3650	±40	2140-1915	95.4%						-25.6‰	
堀之内2式	IAAA-41127	3600	±40	2040-1875	89.5%	2125-2090	3.9%	1840-1825	1.3%			
加曽利B1式(中)	IAAA-31107	3680	±40	2145-1945	90.0%	2195-2165	5.4%					
加曽利B1式(古)	IAAA-30462	3540	±50	1980-1745	91.3%	2020-1990	4.2%					
堀之内1式(古)	IAAA-30034	3790	±40	2345-2125	89.2%	2090-2045	4.7%	2400-2380	1.5%		-26.2‰	
堀之内1式	MTC-04580	3815	±35	2350-2190	78.5%	2180-2140	9.6%	2405-2375	4.1%			
堀之内1式	MTC-04581	3825	±35	2350-2195	76.8%	2405-2375	6.4%	2455-2415	5.9%			
	MTC-04582	4170	±40	2820-2655	70.8%	2880-2830	20.3%	2655-2630	4.3%			
	MTC-04583	4415	±40	3120-2915	77.4%	3325-3230	15.6%	3175-3160	1.7%			
	MTC-05923	2350	±40	540-360	91.3%	725-690	3.3%	270-260	0.6%			
	Beta-210494	2430	±40	595-400	66.1%	750-685	19.8%	665-630	7.7%	-10.5‰		
	MTC-05924	2405	±40	570-395	75.1%	750-685	14.7%	665-645	4.1%			
	MTC-06582	2410	±40	590-395	75.1%	750-685	15.8%	665-640	4.5%			
	PLD-4132	1885	±20	AD70-AD175	90.5%	AD190-AD210	5.0%					
	PLD-4133	1715	±20	AD310-AD390	58.5%	AD255-AD305	36.9%					
	PLD-4134	1690	±20	AD320-AD415	83.0%	AD260-AD285	12.1%	AD290-AD290	0.4%			
	PLD-4135	1650	±20	AD335-AD435	94.9%	AD495-AD500	0.5%					
氷Ⅰ式(新)/大洞A2～A'式併行	Beta-189564	2570	±40	810-735	55.2%	650-545	26.4%	690-660	13.9%	-24.9‰	-24.8‰	
氷Ⅰ式(新)/大洞A2～A'式併行	Beta-189567	2570	±40	810-735	55.2%	650-545	26.4%	690-660	13.9%	-25.8‰	-25.6‰	
	MTC-04892	2410	±50	595-395	69.3%	750-685	17.4%	665-630	6.9%			
	MTC-04893	2380	±35	540-390	88.6%	725-690	6.1%	660-650	0.7%			
	MTC-05233	2510	±35									
	MTC-05232	2440	±35									
	MTC-05231	2505	±35									
	MTC-05230	2470	±35									
	MTC-05229	2465	±35									
	IAAA-31597	2450	±30	595-410	57.6%	750-685	24.8%	665-630	10.4%			-24.2‰
	MTC-04337	2430	±40	595-400	66.1%	750-685	19.8%	665-630	7.7%			
	MTC-04891	2490	±50	780-480	87.4%	465-415	8.1%					
女鳥羽川式	Beta-198873	2440	±40	595-405	61.3%	750-685	21.6%	665-610	12.6%	-21.0‰	-25.6‰	
大洞A1式	Beta-189565	2950	±40	1295-1025	95.4%					-23.0‰		
	MTC-04708	1750	±30	AD220-AD390	95.4%							
	MTC-04709	1790	±60	AD120-AD385	92.1%	AD85-AD110	3.4%					
御径塚3式	Beta-177280	3070	±40	1430-1255	93.1%	1235-1215	2.3%			-24.8‰	-24.9‰	
御径塚2式	Beta-177281	3190	±50	1540-1380	88.5%	1605-1570	4.6%	1560-1545	1.4%	-23.9‰	-24.1‰	
大洞B-C式,御径塚4式(中式)	Beta-177282	3070	±40	1430-1255	93.1%	1235-1215	2.3%			-25.1‰	-24.6‰	
中屋3式(南522b)	Beta-177283	3010	±30	1325-1190	72.5%	1380-1330	15.2%	1180-1155	4.1%	-25.3‰	-25.1‰	
大洞C1式	Beta-201252	2990	±40	1325-1110	85.5%	1385-1330	8.9%	1100-1085	0.8%	-28.8‰		
不明	PLD-4157	2740	±25	930-825	94.2%	970-960	1.2%					
	Beta-201254	3000	±40	1385-1125	95.5%					-29.5‰		
Ⅳ期	MTC-06599	2160	±30	235-105	52.4%	355-275	40.4%	260-240	2.7%			
清水天王山式(古)	IAAA-30469	3400	±110	1965-1445	95.3%	1970-1965	0.1%				-25.6‰	-25.2‰
清水天王山式(古)	Beta-189941	3130	±40	1495-1310	95.5%							
清水天王山式(古)	IAAA-30468	3120	±60	1515-1255	94.2%	1230-1215	1.2%					-24.7‰
清水天王山式(古)	IAAA-30470	3120	±50	1495-1285	93.2%	1285-1265	2.3%					-25.5‰
清水天王山式(古)	IAAA-30471	3340	±110	1905-1410	95.4%							
清水天王山式(古)	IAAA-30465	3090	±50	1455-1255	91.6%	1240-1215	2.7%	1490-1475	1.1%			-25.6‰
清水天王山式(古)	IAAA-30466	3040	±50	1415-1185	89.5%	1180-1155	3.4%	1145-1130	2.5%			-26.0‰
元刈谷式	IAAA-11630	2890	±30	1135-975	84.9%	1195-1140	10.0%	1205-1200	0.6%			
元刈谷式(新)	IAAA-11631	3040	±30	1405-1250	88.8%	1240-1210	6.7%					
元刈谷式	IAAA-11632	2930	±30	1215-1025	88.2%	1260-1230	7.3%					-25.3‰
滋賀里Ⅲ式	IAAA-41120	2780	±30	1005-885	79.6%	885-840	15.8%					-25.6‰
滋賀里Ⅲ式	IAAA-41121	2790	±30	1010-890	86.5%	880-845	8.8%					
近江Ⅳ様式末	Beta-185218	2190	±40	380-165	94.5%	130-120	0.9%			-25.1‰		
近江Ⅳ様式前半	Beta-200476	2250	±40	325-205	64.6%	395-340	30.8%			-24.9‰		
近江Ⅳ様式前半	Beta-200475	2280	±40	315-205	49.8%	400-350	45.6%			-24.4‰		
近江Ⅳ様式前半	Beta-203974	2360	±40	545-375	89.7%	730-690	4.9%	660-650	0.8%	-24.2‰		
近江Ⅳ様式前半	Beta-200474	2310	±40	415-350	64.5%	315-205	27.5%	485-460	2.3%	-24.8‰		
近江Ⅳ様式前半	Beta-203975	2250	±40	325-205	64.6%	395-340	30.8%			-25.3‰		

遺跡名	測定試料名	所在地	所蔵・協力機関	試料の種類	試料の詳細	採取部位	試料の時代
下之郷遺跡	SGMS-C1-51	滋賀県守山市	守山市立埋蔵文化財センター	木材	ウイグル	外から51年輪目	弥生中期
下之郷遺跡	SGMS-C1-61	滋賀県守山市	守山市立埋蔵文化財センター	木材	ウイグル	外から61年輪目	弥生中期
下之郷遺跡	SGMS-C1-71	滋賀県守山市	守山市立埋蔵文化財センター	木材	ウイグル	外から71年輪目	弥生中期
下之郷遺跡	SGMS-C1-81	滋賀県守山市	守山市立埋蔵文化財センター	木材	ウイグル	外から81年輪目	弥生中期
下之郷遺跡	SGMS-C1-91	滋賀県守山市	守山市立埋蔵文化財センター	木材	ウイグル	外から91年輪目	弥生中期
下之郷遺跡	SGMS-C1-101	滋賀県守山市	守山市立埋蔵文化財センター	木材	ウイグル	外から101年輪目	弥生中期
下之郷遺跡	SGMS-C1-111	滋賀県守山市	守山市立埋蔵文化財センター	木材	ウイグル	外から111年輪目	弥生中期
下之郷遺跡	SGMS-C1-121	滋賀県守山市	守山市立埋蔵文化財センター	木材	ウイグル	外から121年輪目	弥生中期
下之郷遺跡	SGMS-C1-131	滋賀県守山市	守山市立埋蔵文化財センター	木材	ウイグル	外から131年輪目	弥生中期
下之郷遺跡	SGMS-2	滋賀県守山市	守山市立埋蔵文化財センター	木材		最外縁	弥生中期
下之郷遺跡	SGMS-11(re)	滋賀県守山市	守山市立埋蔵文化財センター	土器付着物		口縁外	弥生中期
下之郷遺跡	SGMS-12(re)	滋賀県守山市	守山市立埋蔵文化財センター	土器付着物		胴外下	弥生中期
下之郷遺跡	SGMS-15	滋賀県守山市	守山市立埋蔵文化財センター	土器付着物	壺	口縁外	弥生中期
下之郷遺跡	SGMS-16	滋賀県守山市	守山市立埋蔵文化財センター	土器付着物		口縁外	弥生中期
下之郷遺跡	SGMS-17(re)	滋賀県守山市	守山市立埋蔵文化財センター	土器付着物		口縁外	弥生中期
下之郷遺跡	SGMS-19	滋賀県守山市	守山市立埋蔵文化財センター	土器付着物		口縁外	弥生中期
下之郷遺跡	SGMS-20(re)	滋賀県守山市	守山市立埋蔵文化財センター	土器付着物		口縁外	弥生後期
下之郷遺跡	SGMS-22-b	滋賀県守山市	守山市立埋蔵文化財センター	土器付着物		口縁外・胴外下	弥生中期
下之郷遺跡	SGMS-24(re)	滋賀県守山市	守山市立埋蔵文化財センター	土器付着物		口縁外	弥生中期
下之郷遺跡	SGMS-27	滋賀県守山市	守山市立埋蔵文化財センター	土器付着物		口縁外, 胴外上	弥生中期
下之郷遺跡	SGMS-28(b)	滋賀県守山市	守山市立埋蔵文化財センター	土器付着物		胴外	弥生中期
播磨田城遺跡	SGMS-301	滋賀県守山市	守山市立埋蔵文化財センター	土器付着物		口縁外	縄文晩期
播磨田城遺跡	SGMS-306	滋賀県守山市	守山市立埋蔵文化財センター	土器付着物		口縁外, 胴外	縄文晩期
竜ヶ崎A遺跡	SGMB-9	滋賀県安土町	(財)滋賀県文化財保護協会	土器付着物	深鉢	底内	縄文後期
竜ヶ崎A遺跡	SGMB-10	滋賀県安土町	(財)滋賀県文化財保護協会	土器付着物	深鉢	口縁外	縄文晩期
竜ヶ崎A遺跡	SGMB-11	滋賀県安土町	(財)滋賀県文化財保護協会	土器付着物	深鉢	胴外	縄文後期
竜ヶ崎A遺跡	SGMB-13-a	滋賀県安土町	(財)滋賀県文化財保護協会	土器付着物		胴内	縄文後期
竜ヶ崎A遺跡	SGMB-13-b	滋賀県安土町	(財)滋賀県文化財保護協会	土器付着物		胴外	縄文後期
竜ヶ崎A遺跡	SGMB-14-a	滋賀県安土町	(財)滋賀県文化財保護協会	土器付着物	深鉢	口縁外	縄文晩期〜弥生前期
竜ヶ崎A遺跡	SGMB-14-b	滋賀県安土町	(財)滋賀県文化財保護協会	土器付着物	深鉢	頸外	縄文晩期〜弥生前期
竜ヶ崎A遺跡	SGMB-14-c	滋賀県安土町	(財)滋賀県文化財保護協会	土器付着物	深鉢	胴外	縄文晩期〜弥生前期
竜ヶ崎A遺跡	SGMB-16	滋賀県安土町	(財)滋賀県文化財保護協会	土器付着物	深鉢	胴外	縄文晩期〜弥生前期
岩倉忠在地遺跡	KYDS-C1	京都府京都市	同志社大学歴史資料館	炭化材			古墳前期
岩倉忠在地遺跡	KYDS-C2	京都府京都市	同志社大学歴史資料館	炭化材			古墳前期
岩倉忠在地遺跡	KYDS-C3	京都府京都市	同志社大学歴史資料館	炭化材			古墳前期
宇治市街遺跡	SGUS-1	京都府宇治市	奈良文化財研究所	木材	外から1-5年輪		古墳
宇治市街遺跡	SGUS-2	京都府宇治市	奈良文化財研究所	木材	外から6-10年輪		古墳
宇治市街遺跡	SGUS-3	京都府宇治市	奈良文化財研究所	木材	外から11-15年輪		古墳
宇治市街遺跡	SGUS-4	京都府宇治市	奈良文化財研究所	木材	外から16-20年輪		古墳
宇治市街遺跡	SGUS-5	京都府宇治市	奈良文化財研究所	木材	外から21-25年輪		古墳
宇治市街遺跡	SGUS-6	京都府宇治市	奈良文化財研究所	木材	外から26-30年輪		古墳
宇治市街遺跡	SGUS-7(rt)	京都府宇治市	奈良文化財研究所	木材	外から31-35年輪		古墳
宇治市街遺跡	SGUS-8	京都府宇治市	奈良文化財研究所	木材	外から36-40年輪		古墳
宇治市街遺跡	SGUS-9(rt)	京都府宇治市	奈良文化財研究所	木材	外から41-45年輪		古墳
北白川追分町遺跡	KYTU-14-ad	京都府京都市	京都大学埋蔵文化財研究センター	土器付着物		口縁外	縄文晩期
唐古=鍵遺跡	NRTK-1	奈良県田原本町	田原本町教育委員会	土器付着物	突帯文, 深鉢	口縁外	弥生前期
唐古=鍵遺跡	NRTK-1(re)	奈良県田原本町	田原本町教育委員会	土器付着物	突帯文, 深鉢	口縁外	弥生前期
唐古=鍵遺跡	NRTK-3	奈良県田原本町	田原本町教育委員会	土器付着物	甕	口縁外	弥生前期
唐古=鍵遺跡	NRTK-5	奈良県田原本町	田原本町教育委員会	土器付着物	甕	口縁外	弥生中期
唐古=鍵遺跡	NRTK-6	奈良県田原本町	田原本町教育委員会	土器付着物	甕	胴外	弥生中期
唐古=鍵遺跡	NRTK-6(re)	奈良県田原本町	田原本町教育委員会	土器付着物	甕	胴外	弥生中期
唐古=鍵遺跡	NRTK-8	奈良県田原本町	田原本町教育委員会	土器付着物	甕	口縁外, 胴外	弥生中期
唐古=鍵遺跡	NRTK-9	奈良県田原本町	田原本町教育委員会	土器付着物	甕	口縁外	弥生中期
唐古=鍵遺跡	NRTK-10	奈良県田原本町	田原本町教育委員会	土器付着物	甕	胴外, 胴内	弥生中期
唐古=鍵遺跡	NRTK-11	奈良県田原本町	田原本町教育委員会	土器付着物	甕	口縁外	弥生中期
唐古=鍵遺跡	NRTK-12	奈良県田原本町	田原本町教育委員会	土器付着物	壺(アワ状付着物)	胴内	弥生中期
唐古=鍵遺跡	NRTK-12(re)	奈良県田原本町	田原本町教育委員会	土器付着物	壺(アワ状付着物)	胴内	弥生中期
唐古=鍵遺跡	NRTK-13	奈良県田原本町	田原本町教育委員会	土器付着物	甕	胴内	弥生中期
唐古=鍵遺跡	NRTK-14	奈良県田原本町	田原本町教育委員会	土器付着物	甕	胴内	弥生中期
唐古=鍵遺跡	NRTK-18	奈良県田原本町	田原本町教育委員会	土器付着物	壺	胴外	弥生中期
唐古=鍵遺跡	NRTK-19	奈良県田原本町	田原本町教育委員会	土器付着物	高坏	底内脚	弥生中期
唐古=鍵遺跡	NRTK-21	奈良県田原本町	田原本町教育委員会	土器付着物	壺	胴外	弥生中期
唐古=鍵遺跡	NRTK-22	奈良県田原本町	田原本町教育委員会	土器付着物	壺	胴外	弥生中期
唐古=鍵遺跡	NRTK-23	奈良県田原本町	田原本町教育委員会	土器付着物	壺	口縁外, 胴外	弥生中期
唐古=鍵遺跡	NRTK-23(re)	奈良県田原本町	田原本町教育委員会	土器付着物	壺	口縁外, 胴外	弥生中期
唐古=鍵遺跡	NRTK-24	奈良県田原本町	田原本町教育委員会	土器付着物	甕	胴外	弥生中期
唐古=鍵遺跡	NRTK-25	奈良県田原本町	田原本町教育委員会	土器付着物	甕	胴外	弥生中期

データ一覧表

試料の時期	測定機関番号	炭素14年代 (^{14}C BP)		較正年代(cal BC) 確率1位		確率2位		確率3位		δ^{13}C値(‰) Beta社	昭光通商	IAAA社
近江Ⅳ様式前半	Beta-200473	2210	±40	385-185	95.4%					-24.8‰		
近江Ⅳ様式前半	Beta-203976	2240	±40	330-200	67.8%	390-335	27.4%			-25.0‰		
近江Ⅳ様式前半	Beta-200472	2220	±40	385-195	95.5%					-24.6‰		
近江Ⅳ様式前半	Beta-203977	2320	±40	430-350	67.4%	290-230	16.1%	510-435	10.8%	-24.5‰		
近江Ⅳ様式前半	Beta-200471	2240	±40	330-200	67.8%	390-335	27.4%			-24.3‰		
近江Ⅳ様式前半	Beta-203978	2320	±40	430-350	67.4%	290-230	16.1%	510-435	10.8%	-23.7‰		
近江Ⅳ様式前半	Beta-200470	2290	±40	405-350	52.3%	310-205	43.1%			-24.4‰		
近江Ⅳ様式前半	Beta-203979	2370	±40	545-380	87.4%	730-690	6.7%	660-650	1.3%	-23.9‰		
近江Ⅳ様式前半	Beta-200469	2370	±40	545-380	87.4%	730-690	6.7%	660-650	1.3%	-24.4‰		
近江Ⅳ様式末	Beta-185219	2260	±40	320-205	60.7%	395-345	34.8%			-24.8‰		
近江Ⅳ様式(古)	MTC-05567	2145	±30	210-90	65.3%	355-290	25.0%	230-215	2.7%			
近江Ⅳ様式(古)	MTC-05568	2170	±30	360-270	48.6%	265-155	43.9%	135-115	2.9%			
近江Ⅳ様式(古)	MTC-05569	2160	±35	260-95	56.7%	360-270	38.8%					
近江Ⅳ様式(古)	MTC-05570	2200	±35	375-190	95.3%						-26.5‰	
近江Ⅳ様式(古)	MTC-05571	2185	±35	375-165	95.1%	125-120	0.3%					
近江Ⅳ様式(古)	MTC-05572	2275	±35	305-205	49.1%	400-350	46.4%					
近江Ⅳ様式(古)	MTC-05573	2270	±35	310-205	52.8%	400-350	42.6%					
近江Ⅳ様式(古)	MTC-05574	2220	±35	380-200	95.5%						-26.3‰	
近江Ⅳ様式	MTC-05575	2075	±35	185-15	91.8%	15-AD1	3.5%					
近江Ⅳ様式(古)	MTC-05576	2160	±35	260-95	56.7%	360-270	38.8%				-26.3‰	
近江Ⅳ様式前半	MTC-05577	2195	±35	375-175	95.5%							
船橋式	IAAA-40547	2490	±40	780-495	89.1%	440-415	3.3%	460-445	1.8%			-25.3‰
船橋式	IAAA-40548	2560	±40	810-730	47.7%	650-540	32.6%	690-660	15.2%			-25.7‰
	PLD-4146	3615	±25	2030-1895	95.4%							-27.1‰
長原式	PLD-4147	2515	±25	655-540	53.9%	790-725	24.3%	690-655	17.2%			-25.6‰
福田K2式	PLD-4148	3925	±30	2490-2330	89.5%	2325-2295	5.6%					-26.8‰
縁帯文成立期	PLD-4150	3840	±25	2350-2200	79.4%	2405-2375	8.5%	2455-2415	7.2%			-25.9‰
四ツ池式	PLD-4151	3815	±30	2350-2190	84.3%	2180-2140	7.8%	2400-2380	2.6%			-26.1‰
長原式	PLD-4152	2510	±25	695-540	72.4%	785-715	23.0%					-25.8‰
長原式	PLD-4153	2530	±25	645-545	43.4%	790-735	32.8%	690-660	19.3%			-25.5‰
長原式	PLD-4154	2490	±25	770-515	95.4%							-26.5‰
長原式	PLD-4149	2495	±25	770-535	94.1%	530-520	1.4%					-25.9‰
	PLD-4632	1935	±25	AD20-AD125	94.7%							
	PLD-4504	1895	±20	AD55-AD135	92.0%	AD195-AD210	1.6%	AD155-AD170	1.6%			
	PLD-4503	1830	±20	AD130-AD235	95.4%							
	PLD-4396	1740	±20	AD240-AD355	91.7%	AD365-AD380	3.7%					
	PLD-4397	1730	±20	AD250-AD360	86.5%	AD365-AD380	7.9%					
	PLD-4398	1740	±20	AD240-AD355	91.7%	AD365-AD380	3.7%					
	PLD-4399	1710	±20	AD315-AD395	63.4%	AD255-AD305	32.0%					
	PLD-4400	1705	±20	AD315-AD400	68.7%	AD255-AD300	26.8%					
	PLD-4401	1735	±20	AD245-AD355	89.8%	AD365-AD380	5.7%					
	PLD-4402	1670	±20	AD335-AD425	92.9%	AD265-AD275	2.6%					
	PLD-4403	1705	±20	AD315-AD400	68.7%	AD255-AD300	26.8%					
	PLD-4404	1710	±20	AD315-AD395	63.4%	AD255-AD305	32.0%					
滋賀里Ⅲb式	Beta-197017	2760	±40	1000-825	95.4%					-26.4‰		
大和Ⅰ-1-a期	Beta-182490	2460	±40	670-410	70.9%	755-680	24.5%			-26.9‰	-26.3‰	
大和Ⅰ-1-a期	MTC-03608	2495	±30	780-510	95.1%	435-425	0.4%					
大和Ⅰ-1-a期	NUTA2-7450	2340	±29	425-370	80.1%	510-435	15.3%				-27.2‰	
大和Ⅰ-2-a期	MTC-03507	2470	±30	670-485	58.3%	760-680	28.8%	465-415	8.4%		-25.8‰	
大和Ⅱ-1-b期	Beta-182491	2260	±40	320-205	60.7%	395-345	34.8%			-25.0‰	-25.4‰	
大和Ⅱ-1-b期	MTC-03508	2240	±30	320-205	68.6%	390-345	26.9%					
大和Ⅱ-1-b期	MTC-03509	2245	±30	320-205	66.2%	390-345	29.2%				-27.2‰	
大和Ⅱ-1-b期	NUTA2-7451	2223	±29	330-200	74.6%	380-340	20.9%				-26.9‰	
大和Ⅱ-2期	NUTA2-7452	2656	±29	845-790	87.4%	895-870	7.6%				-23.2‰	
大和Ⅱ-2期	MTC-03510	2300	±30	405-355	75.2%	285-230	20.3%				-26.8‰	
大和Ⅲ-1期	Beta-182492	2140	±40	235-50	72.0%	355-285	22.5%	255-245	0.9%	-26.4‰	-26.3‰	
大和Ⅲ-1期	MTC-03609	2170	±30	360-270	48.6%	265-155	43.9%	135-115	2.9%			
大和Ⅲ-1期	NUTA2-7453	2232	±29	325-205	71.9%	385-340	23.5%				-25.8‰	
大和Ⅲ-2期	NUTA2-7454	2232	±29	325-205	71.9%	385-340	23.5%					
大和Ⅲ-3期	NUTA2-7455	2139	±28	210-85	73.4%	350-295	17.9%	75-55	3.1%		-22.9‰	
大和Ⅲ-3期	NUTA2-7456	2143	±29	210-90	68.3%	350-290	22.6%	75-55	2.5%		-26.6‰	
大和Ⅲ-3期	NUTA2-7458	2056	±29	165-AD5	95.4%						-24.3‰	
大和Ⅲ-3期	NUTA2-7459	2121	±29	205-50	91.2%	345-325	4.2%				-26.5‰	
大和Ⅲ-4期	Beta-182493	2070	±50	200-AD30	93.4%	AD35-AD50	1.4%	335-330	0.6%	-21.5‰	-22.8‰	
大和Ⅲ-4期	MTC-03610	2125	±30	205-50	88.3%	345-315	7.1%					
大和Ⅳ-1期	MTC-03512	2020	±30	105-AD60	95.4%						-25.0‰	
大和Ⅳ-1期	NUTA2-7460	2098	±29	195-45	95.4%						-25.1‰	

遺跡名	測定試料名	所在地	所蔵・協力機関	試料の種類	試料の詳細	採取部位	試料の時代
唐古＝鍵遺跡	NRTK-27	奈良県田原本町	田原本町教育委員会	土器付着物	甕	胴外	弥生中期
唐古＝鍵遺跡	NRTK-28	奈良県田原本町	田原本町教育委員会	土器付着物	甕	胴外	弥生中期
唐古＝鍵遺跡	NRTK-29	奈良県田原本町	田原本町教育委員会	土器付着物	甕	胴外	弥生中期
唐古＝鍵遺跡	NRTK-29(re)	奈良県田原本町	田原本町教育委員会	土器付着物	甕	胴外	弥生中期
唐古＝鍵遺跡	NRTK-30	奈良県田原本町	田原本町教育委員会	土器付着物	蓋	口縁内	弥生中期
唐古＝鍵遺跡	NRTK-32	奈良県田原本町	田原本町教育委員会	土器付着物	短頸壺	胴内	弥生後期
唐古＝鍵遺跡	NRTK-32(re2)	奈良県田原本町	田原本町教育委員会	土器付着物	短頸壺	胴内	弥生後期
唐古＝鍵遺跡	NRTK-32(re)	奈良県田原本町	田原本町教育委員会	土器付着物	短頸壺	胴内	弥生後期
唐古＝鍵遺跡	NRTK-33	奈良県田原本町	田原本町教育委員会	土器付着物	甕	胴外	弥生中期
唐古＝鍵遺跡	NRTK-34	奈良県田原本町	田原本町教育委員会	土器付着物	甕	口縁外,胴外	弥生中期
唐古＝鍵遺跡	NRTK-34(re)	奈良県田原本町	田原本町教育委員会	土器付着物	甕	口縁外,胴外	弥生中期
唐古＝鍵遺跡	NRTK-35	奈良県田原本町	田原本町教育委員会	土器付着物	甕	胴内	弥生後期
唐古＝鍵遺跡	NRTK-36	奈良県田原本町	田原本町教育委員会	土器付着物	甕	胴内	古墳
唐古＝鍵遺跡	NRTK-36(re)	奈良県田原本町	田原本町教育委員会	土器付着物	甕	胴内	古墳
唐古＝鍵遺跡	NRTK-37	奈良県田原本町	田原本町教育委員会	土器付着物	甕	胴外	古墳前期
唐古＝鍵遺跡	NRTK-38	奈良県田原本町	田原本町教育委員会	土器付着物	甕	胴外	古墳前期
唐古＝鍵遺跡	NRTK-38(re)	奈良県田原本町	田原本町教育委員会	土器付着物	甕	胴外	古墳前期
唐古＝鍵遺跡	NRTK-40	奈良県田原本町	田原本町教育委員会	漆	漆片	胴外,胴内	弥生後期
唐古＝鍵遺跡	NRTK-41	奈良県田原本町	田原本町教育委員会	漆	漆片	胴内	弥生前期
唐古＝鍵遺跡	NRTK-42	奈良県田原本町	田原本町教育委員会	種実	炭化米	焼米	弥生前期
唐古＝鍵遺跡	NRTK-42(re)	奈良県田原本町	田原本町教育委員会	種実	炭化米	焼米	弥生前期
唐古＝鍵遺跡	NRTK-43	奈良県田原本町	田原本町教育委員会	種実	炭化米	焼米	弥生中期
唐古＝鍵遺跡	NRTK-44	奈良県田原本町	田原本町教育委員会	土器付着物	甕	口縁外	弥生前期
唐古＝鍵遺跡	NRTK-47	奈良県田原本町	田原本町教育委員会	土器付着物	甕	胴内上	弥生前期
唐古＝鍵遺跡	NRTK-48	奈良県田原本町	田原本町教育委員会	土器付着物	甕	口縁外	弥生前期
唐古＝鍵遺跡	NRTK-49	奈良県田原本町	田原本町教育委員会	土器付着物	把手付鉢	胴内	弥生前期
唐古＝鍵遺跡	NRTK-51	奈良県田原本町	田原本町教育委員会	土器付着物	甕	口縁外	弥生中期
唐古＝鍵遺跡	NRTK-56	奈良県田原本町	田原本町教育委員会	土器付着物	甕	胴内	弥生中期
唐古＝鍵遺跡	NRTK-60	奈良県田原本町	田原本町教育委員会	土器付着物	甕	胴外	弥生中期
唐古＝鍵遺跡	NRTK-64	奈良県田原本町	田原本町教育委員会	土器付着物	甕	胴外下	弥生中期
唐古＝鍵遺跡	NRTK-65	奈良県田原本町	田原本町教育委員会	土器付着物	甕	胴外中	弥生中期
唐古＝鍵遺跡	NRTK-66	奈良県田原本町	田原本町教育委員会	土器付着物	甕	口縁外,胴内	弥生中期
唐古＝鍵遺跡	NRTK-73	奈良県田原本町	田原本町教育委員会	土器付着物		口縁外	弥生中期
唐古＝鍵遺跡	NRTK-79	奈良県田原本町	田原本町教育委員会	土器付着物	甕	胴外	古墳前期
唐古＝鍵遺跡	NRTK-82	奈良県田原本町	田原本町教育委員会	土器付着物	甕	胴外	古墳前期
唐古＝鍵遺跡	NRTK-85	奈良県田原本町	田原本町教育委員会	木材			弥生中期
唐古＝鍵遺跡	NRTK-87	奈良県田原本町	田原本町教育委員会	木材			弥生中期
唐古＝鍵遺跡	NRTK-88	奈良県田原本町	田原本町教育委員会	木材			弥生中期
唐古＝鍵遺跡	NRTK-89	奈良県田原本町	田原本町教育委員会	木材			弥生中期
唐古＝鍵遺跡	NRTK-90	奈良県田原本町	田原本町教育委員会	木材			弥生中期
唐古＝鍵遺跡	NRTK-C91A-1	奈良県田原本町	田原本町教育委員会	木材		外から1年輪	弥生中期
唐古＝鍵遺跡	NRTK-C91A-11	奈良県田原本町	田原本町教育委員会	木材		外から11年輪	弥生中期
唐古＝鍵遺跡	NRTK-C91A-21	奈良県田原本町	田原本町教育委員会	木材		外から21年輪	弥生中期
唐古＝鍵遺跡	NRTK-C91A-31	奈良県田原本町	田原本町教育委員会	木材		外から31年輪	弥生中期
唐古＝鍵遺跡	NRTK-C91A-41	奈良県田原本町	田原本町教育委員会	木材		外から41年輪	弥生中期
唐古＝鍵遺跡	NRTK-C91A-51	奈良県田原本町	田原本町教育委員会	木材		外から51年輪	弥生中期
唐古＝鍵遺跡	NRTK-C91A-61	奈良県田原本町	田原本町教育委員会	木材		外から61年輪	弥生中期
唐古＝鍵遺跡	NRTK-C91A-71	奈良県田原本町	田原本町教育委員会	木材		外から71年輪	弥生中期
唐古＝鍵遺跡	NRTK-C91A-81	奈良県田原本町	田原本町教育委員会	木材		外から81年輪	弥生中期
唐古＝鍵遺跡	NRTK-C91A-91	奈良県田原本町	田原本町教育委員会	木材		外から91年輪	弥生中期
唐古＝鍵遺跡	NRTK-C91A-101	奈良県田原本町	田原本町教育委員会	木材		外から101年輪	弥生中期
唐古＝鍵遺跡	NRTK-C91A-110	奈良県田原本町	田原本町教育委員会	木材		外から110年輪	弥生中期
唐古＝鍵遺跡	NRTK-C91B	奈良県田原本町	田原本町教育委員会	木材			弥生中期
唐古＝鍵遺跡	NRTK-C91C	奈良県田原本町	田原本町教育委員会	木材			弥生中期
唐古＝鍵遺跡	NRTK-C91C(re)	奈良県田原本町	田原本町教育委員会	木材			弥生中期
唐古＝鍵遺跡	NRTK-C91C(RT)	奈良県田原本町	田原本町教育委員会	木材			弥生中期
唐古＝鍵遺跡	NRTK-86-2	奈良県田原本町	田原本町教育委員会	木材			弥生中期
清水風遺跡	NRTK-31	奈良県田原本町	田原本町教育委員会	土器付着物	壺	胴外	弥生中期
箸墓古墳	NRKS-02	奈良県桜井市	奈良県立橿原考古学研究所	土器付着物		口縁外	古墳前期
箸墓古墳	NRKS-03	奈良県桜井市	奈良県立橿原考古学研究所	土器付着物		口縁外	古墳前期
箸墓古墳	NRKS-04	奈良県桜井市	奈良県立橿原考古学研究所	土器付着物		口縁外	古墳前期
箸墓古墳	NRKS-06	奈良県桜井市	奈良県立橿原考古学研究所	土器付着物	甕F	口縁外	古墳前期
箸墓古墳	NRKS-09	奈良県桜井市	奈良県立橿原考古学研究所	土器付着物	甕SY	口縁外	古墳前期
箸墓古墳	NRKS-10	奈良県桜井市	奈良県立橿原考古学研究所	土器付着物	甕S(傾)	口縁外,胴外	古墳前期
箸墓古墳	NRKS-11	奈良県桜井市	奈良県立橿原考古学研究所	土器付着物	甕F	口縁外,胴外	古墳前期
箸墓古墳	NRKS-13	奈良県桜井市	奈良県立橿原考古学研究所	土器付着物	甕	口縁外	古墳前期
池島・福万寺遺跡	OSF-2	大阪府東大阪市・八尾市	(財)大阪府文化財センター	土器付着物		胴外	縄文後期
池島・福万寺遺跡	OSF-6'	大阪府東大阪市・八尾市	(財)大阪府文化財センター	土器付着物		底内	縄文晩期
池島・福万寺遺跡	OSF-39	大阪府東大阪市・八尾市	(財)大阪府文化財センター	土器付着物		口縁外	弥生中期
池島・福万寺遺跡	OSF-45	大阪府東大阪市・八尾市	(財)大阪府文化財センター	土器付着物		底内	弥生中期
池島・福万寺遺跡	OSF-90	大阪府東大阪市・八尾市	(財)大阪府文化財センター	土器付着物		胴外	弥生後期
池島・福万寺遺跡	OSF-101	大阪府東大阪市・八尾市	(財)大阪府文化財センター	土器付着物		胴外	弥生後期
池島・福万寺遺跡	OSF-102	大阪府東大阪市・八尾市	(財)大阪府文化財センター	土器付着物		胴外	弥生後期
池島・福万寺遺跡	OSF-103	大阪府東大阪市・八尾市	(財)大阪府文化財センター	土器付着物		胴外	弥生後期
池島・福万寺遺跡	OSF-105	大阪府東大阪市・八尾市	(財)大阪府文化財センター	土器付着物		胴外	弥生後期
瓜生堂遺跡	OSF-12	大阪府東大阪市	(財)大阪府文化財センター	土器付着物		口縁外	弥生前期
瓜生堂遺跡	OSF-95	大阪府東大阪市	(財)大阪府文化財センター	土器付着物		胴外	弥生後期
瓜生堂遺跡	OSF-98	大阪府東大阪市	(財)大阪府文化財センター	土器付着物		胴外	弥生後期
瓜生堂遺跡	OSF-109	大阪府東大阪市	(財)大阪府文化財センター	土器付着物		胴内	弥生後期
瓜生堂遺跡	OSF-110	大阪府東大阪市	(財)大阪府文化財センター	土器付着物		胴外	弥生後期

データ一覧表

試料の時期	測定機関番号	炭素14年代(^{14}C BP)	較正年代(cal BC) 確率1位		確率2位		確率3位		δ^{13}C値(‰) Beta社	昭光通商	IAAA社
大和Ⅳ-1期	NUTA2-7461	2081 ±28	185-40	94.5%	10-AD1	1.0%				-27.3‰	
大和Ⅳ-1期	NUTA2-7462	2135 ±28	210-85	76.7%	350-305	14.0%	75-55	4.4%		-27.4‰	
大和Ⅳ-2期	Beta-182494	2150 ±40	235-85	59.0%	355-275	29.8%	80-55	3.8%	-24.8‰	-25.0‰	
大和Ⅳ-2期	MTC-03511	2145 ±45	235-50	66.1%	355-275	26.4%	260-240	2.8%			
大和Ⅳ-2期	NUTA2-7463	2076 ±28	175-35	92.7%	10-AD1	1.7%	30-20	1.1%		-26.2‰	
大和Ⅴ-1期	Beta-182495	1910 ±40	AD15-AD215	94.2%	AD5-AD15	1.3%			-26.5‰	-26.1‰	
大和Ⅴ-1期	NUTA2-7465	2041 ±29	115-AD25	87.5%	160-130	7.4%	AD45-AD45	0.6%			
大和Ⅴ-1期	MTC-03611	2050 ±30	120-AD20	82.9%	165-145	12.6%					
大和Ⅲ-3期	NUTA2-7467	2157 ±28	235-105	56.0%	355-280	38.0%	255-245	1.4%		-21.9‰	
大和Ⅳ-2期	Beta-182496	1950 ±40	5-AD130	85.0%	40-5	10.5%			-23.4‰	-22.8‰	
大和Ⅳ-2期	MTC-03612	1985 ±30	45-AD75	95.5%							
大和Ⅵ-3期	Beta-182497	1960 ±40	40-AD95	86.4%	AD95-AD125	9.0%			-26.9‰	-25.7‰	
布留1式	Beta-182498	1880 ±40	AD55-AD235	95.1%					-25.0‰	-21.8‰	
布留1式	MTC-03513	1815 ±35	AD125-AD260	86.5%	AD280-AD325	7.2%	AD90-AD100	1.7%			
布留1式	NUTA2-7468	1763 ±28	AD210-AD360	89.8%	AD170-AD195	2.7%	AD365-AD380	2.1%		-27.1‰	
布留1式	Beta-182499	1810 ±40	AD120-AD265	80.4%	AD275-AD335	12.6%	AD85-AD105	2.4%	-26.1‰	-25.4‰	
布留1式	MTC-03613	1830 ±30	AD120-AD255	92.0%	AD85-AD105	3.5%					
大和Ⅴ-2～Ⅵ-1期	Beta-182500	2070 ±40	195-AD5	94.6%	AD10-AD15	0.9%			-28.7‰		
前期	NUTA2-7469	2434 ±30	595-405	68.7%	750-685	20.5%	665-640	6.3%			
大和Ⅰ-2a期	Beta-182501	2490 ±50	780-480	87.4%	465-415	8.1%			-26.8‰	-25.6‰	
大和Ⅰ-2a期	MTC-03614	2445 ±30	595-405	61.1%	750-685	23.7%	665-635	8.9%			
大和Ⅲ-3期	NUTA2-7470	2069 ±28	170-35	89.9%	10-AD1	2.9%	30-20	2.6%			
大和Ⅰ-1期	NUTA2-7471	2468 ±30	670-480	57.7%	760-680	28.4%	465-415	9.3%		-25.8‰	
大和Ⅰ-2-a期	NUTA2-7472	2491 ±29	775-510	94.3%	435-420	1.1%				-26.8‰	
大和Ⅰ-2-b期	NUTA2-7473	2432 ±29	570-405	68.0%	750-685	19.7%	665-640	5.6%		-25.1‰	
大和Ⅰ-2-b期	NUTA2-7475	2336 ±29	420-365	84.2%	510-435	11.3%				-26.7‰	
大和Ⅱ-1-b期	NUTA2-7476	2174 ±29	360-270	51.6%	265-165	42.5%	130-120	1.3%		-26.4‰	
大和Ⅱ-2期	NUTA2-7477	2480 ±28	765-505	91.3%	440-415	2.6%	460-450	1.2%		-23.8‰	
大和Ⅲ-1期	NUTA2-7478	2206 ±29	375-195	95.4%						-26.6‰	
大和Ⅲ-3期	NUTA2-7479	2139 ±28	210-85	73.4%	350-295	17.9%	75-55	3.1%		-25.5‰	
大和Ⅲ-4期	NUTA2-7480	2133 ±29	210-85	76.9%	350-305	12.9%	80-50	5.7%		-25.1‰	
大和Ⅳ-1期	Beta-191839	2170 ±40	370-105	95.4%					-25.6‰		
大和Ⅳ-2,Ⅳ-1期	NUTA2-7481	2104 ±28	195-50	95.4%						-26.0‰	
布留Ⅰ式	NUTA2-7482	1741 ±27	AD240-AD380	95.4%						-20.3‰	
布留Ⅰ式	NUTA2-7484	1780 ±28	AD135-AD265	61.4%	AD275-AD335	34.1%				-25.8‰	
大和Ⅲ-3-2期	NUTA2-7485	2122 ±28	205-50	91.3%	340-325	4.1%					
大和Ⅲ-3-2期	NUTA2-7487	2207 ±29	375-200	95.5%							
大和Ⅲ-3-2期	NUTA2-7488	2225 ±29	330-200	74.0%	385-340	21.4%					
大和Ⅲ-3-2期	NUTA2-7489	2338 ±29	420-365	82.2%	510-435	13.2%					
大和Ⅲ-3-2期	NUTA2-7490	2194 ±29	365-180	95.4%							
大和Ⅲ-2期	NUTA2-8067	2181 ±30	365-165	95.4%							
大和Ⅲ-2期	NUTA2-8068	2203 ±29	375-195	95.5%							
大和Ⅲ-2期	NUTA2-8069	2153 ±30	235-90	60.6%	355-280	33.4%	255-245	1.2%			
大和Ⅲ-2期	NUTA2-8070	2178 ±29	360-165	95.4%							
大和Ⅲ-2期	NUTA2-8071	2203 ±30	375-195	95.5%							
大和Ⅲ-2期	NUTA2-8073	2178 ±29	360-165	95.4%							
大和Ⅲ-2期	NUTA2-8074	2164 ±29	260-150	46.1%	355-275	44.4%	140-110	4.9%			
大和Ⅲ-2期	NUTA2-8075	2193 ±29	365-180	95.4%							
大和Ⅲ-2期	NUTA2-8076	2231 ±29	325-205	72.0%	385-340	23.5%					
大和Ⅲ-2期	NUTA2-8077	2201 ±29	375-195	95.4%							
大和Ⅲ-2期	NUTA2-8078	2216 ±30	375-200	95.4%							
大和Ⅲ-2期	Beta-200456	2280 ±40	315-205	49.8%	400-350	45.6%			NA		
大和Ⅲ-2期	NUTA2-8079	2149 ±30	230-90	64.6%	355-285	29.3%	70-55	1.6%			
大和Ⅲ-2期	NUTA2-8080	2057 ±29	165-AD5	95.4%							
大和Ⅲ-2期	Beta-201261	2120 ±40	210-40	83.6%	350-295	10.8%	230-220	1.0%	-30.3‰		
大和Ⅲ-2期	Beta-200444	2200 ±40	380-170	95.5%					-30.8‰		
大和Ⅲ-3-2期	NUTA2-7486	2175 ±28	360-270	52.7%	265-165	42.1%	125-120	0.7%			
大和Ⅳ-2期	NUTA2-7464	2112 ±28	200-45	95.4%						-24.7‰	
布留式	IAAA-41114	1840 ±30	AD120-AD240	88.7%	AD85-AD110	6.8%					
布留式	IAAA-41115	1780 ±30	AD135-AD265	61.1%	AD270-AD335	34.4%					
布留式	IAAA-41116	1820 ±30	AD125-AD255	91.9%	AD300-AD320	2.5%	AD90-AD100	1.0%			-27.2‰
布留0式	Beta-198872	1830 ±40	AD80-AD260	92.4%	AD300-AD320	3.1%			-24.2‰		
布留0式	IAAA-41918	1910 ±40	AD15-AD215	94.2%	AD5-AD15	1.3%					-25.3‰
布留0式	IAAA-41919	1840 ±40	AD75-AD255	94.5%	AD305-AD315	1.0%					-21.2‰
布留式	IAAA-41920	1740 ±40	AD210-AD410	94.3%	AD175-AD190	1.2%					-22.0‰
布留0式	IAAA-41921	1870 ±40	AD60-AD240	95.5%							-26.2‰
元住吉山Ⅰ式	Beta-189938	3520 ±40	1950-1740	95.4%					-26.3‰	-25.9‰	
長原式(新)	MTC-04589	2485 ±35	770-500	89.5%	440-415	3.2%	460-445	1.7%		-26.5‰	
河内Ⅱ-2～3期	MTC-04591	2290 ±35	405-350	58.4%	295-225	34.1%	220-210	2.9%			
河内Ⅲ～Ⅳ-1・2期	MTC-04592	2115 ±35	205-45	90.0%	345-315	5.4%				-27.0‰	
河内Ⅴ-0期	IAAA-40558	2060 ±40	185-AD25	95.4%							-26.0‰
河内Ⅴ-3期	IAAA-40559	1980 ±40	55-AD90	90.9%	AD100-AD125	3.4%	85-75	1.1%			-25.5‰
河内Ⅴ-3期	IAAA-40560	2010 ±30	60-AD65	91.1%	90-65	4.3%					-26.4‰
河内Ⅴ-3期	IAAA-40561	1990 ±40	60-AD85	90.6%	90-65	3.4%	AD105-AD120	1.4%			-24.6‰
河内Ⅴ-3期	IAAA-40562	2020 ±40	115-AD65	91.2%	160-135	4.2%					-26.4‰
河内Ⅰ-2期	Beta-184558	2440 ±40	595-405	61.3%	750-685	21.6%	665-610	12.6%	-25.9‰	-26.0‰	
河内Ⅴ-3期	Beta-184559	2000 ±40	110-AD85	95.1%	150-145	0.3%			-25.6‰	-26.0‰	
河内Ⅴ-1～3期	Beta-184557	1960 ±40	40-AD95	86.4%	AD95-AD125	9.0%			-25.3‰	-25.5‰	
河内Ⅵ-1期	Beta-184560	1950 ±40	5-AD130	85.0%	40-5	10.5%			-11.6‰		
河内Ⅵ-1期	Beta-184561	1990 ±40	60-AD85	90.6%	90-65	3.4%	AD105-AD120	1.4%	-26.4‰	-26.6‰	

遺跡名	測定試料名	所在地	所蔵・協力機関	試料の種類	試料の詳細	採取部位	試料の時代
瓜生堂遺跡	OSF-111	大阪府東大阪市	(財)大阪府文化財センター	土器付着物		口胴外	弥生後期
瓜生堂遺跡	OSF-111(re)	大阪府東大阪市	(財)大阪府文化財センター	土器付着物		口胴外	弥生後期
瓜生堂遺跡	OSF-165	大阪府東大阪市	(財)大阪府文化財センター	土器付着物		胴外	古墳
亀井遺跡	OSF-40	大阪府八尾市	(財)大阪府文化財センター	土器付着物		胴外	弥生中期
亀井遺跡	OSF-33	大阪府八尾市	(財)大阪府文化財センター	土器付着物		蓋内	弥生中期
私部南遺跡	OSF-C1-1	大阪府交野市	(財)大阪府文化財センター	木材		最外1年目	弥生前期
私部南遺跡	OSF-C1-11	大阪府交野市	(財)大阪府文化財センター	木材		最外11年目	弥生前期
私部南遺跡	OSF-C1-21	大阪府交野市	(財)大阪府文化財センター	木材		最外21年目	弥生前期
私部南遺跡	OSF-C2	大阪府交野市	(財)大阪府文化財センター	木材			弥生前期
私部南遺跡	OSF-C3	大阪府交野市	(財)大阪府文化財センター	木材	杭		弥生前期
私部南遺跡	OSF-192	大阪府交野市	(財)大阪府文化財センター	土器付着物	深鉢	口縁外	縄文晩期
私部南遺跡	OSF-193	大阪府交野市	(財)大阪府文化財センター	土器付着物	深鉢	底内	縄文晩期
私部南遺跡	OSF-214	大阪府交野市	(財)大阪府文化財センター	土器付着物	甕	胴外	弥生前期
私部南遺跡	OSF-215	大阪府交野市	(財)大阪府文化財センター	土器付着物	鉢	口縁外	弥生前期
私部南遺跡	OSF-216	大阪府交野市	(財)大阪府文化財センター	土器付着物	鉢	口縁外	弥生前期
私部南遺跡	OSF-224-b	大阪府交野市	(財)大阪府文化財センター	土器付着物	甕	胴外上	弥生前期
私部南遺跡	OSF-225	大阪府交野市	(財)大阪府文化財センター	土器付着物	甕	胴内	弥生前期
私部南遺跡	OSF-227	大阪府交野市	(財)大阪府文化財センター	土器付着物	甕	口縁外	弥生前期
私部南遺跡	OSF-230	大阪府交野市	(財)大阪府文化財センター	土器付着物		口縁外	弥生前期
私部南遺跡	OSF-232-a	大阪府交野市	(財)大阪府文化財センター	土器付着物	甕	口縁外	弥生前期
私部南遺跡	OSF-232-b	大阪府交野町	(財)大阪府文化財センター	土器付着物	甕	胴外	弥生前期
シショツカ古墳	REK-SR1-SR-1	大阪府河南町	(財)大阪府文化財センター	炭化材			古墳
新上小阪遺跡	OSF-35	大阪府東大阪市	(財)大阪府文化財センター	土器付着物		蓋内	弥生中期
新上小阪遺跡	OSF-36	大阪府東大阪市	(財)大阪府文化財センター	土器付着物		胴外	弥生中期
新上小阪遺跡	OSF-37	大阪府東大阪市	(財)大阪府文化財センター	土器付着物		胴外	弥生中期
新上小阪遺跡	OSF-38	大阪府東大阪市	(財)大阪府文化財センター	土器付着物		胴内	弥生中期
美園遺跡	OSF-23	大阪府東大阪市	(財)大阪府文化財センター	土器付着物		胴外	弥生前期
美園遺跡	OSF-26(re)	大阪府東大阪市	(財)大阪府文化財センター	土器付着物		胴外	弥生中期
美園遺跡	OSF-30	大阪府東大阪市	(財)大阪府文化財センター	土器付着物		胴外	弥生中期
美園遺跡	OSF-32	大阪府東大阪市	(財)大阪府文化財センター	土器付着物		胴外	弥生中期
山賀遺跡	OSF-16	大阪府東大阪市	(財)大阪府文化財センター	土器付着物		胴外	弥生前期
山賀遺跡	OSF-18	大阪府東大阪市	(財)大阪府文化財センター	土器付着物		胴外	弥生前期
山賀遺跡	OSF-20-b	大阪府東大阪市	(財)大阪府文化財センター	土器付着物		胴外	弥生前期
若江北遺跡	OSF-7	大阪府東大阪市	(財)大阪府文化財センター	土器付着物		胴外	弥生前期
若江北遺跡	OSF-8(re)	大阪府東大阪市	(財)大阪府文化財センター	土器付着物		胴外	弥生前期
木の本遺跡	OSKY-C1-1	大阪府八尾市	大阪府教育委員会	木材			弥生前期
木の本遺跡	OSKY-6	大阪府八尾市	大阪府教育委員会	土器付着物		胴外	縄文晩期
木の本遺跡	OSKY-378-b	大阪府八尾市	大阪府教育委員会	土器付着物		胴外	弥生前期
木の本遺跡	OSKY-0379	大阪府八尾市	大阪府教育委員会	土器付着物		口縁外	弥生前期
木の本遺跡	OSKY-0385	大阪府八尾市	大阪府教育委員会	土器付着物		口縁外	弥生前期
木の本遺跡	OSKY-0420	大阪府八尾市	大阪府教育委員会	土器付着物		胴外	弥生前期
瓜生堂遺跡	OSH-C4-0	大阪府東大阪市	東大阪市埋蔵文化財センター	木材		最も内側	弥生中期
瓜生堂遺跡	OSH-C4-10	大阪府東大阪市	東大阪市埋蔵文化財センター	木材		最内から10層目	弥生中期
瓜生堂遺跡	OSH-C4-20	大阪府東大阪市	東大阪市埋蔵文化財センター	木材		最内から20層目	弥生中期
瓜生堂遺跡	OSH-C4-30	大阪府東大阪市	東大阪市埋蔵文化財センター	木材		最内から30層目	弥生中期
瓜生堂遺跡	OSH-C4-40	大阪府東大阪市	東大阪市埋蔵文化財センター	木材		最内から40層目	弥生中期
瓜生堂遺跡	OSH-C4-50	大阪府東大阪市	東大阪市埋蔵文化財センター	木材		最内から50層目	弥生中期
瓜生堂遺跡	OSH-C4-60	大阪府東大阪市	東大阪市埋蔵文化財センター	木材		最内から60層目	弥生中期
瓜生堂遺跡	OSH-C4-70	大阪府東大阪市	東大阪市埋蔵文化財センター	木材		最内から70層目	弥生中期
瓜生堂遺跡	OSH-C4-80	大阪府東大阪市	東大阪市埋蔵文化財センター	木材		最内から80層目	弥生中期
瓜生堂遺跡	OSH-C4-90	大阪府東大阪市	東大阪市埋蔵文化財センター	木材		最内から90層目	弥生中期
瓜生堂遺跡	OSH-C4-100	大阪府東大阪市	東大阪市埋蔵文化財センター	木材		最内から100層目	弥生中期
瓜生堂遺跡	OSH-C4-110	大阪府東大阪市	東大阪市埋蔵文化財センター	木材		最内から110層目	弥生中期
鬼塚遺跡	OSH-15	大阪府東大阪市	東大阪市埋蔵文化財センター	土器付着物		胴外	縄文晩期
水走遺跡	OSH-19	大阪府東大阪市	東大阪市埋蔵文化財センター	土器付着物		口縁外,胴外	弥生前期
水走遺跡	OSH-20	大阪府東大阪市	東大阪市埋蔵文化財センター	土器付着物		口縁外	弥生前期
水走遺跡	OSH-31	大阪府東大阪市	東大阪市埋蔵文化財センター	土器付着物		口縁外,胴外	縄文晩期
水走遺跡	OSH-33	大阪府東大阪市	東大阪市埋蔵文化財センター	土器付着物		口縁外	縄文晩期
水走遺跡	OSH-40	大阪府東大阪市	東大阪市埋蔵文化財センター	土器付着物		胴外	弥生前期
宮ノ下遺跡	OSH-3	大阪府東大阪市	東大阪市埋蔵文化財センター	土器付着物	深鉢	口縁外,胴外	縄文晩期
宮ノ下遺跡	OSH-4	大阪府東大阪市	東大阪市埋蔵文化財センター	土器付着物	深鉢	口縁外,胴外	縄文晩期
宮ノ下遺跡	OSH-05	大阪府東大阪市	東大阪市埋蔵文化財センター	土器付着物		胴外	縄文晩期
宮ノ下遺跡	OSH-06	大阪府東大阪市	東大阪市埋蔵文化財センター	土器付着物		胴外	縄文晩期
宮ノ下遺跡	OSH-09	大阪府東大阪市	東大阪市埋蔵文化財センター	土器付着物		胴外	縄文晩期
安満遺跡	OSTK-2	大阪府高槻市	高槻市埋蔵文化財センター	土器付着物	壺	胴内	弥生前期
今城塚古墳	OSTK-C5	大阪府高槻市	高槻市埋蔵文化財センター	木材			古墳中期

データ一覧表

試料の時期	測定機関番号	炭素14年代 (^{14}C BP)	較正年代(cal BC) 確率1位		確率2位		確率3位		δ^{13}C値(‰) Beta社	昭光通商	IAAA社
河内V-3～VI-1期	MTC-03794	1970 ±110	210-AD260	91.1%	350-300	2.4%	AD280-AD325	1.7%		-21.1‰	
河内V-3～VI-1期	MTC-04055	1980 ±40	55-AD90	90.9%	AD100-AD125	3.4%	85-75	1.1%			
布留II式	Beta-184562	1790 ±40	AD125-AD345	95.2%	AD375-AD375	0.2%			-19.4‰	-20.9‰	
河内III-1期	IAAA-40557	2200 ±30	375-190	95.3%						-27.0‰	
河内II-3期	IAAA-40555	2230 ±40	385-200	95.5%						-27.1‰	
河内I-4期	PLD-4975	2410 ±20	540-400	91.6%	705-695	2.6%					
河内I-4期	PLD-4976	2450 ±20	590-410	57.6%	750-685	28.8%	665-640	9.0%			
河内I-4期	PLD-4977	2495 ±20	695-540	74.8%	765-705	20.6%					
河内I-4期	PLD-4978	2350 ±20	415-385	89.6%	485-460	4.3%	450-440	1.4%			
河内I-4期	PLD-4979	2480 ±25	765-505	93.1%	440-420	1.9%	460-450	0.5%			
長原式	PLD-4980	2475 ±25	675-505	59.8%	765-540	30.7%	440-415	2.8%		-25.8‰	
長原式	PLD-4981	2505 ±25	695-540	72.5%	775-705	22.6%				-23.5‰	
河内I-2～3期	PLD-4982	2395 ±25	540-395	92.8%	705-695	2.0%					
河内I-2～3期	PLD-4983	2395 ±25	540-395	92.8%	705-695	2.0%					
河内I-2～3期	PLD-4984	2700 ±110	1130-535	93.9%	1160-1140	0.7%	1190-1175	0.5%			
河内I-3～4期	MTC-06737	2450 ±30	595-410	57.6%	750-685	24.8%	665-630	10.4%			
河内I-3～4期	PLD-4985	2450 ±25	595-410	57.9%	750-685	26.4%	665-635	9.6%		-26.1‰	
河内I-4期	PLD-4986	2475 ±25	675-505	59.8%	765-680	30.7%	440-415	2.8%		-26.6‰	
河内I-4期	PLD-4987	2405 ±25	540-400	88.6%	725-690	6.7%					
河内I-4～II-1期	PLD-4988	2405 ±25	540-400	88.6%	725-690	6.7%				-27.2‰	
河内I-4～II-1期	PLD-4989	2405 ±25	540-400	88.6%	725-690	6.7%				-26.9‰	
6世紀の第4半期	Beta-187216	1650 ±40	AD325-AD475	74.9%	AD475-AD535	15.4%	AD260-AD285	5.1%	-28.1‰		
河内II-3期	Beta-189937	2250 ±40	325-205	64.6%	395-340	30.8%			-26.6‰	-25.7‰	
河内II-3期	IAAA-40556	2270 ±40	395-350	46.8%	300-225	44.4%	225-210	4.3%			-26.1‰
河内II-2～3期	MTC-04590	2295 ±30	405-355	70.6%	290-230	24.8%				-24.9‰	
河内II-2～3期	Beta-189935	2210 ±40	385-185	95.4%					-26.8‰	-26.7‰	
河内I-4期	IAAA-40552	2270 ±40	395-350	46.8%	300-225	44.4%	225-210	4.3%			-18.0‰
河内II-1期	MTC-05223	2240 ±35	325-205	68.3%	390-340	27.2%				-25.4‰	
河内II-1期	IAAA-40553	2250 ±40	325-205	64.6%	395-340	30.8%					-15.4‰
河内I-2期	IAAA-40554	2320 ±40	430-350	67.4%	290-230	16.1%	510-435	10.8%			-16.6‰
河内I-3期	IAAA-40550	2530 ±40	795-535	94.9%	530-520	0.6%					
河内I-3期	IAAA-40551	2470 ±40	670-480	57.1%	765-680	26.9%	470-410	11.5%			-27.1‰
河内I-3期～I-4期	Beta-197019	2470 ±40	670-480	57.1%	765-680	26.9%	470-410	11.5%	-27.0‰	-26.7‰	
河内I-1期	IAAA-40549	2480 ±40	770-480	87.4%	465-415	8.0%					-25.8‰
河内I-1期	MTC-05409	2515 ±35	790-535	94.4%	530-520	1.1%				-23.1‰	
	Beta-201251	1330 ±40	AD645-AD775	95.5%					-26.0‰		
長原式	MTC-05953	2480 ±45	770-480	86.0%	465-415	9.5%					
河内I期(古)	MTC-05952	2465 ±40	670-475	56.1%	760-680	25.8%	470-410	13.6%			
河内I期(古)	IAAA-40850	2410 ±30	545-400	81.1%	740-690	11.7%	665-645	2.7%			
河内I期(古)	Beta-196404	2490 ±40	780-495	89.1%	440-415	3.3%	460-445	1.8%	-27.1‰		
河内I期(古)	IAAA-40851	2430 ±30	570-400	68.9%	750-685	19.1%	665-640	5.4%			-27.1‰
	MTC-05848	2255 ±40	325-205	62.8%	395-340	32.6%					
	MTC-05849	2175 ±40	375-145	90.7%	140-110	4.8%					
	MTC-05850	2235 ±40	330-200	68.7%	390-335	25.6%					
	MTC-05851	2215 ±40	385-190	95.4%							
	MTC-05852	2220 ±40	385-195	95.5%							
	MTC-05853	2215 ±40	385-190	95.4%							
	MTC-05854	2185 ±40	380-160	93.4%	130-115	2.0%					
	MTC-05855	2180 ±40	380-150	92.2%	135-115	3.2%					
	MTC-05856	2165 ±40	365-95	95.4%							
	MTC-05857	2135 ±40	230-45	76.0%	355-285	19.4%					
	MTC-05858	2185 ±40	380-160	93.4%	130-115	2.0%					
	MTC-05859	2195 ±40	385-165	95.4%							
	Beta-188176	2940 ±40	1270-1015	94.5%	1290-1280	1.0%			-25.7‰	-25.7‰	
	MTC-05951	2505 ±40	790-505	93.1%	440-415	1.8%	460-450	0.6%			
河内I期新(IIに近い)	Beta-188177	2450 ±40	600-405	56.9%	755-685	23.2%	670-605	15.4%	-24.2‰	-24.4‰	
長原式	Beta-188179	2540 ±40	695-540	58.6%	800-705	36.9%			-25.6‰	-25.6‰	
長原式	Beta-188178	2520 ±40	795-515	95.4%					-23.9‰	-24.1‰	
前期最古	Beta-188077	2540 ±40	695-540	58.6%	800-705	36.9%			-25.0‰		
	MTC-05949	2425 ±35	595-400	71.3%	750-685	18.4%	665-640	5.7%			
長原式	MTC-05950	2570 ±40	810-735	55.2%	650-545	26.4%	690-660	13.9%			
滋賀里III～船橋式	Beta-188075	2620 ±40	850-755	88.3%	895-865	3.2%	685-670	2.9%	-26.0‰	-26.1‰	
滋賀里IV～長原式	Beta-188076	2550 ±40	690-540	54.2%	805-720	41.3%			-26.7‰	-26.6‰	
船橋～長原式	Beta-188175	2510 ±40	795-510	94.1%	435-420	1.3%			-26.0‰	-26.3‰	
摂津I-1期	Beta-201257	2440 ±40	595-405	61.3%	750-685	21.6%	665-610	12.6%	-29.5‰		
6世紀	IAAA-40836	1660 ±30	AD320-AD435	86.2%	AD260-AD285	5.4%	AD490-AD510	2.2%			

遺跡名	測定試料名	所在地	所蔵・協力機関	試料の種類	試料の詳細	採取部位	試料の時代
今城塚古墳	OSTK-C7	大阪府高槻市	高槻市埋蔵文化財センター	木材			古墳中期
久宝寺遺跡	OSYKH-C1	大阪府八尾市	(財)八尾市文化財調査研究会(光谷氏)	木材			古墳前期
牟礼遺跡	OSBR-1	大阪府茨木市	茨木市教育委員会	土器付着物	突帯文	口縁外,胴外	縄文晩期?
牟礼遺跡	OSBR-C1	大阪府茨木市	茨木市教育委員会	木材			縄文晩期?
牟礼遺跡	OSBR-2	大阪府茨木市	茨木市教育委員会	土器付着物	壺	底内	弥生前期
牟礼遺跡	OSBR-C2	大阪府茨木市	茨木市教育委員会	木材			縄文晩期?
牟礼遺跡	OSBR-3	大阪府茨木市	茨木市教育委員会	土器付着物		胴外	縄文晩期?
牟礼遺跡	OSBR-C3	大阪府茨木市	茨木市教育委員会	木材	杉材		縄文晩期?
岩屋遺跡	HYM-1	兵庫県伊丹市	兵庫県教育委員会	土器付着物		胴内	弥生前期
岩屋遺跡	HYM-C12	兵庫県伊丹市	兵庫県教育委員会	木材			弥生前期
岩屋遺跡	HYM-C13-a	兵庫県伊丹市	兵庫県教育委員会	木材		外から1年目	弥生前期
岩屋遺跡	HYM-C13-b	兵庫県伊丹市	兵庫県教育委員会	木材		外から1年目	弥生前期
岩屋遺跡	HYM-C14	兵庫県伊丹市	兵庫県教育委員会	木材			弥生前期
岩屋遺跡	HYM-C15	兵庫県伊丹市	兵庫県教育委員会	木材			弥生前期
岩屋遺跡	HYM-C16	兵庫県伊丹市	兵庫県教育委員会	木材			弥生前期
岩屋遺跡	HYM-C17	兵庫県伊丹市	兵庫県教育委員会	木材			弥生前期
岩屋遺跡	HYM-C18-1	兵庫県伊丹市	兵庫県教育委員会	木材		外から1年目	弥生前期
岩屋遺跡	HYM-C18-11	兵庫県伊丹市	兵庫県教育委員会	木材		外から11年目	弥生前期
岩屋遺跡	HYM-C18-21	兵庫県伊丹市	兵庫県教育委員会	木材		外から21年目	弥生前期
岩屋遺跡	HYM-C18-31	兵庫県伊丹市	兵庫県教育委員会	木材		外から31年目	弥生前期
岩屋遺跡	HYM-C18-41	兵庫県伊丹市	兵庫県教育委員会	木材		外から41年目	弥生前期
岩屋遺跡	HYM-C18-51	兵庫県伊丹市	兵庫県教育委員会	木材		外から51年目	弥生前期
岩屋遺跡	HYM-C19	兵庫県伊丹市	兵庫県教育委員会	木材			弥生前期
岩屋遺跡	HYM-C20	兵庫県伊丹市	兵庫県教育委員会	木材			弥生前期
岩屋遺跡	HYM-C21	兵庫県伊丹市	兵庫県教育委員会	木材			弥生前期
東武庫遺跡	HYMU-24-a	兵庫県尼崎市	兵庫県教育委員会	土器付着物		胴内	弥生前期
美乃利遺跡	HYMU-22-b	兵庫県神戸市	兵庫県教育委員会	土器付着物		口縁外	弥生中期
玉津田中遺跡	HYMU-03	兵庫県神戸市	兵庫県教育委員会	土器付着物	突帯文	胴外	縄文晩期
玉津田中遺跡	HYMU-5-a(rt)	兵庫県神戸市	兵庫県教育委員会	土器付着物		胴内	弥生中期
玉津田中遺跡	HYMU-5-b	兵庫県神戸市	兵庫県教育委員会	土器付着物		胴外	弥生中期
玉津田中遺跡	HYMU-12-b	兵庫県神戸市	兵庫県教育委員会	土器付着物		胴外	弥生中期
玉津田中遺跡	HYMU-16	兵庫県神戸市	兵庫県教育委員会	土器付着物		胴外中	弥生中期
玉津田中遺跡	HYMU-20	兵庫県神戸市	兵庫県教育委員会	土器付着物		胴外中	弥生前期〜弥生中期
戎町遺跡	HYKB-31-b	兵庫県神戸市	神戸市埋蔵文化財センター	土器付着物	甕	胴外上	弥生前期
垂水日向遺跡	HYKB-C1	兵庫県神戸市	神戸市埋蔵文化財センター	木材		最外縁	縄文後期
本山遺跡	HYKB-03-a	兵庫県神戸市	神戸市埋蔵文化財センター	土器付着物	甕(突帯文)	口縁外	弥生前期
本山遺跡	HYKB-03-b	兵庫県神戸市	神戸市埋蔵文化財センター	土器付着物	甕(突帯文)	胴外上	弥生前期
本山遺跡	HYKB-05-b	兵庫県神戸市	神戸市埋蔵文化財センター	土器付着物	甕	胴外上	弥生前期
本山遺跡	HYKB-06-a	兵庫県神戸市	神戸市埋蔵文化財センター	土器付着物	甕	口縁外	弥生前期
本山遺跡	HYKB-06-b	兵庫県神戸市	神戸市埋蔵文化財センター	土器付着物	甕	胴外	弥生前期
本山遺跡	HYKB-07	兵庫県神戸市	神戸市埋蔵文化財センター	土器付着物	甕(突帯文)	口縁外	弥生前期
本山遺跡	HYKB-10	兵庫県神戸市	神戸市埋蔵文化財センター	土器付着物	甕(突帯文)	口縁外	弥生前期
本山遺跡	HYKB-15	兵庫県神戸市	神戸市埋蔵文化財センター	土器付着物	甕	胴外	弥生前期
口酒井遺跡	HYIT-01	兵庫県伊丹市	六甲山麓遺跡調査会	土器付着物	突帯文	胴外上	縄文晩期
口酒井遺跡	HYIT-02-b	兵庫県伊丹市	六甲山麓遺跡調査会	土器付着物	突帯文	胴外	縄文晩期
口酒井遺跡	HYIT-04	兵庫県伊丹市	六甲山麓遺跡調査会	土器付着物	突帯文	口縁外,胴外	縄文晩期
出持遺跡	SKHYT-1	兵庫県豊岡市	(財)帝京大学山梨文化財研究所	その他	鋳造鉄斧	袋部	弥生末期
出持遺跡	SKHYT-2	兵庫県豊岡市	(財)帝京大学山梨文化財研究所	その他	鋳造鉄斧	袋部刃先近く	弥生末期
武庫庄遺跡	HYAMK-3	兵庫県尼崎市	奈良文化財研究所	木材			弥生中期
青谷上寺地遺跡	AY-1	鳥取県鳥取市	鳥取県教育委員会	種実			弥生中期〜後期
青谷上寺地遺跡	AY-2	鳥取県鳥取市	鳥取県教育委員会	その他			弥生中期〜後期
青谷上寺地遺跡	AY-3	鳥取県鳥取市	鳥取県教育委員会	種実			弥生中期〜後期
伊福定国前遺跡	OKMB-C4(re)	岡山県岡山市	岡山県古代吉備文化財センター	木材			弥生後期
伊福定国前遺跡	OKMB-C5	岡山県岡山市	岡山県古代吉備文化財センター	木材		粗朶状	弥生後期〜古墳前期
高松田中遺跡	OKMB-60	岡山県岡山市	岡山県古代吉備文化財センター	土器付着物		口縁外,胴外	弥生前期
百間川沢田3遺跡	OKMB-63	岡山県岡山市	岡山県古代吉備文化財センター	土器付着物		胴外	縄文晩期
百間川原尾島遺跡	OKMB-10	岡山県岡山市	岡山県古代吉備文化財センター	土器付着物		口縁外,胴外	縄文晩期
百間川原尾島4遺跡	OKMB-37-a	岡山県岡山市	岡山県古代吉備文化財センター	土器付着物		胴内上	縄文晩期
百間川原尾島4遺跡	OKMB-37-b(re)	岡山県岡山市	岡山県古代吉備文化財センター	土器付着物		口縁外	縄文晩期
南方(済生会)遺跡	OKM-4	岡山県岡山市	岡山市埋蔵文化財センター	土器付着物		口縁外面	弥生中期
南方(済生会)遺跡	OKM-5	岡山県岡山市	岡山市埋蔵文化財センター	土器付着物		口縁外面	弥生中期
南方(済生会)遺跡	OKM-6	岡山県岡山市	岡山市埋蔵文化財センター	土器付着物		口縁外面	弥生中期
南方(済生会)遺跡	OKM-6-ad	岡山県岡山市	岡山市埋蔵文化財センター	土器付着物		胴部内面	弥生中期
南方(済生会)遺跡	OKM-7	岡山県岡山市	岡山市埋蔵文化財センター	土器付着物		胴部外面	弥生中期
南方(済生会)遺跡	OKM-8	岡山県岡山市	岡山市埋蔵文化財センター	土器付着物		口縁外面	弥生中期
南方(済生会)遺跡	OKM-11	岡山県岡山市	岡山市埋蔵文化財センター	土器付着物		胴部外面	弥生中期
南方(済生会)遺跡	OKM-12	岡山県岡山市	岡山市埋蔵文化財センター	土器付着物		口縁外面	弥生中期
南方(済生会)遺跡	OKM-13	岡山県岡山市	岡山市埋蔵文化財センター	土器付着物		胴部外面	弥生中期
南方(済生会)遺跡	OKM-14	岡山県岡山市	岡山市埋蔵文化財センター	土器付着物		胴部外面	弥生中期
南方(済生会)遺跡	OKM-17	岡山県岡山市	岡山市埋蔵文化財センター	土器付着物		胴部外面	弥生中期
南方(済生会)遺跡	OKM-20	岡山県岡山市	岡山市埋蔵文化財センター	土器付着物		胴部外面	弥生中期
南方(済生会)遺跡	OKM-22	岡山県岡山市	岡山市埋蔵文化財センター	土器付着物		胴外中	弥生中期
南方(済生会)遺跡	OKM-23-b	岡山県岡山市	岡山市埋蔵文化財センター	土器付着物		胴外上	弥生中期
南方(済生会)遺跡	OKM-24	岡山県岡山市	岡山市埋蔵文化財センター	土器付着物		胴外上	弥生中期
南方(済生会)遺跡	OKM-25	岡山県岡山市	岡山市埋蔵文化財センター	土器付着物		胴外上	弥生中期
南方(済生会)遺跡	OKM-34	岡山県岡山市	岡山市埋蔵文化財センター	土器付着物		胴内下	弥生中期
彦崎貝塚	OKHZ-1	岡山県岡山市	岡山市教育委員会	土器付着物			縄文後期
彦崎貝塚	OKHZ-7	岡山県岡山市	岡山市教育委員会	炭化材			縄文後期

データ一覧表

試料の時期	測定機関番号	炭素14年代 (^{14}C BP)	較正年代(cal BC) 確率1位		確率2位		確率3位		δ^{13}C値(‰) Beta社	昭光通商	IAAA社
6世紀	IAAA-40835	1680 ±30	AD320-AD425	81.1%	AD260-AD300	14.3%					
	Beta-205393	1850 ±40	AD70-AD250	95.4%					-23.0‰		
	MTC-05946	2595 ±35	830-750	84.2%	685-665	7.1%	615-590	2.7%			
	Beta-201272	2440 ±40	595-405	61.3%	750-685	21.6%	665-610	12.6%	-29.6‰		
	MTC-05947	2495 ±35	785-505	92.8%	440-415	1.9%	460-450	0.7%			
	Beta-201273	2520 ±40	795-515	95.4%					-28.0‰		
	MTC-05948	2555 ±35	800-735	48.0%	650-545	31.5%	690-660	16.0%			
	Beta-201274	2420 ±40	595-400	70.8%	750-685	17.9%	665-635	6.0%	-26.4‰		
突帯文又は弥生前期末	MTC-05926	2530 ±40	795-535	94.9%	530-520	0.6%					
	PLD-4079	2445 ±25	595-405	62.2%	750-685	24.8%	665-640	8.0%			
	PLD-4080	2420 ±25	545-400	80.1%	735-690	12.6%	660-645	2.8%			
	PLD-4081	2440 ±25	570-405	63.6%	750-685	22.7%	665-640	6.6%			
	PLD-4082	2340 ±30	430-370	78.3%	510-435	17.1%					
	PLD-4099	2275 ±25	395-350	57.7%	290-230	36.4%	220-210	1.3%			
	PLD-4083	2250 ±25	305-205	61.3%	390-350	33.7%					
	PLD-4084	2290 ±30	400-350	65.6%	290-230	28.9%	215-210	0.9%			
	PLD-4085	2445 ±30	595-405	61.1%	750-685	23.7%	665-635	8.9%			
	PLD-4086	2405 ±30	545-395	83.7%	735-690	9.8%	660-650	2.0%			
	PLD-4087	2430 ±30	570-400	68.9%	750-685	19.1%	665-640	5.4%			
	PLD-4088	2420 ±30	555-400	75.0%	745-685	15.6%	665-645	3.9%			
	PLD-4089	2400 ±30	540-395	86.0%	730-690	8.2%	660-650	1.3%			
	PLD-4090	2420 ±30	555-400	75.0%	745-685	15.6%	665-645	3.9%			
	PLD-4091	2330 ±30	415-360	86.1%	505-455	6.0%	455-435	1.8%			
	PLD-4092	2375 ±30	540-390	94.2%	705-695	1.3%					
	PLD-4093	2325 ±30	415-355	87.9%	280-255	3.5%	485-460	2.4%			
畿内第Ⅰ様式(新)～第Ⅱ様式	IAAA-41113	2540 ±30	795-735	39.2%	650-545	38.3%	690-660	17.9%			-25.9‰
畿内第Ⅱ様式併行	Beta-206099	2210 ±40	385-185	95.4%					-21.0‰		
	IAAA-40846	2500 ±30	780-515	95.4%							
第Ⅲ様式(古)	MTC-05944	2165 ±40	365-95	95.4%							
第Ⅲ様式(古)	MTC-05945	2195 ±35	375-175	95.5%							
畿内第Ⅱ様式併行	IAAA-40847	2240 ±60	400-165	95.4%							-26.5‰
第Ⅱ様式	IAAA-40848	2260 ±40	320-205	60.7%	395-345	34.8%					-25.7‰
第Ⅰ様式(新)～第Ⅱ様式(初)	IAAA-40849	2250 ±40	325-205	64.6%	395-340	30.8%					-26.5‰
Ⅰ(新)	MTC-05935	2395 ±40	555-390	78.8%	745-685	12.5%	665-645	3.2%			
	Beta-201271	3530 ±40	1965-1745	95.4%					-26.0‰		
Ⅰ期古	MTC-05927	2505 ±40	790-505	93.1%	440-415	1.8%	460-450	0.6%			
Ⅰ期古	MTC-05928	2510 ±40	795-510	94.1%	435-420	1.3%					
Ⅰ期古	MTC-05929	2505 ±40	790-505	93.1%	440-415	1.8%	460-450	0.6%			
Ⅰ期古	MTC-05930	2540 ±40	695-540	58.6%	800-705	36.9%					
Ⅰ期古	MTC-05931	2480 ±40	770-480	87.4%	465-415	8.0%					
Ⅰ期古	MTC-05932	2495 ±40	785-505	90.5%	440-415	2.7%	460-450	1.4%			
Ⅰ期古	MTC-05933	2490 ±40	780-495	89.1%	440-415	3.3%	460-445	1.8%			
Ⅰ期古	MTC-05934	2470 ±40	670-480	57.1%	765-690	26.9%	470-410	11.5%			
口酒井式	IAAA-40844	2530 ±30	650-540	45.5%	795-725	32.3%	690-660	17.7%			-25.1‰
口酒井式	IAAA-40845	2580 ±40	820-740	63.3%	645-545	20.1%	690-665	12.0%			-26.0‰
口酒井式	Beta-196411	2610 ±40	845-750	85.8%	685-665	5.0%	615-590	2.1%	-25.4‰		
	MTC-05672	2350 ±35	525-365	94.0%	535-525	1.1%	700-695	0.4%			
	MTC-05673	2115 ±30	205-50	93.2%	340-325	2.3%					
	MTC-05227	2240 ±35	325-205	68.3%	390-340	27.2%					
	Beta-159752	2140 ±40	235-50	72.0%	355-285	22.5%	255-245	0.9%	-25.4‰		
	Beta-159753	1990 ±40	110-AD95	90.2%	AD95-AD125	4.2%	145-140	0.5%	-31.6‰		
	Beta-159754	2150 ±40	235-85	59.0%	355-275	29.8%	80-55	3.8%	-26.0‰		
	MTC-05106	1865 ±35	AD70-AD235	95.5%							
	MTC-04901	1840 ±40	AD75-AD255	94.5%	AD305-AD315	1.0%					
	IAAA-40838	2260 ±30	305-205	56.2%	395-350	38.8%					-25.7‰
黒土B1式	IAAA-41119	2950 ±30	1265-1050	95.2%	1285-1285	0.2%					-27.8‰
	IAAA-40837	2900 ±30	1215-975	91.9%	1255-1235	2.8%	950-945	0.7%			
黒土B1式	IAAA-41117	2590 ±30	815-755	87.5%	685-665	6.6%	610-595	1.4%			
黒土B1式	IAAA-41118	2770 ±30	980-840	90.4%	995-980	4.8%					-26.4‰
第3様式(古)	Beta-187233	2340 ±40	540-355	90.4%	285-255	3.2%	245-230	1.1%	-26.3‰		-26.4‰
第1様式(末)	Beta-178708	2260 ±40	305-205	56.2%	395-350	38.8%			-26.6‰		-26.6‰
第3様式	Beta-183450	2720 ±40	935-805	93.4%	970-960	2.0%			-26.6‰		
第3様式	Beta-187232	2630 ±40	850-765	87.4%	895-865	5.5%	865-850	1.6%	-22.7‰		-22.0‰
第3様式	Beta-178709	2210 ±30	375-200	95.3%					-27.3‰		-27.0‰
第3様式	Beta-178710	2230 ±40	325-205	72.2%	385-340	23.1%			-26.6‰		-26.7‰
第2様式新	MTC-03615	2215 ±30	375-200	95.4%							-25.8‰
第1様式新	Beta-178711	2320 ±40	430-350	67.4%	290-230	16.1%	510-435	10.8%	-25.2‰		-25.9‰
第3様式古	Beta-187231	2360 ±40	545-375	89.7%	730-690	4.9%	660-650	0.8%	-27.7‰		-27.1‰
第2様式(高田式)	Beta-178712	2310 ±30	405-355	83.1%	285-255	9.1%	250-230	3.3%	-26.3‰		-26.0‰
第2-3様式	Beta-178713	2170 ±30	360-270	48.6%	265-155	43.9%	135-115	2.9%	-11.3‰		-11.4‰
第3様式	MTC-03793	2310 ±60	540-200	94.1%	715-695	1.4%					-25.9‰
第3様式	IAAA-40527	2300 ±40	405-355	75.2%	285-230	20.3%					
第3様式中	IAAA-40528	2230 ±40	385-200	95.5%							-26.7‰
	IAAA-40529	2230 ±30	325-205	72.2%	385-340	23.1%					-27.1‰
	Beta-195737	2160 ±40	265-90	57.1%	360-265	37.5%	65-60	0.8%	-25.9‰		
Ⅲ中	IAAA-40530	2280 ±40	315-205	49.8%	400-350	45.6%					-20.8‰
彦崎K2式	MTC-04338	3510 ±50	1960-1730	92.0%	1720-1690	3.4%					-25.2‰
彦崎K2式	MTC-04342	3550 ±35	1975-1855	63.4%	1855-1770	30.0%	2010-2000	2.1%			-26.1‰

遺跡名	測定試料名	所在地	所蔵・協力機関	試料の種類	試料の詳細	採取部位	試料の時代
彦崎貝塚	OKHZ-C11	岡山県岡山市	岡山市教育委員会	炭化材			縄文晩期
彦崎貝塚	OKHZ-C44	岡山県岡山市	岡山市教育委員会	炭化材			縄文後期
彦崎貝塚	OKHZ-C45	岡山県岡山市	岡山市教育委員会	炭化材			縄文後期
彦崎貝塚	OKHZ-C45(2)	岡山県岡山市	岡山市教育委員会	炭化材			縄文後期
彦崎貝塚	OKHZ-C45(3)	岡山県岡山市	岡山市教育委員会	炭化材			縄文後期
彦崎貝塚	OKHZ-C45(4)	岡山県岡山市	岡山市教育委員会	炭化材			縄文後期
彦崎貝塚	OKHZ-C45(6)	岡山県岡山市	岡山市教育委員会	炭化材			縄文後期
彦崎貝塚	OKHZ-C45(8)	岡山県岡山市	岡山市教育委員会	炭化材			縄文後期
彦崎貝塚	OKHZ-C45(9)	岡山県岡山市	岡山市教育委員会	炭化材			縄文後期
彦崎貝塚	OKHZ-C45(10)	岡山県岡山市	岡山市教育委員会	炭化材			縄文後期
彦崎貝塚	OKHZ-C45(11)	岡山県岡山市	岡山市教育委員会	炭化材			縄文後期
彦崎貝塚	OKHZ-C46	岡山県岡山市	岡山市教育委員会	炭化材			縄文後期
彦崎貝塚	OKHZ-C48	岡山県岡山市	岡山市教育委員会	炭化材			縄文後期
彦崎貝塚	OKHZ-C49	岡山県岡山市	岡山市教育委員会	炭化材			縄文後期
彦崎貝塚	OKHZ-C50	岡山県岡山市	岡山市教育委員会	炭化材			縄文後期
彦崎貝塚	OKHZ-C51	岡山県岡山市	岡山市教育委員会	炭化材			縄文後期
彦崎貝塚	OKHZ-C52	岡山県岡山市	岡山市教育委員会	炭化材			縄文後期
彦崎貝塚	OKHZ-C53	岡山県岡山市	岡山市教育委員会	炭化材			縄文後期
彦崎貝塚	OKHZ-C54	岡山県岡山市	岡山市教育委員会	炭化材			縄文後期
彦崎貝塚	OKHZ-C55	岡山県岡山市	岡山市教育委員会	炭化材			縄文後期
彦崎貝塚	OKHZ-C64	岡山県岡山市	岡山市教育委員会	炭化材			縄文後期
涼松遺跡	OKKR-C1	岡山県倉敷市	倉敷考古館	炭化材			縄文後期
南方前池遺跡	OKKR-C2	岡山県赤磐市	倉敷考古館	種実	トチ皮殻		縄文晩期
南溝手遺跡	OKSS-15(b)	岡山県総社市	総社市教育委員会	土器付着物		口縁外	縄文晩期
南溝手遺跡	OKSS-16	岡山県総社市	総社市教育委員会	土器付着物		胴外	縄文晩期
南溝手遺跡	OKSS-33	岡山県総社市	総社市教育委員会	土器付着物		胴外	縄文晩期
南溝手遺跡	OKSS-34	岡山県総社市	総社市教育委員会	土器付着物		口縁外	縄文晩期
山持遺跡	SMMB-1	島根県出雲市	島根県教育庁埋蔵文化財調査センター	土器付着物		口縁外	弥生後期
山持遺跡	SMMB-4	島根県出雲市	島根県教育庁埋蔵文化財調査センター	土器付着物		口縁外	弥生後期
山持遺跡	SMMB-5	島根県出雲市	島根県教育庁埋蔵文化財調査センター	土器付着物		胴外上	弥生後期
山持遺跡	SMMB-7-b	島根県出雲市	島根県教育庁埋蔵文化財調査センター	土器付着物		胴外	弥生後期
山持遺跡	SMMB-8-b	島根県出雲市	島根県教育庁埋蔵文化財調査センター	土器付着物		胴外	弥生後期
山持遺跡	SMMB-10-b	島根県出雲市	島根県教育庁埋蔵文化財調査センター	土器付着物		口縁外 胴外	弥生後期
山持遺跡	SMMB-11-b	島根県出雲市	島根県教育庁埋蔵文化財調査センター	土器付着物		胴外	弥生後期
山持遺跡	SMMB-12-a	島根県出雲市	島根県教育庁埋蔵文化財調査センター	土器付着物		胴内	弥生後期
山持遺跡	SMMB-13	島根県出雲市	島根県教育庁埋蔵文化財調査センター	土器付着物		口縁外	弥生後期
山持遺跡	SMMB-14	島根県出雲市	島根県教育庁埋蔵文化財調査センター	土器付着物		口縁外	弥生後期
山持遺跡	SMMB-15	島根県出雲市	島根県教育庁埋蔵文化財調査センター	土器付着物		胴外下	弥生後期
山持遺跡	SMMB-16	島根県出雲市	島根県教育庁埋蔵文化財調査センター	土器付着物		口縁内	弥生後期
中野清水遺跡	REK-NG-11	島根県出雲市	島根県教育庁埋蔵文化財調査センター	漆		漆内	古墳前期
中野清水遺跡	REK-NG-12	島根県出雲市	島根県教育庁埋蔵文化財調査センター	漆		漆内	古墳前期
中野清水遺跡	REK-NG-13	島根県出雲市	島根県教育庁埋蔵文化財調査センター	漆		漆内	古墳前期
中野清水遺跡	SMM-14	島根県出雲市	島根県教育庁埋蔵文化財調査センター	土器付着物		胴外	古墳前期
中野清水遺跡	SMM-16	島根県出雲市	島根県教育庁埋蔵文化財調査センター	土器付着物		胴内	古墳前期
神原神社古墳	SMMB-76	島根県飯南町	島根県古代文化センター	炭化材			古墳前期
神原神社古墳	SMMB-77(ad)	島根県飯南町	島根県古代文化センター	木材			古墳前期
神原神社古墳	SMMB-79	島根県飯南町	島根県古代文化センター	炭化材			古墳前期
神原神社古墳	SMMB-80	島根県飯南町	島根県古代文化センター	炭化材			古墳前期
神原神社古墳	SMMB-81	島根県飯南町	島根県古代文化センター	炭化材			古墳前期
神原神社古墳	SMMB-82	島根県飯南町	島根県古代文化センター	炭化材			古墳前期
田和山遺跡	SMMT-C1	島根県松江市	(財)松江市教育文化振興事業団	木材			弥生中期
田和山遺跡	SMMT-C2	島根県松江市	(財)松江市教育文化振興事業団	木材			弥生中期
田和山遺跡	SMMT-9	島根県松江市	(財)松江市教育文化振興事業団	土器付着物		胴外	弥生中期
田和山遺跡	SMMT-10	島根県松江市	(財)松江市教育文化振興事業団	土器付着物		胴外	弥生中期
田和山遺跡	SMMT-13	島根県松江市	(財)松江市教育文化振興事業団	土器付着物		口縁外	弥生前期
堀部第1遺跡	SMK-C1	島根県松江市	松江市鹿島町教育委員会	種実			弥生中期
築山遺跡	SMIZ-1	島根県出雲市	出雲市教育委員会	土器付着物	粗製深鉢	胴内	縄文後期
築山遺跡	SMIZ-C1	島根県出雲市	出雲市教育委員会	木材			縄文後期
築山遺跡	SMIZ-C2	島根県出雲市	出雲市教育委員会	木材			縄文後期
築山遺跡	SMIZ-C3-a	島根県出雲市	出雲市教育委員会	木材		最外縁	縄文後期
矢野遺跡	SMIZ-C5	島根県出雲市	出雲市教育委員会	炭化材			弥生前期
矢野遺跡	SMIZ-9(re)	島根県出雲市	出雲市教育委員会	土器付着物		口縁外	弥生前期
黄幡1号遺跡	FJ-0603	広島県東広島市	(財)東広島市教育文化振興事業団	土器付着物	甕	胴外	弥生中期
黄幡1号遺跡	FJ-604-ad	広島県東広島市	(財)東広島市教育文化振興事業団	土器付着物	甕	胴外	弥生中期
黄幡1号遺跡	FJ-0626	広島県東広島市	(財)東広島市教育文化振興事業団	土器付着物		口縁外	弥生中期

データ一覧表

試料の時期	測定機関番号	炭素14年代 (^{14}C BP)		較正年代(cal BC) 確率1位		確率2位		確率3位		δ^{13}C値(‰) Beta社	昭光通商	IAAA社
晩期前葉〜中葉	PLD-4755	2260	±25	295-225	48.3%	395-350	42.5%	225-210	4.4%			
磯の森式	PLD-4763	3520	±30	1925-1750	95.4%							
彦崎K2式	PLD-4764	3505	±25	1895-1745	95.4%							
彦崎K2式	MTC-06583	3550	±35	1975-1855	63.4%	1855-1770	30.0%	2010-2000	2.1%			
彦崎K2式	MTC-06584	3595	±35	2035-1880	93.3%	2115-2100	1.2%	1840-1830	1.0%			
彦崎K2式	MTC-06585	3500	±60	1975-1685	94.5%	2010-2000	0.9%					
彦崎K2式	MTC-06586	3550	±35	1975-1855	63.4%	1855-1770	30.0%	2010-2000	2.1%			
彦崎K2式	MTC-06587	3535	±35	1955-1750	95.4%							
彦崎K2式	MTC-06588	3585	±35	2030-1875	91.5%	1840-1820	2.5%	1795-1780	1.5%			
彦崎K2式	MTC-06589	3500	±35	1920-1740	95.3%							
彦崎K2式	MTC-06590	3550	±35	1975-1855	63.4%	1855-1770	30.0%	2010-2000	2.1%			
彦崎K2式	PLD-4765	3505	±25	1895-1745	95.4%							
彦崎K2式	PLD-4766	3510	±25	1905-1750	95.4%							
福田KⅢ式	PLD-4767	3470	±25	1880-1735	92.1%	1710-1695	3.4%					
彦崎K2式	PLD-4768	3465	±25	1835-1735	60.0%	1880-1835	29.5%	1710-1695	5.9%			
彦崎K2式	PLD-4769	3355	±30	1695-1600	72.8%	1590-1530	14.2%	1735-1710	8.4%			
彦崎K2式	PLD-4770	3440	±25	1830-1680	78.5%	1880-1835	16.8%	1670-1670	0.2%			
彦崎K2式	PLD-4771	3475	±30	1885-1735	91.5%	1710-1695	4.0%					
彦崎K2式	PLD-4772	3480	±25	1885-1740	95.4%							
彦崎K2式	PLD-4773	3170	±30	1500-1400	95.5%							
彦崎K2式	PLD-4782	3075	±25	1415-1290	93.2%	1280-1270	2.3%					
	PLD-4476	3720	±25	2150-2035	76.0%	2200-2160	19.5%					
	Beta-197422	2850	±40	1130-905	94.8%	1185-1180	0.4%	1150-1145	0.3%	-27.0‰		
舟津原式(新)	Beta-189931	2950	±40	1295-1025	95.4%					-25.6‰	-25.8‰	
舟津原式(新)	Beta-189933	3000	±40	1385-1125	95.5%					-25.8‰	-25.5‰	
前池式	Beta-189932	2820	±40	1115-895	93.9%	870-855	1.6%			-26.0‰	-25.5‰	
前池式	Beta-189934	2770	±40	1005-825	95.5%					-26.0‰	-26.0‰	
V-1〜九重式	MTC-05234	1930	±35	AD1-AD135	92.3%	25-10	1.7%	40-25	1.2%		-25.5‰	
九重式	MTC-05235	1965	±35	40-AD90	90.9%	AD100-AD120	4.6%				-24.8‰	
九重式	MTC-05236	1990	±35	55-AD85	93.9%	90-75	1.6%				-26.0‰	
的場式	MTC-05237	1840	±50	AD65-AD260	90.0%	AD280-AD325	5.5%				-26.7‰	
的場式	MTC-05238	1960	±30	5-AD85	80.8%	40-5	10.8%	AD105-AD120	3.9%		-26.6‰	
的場式	MTC-05239	2075	±35	185-15	91.8%	15-AD1	3.5%				-25.1‰	
的場式	MTC-05240	2040	±35	120-AD30	83.5%	165-125	9.9%	AD40-AD50	2.1%		-26.2‰	
的場式	MTC-05241	2135	±35	210-50	76.3%	350-295	17.4%	230-220	1.8%		-20.4‰	
大木式	MTC-05242	1850	±35	AD80-AD240	95.5%						-25.3‰	
大木式	MTC-05243	1950	±35	AD1-AD125	88.1%	25-10	4.3%	35-25	3.1%		-25.4‰	
大木式	MTC-05244	1930	±35	AD1-AD135	92.3%	25-10	1.7%	40-25	1.2%		-26.4‰	
九重式	MTC-05245	1960	±35	40-AD90	89.0%	AD100-AD125	6.4%					
	Beta-178714	1870	±30	AD75-AD225	95.4%					-30.3‰		
	Beta-178715	1880	±30	AD65-AD225	95.5%					-29.4‰		
	Beta-178716	1880	±30	AD65-AD225	95.5%					-28.7‰		
	IAAA-31128	1810	±40	AD120-AD265	80.4%	AD275-AD335	12.6%	AD85-AD105	2.4%			
	Beta-182486	1840	±40	AD75-AD255	94.5%	AD305-AD315	1.0%			-10.1‰		
	IAAA-41922	1790	±40	AD125-AD345	95.2%	AD375-AD375	0.2%					
	IAAA-41923	1980	±40	55-AD90	90.9%	AD100-AD125	3.4%	85-75	1.1%			
	IAAA-41924	1770	±50	AD130-AD385	95.5%							
	IAAA-41925	1730	±40	AD225-AD410	95.4%							
	IAAA-41926	1690	±60	AD225-AD475	88.5%	AD475-AD535	6.9%					
	IAAA-41927	1700	±40	AD245-AD420	95.4%							
Ⅲ期	Beta-200293	2090	±40	200-15	92.5%	15-AD1	2.4%	335-330	0.5%	-26.6‰		
Ⅲ期	Beta-200294	2230	±40	385-200	95.5%					-27.5‰		
Ⅳ-1期	MTC-05563	2145	±35	235-85	65.1%	355-285	25.7%	80-55	4.1%			
Ⅳ-1期	MTC-05564	2155	±35	260-90	60.1%	355-275	34.5%	70-60	0.9%			
Ⅰ-4期	MTC-05565	2265	±35	315-205	56.2%	395-350	39.3%					
	MTC-04907	2315	±35	415-350	76.3%	295-230	15.9%	485-460	1.9%			
中津式	MTC-05562	3905	±45	2490-2275	90.3%	2250-2225	2.7%	2550-2535	1.2%			
	Beta-200295	3690	±40	2150-1955	86.9%	2200-2160	8.6%			-25.6‰		
	Beta-200297	3670	±40	2145-1940	92.5%	2195-2175	2.9%			-29.6‰		
	Beta-200296	3730	±40	2210-2025	88.6%	2280-2250	4.9%	2230-2215	1.4%	-27.2‰		
Ⅰ-2(〜3)期	PLD-4507	2445	±25	595-405	62.2%	750-685	24.8%	665-640	8.0%			
Ⅰ-2期	Beta-209319	2580	±40	820-740	63.3%	645-545	20.1%	690-665	12.0%	-25.3‰		
Ⅲ-2期(中山Ⅲ式)	IAAA-41104	2160	±40	265-90	57.1%	360-265	37.5%	65-60	0.8%			-25.0‰
Ⅲ-2期	IAAA-41896	2240	±40	330-200	67.8%	390-335	27.4%					-26.1‰
Ⅱ期(中山Ⅲ式)	IAAA-41105	2230	±40	385-200	95.5%							-26.5‰

遺跡名	測定試料名	所在地	所蔵・協力機関	試料の種類	試料の詳細	採取部位	試料の時代
黄幡1号遺跡	FJ-0629	広島県東広島市	(財)東広島市教育文化振興事業団	土器付着物		胴外	弥生前期
黄幡1号遺跡	FJ-630	広島県東広島市	(財)東広島市教育文化振興事業団	土器付着物		胴外	弥生前期
黄幡1号遺跡	FJ-633	広島県東広島市	(財)東広島市教育文化振興事業団	土器付着物		口縁外	弥生前期
鴨部・川田遺跡	KGM-22	香川県さぬき市	(財)香川県埋蔵文化財調査センター	土器付着物		胴内下	弥生前期
鴨部・川田遺跡	KGM-24	香川県さぬき市	(財)香川県埋蔵文化財調査センター	土器付着物		胴外中	弥生前期
鴨部・川田遺跡	KGM-29-b	香川県さぬき市	(財)香川県埋蔵文化財調査センター	土器付着物	甕	胴外上	弥生前期
鴨部・川田遺跡	KGM-30	香川県さぬき市	(財)香川県埋蔵文化財調査センター	土器付着物	甕	胴外上	弥生前期
川津下樋遺跡	KGM-15	香川県坂出市	(財)香川県埋蔵文化財調査センター	土器付着物	甕	底内	弥生前期
龍川四条遺跡	KGM-14	香川県善通寺市	(財)香川県埋蔵文化財調査センター	土器付着物		口縁外	縄文晩期
林・坊城遺跡	KGM-1	香川県高松市	(財)香川県埋蔵文化財調査センター	土器付着物		胴外	縄文晩期
林・坊城遺跡	KGM-3	香川県高松市	(財)香川県埋蔵文化財調査センター	土器付着物		口縁外	縄文晩期
林・坊城遺跡	KGM-5	香川県高松市	(財)香川県埋蔵文化財調査センター	土器付着物		胴外中	縄文晩期
林・坊城遺跡	KGM-6	香川県高松市	(財)香川県埋蔵文化財調査センター	土器付着物	甕	胴外中	縄文晩期
林・坊城遺跡	KGM-7	香川県高松市	(財)香川県埋蔵文化財調査センター	土器付着物		胴外上	縄文晩期
林・坊城遺跡	KGM-8	香川県高松市	(財)香川県埋蔵文化財調査センター	土器付着物		胴外中	縄文晩期
林・坊城遺跡	KGM-9	香川県高松市	(財)香川県埋蔵文化財調査センター	土器付着物		口縁外上	縄文晩期
林・坊城遺跡	KGM-11	香川県高松市	(財)香川県埋蔵文化財調査センター	土器付着物		胴外	縄文晩期
前田東・中村遺跡	KGM-16	香川県高松市	(財)香川県埋蔵文化財調査センター	土器付着物		胴外下	縄文晩期
居石遺跡	KGT-7	香川県高松市	高松市教育委員会	土器付着物		胴外	縄文晩期
居石遺跡	KGT-7(re)	香川県高松市	高松市教育委員会	土器付着物		胴外	縄文晩期
居石遺跡	KGT-50	香川県高松市	高松市教育委員会	土器付着物		口縁外	縄文晩期
居石遺跡	KGT-50(re)	香川県高松市	高松市教育委員会	土器付着物		口縁外	縄文晩期
居石遺跡	KGT-54	香川県高松市	高松市教育委員会	土器付着物		口縁外	縄文晩期
居石遺跡	KGT-64	香川県高松市	高松市教育委員会	土器付着物		口縁外	縄文晩期
居石遺跡	KGT-64(re)	香川県高松市	高松市教育委員会	土器付着物		口縁外	縄文晩期
居石遺跡	KGT-75	香川県高松市	高松市教育委員会	土器付着物	突帯文	口縁外	縄文晩期
居石遺跡	KGT-75(re)	香川県高松市	高松市教育委員会	土器付着物	突帯文	口縁外	縄文晩期
東中筋遺跡	KGT-7-1	香川県高松市	高松市教育委員会	土器付着物	突帯文	口縁外,胴外	縄文晩期
東中筋遺跡	KGT-8-10	香川県高松市	高松市教育委員会	土器付着物	突帯文	口縁外,胴外	縄文晩期
東中筋遺跡	KGT-8-12	香川県高松市	高松市教育委員会	土器付着物	突帯文	口縁外,胴外	縄文晩期
東中筋遺跡	KGT-11-26	香川県高松市	高松市教育委員会	土器付着物	突帯文	口縁外	縄文晩期
東中筋遺跡	KGT-11-27	香川県高松市	高松市教育委員会	土器付着物	突帯文	口縁外	縄文晩期
東中筋遺跡	KGT-11-31	香川県高松市	高松市教育委員会	土器付着物	突帯文	口縁外	縄文晩期
東中筋遺跡	KGT-13-43	香川県高松市	高松市教育委員会	土器付着物	突帯浅鉢	口縁内	縄文晩期
東中筋遺跡	KGT-16-77	香川県高松市	高松市教育委員会	土器付着物	浅鉢	胴内	縄文晩期
船ヶ谷遺跡	EH-1-1	愛媛県松山市	愛媛県立歴史民俗博物館	土器付着物		口縁外	縄文晩期
船ヶ谷遺跡	EH-1-2	愛媛県松山市	愛媛県立歴史民俗博物館	土器付着物		胴内	縄文晩期
船ヶ谷遺跡	EH-1-3	愛媛県松山市	愛媛県立歴史民俗博物館	土器付着物		胴外	縄文晩期
居徳遺跡	FJ-102	高知県土佐市	(財)高知県文化財団埋蔵文化財センター	土器付着物	湾曲型一条甕	口縁外	縄文晩期
居徳遺跡	FJ-105	高知県土佐市	(財)高知県文化財団埋蔵文化財センター	土器付着物	湾曲型粗製深鉢	頸外	縄文晩期
居徳遺跡	FJ-106	高知県土佐市	(財)高知県文化財団埋蔵文化財センター	土器付着物	湾曲型粗製深鉢	胴外	縄文晩期
居徳遺跡	FJ-108	高知県土佐市	(財)高知県文化財団埋蔵文化財センター	土器付着物		底内	縄文晩期
居徳遺跡	FJ-110	高知県土佐市	(財)高知県文化財団埋蔵文化財センター	土器付着物	甕底部	底内	縄文晩期
居徳遺跡	FJ-112	高知県土佐市	(財)高知県文化財団埋蔵文化財センター	土器付着物	砲弾型一条甕	胴外	縄文晩期
居徳遺跡	FJ-115	高知県土佐市	(財)高知県文化財団埋蔵文化財センター	土器付着物		胴外	縄文晩期
居徳遺跡	KCM-6	高知県土佐市	(財)高知県文化財団埋蔵文化財センター	土器付着物		口縁外	縄文晩期
居徳遺跡	KCM-12	高知県土佐市	(財)高知県文化財団埋蔵文化財センター	土器付着物		胴内下	縄文晩期
居徳遺跡	KCM-12(re)	高知県土佐市	(財)高知県文化財団埋蔵文化財センター	土器付着物		胴内下	縄文晩期
居徳遺跡	KCM-18	高知県土佐市	(財)高知県文化財団埋蔵文化財センター	土器付着物		胴内下	弥生前期
居徳遺跡	KCM-28	高知県土佐市	(財)高知県文化財団埋蔵文化財センター	土器付着物	突帯文系の甕、粗形甕	口縁外	縄文晩期
仁井田遺跡	KCKH-1(rt)	高知県香美市	香北町教育委員会	土器付着物	深鉢	胴内	縄文晩期
美良布遺跡	KCKH-27	高知県香美市	香北町教育委員会	土器付着物		胴内	縄文晩期
美良布遺跡	KCKH-28	高知県香美市	香北町教育委員会	土器付着物		胴内	縄文晩期
石田遺跡	FJ-145	福岡県北九州市	(財)北九州市芸術文化振興財団埋蔵文化財調査室	土器付着物		口縁外	縄文晩期

データ一覧表

試料の時期	測定機関番号	炭素14年代 (^{14}C BP)		較正年代 (cal BC) 確率1位		確率2位		確率3位		δ^{13}C値 (‰) Beta社	昭光通商	IAAA社
I期(中山II式)	IAAA-41106	2470	±40	670-480	57.1%	765-680	26.9%	470-410	11.5%			-26.9‰
I期(中山II式)	IAAA-41897	2310	±40	415-350	64.5%	315-205	27.5%	485-460	2.3%			
I期(中山II式)	IAAA-41898	2390	±40	550-390	80.7%	745-685	11.4%	665-645	2.8%			-26.8‰
	PLD-4654	2405	±30	545-395	83.7%	735-690	9.8%	660-650	2.0%			-28.3‰
	IAAA-41112	2390	±30	540-395	89.8%	725-690	5.6%					
	PLD-4655	2425	±30	560-400	72.0%	750-685	17.4%	665-645	4.6%			
	PLD-4656	2430	±25	555-405	72.0%	745-685	18.1%	665-645	4.5%			
I期(a～b)	IAAA-41111	2420	±30	555-400	75.0%	745-685	15.6%	665-645	3.9%			-25.4‰
沢田式(古)	IAAA-41110	2490	±40	780-495	89.1%	440-415	3.3%	460-445	1.8%			
津島岡大式	IAAA-40839	2490	±40	780-495	89.1%	440-415	3.3%	460-445	1.8%			-25.9‰
津島岡大式	IAAA-41107	2480	±30	770-505	90.1%	440-415	3.0%	460-450	1.5%			
津島岡大式	IAAA-40840	2510	±40	795-510	94.1%	435-420	1.3%					-26.8‰
沢田式?	PLD-4653	2545	±25	795-745	48.8%	645-585	20.9%	685-445	19.0%			-27.6‰
津島岡大式	IAAA-40841	2570	±60	835-505	94.3%	440-420	0.9%	455-455	0.2%			
津島岡大式	IAAA-40842	2530	±40	795-535	94.9%	530-520	0.6%					-26.7‰
津島岡大式	IAAA-41108	2550	±30	800-745	48.2%	645-550	30.0%	690-665	17.2%			
沢田式(古)	IAAA-41109	2460	±30	600-475	36.9%	755-685	26.8%	670-605	18.0%			
沢田式(古)	IAAA-40843	2440	±40	595-405	61.3%	750-685	21.6%	665-610	12.6%			
谷尻式	MTC-03789	3010	±40	1385-1150	90.2%	1145-1130	4.8%					
谷尻式	Beta-189944	3040	±40	1410-1190	94.2%	1140-1130	1.2%			-26.1‰	-25.9‰	
谷尻式	MTC-03790	2980	±60	1390-1040	94.8%	1035-1025	0.6%					
谷尻式	Beta-189947	2970	±40	1315-1050	93.7%	1370-1355	1.5%			-25.8‰	-25.7‰	
谷尻式	Beta-183449	3120	±40	1465-1295	91.4%	1495-1470	4.0%			NA	-26.7‰	
谷尻式	MTC-03791	3015	±35	1390-1190	88.0%	1180-1155	4.1%	1145-1130	3.4%			
谷尻式	Beta-189951	3000	±40	1385-1125	95.5%					NA	-25.9‰	
谷尻式	MTC-03792	3065	±40	1425-1255	92.0%	1235-1215	3.5%					
谷尻式	Beta-189946	2960	±40	1315-1045	94.9%	1365-1360	0.5%			-26.4‰	-26.7‰	
津島岡大式	Beta-184567	2580	±40	820-740	63.3%	645-545	20.1%	690-665	12.0%	-26.2‰	-26.6‰	
津島岡大式	Beta-187218	2560	±40	810-730	47.7%	650-540	32.6%	690-660	15.2%	-25.0‰	-26.5‰	
津島岡大式	Beta-184568	2550	±40	690-540	54.2%	805-720	41.1%			-26.0‰	-26.1‰	
津島岡大式	Beta-184569	2550	±40	690-540	54.2%	805-720	41.1%			-25.9‰		
津島岡大式	IAAA-31603	2570	±30	805-745	70.4%	685-665	12.8%	640-590	10.2%			-26.5‰
津島岡大式	Beta-187217	2590	±40	830-745	72.2%	645-585	10.1%	685-665	9.7%	-25.8‰	-26.0‰	
津島岡大式	Beta-184570	2590	±40	830-745	72.2%	645-585	10.1%	685-665	9.7%	-24.8‰	-24.8‰	
津島岡大式	IAAA-31604	2480	±30	770-505	90.1%	440-415	3.0%	460-450	1.5%			-26.6‰
黒土B1式	IAAA-40497	2790	±30	1010-890	86.5%	880-845	8.8%					-25.5‰
黒土B1式	IAAA-40498	2840	±40	1125-900	95.4%							-26.4‰
黒土B1式	IAAA-40499	2840	±40	1125-900	95.4%							-25.2‰
沢田式	MTC-03782	2620	±60	910-730	75.0%	650-545	13.9%	690-660	6.6%			-25.5‰
沢田式	MTC-03783	2510	±50	795-505	90.2%	440-415	2.8%	460-450	1.5%			-26.3‰
沢田式	IAAA-31592	2490	±30	775-505	93.6%	440-420	1.6%	455-455	0.3%			-25.8‰
沢田式	IAAA-31593	2530	±30	650-540	45.5%	795-725	32.3%	690-660	17.7%			-25.7‰
沢田式	IAAA-31594	2460	±30	600-475	36.9%	755-685	26.8%	670-605	18.0%			-25.0‰
沢田式	MTC-03784	2610	±70	915-520	95.4%							-26.5‰
沢田式	IAAA-31595	2550	±30	800-745	48.2%	645-550	30.0%	690-665	17.2%			-26.7‰
倉岡II式	Beta-184565	2810	±40	1055-840	93.9%	1075-1065	0.9%	1110-1100	0.6%	-26.4‰	-25.9‰	
倉岡I式	IAAA-31589	2990	±30	1315-1125	91.4%	1370-1345	4.1%					
倉岡I式	Beta-189956	2930	±40	1265-1010	95.4%					-25.7‰	-28.1‰	
突帯文系	IAAA-31590	2530	±30	650-540	45.5%	795-725	32.3%	690-660	17.7%			-25.5‰
突帯文系	IAAA-31591	2590	±30	815-755	87.5%	685-665	6.6%	610-595	1.4%			-26.5‰
突帯文併行	MTC-06581	2485	±45	775-480	87.2%	465-415	8.2%					
	Beta-210495	2880	±40	1135-970	78.3%	1195-1140	10.2%	960-930	5.7%	-18.2‰		
	Beta-210496	2940	±40	1270-1015	94.5%	1290-1280	1.0%			-23.6‰		
突帯文(前池式併行)	MTC-03785	2890	±80	1315-895	93.8%	870-850	1.2%	1365-1360	0.4%			-26.1‰

遺跡名	測定試料名	所在地	所蔵・協力機関	試料の種類	試料の詳細	採取部位	試料の時代
貫川10遺跡	FJ-0138	福岡県北九州市	(財)北九州市芸術文化振興財団埋蔵文化財調査室	土器付着物	粗製深鉢	口縁外	縄文後期
貫川2遺跡	FJ-0134(re)	福岡県北九州市	(財)北九州市芸術文化振興財団埋蔵文化財調査室	土器付着物	砲弾型粗製深鉢	胴外	縄文後期
貫川2遺跡	FJ-0135(re)	福岡県北九州市	(財)北九州市芸術文化振興財団埋蔵文化財調査室	土器付着物	粗製深鉢	口縁外	縄文後期
貫川5遺跡	FJ-0133(re)	福岡県北九州市	(財)北九州市芸術文化振興財団埋蔵文化財調査室	土器付着物	前池式併行突帯文土器	口縁外	縄文晩期
貫川7遺跡	FJ-0136(re)	福岡県北九州市	(財)北九州市芸術文化振興財団埋蔵文化財調査室	土器付着物	浅鉢		縄文後期
貫川遺跡	FJ-18	福岡県北九州市	(財)北九州市芸術文化振興財団埋蔵文化財調査室	土器付着物	瀬戸内型一条甕	内面	縄文晩期
貫川遺跡	FJ-19	福岡県北九州市	(財)北九州市芸術文化振興財団埋蔵文化財調査室	土器付着物		口縁下外面	縄文後期
貫川遺跡	FJ-20	福岡県北九州市	(財)北九州市芸術文化振興財団埋蔵文化財調査室	土器付着物		内面	縄文晩期
貫川西遺跡	FJ-16	福岡県北九州市	(財)北九州市芸術文化振興財団埋蔵文化財調査室	土器付着物		外面	縄文後期
貫川西遺跡	FJ-17	福岡県北九州市	(財)北九州市芸術文化振興財団埋蔵文化財調査室	土器付着物		外面	縄文晩期
屋敷遺跡	FJ-0142	福岡県北九州市	(財)北九州市芸術文化振興財団埋蔵文化財調査室	土器付着物	砲弾一条甕	口縁外	弥生早期後半
屋敷遺跡	FJ-0143	福岡県北九州市	(財)北九州市芸術文化振興財団埋蔵文化財調査室	土器付着物	板付変容甕	口縁外	弥生前期
井尻B遺跡	FJ-0602	福岡県福岡市	福岡市埋蔵文化財センター	土器付着物	甕	胴外下	弥生後期
板付遺跡	FJ-045-ad	福岡県福岡市	福岡市埋蔵文化財センター	土器付着物	砲弾型一条甕		弥生早期
板付遺跡	FJ-048	福岡県福岡市	福岡市埋蔵文化財センター	土器付着物	粗製深鉢		弥生早期
板付遺跡	FUFU-40	福岡県福岡市	福岡市埋蔵文化財センター	土器付着物		底内	弥生早期
板付遺跡	FUFU-41-b	福岡県福岡市	福岡市埋蔵文化財センター	土器付着物		胴外	弥生早期
板付遺跡	FUFU-42	福岡県福岡市	福岡市埋蔵文化財センター	土器付着物		口縁外	弥生早期
板付遺跡	FUFU-49	福岡県福岡市	福岡市埋蔵文化財センター	土器付着物		口縁外	弥生早期
板付遺跡	FUFU-50-b	福岡県福岡市	福岡市埋蔵文化財センター	土器付着物			弥生早期
臼佐遺跡	FJ-043	福岡県福岡市	福岡市埋蔵文化財センター	土器付着物	組織痕文土器(鉢)	口縁外面	縄文晩期
臼佐遺跡	FJ-043(re)	福岡県福岡市	福岡市埋蔵文化財センター	土器付着物	組織痕文土器(鉢)	口縁外面	縄文晩期
笠抜遺跡	KN-1a	福岡県福岡市	福岡市埋蔵文化財センター	木材		表面5年輪	弥生
笠抜遺跡	KN-2a	福岡県福岡市	福岡市埋蔵文化財センター	木材		表面5年輪	弥生
雀居遺跡	FJ-064	福岡県福岡市	福岡市埋蔵文化財センター	土器付着物		内面	弥生前期~中期
雀居遺跡	FJ-066	福岡県福岡市	福岡市埋蔵文化財センター	土器付着物		胴外	弥生中期
雀居遺跡	FJ-078	福岡県福岡市	福岡市埋蔵文化財センター	土器付着物		胴内	弥生前期
雀居遺跡	FJ-081	福岡県福岡市	福岡市埋蔵文化財センター	土器付着物		底内	弥生前期
雀居遺跡	JKY-2	福岡県福岡市	福岡市埋蔵文化財センター	土器付着物		頸部	弥生
雀居遺跡	JKY-3	福岡県福岡市	福岡市埋蔵文化財センター	土器付着物		口縁下	弥生前期
雀居遺跡	JKY-5	福岡県福岡市	福岡市埋蔵文化財センター	土器付着物		口縁下	弥生
雀居遺跡	JKY-6	福岡県福岡市	福岡市埋蔵文化財センター	土器付着物		口縁下	弥生
高畑遺跡	FJ-090	福岡県福岡市	福岡市埋蔵文化財センター	土器付着物		胴外	弥生後期
那珂遺跡	FJ-035	福岡県福岡市	福岡市埋蔵文化財センター	土器付着物		胴外	弥生前期
那珂君休遺跡	FJ-074	福岡県福岡市	福岡市埋蔵文化財センター	土器付着物	砲弾型一条甕	口縁外	弥生前期
那珂君休遺跡	FJ-0177	福岡県福岡市	福岡市埋蔵文化財センター	土器付着物	在地変容甕	胴外	古墳前期
那珂君休遺跡	FJ-0178	福岡県福岡市	福岡市埋蔵文化財センター	土器付着物	在地変容甕	胴外	古墳前期
那珂君休遺跡	FJ-0179	福岡県福岡市	福岡市埋蔵文化財センター	土器付着物	在地変容甕	胴外	古墳前期
那珂君休遺跡	FJ-0180	福岡県福岡市	福岡市埋蔵文化財センター	土器付着物	在地変容甕	胴外	古墳前期
那珂君休遺跡	FJ-0181	福岡県福岡市	福岡市埋蔵文化財センター	土器付着物		胴外	古墳前期
那珂君休遺跡	FJ-0182	福岡県福岡市	福岡市埋蔵文化財センター	土器付着物			古墳前期
橋本一丁田遺跡	HSM-1	福岡県福岡市	福岡市埋蔵文化財センター	土器付着物			弥生
橋本一丁田遺跡	HSM-3	福岡県福岡市	福岡市埋蔵文化財センター	土器付着物		胴部突帯下	弥生早期
橋本一丁田遺跡	HSM-5	福岡県福岡市	福岡市埋蔵文化財センター	土器付着物		屈曲部上位	弥生
橋本一丁田遺跡	HSM-6	福岡県福岡市	福岡市埋蔵文化財センター	土器付着物	砲弾型一条甕		弥生早期
比恵遺跡	FJ-031	福岡県福岡市	福岡市埋蔵文化財センター	土器付着物		底内	弥生後期
比恵遺跡	FJ-032	福岡県福岡市	福岡市埋蔵文化財センター	土器付着物		胴外	弥生中期
比恵遺跡	FJ-0183	福岡県福岡市	福岡市埋蔵文化財センター	土器付着物	布留変容長胴甕	胴外	古墳前期
比恵遺跡	FJ-0185	福岡県福岡市	福岡市埋蔵文化財センター	土器付着物		胴外上	弥生後期
比恵遺跡	FJ-0187	福岡県福岡市	福岡市埋蔵文化財センター	土器付着物		胴外・底内	弥生後期
藤崎遺跡	FJ-051(RE)	福岡県福岡市	福岡市埋蔵文化財センター	土器付着物		口縁突帯下部	弥生中期
姪浜遺跡	FJ-041	福岡県福岡市	福岡市埋蔵文化財センター	土器付着物		口縁外	弥生中期
下稗田遺跡	FJ-13	福岡県行橋市	行橋市教育委員会	木材	鍬未成品	木製品柄	弥生前期
下稗田遺跡	FJ-14	福岡県行橋市	行橋市教育委員会	種実		種子(炭化米)	弥生中期
金場遺跡	REK-NS-9	福岡県朝倉市	札幌学院大学	種実			弥生
上北島塚ノ本遺跡	FJ-0600	福岡県筑後市	筑後市教育委員会	土器付着物	甕	胴内	弥生前期
古島榎崎遺跡	FJ-0601	福岡県筑後市	筑後市教育委員会	種実			弥生後期
葛川遺跡	FJ-12	福岡県苅田町	苅田町教育委員会	種実		種子(ドングリ)	弥生前期
梅白遺跡	UMS-1a	佐賀県唐津市	佐賀県教育庁文化課	木材		表面5年輪	弥生早期
梅白遺跡	UMS-2a	佐賀県唐津市	佐賀県教育庁文化課	木材		表面5年輪	弥生早期
梅白遺跡	UMS-5	佐賀県唐津市	佐賀県教育庁文化課	土器付着物			弥生早期
梅白遺跡	UMS-7	佐賀県唐津市	佐賀県教育庁文化課	土器付着物			弥生早期
大野遺跡	FJ-160	佐賀県佐賀市	佐賀県教育庁文化課	土器付着物	鉢	外面	縄文後期
礫石B遺跡	FJ-2	佐賀県佐賀市	佐賀県教育庁文化課吉野ヶ里遺跡担当	土器付着物		胴外	弥生前期

データ一覧表

試料の時期	測定機関番号	炭素14年代 (^{14}C BP)	較正年代(cal BC) 確率1位		確率2位		確率3位		δ^{13}C値(‰) Beta社	昭光通商	IAAA社
貫川Ⅱb式	Beta-184544	3030 ±40	1405-1190	91.5%	1145-1130	2.1%	1175-1160	1.9%	-26.4‰	-26.7‰	
貫川Ⅱb式	Beta-191837	3060 ±40	1425-1250	90.7%	1240-1210	4.8%			-26.3‰	-26.4‰	
貫川Ⅱb式	Beta-191836	3020 ±40	1395-1185	87.4%	1180-1155	4.6%	1145-1130	3.4%	-25.8‰	-26.3‰	
黒川式新	Beta-191838	2980 ±40	1320-1110	86.2%	1375-1340	4.8%	1100-1070	3.3%	-22.9‰	-22.2‰	
貫川Ⅱa式	Beta-191835	3150 ±40	1505-1370	88.5%	1345-1315	6.7%			-26.0‰		
突帯文	Beta-176045	2940 ±30	1265-1045	95.5%					-22.9‰	-23.9‰	
貫川Ⅱa式	IAAA-30261	3240 ±50	1625-1415	95.5%							-18.8‰
黒川式	IAAA-30262	3290 ±50	1685-1485	89.9%	1485-1450	5.6%					-23.1‰
貫川Ⅱb式	IAAA-30259	3060 ±50	1435-1190	93.9%	1140-1130	1.1%	1170-1165	0.4%			-26.0‰
貫川Ⅱb式	IAAA-30260	3130 ±50	1500-1290	94.3%	1280-1270	1.1%					-26.7‰
夜臼Ⅱa式	Beta-189554	2540 ±40	695-540	58.6%	800-705	36.9%			-26.0‰	-26.2‰	
板付Ⅰb～Ⅱa式	Beta-189555	2710 ±40	925-800	95.0%	965-965	0.5%			-25.0‰		
下大隈式	IAAA-40834	1900 ±40	AD25-AD225	95.5%							-25.7‰
夜臼Ⅰ式	Beta-188074	2410 ±40	590-395	75.1%	750-685	15.8%	665-640	4.5%	-26.5‰	-26.4‰	
夜臼Ⅰ式	Beta-184551	2670 ±40	900-795	95.4%							
夜臼Ⅰ式	Beta-204406	2630 ±40	850-765	87.4%	895-865	5.5%	865-850	1.6%	-25.9‰	-25.8‰	
夜臼Ⅰ式	Beta-204407	2600 ±40	835-745	80.0%	685-665	7.3%	640-590	6.5%	-25.5‰	-25.7‰	
夜臼Ⅰ式	Beta-204385	2620 ±40	850-755	88.3%	895-865	3.2%	685-670	2.9%	-25.7‰	-25.8‰	
夜臼Ⅰ式	Beta-204409	2630 ±40	850-765	87.4%	895-865	5.5%	865-850	1.6%	-26.9‰	-27.1‰	
夜臼Ⅰ式	Beta-204410	2570 ±40	810-735	55.2%	650-545	26.4%	690-660	13.9%	-24.9‰	-25.5‰	
黒川式?	Beta-188185	3060 ±40	1425-1250	90.7%	1240-1210	4.8%			-26.0‰	-26.0‰	
黒川式?	IAAA-41080	2780 ±40	1015-830	95.4%							-26.7‰
	Beta-174310	2330 ±40	520-355	85.6%	290-230	9.7%	215-215	0.2%	-28.4‰		
	Beta-174311	2230 ±40	385-200	95.5%							
板付Ⅱc～城の越式	Beta-188186	2680 ±40	905-795	95.4%					-22.4‰		
城の越式または須玖Ⅰ式古	Beta-184550	2240 ±40	330-200	67.8%	390-335	27.4%			-23.7‰		
板付Ⅱb～Ⅱc式	Beta-188187	2520 ±40	795-515	95.4%					-25.9‰	-25.6‰	
板付Ⅱb式	Beta-188181	2540 ±50	805-510	94.9%	435-425	0.6%			-25.9‰		
板付Ⅰb,Ⅱa式	Beta-172132	2560 ±40	810-730	47.7%	650-540	32.6%	690-660	15.2%	-26.9‰	-26.3‰	
板付Ⅱc式	Beta-172133	2510 ±40	795-510	94.1%	435-420	1.3%			NA	-26.1‰	
	Beta-172134	2620 ±40	850-755	88.3%	895-865	3.2%	685-670	2.9%	NA	-26.8‰	
	Beta-172135	2590 ±40	830-745	72.2%	645-585	10.1%	685-665	9.7%	NA	-26.4‰	
下大隈式	Beta-184549	1860 ±40	AD65-AD240	95.4%					-25.8‰	-26.3‰	
板付Ⅰc式	Beta-184553	2520 ±40	795-515	95.4%					-25.6‰	-26.0‰	
夜臼Ⅱb式	MTC-04310	2510 ±35	790-520	95.5%						-26.2‰	
布留Ⅰ式	IAAA-40532	1800 ±40	AD125-AD340	94.9%	AD95-AD100	0.5%					-26.3‰
布留Ⅰ式	IAAA-40533	1770 ±50	AD130-AD385	95.5%							-26.3‰
布留Ⅰ式	IAAA-40534	1860 ±40	AD65-AD240	95.4%							-14.4‰
布留Ⅰ式	IAAA-40535	1690 ±40	AD250-AD425	95.4%							-24.4‰
布留0(外来または在地)	IAAA-40536	1800 ±40	AD125-AD340	94.9%	AD95-AD100	0.5%					-26.5‰
庄内式	IAAA-40537	1870 ±40	AD60-AD240	95.5%					NA	-25.1‰	
	Beta-172128	2770 ±40	1005-825	95.5%					NA	-26.1‰	
夜臼Ⅱd式	Beta-172129	2640 ±40	865-770	86.9%	895-865	8.5%			NA		
	Beta-172130	2660 ±40	900-790	95.4%					NA	-25.8‰	
夜臼Ⅱa式	Beta-172131	2650 ±40	900-780	95.4%					-25.5‰	-25.6‰	
高三潴式	Beta-188183	1970 ±40	45-AD95	89.6%	AD95-AD125	5.8%			-25.5‰	-25.5‰	
須玖Ⅱ新	Beta-188184	2110 ±40	210-40	88.0%	350-305	6.7%	10-AD1	0.5%		-25.8‰	
布留式	IAAA-40538	1760 ±40	AD210-AD385	85.1%	AD140-AD195	10.3%					
下大隈式新	IAAA-40539	1980 ±40	55-AD90	90.9%	AD100-AD125	3.4%	85-75	1.1%			-25.0‰
下大隈式新	IAAA-40540	2000 ±30	55-AD70	94.4%	85-80	1.0%			-26.3‰	-26.4‰	
須玖式甕棺	Beta-188180	2230 ±40	385-200	95.5%					-26.4‰	-26.7‰	
須玖Ⅰ式新	Beta-184552	2240 ±40	330-200	67.8%	390-335	27.4%			-28.4‰		
板付Ⅱa式新	Beta-176044	3030 ±30	1395-1210	94.1%	1140-1135	0.7%	1200-1195	0.6%			
須玖Ⅰ式	IAAA-30258	2340 ±50	545-350	80.1%	295-225	8.9%	735-690	4.7%			
	IAAA-30063	2160 ±40	265-90	57.1%	360-265	37.5%	65-60	0.8%			-25.0‰
夜臼Ⅱb式	IAAA-40832	2550 ±40	690-540	54.2%	805-720	41.1%					-25.5‰
高三猪式	IAAA-40833	2020 ±30	105-AD60	95.4%							
板付Ⅱa～Ⅱb式	IAAA-30257	2530 ±50	800-505	93.6%	440-420	1.5%	460-450	0.4%	-32.8‰		
夜臼Ⅱ式	Beta-174312	2600 ±40	835-745	80.0%	685-665	7.3%	640-590	6.5%	-25.0‰		
夜臼Ⅰ式	Beta-174313	2680 ±40	905-795	95.4%					NA		
夜臼Ⅱb式	Beta-172136	2660 ±40	900-790	95.4%					NA		
夜臼Ⅱa式	Beta-172137	2970 ±40	1315-1050	93.7%	1370-1355	1.5%			-25.9‰		
三万田式	Beta-184540	3250 ±40	1615-1435	95.5%							
板付Ⅰ式新併行	IAAA-30252	2550 ±50	810-515	95.5%							

遺跡名	測定試料名	所在地	所蔵・協力機関	試料の種類	試料の詳細	採取部位	試料の時代
東畑瀬遺跡	FJ-149	佐賀県佐賀市	佐賀県教育庁文化課	土器付着物	粗製深鉢	口縁外	縄文晩期〜弥生早期
東畑瀬遺跡	FJ-154	佐賀県佐賀市	佐賀県教育庁文化課	土器付着物	鉢		縄文晩期
東畑瀬遺跡	FJ-159	佐賀県佐賀市	佐賀県教育庁文化課	土器付着物	粗製深鉢	口縁外	縄文晩期
吉野ヶ里遺跡	FJ-1	佐賀県神埼市・吉野ヶ里町	佐賀県教育庁吉野ヶ里遺跡調査事務所	種実			弥生中期
菜畑遺跡	FJ-0401	佐賀県唐津市	唐津市教育委員会	土器付着物	砲弾型粗製深鉢	胴外	縄文晩期〜弥生早期
菜畑遺跡	FJ-0403	佐賀県唐津市	唐津市教育委員会	土器付着物	屈曲型粗製深鉢	胴外	縄文晩期
菜畑遺跡	FJ-0406	佐賀県唐津市	唐津市教育委員会	土器付着物	屈曲型二条鉢	胴外	弥生早期
菜畑遺跡	FJ-0407	佐賀県唐津市	唐津市教育委員会	土器付着物	屈曲浅鉢	胴外	縄文晩期〜弥生早期
菜畑遺跡	FJ-0408	佐賀県唐津市	唐津市教育委員会	土器付着物	甕底部	胴内	弥生早期
菜畑遺跡	FJ-0409	佐賀県唐津市	唐津市教育委員会	土器付着物	浅鉢	胴外	縄文晩期
菜畑遺跡	FJ-0410	佐賀県唐津市	唐津市教育委員会	土器付着物	砲弾型粗製深鉢	胴外	弥生早期
菜畑遺跡	FJ-0410(re)	佐賀県唐津市	唐津市教育委員会	土器付着物	砲弾型粗製深鉢	胴外	弥生早期
菜畑遺跡	FJ-0412	佐賀県唐津市	唐津市教育委員会	土器付着物	唐津型甕	胴内	弥生早期
菜畑遺跡	FJ-0415	佐賀県唐津市	唐津市教育委員会	土器付着物	甕	底部内	弥生前期
菜畑遺跡	FJ-0418	佐賀県唐津市	唐津市教育委員会	土器付着物	祖型甕B	胴外	弥生前期
菜畑遺跡	FJ-0420	佐賀県唐津市	唐津市教育委員会	土器付着物	砲弾型一条甕	胴外	弥生前期
菜畑遺跡	FJ-0422	佐賀県唐津市	唐津市教育委員会	土器付着物	砲弾型一条甕	外面より採取	弥生前期
菜畑遺跡	FJ-0423	佐賀県唐津市	唐津市教育委員会	土器付着物	胴部突帯甕	内外面より採取。試料は2つ。	弥生前期
石木中高遺跡	FJ-0162	佐賀県小城市	三日月町教育委員会	土器付着物	組織痕文土器(鉢)	外面付着	弥生早期
石木中高遺跡	FJ-0165	佐賀県小城市	三日月町教育委員会	土器付着物	粗製鉢	胴外	縄文晩期〜弥生早期
石木中高遺跡	FJ-0165(re2)	佐賀県小城市	三日月町教育委員会	土器付着物	粗製鉢	胴外	縄文晩期〜弥生早期
石木中高遺跡	FJ-0165(re)	佐賀県小城市	三日月町教育委員会	土器付着物	粗製鉢	胴外	縄文晩期〜弥生早期
石木中高遺跡	FJ-0167	佐賀県小城市	三日月町教育委員会	土器付着物	屈曲型刻目文鉢	口縁外	縄文晩期
石木中高遺跡	FJ-0167(re2)	佐賀県小城市	三日月町教育委員会	土器付着物	屈曲型刻目文鉢	口縁外	縄文晩期
石木中高遺跡	FJ-0167(r)	佐賀県小城市	三日月町教育委員会	土器付着物	屈曲型刻目文鉢	口縁外	縄文晩期
石木中高遺跡	FJ-0167(re)	佐賀県小城市	三日月町教育委員会	土器付着物	屈曲型刻目文鉢	口縁外	縄文晩期
石木中高遺跡	FJ-0168	佐賀県小城市	三日月町教育委員会	土器付着物	屈曲型粗製深鉢	口縁外	縄文晩期
石木中高遺跡	FJ-0169	佐賀県小城市	三日月町教育委員会	土器付着物	甕	底内	縄文晩期
石木中高遺跡	FJ-0169(re)	佐賀県小城市	三日月町教育委員会	土器付着物	甕	底内	縄文晩期
カラカミ遺跡	NAKU-C4	長崎県壱岐市	九州大学大学院人文科学研究院	炭化材			弥生中期〜後期
カラカミ遺跡	NAKU-C5	長崎県壱岐市	九州大学大学院人文科学研究院	炭化材			弥生中期〜後期
カラカミ遺跡	NAKU-C6	長崎県壱岐市	九州大学大学院人文科学研究院	炭化材			弥生中期〜後期
黒丸遺跡	FJ-0468	長崎県大村市	大村市教育委員会	土器付着物		口縁外	弥生中期
権現脇遺跡	FJ-0428	長崎県南島原市	深江町教育委員会	土器付着物	屈曲甕	内面より採取。試料は2点。	弥生早期〜前期
権現脇遺跡	FJ-0431	長崎県南島原市	深江町教育委員会	土器付着物	砲弾型粗製深鉢(リボン付)	口縁部外面より採取	縄文晩期
権現脇遺跡	FJ-0434	長崎県南島原市	深江町教育委員会	土器付着物	精製鉢	口縁外	縄文晩期
権現脇遺跡	FJ-0435(re)	長崎県南島原市	深江町教育委員会	土器付着物	組織痕文土器(鉢)	胴外	縄文晩期
権現脇遺跡	FJ-0436	長崎県南島原市	深江町教育委員会	土器付着物	リボン付鉢	胴部外面より採取	縄文晩期
権現脇遺跡	FJ-0437	長崎県南島原市	深江町教育委員会	土器付着物	深鉢(刻目文土器)	口縁部外面	縄文晩期
権現脇遺跡	FJ-0440	長崎県南島原市	深江町教育委員会	土器付着物		胴外	弥生早期〜前期
権現脇遺跡	FJ-0442	長崎県南島原市	深江町教育委員会	土器付着物	組織痕文土器(鉢)	胴外	縄文晩期
権現脇遺跡	FJ-0571(re)	長崎県南島原市	深江町教育委員会	土器付着物	突帯文屈曲甕	胴外上	弥生早期
権現脇遺跡	FJ-0575(re)	長崎県南島原市	深江町教育委員会	土器付着物	組織痕文土器(鉢)	胴外	縄文晩期
権現脇遺跡	FJ-0576	長崎県南島原市	深江町教育委員会	土器付着物	組織痕文土器(鉢)	口縁外	縄文晩期
権現脇遺跡	FJ-0577	長崎県南島原市	深江町教育委員会	土器付着物	組織痕文土器(鉢)	口縁外	縄文晩期
里田原遺跡	FJ-0478	長崎県平戸市	里田原歴史民俗資料館	土器付着物	粗製深鉢	胴外	縄文晩期
里田原遺跡	FJ-0481	長崎県平戸市	里田原歴史民俗資料館	土器付着物	屈曲型粗製深鉢	胴外	縄文晩期
原の辻遺跡	FJ-512	長崎県壱岐市	長崎県教育庁原の辻遺跡調査事務所	土器付着物	甕	口縁外	弥生中期
原の辻遺跡	FJ-513-a	長崎県壱岐市	長崎県教育庁原の辻遺跡調査事務所	土器付着物	甕		弥生中期
原の辻遺跡	FJ-513-b	長崎県壱岐市	長崎県教育庁原の辻遺跡調査事務所	土器付着物	甕	口縁外	弥生中期
原の辻遺跡	FJ-514-a	長崎県壱岐市	長崎県教育庁原の辻遺跡調査事務所	土器付着物	甕	口縁内下	弥生中期
原の辻遺跡	FJ-514-b	長崎県壱岐市	長崎県教育庁原の辻遺跡調査事務所	土器付着物	甕	口縁外	弥生中期
原の辻遺跡	FJ-515	長崎県壱岐市	長崎県教育庁原の辻遺跡調査事務所	土器付着物	甕	口縁外	弥生中期
原の辻遺跡	FJ-519-a	長崎県壱岐市	長崎県教育庁原の辻遺跡調査事務所	土器付着物	甕	口縁外下, 胴外	弥生中期

データ一覧表

試料の時期	測定機関番号	炭素14年代 (^{14}C BP)	較正年代(cal BC) 確率1位		確率2位		確率3位		δ^{13}C値(‰) Beta社	昭光通商	IAAA社
黒川式新〜山の寺式	Beta-184543	2860 ±40	1130-915	92.4%	1160-1145	1.7%	1190-1175	1.4%	-25.6‰	-26.0‰	
黒川式新	Beta-184542	2840 ±40	1125-900	95.4%					-25.3‰	-26.3‰	
黒川式新	Beta-184541	2850 ±40	1130-905	94.8%	1185-1180	0.4%	1150-1145	0.3%	-26.0‰	-26.5‰	
須玖Ⅰ式	IAAA-30251	2140 ±40	235-50	72.0%	355-285	22.5%	255-245	0.9%			
黒川式新	Beta-189572	2820 ±40	1115-895	93.9%	870-855	1.6%			-26.5‰	-26.7‰	
黒川式新	Beta-189570	2820 ±40	1115-895	93.9%	870-855	1.6%			-23.7‰	-23.5‰	
山の寺式新	Beta-189571	2880 ±40	1135-970	78.3%	1195-1140	10.2%	960-930	5.7%	-26.5‰		
黒川式新	Beta-189574	2710 ±40	925-800	95.0%	965-965	0.5%			-25.9‰	-25.8‰	
山の寺式	Beta-188522	2730 ±40	940-805	91.3%	975-955	4.1%			-25.3‰	-25.2‰	
黒川式新	Beta-189573	2760 ±40	1000-825	95.4%					-25.7‰	-25.7‰	
夜臼Ⅱa式	Beta-189575	2300 ±40	410-345	59.2%	315-205	36.3%			-26.5‰	-25.9‰	
夜臼Ⅱa式	IAAA-41083	2480 ±40	770-480	87.4%	465-415	8.0%					
夜臼Ⅱa式	Beta-188523	2810 ±40	1055-840	93.9%	1075-1065	0.9%	1110-1100	0.6%	-23.0‰	-22.8‰	
板付Ⅰ式	Beta-188524	2570 ±40	810-735	55.2%	650-545	26.4%	690-660	13.9%	-26.6‰	-26.7‰	
夜臼Ⅱb式	Beta-188526	2600 ±40	835-745	80.0%	685-665	7.3%	640-590	6.5%	-25.2‰	-25.4‰	
夜臼Ⅱb式	Beta-188525	2590 ±50	840-725	60.3%	655-540	23.3%	690-655	11.3%	-24.5‰	-26.1‰	
亀ノ甲Ⅰ式	Beta-189569	2680 ±40	905-795	95.4%					-24.7‰	-24.1‰	
夜臼Ⅱb式	Beta-188527	2800 ±40	1050-840	95.4%					-22.3‰	-22.8‰	
黒川式新	Beta-189556	2830 ±40	1120-895	95.4%					-26.1‰	-26.0‰	
黒川式新	MTC-03787	2870 ±60	1220-900	92.5%	1260-1230	3.0%					
黒川式新	MTC-04053	2710 ±40	925-800	95.0%	965-965	0.5%					
黒川式新	Beta-191834	2840 ±40	1125-900	95.4%					-25.7‰	-25.7‰	
黒川式新	MTC-03788	2810 ±60	1130-820	95.4%							
黒川式新	IAAA-41081	2650 ±40	900-780	95.4%							
黒川式新	Beta-189568	2610 ±40	845-750	85.8%	685-665	5.0%	615-590	2.1%	-25.7‰	-25.5‰	
黒川式新	MTC-04054	2690 ±40	910-795	95.4%							
黒川式	Beta-189558	2820 ±40	1115-895	93.9%	870-855	1.6%			-25.5‰	-25.4‰	
黒川式	Beta-189557	2560 ±40	810-730	47.7%	650-540	32.6%	690-660	15.2%	-25.9‰	-25.1‰	
黒川式	IAAA-41082	2630 ±40	850-765	87.4%	895-865	5.5%	865-850	1.6%			
	Beta-200666	2030 ±40	120-AD55	87.8%	165-130	7.7%			-27.5‰		
	Beta-200665	1980 ±40	55-AD90	90.9%	AD100-AD125	3.4%	85-75	1.1%	-27.1‰		
	Beta-200667	1910 ±40	AD15-AD215	94.2%	AD5-AD15	1.3%			-25.8‰		
須玖Ⅱ式古	IAAA-41091	2240 ±40	330-200	67.8%	390-335	27.4%					
原山式	IAAA-40541	2570 ±30	805-745	70.4%	685-665	12.8%	640-590	10.2%			
黒川式	IAAA-40542	2910 ±30	1210-1005	94.4%	1250-1240	1.0%					
黒川式新	IAAA-40543	2600 ±30	820-760	92.1%	680-670	3.4%					
黒川式	PLD-4657	2715 ±30	915-810	95.4%							
黒川式新	IAAA-40544	2590 ±40	830-745	72.2%	645-585	10.1%	685-665	9.7%			-26.4‰
黒川式新	Beta-194400	2530 ±40	795-535	94.9%	530-520	0.6%			NA		
原山式	IAAA-40545	2590 ±40	830-745	72.2%	645-585	10.1%	685-665	9.7%			
黒川式新	IAAA-40546	2750 ±30	945-820	88.9%	975-955	6.6%					-26.4‰
山の寺式古	IAAA-41100	2570 ±40	810-735	55.2%	650-545	26.4%	690-660	13.9%			-26.1‰
黒川式	PLD-4661	2780 ±25	1000-890	83.0%	880-845	12.1%					-26.6‰
黒川式	IAAA-41894	2790 ±40	1030-835	94.4%	1040-1030	1.0%					
黒川式	IAAA-41101	2780 ±40	1015-830	95.4%							-26.3‰
黒川式新	IAAA-41094	2750 ±40	975-815	93.2%	995-985	2.0%					-25.4‰
黒川式	IAAA-41095	2740 ±40	945-810	88.2%	975-950	6.8%					-26.8‰
須玖Ⅱ式古	Beta-204386	2100 ±40	205-35	90.1%	345-320	3.2%	10-AD1	1.1%	-24.0‰	-24.3‰	
須玖Ⅱ式古	Beta-204393	2190 ±40	380-165	94.5%	130-120	0.9%			-25.8‰	-25.9‰	
須玖Ⅱ式古	Beta-204387	2250 ±40	325-205	64.6%	395-340	30.8%			-26.1‰	-26.2‰	
須玖Ⅱ式古	Beta-204384	2130 ±40	215-45	77.1%	355-290	16.2%	230-215	2.1%	-25.7‰	-26.1‰	
須玖Ⅱ式古	Beta-204383	2100 ±40	205-35	90.1%	345-320	3.2%	10-AD1	1.1%	-25.9‰	-26.2‰	
須玖Ⅰ式新	Beta-204394	2180 ±40	380-150	92.2%	135-115	3.2%			-25.7‰	-26.0‰	
須玖Ⅰ式新	Beta-204382	2310 ±40	415-350	64.5%	315-205	27.5%	485-460	2.3%	-24.4‰	-24.8‰	

遺跡名	測定試料名	所在地	所蔵・協力機関	試料の種類	試料の詳細	採取部位	試料の時代
原の辻遺跡	FJ-519-b	長崎県壱岐市	長崎県教育庁原の辻遺跡調査事務所	土器付着物	甕	口縁外下,胴外	弥生中期
原の辻遺跡	FJ-522	長崎県壱岐市	長崎県教育庁原の辻遺跡調査事務所	土器付着物	甕	口縁外	弥生中期
原の辻遺跡	FJ-523-a	長崎県壱岐市	長崎県教育庁原の辻遺跡調査事務所	土器付着物	甕	口縁外下,胴外	弥生中期
原の辻遺跡	FJ-523-b	長崎県壱岐市	長崎県教育庁原の辻遺跡調査事務所	土器付着物	甕	口縁外下,胴外	弥生中期
原の辻遺跡	FJ-525	長崎県壱岐市	長崎県教育庁原の辻遺跡調査事務所	土器付着物	甕	口縁外下	弥生中期
原の辻遺跡	FJ-0526	長崎県壱岐市	長崎県教育庁原の辻遺跡調査事務所	土器付着物	甕	口縁外下	弥生中期
原の辻遺跡	FJ-0527	長崎県壱岐市	長崎県教育庁原の辻遺跡調査事務所	土器付着物	甕	口縁外	弥生前期
原の辻遺跡	FJ-528-a	長崎県壱岐市	長崎県教育庁原の辻遺跡調査事務所	土器付着物	甕	底内	弥生中期
原の辻遺跡	FJ-528-b	長崎県壱岐市	長崎県教育庁原の辻遺跡調査事務所	土器付着物	甕		弥生中期
原の辻遺跡	FJ-0532-b	長崎県壱岐市	長崎県教育庁原の辻遺跡調査事務所	土器付着物	甕	胴外	弥生前期
原の辻遺跡	FJ-0533	長崎県壱岐市	長崎県教育庁原の辻遺跡調査事務所	土器付着物	甕	胴外	弥生前期
原の辻遺跡	FJ-535	長崎県壱岐市	長崎県教育庁原の辻遺跡調査事務所	土器付着物	甕	口縁外	弥生前期
原の辻遺跡	FJ-536	長崎県壱岐市	長崎県教育庁原の辻遺跡調査事務所	土器付着物	甕	底内	弥生中期
原の辻遺跡	FJ-0537	長崎県壱岐市	長崎県教育庁原の辻遺跡調査事務所	種実	甕	胴外上	弥生中期
原の辻遺跡	FJ-539	長崎県壱岐市	長崎県教育庁原の辻遺跡調査事務所	土器付着物	甕	底内	弥生中期
原の辻遺跡	FJ-0542	長崎県壱岐市	長崎県教育庁原の辻遺跡調査事務所	土器付着物	壺	底内	弥生後期
原の辻遺跡	FJ-0544	長崎県壱岐市	長崎県教育庁原の辻遺跡調査事務所	土器付着物	甕	胴外上	弥生中期
原の辻遺跡	FJ-0545	長崎県壱岐市	長崎県教育庁原の辻遺跡調査事務所	土器付着物	甕	胴外上	弥生中期
原の辻遺跡	FJ-0545(re)	長崎県壱岐市	長崎県教育庁原の辻遺跡調査事務所	土器付着物	甕	胴外上	弥生中期
原の辻遺跡	FJ-546	長崎県壱岐市	長崎県教育庁原の辻遺跡調査事務所	土器付着物	甕	口縁外	弥生中期
原の辻遺跡	FJ-547-b	長崎県壱岐市	長崎県教育庁原の辻遺跡調査事務所	土器付着物	甕	口縁外	弥生中期
原の辻遺跡	FJ-548	長崎県壱岐市	長崎県教育庁原の辻遺跡調査事務所	土器付着物	甕	口縁外上	弥生中期
原の辻遺跡	FJ-0550	長崎県壱岐市	長崎県教育庁原の辻遺跡調査事務所	土器付着物	甕	胴外上	弥生後期
原の辻遺跡	FJ-0552	長崎県壱岐市	長崎県教育庁原の辻遺跡調査事務所	土器付着物	鋤先口縁甕	口縁外	弥生中期
原の辻遺跡	FJ-553	長崎県壱岐市	長崎県教育庁原の辻遺跡調査事務所	土器付着物	甕	口縁外	弥生中期
原の辻遺跡	FJ-0554	長崎県壱岐市	長崎県教育庁原の辻遺跡調査事務所	土器付着物	甕	底内	弥生中期
原の辻遺跡	FJ-0556	長崎県壱岐市	長崎県教育庁原の辻遺跡調査事務所	土器付着物	甕	胴外	弥生中期
原の辻遺跡	FJ-0557	長崎県壱岐市	長崎県教育庁原の辻遺跡調査事務所	土器付着物	甕(擬無文土器)	胴外	弥生中期
原の辻遺跡	FJ-0558	長崎県壱岐市	長崎県教育庁原の辻遺跡調査事務所	土器付着物	甕	口縁外	古墳前期
原の辻遺跡	FJ-0559	長崎県壱岐市	長崎県教育庁原の辻遺跡調査事務所	土器付着物	甕	胴外	古墳前期
深堀貝塚	FJ-0470-b	長崎県長崎市	長崎市歴史民俗資料館	土器付着物	砲弾二条甕	口縁外上	弥生前期
深堀貝塚	FJ-0470-c	長崎県長崎市	長崎市歴史民俗資料館	土器付着物	砲弾二条甕	口縁外下	弥生前期
門前遺跡	NAS-C2	長崎県佐世保市	長崎県教育庁佐世保教育事務所	木材			弥生後期
門前遺跡	NAS-C3-1	長崎県佐世保市	長崎県教育庁佐世保教育事務所	木材		外から1年輪	弥生中期
門前遺跡	NAS-C3-11	長崎県佐世保市	長崎県教育庁佐世保教育事務所	木材		外から11年輪	弥生中期
門前遺跡	NAS-C3-21	長崎県佐世保市	長崎県教育庁佐世保教育事務所	木材		外から21年輪	弥生中期
門前遺跡	NAS-C3-31	長崎県佐世保市	長崎県教育庁佐世保教育事務所	木材		外から31年輪	弥生中期
門前遺跡	NAS-C3-41	長崎県佐世保市	長崎県教育庁佐世保教育事務所	木材		外から41年輪	弥生中期
門前遺跡	NAS-C3-51	長崎県佐世保市	長崎県教育庁佐世保教育事務所	木材		外から51年輪	弥生中期
門前遺跡	NAS-C3-61	長崎県佐世保市	長崎県教育庁佐世保教育事務所	木材		外から61年輪	弥生中期
門前遺跡	NAS-C3-71	長崎県佐世保市	長崎県教育庁佐世保教育事務所	木材		外から71年輪	弥生中期
門前遺跡	NAS-C3-81	長崎県佐世保市	長崎県教育庁佐世保教育事務所	木材		外から81年輪	弥生中期
門前遺跡	NAS-C4	長崎県佐世保市	長崎県教育庁佐世保教育事務所	木材			弥生中期

データ一覧表

試料の時期	測定機関番号	炭素14年代(^{14}C BP)	較正年代(cal BC) 確率1位		確率2位		確率3位		δ^{13}C値(‰) Beta社	昭光通商	IAAA社
須玖Ⅰ式新	Beta-204388	2170 ±40	370-105	95.4%					-25.3‰	-25.4‰	
須玖Ⅰ式新	Beta-204395	2220 ±40	385-195	95.5%					-24.8‰	-25.0‰	
須玖Ⅰ式新	Beta-204391	2260 ±40	320-205	60.7%	395-345	34.8%			-25.0‰	-24.8‰	
須玖Ⅰ式新	Beta-204392	2300 ±40	410-345	59.2%	315-205	36.3%			-26.0‰		
須玖Ⅰ式古	Beta-204396	2310 ±40	415-350	64.5%	315-205	27.5%	485-460	2.3%	-26.0‰	-26.1‰	
須玖Ⅰ式新	IAAA-41096	2250 ±60	405-170	95.4%							-25.6‰
板付Ⅱb式	IAAA-40810	2410 ±40	590-395	75.1%	750-685	15.8%	665-640	4.5%			-23.9‰
須玖Ⅱ式	Beta-204389	2230 ±40	385-200	95.5%					-26.4‰	-26.3‰	
須玖Ⅱ式	Beta-204390	2240 ±40	330-200	67.8%	390-335	27.4%			-26.3‰	-25.5‰	
板付Ⅱc式	IAAA-40811	2270 ±40	320-205	55.6%	400-345	39.8%					
板付Ⅱc式	IAAA-40812	2250 ±40	325-205	64.6%	395-340	30.8%					-25.8‰
板付Ⅱc式	Beta-204399	2340 ±40	540-355	90.4%	285-255	3.2%	245-230	1.1%	-25.8‰	-25.9‰	
須玖Ⅰ式	Beta-204398	2260 ±40	320-205	60.7%	395-345	34.8%			-20.8‰	-20.6‰	
須玖Ⅱ式古	IAAA-40813	2160 ±40	265-90	57.1%	360-265	37.5%	65-60	0.8%			
須玖Ⅰ式	Beta-204397	2390 ±40	550-390	80.7%	745-685	11.4%	665-645	2.8%	-26.5‰	-26.1‰	
下大隈式古	IAAA-40814	1920 ±30	AD1-AD135	94.8%	AD195-AD205	0.6%					-25.9‰
須玖Ⅱ式中	IAAA-41097	2260 ±40	320-205	60.7%	395-345	34.8%					-26.0‰
須玖Ⅰ式古	IAAA-40815	2240 ±30	320-205	68.6%	390-345	26.9%					
須玖Ⅰ式古	Beta-204401	2310 ±40	415-350	64.5%	315-205	27.5%	485-460	2.3%	-25.5‰	-25.7‰	
須玖Ⅰ式新	Beta-204402	2320 ±40	430-350	67.4%	290-230	16.1%	510-435	10.8%	-26.3‰	-26.7‰	
須玖Ⅱ式古～中	Beta-204403	2230 ±40	385-200	95.5%					-25.8‰	-25.9‰	
須玖Ⅱ式古	Beta-204404	2250 ±40	325-205	64.6%	395-340	30.8%			-25.1‰	-24.8‰	
高三潴式	IAAA-40816	2130 ±40	215-45	77.1%	355-290	16.2%	230-215	2.1%			-25.5‰
須玖Ⅱ式古	IAAA-41098	2150 ±40	235-85	59.0%	355-275	29.8%	80-55	3.8%			-26.1‰
須玖Ⅱ式新	Beta-204405	2340 ±40	540-355	90.4%	285-255	3.2%	245-230	1.1%	-25.5‰	-25.4‰	
須玖Ⅰ式	IAAA-40817	2380 ±30	540-390	93.1%	705-695	1.8%					-23.2‰
須玖Ⅱ式古	IAAA-40818	2150 ±30	230-90	63.6%	355-285	30.3%	70-60	1.3%			
須玖Ⅱ式古	IAAA-41099	2090 ±40	200-15	92.5%	15-AD1	2.4%	335-330	0.5%			-25.4‰
布留系	IAAA-40819	1710 ±30	AD255-AD405	95.4%							-26.7‰
布留系	IAAA-40820	1750 ±30	AD220-AD390	95.4%							
亀ノ甲Ⅱ式	IAAA-41092	2570 ±30	805-745	70.4%	685-665	12.8%	640-590	10.2%			-24.3‰
亀ノ甲Ⅱ式	IAAA-41093	2610 ±40	845-750	85.8%	685-665	5.0%	615-590	2.1%			-24.4‰
	MTC-04710	1860 ±50	AD50-AD255	93.2%	AD300-AD315	1.3%	AD30-AD40	1.0%			
	PLD-4832	3820 ±25	2345-2195	90.2%	2170-2145	3.2%	2400-2380	2.1%			
	PLD-4833	3410 ±25	1770-1630	95.5%							
	PLD-4834	1760 ±20	AD225-AD345	95.5%							
	PLD-4835	1770 ±20	AD210-AD340	94.1%	AD175-AD190	1.3%					
	PLD-4836	1800 ±20	AD135-AD255	90.3%	AD300-AD315	5.1%					
	PLD-4837	1665 ±20	AD335-AD425	94.4%	AD265-AD270	1.0%					
	PLD-4838	1775 ±20	AD210-AD335	91.1%	AD170-AD195	3.5%	AD145-AD150	0.9%			
	PLD-4839	1790 ±20	AD135-AD260	79.1%	AD295-AD325	15.1%	AD285-AD290	1.2%			
	PLD-4840	1835 ±20	AD130-AD235	95.5%							
	MTC-05105	2205 ±35	380-190	95.0%							

遺跡名	測定試料名	所在地	所蔵・協力機関	試料の種類	試料の詳細	採取部位	試料の時代
門前遺跡	NAS-C5	長崎県佐世保市	長崎県教育庁佐世保教育事務所	木材			弥生中期
門前遺跡	REK-NG-0402	長崎県佐世保市	長崎県教育庁佐世保教育事務所	種実		ひょうたん	弥生前期？早期？
吉田貝塚	FJ-21	長崎県対馬市	九州大学大学院人文科学研究院	炭化材		樹幹材 導管	縄文後期
大分川採集資料	FJ-0463	大分県大分市	大分市教育委員会	土器付着物	有文深鉢	口縁外	縄文晩期
大分川採集資料	FJ-0464	大分県大分市	大分市教育委員会	土器付着物	浅鉢	底内	縄文後期
大分川採集資料	FJ-0465	大分県大分市	大分市教育委員会	土器付着物	深鉢	底内	縄文後期
玉沢地区条里跡遺跡	FJ-0448	大分県大分市	大分市教育委員会	土器付着物	砲弾型一条甕	口縁外	弥生前期
玉沢地区条里跡遺跡	FJ-0449	大分県大分市	大分市教育委員会	土器付着物	外反口縁甕	胴外	弥生前期
玉沢地区条里跡遺跡	FJ-0451	大分県大分市	大分市教育委員会	土器付着物		口縁外	弥生前期
玉沢地区条里跡遺跡	FJ-0452	大分県大分市	大分市教育委員会	土器付着物	砲弾型一条甕	口縁外下	弥生前期
玉沢地区条里跡遺跡	FJ-0455(re)	大分県大分市	大分市教育委員会	土器付着物	砲弾型一条甕	胴外下	弥生前期
玉沢地区条里跡遺跡	FJ-0456	大分県大分市	大分市教育委員会	土器付着物		胴外	弥生前期
玉沢地区条里跡遺跡	FJ-0457	大分県大分市	大分市教育委員会	土器付着物	湾曲一条甕	口縁外	弥生前期
玉沢地区条里跡遺跡	FJ-0458	大分県大分市	大分市教育委員会	土器付着物	湾曲一条甕系	胴外	弥生前期
玉沢地区条里跡遺跡	FJ-0459	大分県大分市	大分市教育委員会	土器付着物		胴外	弥生前期
玉沢地区条里跡遺跡	FJ-0460	大分県大分市	大分市教育委員会	土器付着物	屈曲型粗製鉢	口縁外	弥生早期
玉沢地区条里跡遺跡	FJ-0461	大分県大分市	大分市教育委員会	土器付着物	屈曲型粗製鉢	口縁外	弥生早期
玉沢地区条里跡遺跡	FJ-0462-1	大分県大分市	大分市教育委員会	木材			弥生前期
玉沢地区条里跡遺跡	FJ-0462-11	大分県大分市	大分市教育委員会	木材			弥生前期
玉沢地区条里跡遺跡	FJ-0462-21	大分県大分市	大分市教育委員会	木材			弥生前期
大肥条里遺跡地区	FJ-0147	大分県日田市	日田市教育委員会	漆	木製高坏	漆製品	弥生中期
大肥条里遺跡地区	FJ-148	大分県日田市	日田市教育委員会	漆	木製肩甲黒漆		弥生中期
上小田宮の前遺跡	FJ-0589	熊本県玉名市	熊本県教育庁文化課	土器付着物	湾曲型有文深鉢	胴外	縄文晩期
上小田宮の前遺跡	FJ-0590	熊本県玉名市	熊本県教育庁文化課	土器付着物	湾曲型有文深鉢	胴外	縄文晩期
上小田宮の前遺跡	FJ-0591	熊本県玉名市	熊本県教育庁文化課	土器付着物	砲弾型粗製深鉢	胴外	縄文晩期
上小田宮の前遺跡	FJ-0592	熊本県玉名市	熊本県教育庁文化課	種実	砲弾型粗製深鉢	底内	縄文晩期
上小田宮の前遺跡	FJ-0594-a	熊本県玉名市	熊本県教育庁文化課	種実	砲弾型粗製深鉢		縄文晩期
上小田宮の前遺跡	FJ-0594-b	熊本県玉名市	熊本県教育庁文化課	種実			縄文晩期
上小田宮の前遺跡	FJ-0595	熊本県玉名市	熊本県教育庁文化課	土器付着物	粗製深鉢	底内	縄文晩期
上小田宮の前遺跡	FJ-0596	熊本県玉名市	熊本県教育庁文化課	土器付着物	湾曲型有文深鉢	口縁外	縄文晩期
上小田宮の前遺跡	FJ-0597-b	熊本県玉名市	熊本県教育庁文化課	土器付着物	粗製深鉢	底内	縄文晩期
玉名平野条里跡遺跡	FJ-0598	熊本県玉名市	熊本県教育庁文化課	土器付着物	有文鉢	胴内	縄文後期
八ノ坪遺跡	FJ-0580	熊本県熊本市	熊本市教育委員会	土器付着物	壺	頸外	弥生前期
八ノ坪遺跡	FJ-0582	熊本県熊本市	熊本市教育委員会	土器付着物	甕	胴外上	弥生中期
八ノ坪遺跡	FJ-0583	熊本県熊本市	熊本市教育委員会	種実			弥生中期
八ノ坪遺跡	FJ-0584	熊本県熊本市	熊本市教育委員会	種実			弥生中期
一尾貝塚	KMAC-1	熊本県天草市	熊本大学文学部	種実		堅果類	縄文後期
一尾貝塚	KMAC-2	熊本県天草市	熊本大学文学部	種実		堅果類	縄文後期
一尾貝塚	KMAC-3	熊本県天草市	熊本大学文学部	種実		堅果類	縄文後期
一尾貝塚	KMAC-4	熊本県天草市	熊本大学文学部	種実		堅果類	縄文後期
屏風谷遺跡	FJ-093	宮崎県都城市	都城市教育委員会	土器付着物	組織痕文土器（鉢）	胴外	縄文晩期
上野原遺跡	FJ-3	鹿児島県霧島市	鹿児島県立埋蔵文化財センター	土器付着物	組織痕文土器	胴外	縄文晩期
魚見ケ原遺跡	FJ-6	鹿児島県鹿児島市	鹿児島県立埋蔵文化財センター	土器付着物		胴外	弥生前期～中期
諏訪牟田遺跡(旧農業センター)	FJ-7	鹿児島県南さつま市	鹿児島県立埋蔵文化財センター	土器付着物			縄文後期～晩期
中ノ原遺跡	KAMB-77	鹿児島県鹿屋市	鹿児島県立埋蔵文化財センター	土器付着物		胴外	縄文晩期
古市遺跡	FJ-4	鹿児島県川辺町	鹿児島県立埋蔵文化財センター	土器付着物		底内	弥生前期
山ノ中遺跡	KAMB-153	鹿児島県日置市	鹿児島県立埋蔵文化財センター	土器付着物		口縁外	縄文後期
山ノ中遺跡	KAMB-154	鹿児島県日置市	鹿児島県立埋蔵文化財センター	土器付着物		口縁外	縄文後期
山ノ中遺跡	KAMB-156	鹿児島県日置市	鹿児島県立埋蔵文化財センター	土器付着物		口縁外	縄文後期

データ一覧表

試料の時期	測定機関番号	炭素14年代 (^{14}C BP)		較正年代(cal BC) 確率1位		確率2位		確率3位		$\delta^{13}C$値(‰) Beta社	昭光通商	IAAA社
	Beta-195734	2270	±40	320-205	55.6%	400-345	39.8%			-28.4‰		
	MTC-04594	2865	±35	1130-920	93.6%	1155-1145	1.0%	1190-1180	0.8%			
南福寺式	IAAA-30263	3950	±50	2575-2295	95.5%							
上菅生B式直前	IAAA-41090	2940	±40	1270-1015	94.5%	1290-1280	1.0%					-26.2‰
西平～三万田式	IAAA-40797	3170	±40	1520-1380	94.2%	1335-1320	1.3%					-26.3‰
西平～三万田式	IAAA-40798	2980	±40	1320-1110	86.2%	1375-1340	4.8%	1100-1070	3.3%			-26.4‰
亀ノ甲Ⅱ式	IAAA-41084	2450	±40	600-405	56.9%	755-685	23.2%	670-605	15.4%			-25.6‰
板付Ⅱ式併行	IAAA-41085	2480	±40	770-480	87.4%	465-415	8.0%					-26.0‰
板付Ⅱa～Ⅱb式併行	IAAA-41086	2470	±40	670-480	57.1%	765-680	26.9%	470-410	11.5%			
板付Ⅱa式併行	IAAA-40792	2410	±40	590-395	75.1%	750-685	15.8%	665-640	4.5%			-25.7‰
板付Ⅱa式併行	IAAA-41087	2450	±40	600-405	56.9%	755-685	23.2%	670-605	15.4%			-25.7‰
板付Ⅱa式併行	IAAA-41088	2490	±40	780-495	89.1%	440-415	3.3%	460-445	1.8%			-26.9‰
板付Ⅱa式併行	IAAA-40793	2370	±40	545-380	87.4%	730-690	6.7%	660-650	1.3%			-26.4‰
板付Ⅱa式併行	IAAA-40794	2410	±30	545-400	81.1%	740-690	11.7%	665-645	2.7%			-26.4‰
板付Ⅱa式併行	IAAA-41089	2490	±40	780-495	89.1%	440-415	3.3%	460-445	1.8%			-25.6‰
上菅生B～下黒野式	IAAA-40795	2760	±40	1000-825	95.4%							-25.9‰
上菅生B～下黒野式	IAAA-40796	2760	±40	1000-825	95.4%							-26.1‰
板付Ⅱa式	NUTA2-8041	2388	±31	540-395	89.6%	725-690	5.7%	655-655	0.2%			
板付Ⅱa式	NUTA2-8042	2425	±30	560-400	72.0%	750-685	17.4%	665-645	4.6%			
板付Ⅱa式	NUTA2-8043	2476	±30	675-500	58.9%	765-675	29.8%	440-415	3.7%			
須玖Ⅰ式	MTC-04311	2200	±35	375-180	95.4%							
須玖Ⅰ式	MTC-03786	2210	±35	380-195	95.5%							
天城式	IAAA-40825	2960	±40	1315-1045	94.9%	1365-1360	0.5%					-26.4‰
天城式	IAAA-41895	3030	±40	1405-1190	91.5%	1145-1130	2.1%	1175-1160	1.9%			-26.5‰
天城式	IAAA-40826	3110	±40	1455-1290	92.4%	1280-1270	1.8%	1490-1480	1.3%			-25.7‰
天城式	IAAA-41102	3190	±40	1530-1390	94.8%	1600-1590	0.7%					-26.1‰
天城式	IAAA-40827	3030	±40	1405-1190	91.5%	1145-1130	2.1%	1175-1160	1.9%			-27.1‰
天城式	IAAA-40828	2940	±40	1270-1015	94.5%	1290-1280	1.0%					-28.3‰
天城式	IAAA-40829	3040	±40	1410-1190	94.2%	1140-1130	1.2%					-25.9‰
天城式	IAAA-41103	3050	±40	1415-1210	94.7%	1140-1135	0.5%					-26.5‰
天城式	IAAA-40830	3160	±40	1515-1375	92.3%	1335-1320	3.1%					-26.0‰
西平式	IAAA-40831	3320	±40	1690-1500	94.9%	1725-1720	0.6%					-25.2‰
板付Ⅰb式	IAAA-40821	2750	±40	975-815	93.2%	995-985	2.0%					
須玖Ⅰ式	IAAA-40822	2290	±40	405-350	52.3%	310-205	43.1%					-26.4‰
須玖Ⅰ式古	IAAA-40823	2390	±40	550-390	80.7%	745-685	11.4%	665-645	2.8%			-24.6‰
須玖Ⅰ式古	IAAA-40824	2260	±40	320-205	60.7%	395-345	34.8%					-24.1‰
南福寺式	IAAA-31576	3570	±30	1980-1875	80.0%	2020-1990	7.4%	1840-1815	4.9%			
北久根山式	IAAA-31577	3520	±30	1925-1750	95.4%							
北久根山式	IAAA-31578	3540	±30	1955-1765	95.4%	1760-1760	0.1%					
南福寺式	IAAA-31579	3630	±30	2045-1900	86.2%	2125-2090	9.2%					
松添式	IAAA-40531	2770	±40	1005-825	95.5%							
黒川式	IAAA-30253	3010	±40	1385-1150	90.2%	1145-1130	4.8%					
入来式	IAAA-30255	2540	±50	805-510	94.9%	435-425	0.6%					
入佐式	Beta-176043	2990	±30	1315-1125	91.4%	1370-1345	4.1%			-27.9‰		
入佐式	PLD-4645	2940	±25	1220-1050	85.2%	1260-1230	10.3%					
高橋Ⅱ式(板付Ⅱb式併行)	IAAA-30254	2380	±50	595-380	78.5%	750-685	12.8%	665-640	3.9%			
指宿式	PLD-4650	3785	±25	2290-2190	65.6%	2180-2140	28.4%					
指宿式	PLD-4651	3770	±25	2235-2135	72.0%	2285-2245	19.6%	2075-2060	2.5%			
	PLD-4652	3645	±35	2065-1920	72.7%	2135-2075	21.7%	2075-2065	1.1%			

執筆者紹介

西本豊弘	国立歴史民俗博物館教授
藤尾慎一郎	国立歴史民俗博物館助教授
今村峯雄	国立歴史民俗博物館教授
坂本　稔	国立歴史民俗博物館助教授
小林謙一	国立歴史民俗博物館助手
光谷拓実	奈良文化財研究所古環境研究室長
春成秀爾	国立歴史民俗博物館教授
小林青樹	國學院大學栃木短期大學助教授

新弥生時代のはじまり　第1巻

弥生時代の新年代
（やよいじだい　しんねんだい）

2006年4月30日　発行

編　者　西本豊弘

発行者　宮田哲男

発行所　株式会社 雄山閣

〒102-0071
東京都千代田区富士見2-6-9
TEL　03（3262）3231
FAX　03（3262）6938

印　刷　株式会社秀巧堂

©Printed in Japan

ISBN4-639-01931-9　C1321